老金华的记忆

老诗词

金华市政协文化文史和学习委员会 编

中国戏剧出版社
CHINA THEATRE PRESS

图书在版编目（CIP）数据

老诗词 / 金华市政协文化文史和学习委员会编. --
北京 : 中国戏剧出版社, 2024.6
（老金华的记忆）
ISBN 978-7-104-05315-6

Ⅰ. ①老… Ⅱ. ①金… Ⅲ. ①古典诗歌－诗集－中国
Ⅳ. ① I222

中国国家版本馆 CIP 数据核字（2023）第 006128 号

老诗词

责任编辑： 赵宇欣
责任印制： 冯志强

出版发行： 中国戏剧出版社
出 版 人： 樊国宾
社　　址： 北京市西城区天宁寺前街 2 号国家音乐产业基地 L 座
邮　　编： 100055
网　　址： www.theatrebook.cn
电　　话： 010-63385980（总编室） 010-63381560（发行部）
传　　真： 010-63381560

读者服务： 010-63381560
邮购地址： 北京市西城区天宁寺前街 2 号国家音乐产业基地 L 座

印　　刷： 北京鑫益晖印刷有限公司
开　　本： 880mm×1230mm　1/32
印　　张： 31.5
字　　数： 853 千字
版　　次： 2024 年 6 月　北京第 1 版第 1 次印刷
书　　号： ISBN 978-7-104-05315-6
定　　价： 298.00 元（全六册）

前 言

江南邹鲁，诚信金华，历史悠久，文脉昌盛。奇山秀水，人文荟萃，自古以来留下无数脍炙人口的诗词名篇佳作，这些佳作无不寄托着一代代文人墨客对金华山水人文的赞誉和向往。

《老诗词》作为《老金华的记忆》中的一册选编了历代名人、诗人写金华的山水景观、名胜古迹、名人雅士、方物特产等有关方面的诗词。通过阅读老诗词，能全方位地了解金华的自然风貌、人文景观、古风民俗等。

《老诗词》入编范围为金华市直及婺城、金东两区(不含金华市属各市、县)。编选时遵循“生不选录”的通行原则，入编的诗词均为谢世作者的作品。作品如遇有不同版本、不同词句，尽量选录较早版本和本人的作品集。收录的作品按作者出生时间排列。对于生平不详、无法推算的，排年代末。

入选的诗词作者简介，附在首次出现的诗词作品之后。除录有原注外，部分诗词作品作读记简介。

歌咏金华的诗词从古代到当代，卷帙浩繁，浩如烟海，编选中参考了众多书目，并得到了亲朋好友的鼓励和帮助，在此致以诚挚的感谢。

编选中难免存在错误和失当之处，望请专家和广大读者不吝赐教，批评指正。

严 军

目　录

第一编　金华览胜

第二编　仙山福地

第一章　北　山

第二章　南　山

第三章 东 山

第三编 婺水真源

第四编 古迹寻踪

第一章 楼台亭阁

第二章　书院与故居

第五编　古风民俗

第六编　方物名产

第一编　金华览胜

历史悠久的金华，古属越国地，公元前222年，即秦王政二十五年建制，已有2200多年的历史，因“地处金星与婺女两星争华之处”而得名金华。金华，古曾称长山、东阳、婺州，或设郡、州、路、府、道，或设专区和地区。1985年金华撤地设市，为浙江省辖地级市。

金华位于浙江中部，有“浙江之心”之誉。“三面环山夹一川，盆地错落涵三江”是金华地貌的基本特征。金华不但有“山有仙华灵洞之奇，水有双溪縠水之胜”的秀丽山川，而且还是一座人文荟萃、崇文重教、名人辈出，素有“小邹鲁”之称的国家级历史文化名城，是国家级的文明城市，是山川秀丽、环境幽雅的旅游胜地，是一个生态环境良好、整洁亮绿、物产丰富的鱼米之乡，是居住舒适的现代化山水园林城市，被评为“中国十佳宜居城市”、全国卫生城市、中国十佳宜游城市、国家森林城市、中国最安全城市、全国双拥模范城市、全国科技进步先进城市、十佳和谐城市等。联合国人居署义给市区康居工程建设颁发了“HBA·中国范例贡献优秀奖”和“中国人居环境范例奖”。金华市为浙江省的第四个大都市区，现在正全力打造秀美三江六岸，建设人文环境更优秀的浙中城市。

见京兆韦参军量移东阳二首之一

唐·李白

闻说金华渡，东连五百滩。
全胜若耶好，莫道此行难。
猿啸千溪合，松风五月寒。
他年一携手，摇艇入新安。

读记：此诗作于李白赐金放还之后，既是安慰受贬谪的友人，也是表达作者之情感。李白听说金华渡口东边有个五百滩，那里的风光比若耶溪好多了，你就别叹息路途艰难。两岸猿啸千里，五月山风依然寒冷。待来年，我们哥俩再携手摇船游览新安江。一千多年前，李白这样描绘金华渡的盛景以宽慰贬谪金华的挚友。同时展现了金华山水风光之情之景。

李白（701—762），字太白，号青莲居士，又号谪仙人，自称祖籍陇西成纪（今甘肃静宁西南），幼时随父迁居绵州昌隆（今四川江油）青莲乡。少年即显露才华，吟诗作赋，博学广览。25岁时只身出蜀，开始了漫游生活。天宝元年（742）李白被召至长安，供奉翰林，后因不能见容于权贵，在京仅两年半，就赐金放还而去，然后由高天师如贵道士授录济南的道观紫极宫，成为一个真正的道士。安史之乱爆发后，他怀着平乱的志愿，于公元756年参加了永王李璘的幕府。因受永王争夺帝位失败牵累，流放夜郎（今贵州境内），中途遇赦东还。晚年漂泊东南一带，卒于当涂（今属安徽）。李白生活在盛唐时期，其诗以抒情为主，善于从民歌、神话中汲取营养素材，风格豪放俊逸，清新飘逸，气势磅礴，表现出蔑视权贵，反抗传统束缚，追求自由和理想的积极精神，并具有浪漫主义精神。他是继屈原以后中国最为杰出的浪漫主义诗人，代表中国古典积极浪漫主义诗歌的新高峰，被后人誉为诗仙。后世将李白与杜甫并称为李杜。李白存世诗文千余篇，有《李太白集》传世。

20世纪50年代的金华渡口

送人入金华（一作赠别东阳客）

唐·严维

明月双溪水，清风八咏楼。
昔年为客处，今日送君游。

读记：绍兴人严维曾在金华安正书院习文，南宋嘉定八年（1215）这名外乡的金华学子送人入金华时，在清风明月的氛围下，通过诗人朴实平淡的语言，情感委婉地罗列双溪、八咏楼等代表金华的特殊意象，表述了金华的风貌。

严维（约公元756年前后在世），生卒年不详。字正文，越州（今绍兴）人，至肃宗至德二年，以“辞藻宏丽”进士及第。官授诸暨尉，余姚令，以秘书郎之职而卒。中唐时期诗人、文学家，通晓音乐，好于弹琴。擅长赋诗，早期隐居桐庐，与当时名辈岑参、刘长卿、皇甫冉、韩翃、李端等交游唱和。

秋暮送裴垍员外刺婺州

唐·鲍溶

婺女星边气不秋，金华山水似瀛州。
含香太守心清净，去与神仙日日游。

读记：此诗乃诗人在秋暮时节送别外刺金华的好友之时所作，诗中描绘了金华美丽的景象，山水好似仙山，生活清静安详，犹如神仙一般快活的情景。

鲍溶，生卒年不详，字德源，元和四年（809）进士，是中唐时期的重要诗人，《全唐诗》存其诗三卷196首，《全唐诗补编》补诗1首。诗论家张为著《诗人主客图》，尊鲍溶为“博解宏拔主”，将他与“广大教化主”白居易、“高古奥逸主”孟云卿、“清奇雅正主”李益、“清奇僻苦主”孟郊、“瑰奇美丽主”武元衡并列为“六主”之一。宋代欧阳修、曾巩等对他的诗歌也颇为欣赏。

客有问金华胜游者以诗叙其概

宋·方凤

赤松上下雨霖微，八咏楼头重拂衣。
西港晴来汀草长，北岩幽处洞泉飞。
风敲定磬鹿春过，月满丹台鹤夜归。
历览因知古词客，盛夸云梦未全非。

读记：方凤是金华浦江人，他以优美的诗句描述了金华美好的山光水色，以诗答客人所问。

方凤（1241—1322），字韶卿，一字景山，号岩南老人，浦江人。宋末入太学，应礼部试不第，后以恩授容州文学，因宋亡未赴。归乡，名其斋为存雅堂，学者称存雅先生。与寓浦江之谢翱、吴思齐等结为汐社，联络故老，期望恢复。元至治二年（1322）卒，时年82岁。遗诗由门人柳贯选刊为9卷，已佚。清初，同邑张燧掇拾群书残剩诗文，编为《存雅堂遗稿》13卷，于顺治十一年（1654）刊刻。以清雍正二年（1724）补刻本为底本。补刻本补入的诗及新辑集外诗，另编1卷。事见明宋濂《浦阳人物记》，清乾隆《浦江县志·文苑》有传。方凤诗，善为古今诗，不事雕琢，体裁纯密，自成一家。有《存雅堂稿》等，共118篇诗文。

金华十咏

元末明初·曹志

双溪明月

双流月色多，秋冷浸姮娥。
渔父移归棹，清光满笠蓑。

八咏清风

楼阁临溪上，风清桂子香。
楼如诗八咏，名擅沈东阳。

芙蓉晓色

金华第一峰，削出玉芙蓉。
宿霭风初卷，嵯峨晓翠浓。

积道晴岚

积道拥南洲，苍苍翠欲流。
晴光连树霭，岚气接天浮。

紫崖夕照

孝标栖紫崖，读罢夕阳闲。
倒射金光影，千山红紫间。

白沙春水

白沙春雨过，溪水泛清波。

三月桃花浪，鱼龙变化多。

赤松羊石

赤松多幻事，叱石起群羊。
叠叠堪图画，遥看忆二黄。

智者神钟

灵源智者寺，卓锡不知年。
八百钟声动，鲸音飞上天。

丽泽书院

吕氏读书堂，犹存丽泽名。
一时成胜会，千古仰芳声。

金钱佛塔

谁人捐金钱，造塔礼如来。
玉柱亭亭立，玲珑望九垓。

读记：《金华十咏》源自元末明初，由来已久。曹志的《金华十咏》，堪称其发端，可视为《金华十景》之雏形。光绪《金华县志》卷十六《类要·遗事》载："明初有作《金华十咏诗》者，一芙蓉晴翠……其人为滕至刚、汪润之、汪与立，张会御史，姜良教授，金伯镛，布衣朱士真、周茂和、曹廷简，杜纪善桓、邢方伯旭、贝祭酒泰，高子云、俞子严、金以和，陈郎中，杨荣，邵郎中，王佥宪，袁仲仁，以上皆郡人；释肇容；其余皆各县人。吕肃序。"并云："永乐时，又有十咏，曰宝塔灯辉，曰桥廊积雪，曰西风铁笛，曰南市金钱；其六题亡。"此后当还有题咏者，名称或同或异，惜以上十咏皆未有载。

曹志的《金华十咏》即是："双溪明月"为双溪交汇处，"八咏清风"为八咏楼，"芙蓉晓色"为尖峰山，"积道晴岚”为金东区积道山，“紫崖夕照”为北山紫薇岩刘孝标讲堂洞，“白沙春水”为白沙溪三十六堰，“赤松羊石”为赤松乡之卧羊岗，“智者神钟”为尖峰山麓智者寺，“丽泽书院”为丽泽书院，“金钱佛塔”为金钱村法隆寺，俗称金钱寺，寺废，现仍保存有唐大中十一年（857）所立经幢一座。

曹志，字伯康，号拱和居士，金华拱坦（今金华市金东区曹宅镇曹宅村）人，居士状貌魁梧，立心长厚，更有才量而博通经籍，善诗文。不图仕进，诗酒徜徉，建亭筑圃，以为诗社，集一时骚人墨士，相与吟风嘲月，山水图书晏然也。开义塾以敦教。而为人解纷，有古节侠所为者。著有《拱和诗集》，后有吕祖谦、米芾赞。其诗唯近体，无古体。

20世纪30年代的金华燕尾洲

访金华名城留念

近现代·费孝通

婺水悠悠江上楼，易安飘泊不胜愁。
万里江水今胜昔，八咏声韵倾神州。

费孝通（1910—2005），江苏吴江人，著名社会学家、人类学家、社会活动家，第七、第八届全国人民代表大会常务委员会副委员长，中国人民政治协商会议第六届全国委员会副主席，中国民主同盟中央委员会名誉主席，北京大学教授。

金华八咏老街

《南乡子》金华怀古

近现代•叶一苇

危堞压江流，明月、清风、八咏楼、不断双溪流日夜，难留。任往来舴艋舟。不载易安愁，曾是严维忆旧游。多少英雄千古事，心头，如梦六朝风雨秋。

读记：此诗为 1947年所作。

叶一苇（1918—2013），字航之，号纵如，别署熟溪子、龙马山人，武义县人。西泠印社原理事，著名书法篆刻家、篆刻理论家，为浙江省书法家协会原顾问，浙江省文史研究馆原馆员，浙江省电力书法家协会原顾问，浙江省之江诗社原顾问，杭州市政协诗社原副社长，武义县书法家协会原名誉主席。2001年被浙江省人民政府授予“有突出贡献的老文艺家”金质奖章。

金华十景十咏

近现代·陈德

双龙卧舟

洞分内外两宏幽，入口神奇水出喉。
穿罅卧船徐引索，迎崖压面迅过头。
巡观钟乳千般肖，立问溪泉几世流。
发现若非凭勇士，何来纪胜客清讴。

冰壶惊瀑

口小洞深名实符，银河破壁域中孤。
着衣珠阵回天洒，震耳雷鸣动地呼。
四季长流来石罅，一腔激作出冰壶。
平庸到此亦心振，压倒豪言气壮舒。

北山仙踪

国教名山千载传，弟兄得道俩成仙。
松宫今见新三筑，丹灶何存旧尽湮。
湖柳烟蒙疑幻境，石羊神现叹钩玄。
寻踪朝圣迎遐客，祖地风光别洞天。

八咏清风

誉满东南第一楼，重光更引客重游。
韵姿典雅映溪水，气势崔巍彻斗牛。
翰墨长存铭匾额，英贤辈出显雄州。
时中八咏当新写，大治当朝胜隐侯。

王府存辉

天国狂飙一度威，侍王遗府永存辉。
厅堂彩垩雕梁贵，场院宏开气派恢，
未兑田均太平保，总因心散自残垂。
头颅抛尽铭青史，腐政当摧爱国碑。

宾虹秋月

两桥接处是滩头，龙渎分洪涌半洲。
花木长廊围艺馆，明清古宅比洋楼。
期期画展心交友，阵阵桂香风送秋。
追慕黄齐南北誉，倾情文海砥中流。

古刹鸳林

寺经千载得重光，佛大一尊名远扬。
净地空门无配偶，茂林秀木尽成双。
情田圣治开心境，险路高登是脊梁。
小坐椒廊看垄野，村村锦绣接田庄。

九峰桃源

车到门亭别有天，青莲九瓣映云间。
拾阶寻寺藏�后，观瀑飞珠落佛前。
半洞半楼精舍妙，层丹层翠断崖妍。
险峰绝谷难穷目，好个桃源景万千。

三江流韵

两河双溪过婺州，三江六岸景观优。
临波楼厦千家乐，滨水园林十里幽。
一坝平澜调气候，九桥飞架织车流。
春风有约滩河渡，万木葱茏燕尾洲。

山茶凝艳

禹甸山茶源远长，金华崛起本花乡。

老桩首创盆观景，品种繁生基地光。
玩物归真成产业，文明觉醒化熏香。
书刊凝结花农愿，学术交流达八荒。

读记：陈德十景之“双龙卧舟”为北山双龙洞，“冰壶惊瀑”为北山冰壶洞，“北山仙踪”为北山叱石成羊，“八咏清风”为八咏楼，“王府存辉”为太平天国侍王府，“宾虹秋月”为通济桥头黄宾虹艺术馆，“古刹鸳林”为金东区曹宅镇大佛寺鸳鸯林，“九峰桃源”为九峰山，“三江流韵”为婺江三江交汇处，“山茶凝艳”为金华市花，大黄山中国茶花园和婺城区竹马中国茶花基地。

陈德（1932—2012），字时风，号直心，金华汤溪白鹤村人，中华诗词学会理事、中国楹联学会会员、浙江省诗词与楹联学会原常务理事、金华诗词楹联学会原会长。《赤松诗词》主编。有著作《竹庐诗草》《玫瑰文集》《中药四百咏》等出版。

第二编　仙山福地

第一章　北　山

北山，位于金华市境内北部与东北部，绵延于双龙、罗店、山桥、曹宅、潘村、源东等乡镇，系龙门山脉的支脉，为金华山、赤松山等山之合称。金华北山在众多典籍中的称谓还有长山、常山。山中层峦叠嶂，清泉潺流，洞穴四布，怪石林立，在绵绵北山之中还有不同的小山，如芙蓉山、炼丹山、尖峰山等。主峰海拔1300余米，最高峰为大盘山1314米，面积约2.5平方公里。赤松山传为古仙人赤松子于此引牧羊少年黄初平修道成仙之地，有“五洞十景”等自然景观及道教古迹，留下不少人文景观、历史文物和神话传说。金华山双龙风景名胜区现为国家4A级旅游区，素有“双龙胜景，大仙圣地，禅学中心，浙中凉都”之美誉。金华山双龙风景名胜区分双龙洞、黄大仙、家园里、赤松山、大盘天、尖峰山六大景区，有300多处景点，是一处以山岳森林为背景，以地下悬河、岩溶景观、道教圣地为特色，以观光度假、康体休闲、海外朝圣为主要功能的风景名胜区。

第一节　金华山

金华山，历史久远之名山。从出土文物来看，早在新石器时代就有人类在北山的双龙洞内活动。据有关史志记载，传说中之远古人物黄帝、九天玄女、赤松子等均曾登金华山，秦代方士安期生亦曾在金华山修炼登真。西汉元帝（前48—前33）时之射校（大将）刘仲卿在遭逐被贬后曾隐居金华山之“仙洞”，迄今亦已2000多年。山间双龙、冰壶、朝真三洞合称“金华洞”，唐代杜光庭在《洞天福地岳渎名山记》中，则将金华山列为道教“第三十六洞天”名曰“金华洞元洞天”，是一座道教名山圣地，是金华山道、释、儒三教文化的代表性圣迹。东汉著名方士左慈将金华山称为“江东名山”，并与后称“五岳”之华山、泰山、嵩山、衡山、恒山等齐名排列。历史上曾经有数位皇帝在此祭天。中华人民共和国成立后，毛泽东、周恩来、朱德、宋庆龄、彭德怀、李先念、彭真、陶铸、杨尚昆、郭沫若、严济慈、朱镕基等党和国家领导人，黄宾虹、郁达夫、叶圣陶、林风眠、潘天寿、艾青等文化名人以及许多外国领导人和知名人士均游历过金华山。叶圣陶先生的《记金华的双龙洞》更拉近了读者与北山的距离。

游金华山诗

南朝梁·沈约

远策追夙心，灵山协久要。
天倪临紫阙，地道通丹窍。
未乘琴高鲤，且纵严陵钓。
若蒙羽驾迎，得奉金书召。
高驰入阊阖，方睹灵妃笑。

沈约（441—513），字休文，吴兴武康（今浙江湖州德清）人，南朝文学家、史学家。历仕宋、齐、梁三朝，梁武帝时封侯，官至尚书令。卒谥“隐”。著有《晋书》《宋书》《齐纪》《高祖纪》《迩言》《谥例》《宋文章志》《四声谱》等。作品除《宋书》外，多已亡佚。明人张溥辑有《沈隐侯集》。沈约是齐、梁文坛公认的文学领袖，与谢朓、王融、范云等人一起创立了讲求声律的“永明体”（亦称“新体诗”），将平、上、去、入四声用于诗的格律，归纳出比较完整的诗歌声律论。同时还提出了“八病说”“四声八病说”。为后来“近体诗”的诞生奠定了基础。齐隆昌元年（494）沈约任东阳郡（陈代改为金华郡，辖今天的金华市、衢州市和丽水市部分地区）太守时，写下了不少脍炙人口的诗篇。

金华山

唐•袁吉

金华山色与天齐，　一径盘纡尽石梯。
步步前登清汉近，　时时回首白云低。
风偷药气名何限，　水泛花光路即迷。
洞口数声仙犬吠，　始知羽客此真栖。

袁吉，生卒年不详，初唐诗人，曾任婺州刺史。事迹见光绪《金华县志》卷二。此书及《古今图书集成·山川典·金华山部》录其诗3首。《全唐诗外编》及《全唐诗续拾》收之。

金华山

满江红·自鹿田山桥祖

宋•韩元吉

寂寞山城，春已半、好花都折。无奈向、阴晴不定，冷烟寒食。

莫问花残风又雨，且须烂醉酬春色。叹使君、华发又重来，人应识。

丹井畔，山桥侧。空翠里，烟如织。便直教马上，醉巾沾湿。

丞相车茵端未惜，孟公好客聊无客。算明年、溪路海棠开，还相忆。

十年未解作归计，此恨故园莺自知。

读记：鹿田山位于双龙洞东1.5公里。清雍正《浙江通志》卷十四《山川九》载：在县北二十五里。上有沃野可耕。此山多生奇石。《金华杂识》：刘宋、南朝宋代时有玉女驯鹿耕山中，常入城市贸易，以物置角间，克期而归，遂名其地为鹿田。鹿田四面环山，中广坦数百亩。所产名茶“举岩茶”，昔有名刹东、西鹿田寺，以及望西亭、第轩、听雨轩、南朝宋玉女墓古迹。历代名人于此题留的诗篇更是无数。现在鹿田仍为风景名胜区的重要景点之一，有仙瀑洞、老虎洞（出气洞），还有建于清代的鹿田书院以及黄大仙祖宫、鹿田水库。

韩元吉(1118—1187)，南宋词人，字无咎，号南涧，汉族，开封雍邱（今河南开封市）人，一作许昌（今属河南）人。韩元吉的词多抒发山林情趣，如《柳梢青》中“云淡秋云”、

《贺新郎》中“病起情怀恶”等。著有《南涧甲乙稿》《南涧诗余》等词作，存词80余首。

鹿田

游三峰

宋•金履祥

九月天气清，高飚扫虚碧。山色日嶙峋，山意亦寥閴。
有来二三友，劝我振双屐。问道始委蛇，陟巘转深密。
荦确碍微径，藤蔓绊行色。冈阜出坡陀，重险更嶒嵂。
绝壁诧天造，石笋疑人立。上上复扳援，嵬嵬亦恂栗。
摩藓追旧题，扪萝着新蹠。佝偻度崎岩，盘薄踞危石。
谁凿丹臼深，碧瓦孰抟埴。云胡半空中，有此千载迹。
中峰函剑气，幽洞飞灵液。霏霏人间雨，往往此中出。
阴崖采芝人，东冈并游客。虚谷远应声，重崦近成隔。
而我独油然，振衣来千尺。川流一以眺，苍莽浩无息。
长风拂巾袂，太清可嘘吸。乃知艰险馀，始有高明极。
益知身转高，冥然气超逸。登天信有基，升仙岂无术。
何当蹑飞烟，高举振长翮。倒景凌三光，达观天地窄。

金履祥（1232—1303），字吉父，号次农，自号桐阳叔子，兰溪人。宋、元之际的学者。为浙东学派、金华学派的中坚，“北山四先生”之一，学者尊称为仁山先生。初受学于王柏，后又学于何基，造诣益深，凡天文、地形、礼乐、田乘、兵谋、阴阳、律历之书，无不精研。德祐初年，南宋朝廷以迪功郎、史馆编校等职召任，坚辞不受。宋亡之后，于严州钓台书院、金华丽泽书院、兰溪齐芳书院、仁山书院和重乐精舍讲学。后筑室隐居金华仁山下，讲学著书，以淑后进，四方学子纷至沓来，许谦、柳贯皆出其门。他们创立的学派被称为北山四先生学派。著作有《尚书注》《大学疏义》《论语集注考证》《孟子集注考证》《通鉴前编》《举要》《仁山集》，编有《濂洛风雅》。

金华北山霞客古道

忆同张子长游北山诸名胜

宋•方凤

昔与张公子，翩翩访赤松。重来踰两纪，独去宿孤峰。
古木苍陂映，禅房侧迳通。夕阴千嶂黑，人静一灯红。
幸及轩车会，宁辞杖履从。相看如梦寐，健步愧儿童。
春尽山仍好，林深涧忽穷。天低时堕雨，寺远偶闻钟。
吊古田无鹿，探奇涧有龙。幽寻穿窅窱，高步蹋玲珑。
灵草多成药，疏篁不作丛。岚光疑晻暖，野色在空蒙。
下瞰疑无底，言旋复向东。岩阿依断础，烟嶂落飞淙。
细路缘苔磴，危桥跨石谼。泉依山曲曲，云与树重重。
巨刹标名岳，穹垣护亩宫。倚栏斜日下，入室老僧逢。
零落螭头墨，荒凉马鬣封。不才持薄禄，终古愧高风。
弛担云关里，传觞雪峡中。追随寻道侣，述作付文雄。
急景真流电，浮生尚转蓬。后期观岁晏，来往意憧憧。

《醉太平》·金华山中

元·张可久

金华洞冷，铁笛风生。寻真何处寄闲情？小桃源暮景。数枝黄菊勾诗兴，一川红叶迷仙径，四山白月共秋声，诗翁醉醒。

张可久（约1270—1350），字小山，一说名伯远，字可久，号小山，庆元（今浙江宁波鄞州区）人。元朝著名散曲家、剧作家，与乔吉并称“双璧”，与张养浩合为“二张”。以路吏转首领官，又曾为桐庐典史。为昆山幕僚。一生怀才不遇，时官时隐，曾漫游江南之名胜古迹，足迹遍及江苏、浙江、安徽、湖南一带，晚年隐居在杭州一带。共存小令855首，套曲9篇。为元曲数量之冠。也是元曲的集大成者之一，亦称“词林之宗匠”，著有《吴盐》《苏堤渔唱》《小山北曲乐府》等散曲集，又有天一阁本《小山乐府》6卷。

金华北山纪游八首

元•黄溍

其一　灵源

偶为山中游，远过云关宿。
苍灯闪初夜，雨气蒸深屋。
时闻清梵音，窈眇松林曲。

其二　草堂

迢迢上方界，水木翳清景。
山深不可留，日暮衣裳冷。
凄其怀昔游，百岁嗟俄顷。

其三　三洞

仙山高不极，万古积苍翠。
清兴薄暮移，遗迹洞天秘。
岩阿春寂寥，群仙勿予迟。

其四　鹿田

披榛度空荒，突兀崖寺古。
幽花杂红白，老屋亚云雨。
前瞻石径微，咫尺不得取。

其五　宝峰

下山复上山，躐屏行沮洳。
宿云冒长岭，旭日映高树。

山僧亦何为，独向城闉去。

其六　潜岳

潘公古达人，陈迹闷丘壑。
草生春昼长，鸟啼岩花落。
神交千载上，未敢付冥漠。

其七　山桥

行行指木末，路逐飞云上。
时登巨石憩，共听春泉响。
寻源竟莫穷，即事成幽赏。

其八　宝石

暮投招提境，明发首归路。
举头望山椒，遥认经行处。
重重岩壑间，苍然正烟雾。

黄溍（1277—1357），字晋卿，元代学者、画家，义乌人。北宋大文豪黄庭坚的亲叔黄昉的九世孙，仁宗延祐年间进士。历任宁海县丞、诸暨州判官、同知制诰兼国史院编修官、国子博士、江浙儒学提举、侍讲学士、中顺大夫、同知经筵事。修《宋史》《辽史》《金史》，笔削无所阿。为官清廉，不附权贵，政绩卓著。工诗。与柳贯、虞集、揭傒斯称“儒林四杰”。至正十年（1350），辞官南归，家居七年。死后追封江夏郡公，赐谥文献。著有《金华黄先生文集》43卷、《日损斋稿》33卷、《义乌县志》7卷、《笔记》1卷。书法俊逸，自成一家。为元朝一代宿学宗师，一生走遍金华的山川形胜，留下了许多歌咏金华的诗篇。

尖峰山

元•黄溍

芙蓉峰下南朝寺，水秀山明两绝奇。
更向水穷山尽处，一庵高贮碧云师。

读记：尖峰山位于双龙洞南约8公里，古名芙蓉山、笑蓉峰、潜岳。明万历《金华府志》载：芙蓉山，县北十五里，一名潜岳，又名尖峰山。《金华府志·访册》云“弧山特秀，状若芙蓉，故名”。尖峰山高427米，拔地而起，孤峰独秀，“四面望之，形具五体”，为历代文人雅士所赏，是登临俯瞰金华城市的较佳点之一。尖峰山景区的总体布局分为“一中心三区”，即今后作为双龙风景名胜区主入口的接待中心，北片的森林游览区、中片的尖峰览胜区和南片的游乐休闲区。自古为金华人的一种心理凝聚和精神象征，外出远行的金华人用“一日不见尖峰山就要掉眼泪”来形容自己的思乡之情。

金华尖峰山

北山游

元·叶颙

北山山色青更青，堆蓝积翠开画屏。
浮生突兀百千丈，驾梁峙石劳六丁。
自从太极既判混沌死，天开地辟知几龄。
东西横亘一万里，远迎岱岳连沧溟。
晨昏碍日遮月星，往往不雨轰雷霆。
荒烟霾雾虎豹隐，深渊大泽龙蛇腥。
幽花野草不识名，天风时送芳树馨。
风云变态皆可玩，烟光岚影浮虚棂。
有如佳人在空谷，体貌闲冶尤娉婷。
人间岁月不复记，祗随寒燠观尧蓂。
神仙宫殿梵王宅，螭藏凤隐凌青冥。
金钟玉磬问远近，洞门无人长不扃。
道士昔诵蕊珠经，功成骑鹄朝帝廷。
腰悬环佩杂宫徵，钧天音乐风泠泠。
迩来历世经累劫，丹书宝篆犹镌铭。
摩挲石刻一慷慨，顿觉胸次洗空世虑尘梦醒。
弹琴坐盘石，遗音绕指穿林坰。
山灵鼓舞山鬼啸，常有白鹤飞来听。
湘妃汉女亦游玩，载以雾毂乘云軿。
登高采妙药，长镵短钁锄茯苓。
天瓢泻石髓，瑶杯斟醁醽。
饮之似欲生羽翎，神清气定百脉宁。
下视人寰乌兔急，东生西没何时停。
寻名访利浪自苦，便欲脱去世俗凡陋无用七尺之躯形。

游行无碍少羁束，化为天壤之内不老不死千秋万古英爽之精灵。

叶颙（1296—约1374），元明间金华人，字景南，一字伯恺，自号云天民，元末隐居不出，至正中自刻其诗，名《樵云独唱》。入明，举进士，官行人司副。后免官家居，授徒甚众。存569篇。

金华北山金华观

草堂琳藏主得往年黄晋卿、吴正传、张子长北山纪游八诗，装演成卷，要予继作，因追叙旧游为次其韵，增诸卷轴

元•柳贯

灵　源

禅堂生莫寒，客至不成宿。
岩云忽飞堕，深灯出他屋。
仰见星斗高，栏干转空曲。

草　堂

半陂纯浸山，山空时见景。
老禅行道处，水木余凄冷。
文字岂其机，无言坐移顷。

三　洞

高高三洞门，中天开积翠。
阴火发晶荧，坤珍抉奇阅。
仙灵倘下来，归吾此焉迟。

鹿　田

尘飞天宇空，石破岩泉古。
萎花吹微香，林端夜来雨。
语客莫题诗，山灵忌多取。

宝　峰

到寺取径危，穿林限沮洳。
井气升为云，篁竹高于树。
清风翼我兴，纳履下山去。

潜 岳

德人久归泉，何异舟藏壑。
僧庐出榴翳，楹桷亦颓落。
回望芙蓉城，杂花香漠漠。

山 桥

言寻磊磊亭，蹑云随下上。
涧回泫微流，山空答遥响。
我已后斯人，寥哉得真赏。

宝 石

余春不可挽，风花吹满路。
向来一宿觉，寐语知其处。
却望北山南，城深昼多雾。

柳贯（1270—1342），字道传。先世居河东，后迁浦江乌蜀山（今属兰溪），故自号乌蜀山人。历任江山县教谕、昌国州学正、国子助教，擢太常博士、江西等处儒学提举。至正元年（1341）起任翰林院待制兼国史院编修官。受经于金履祥，学文于方凤、吴思齐、谢翱。于经史、兵刑、律历、数术、方技和释道之书，无不贯通。文学尤为世所称。与黄溍、虞集、揭傒斯齐名，号称“儒林四杰”。秩满归里，杜门著书十多年，先后从学者千余人，明代“开国文臣之首”宋濂是柳贯最得意的门生。诗文宏肆精严，工书法，精于鉴赏。著有《近思录广辑》《字系》《金石竹帛遗文》《柳待制文集》《乌蜀山房类稿》等书。

将入金华诸山述游五十韵

明·胡应麟

昔我游昆仑，长啸望玄圃。手拍浮丘肩，濩落还下土。
帝阍不可扣，频为世人侮。苍茫五龙跷，旦夕无所伍。
飘风从东来，吹我向齐鲁。徘徊岱宗侧，万象划争吐。
遥空势崔嵬，大块色消沮。幽燕各罗列，梁宋但仰俯。
龟蒙与凫绎，培塿不得数。昏黑留天门，海日正可睹。
白云封中出，片片堕梁父。晨窥金银阙，玉佩遍廊庑。
警跸怀祖龙，銮舆忆汉武。调笑七十君，空名竟何补。
荒碑亦磨灭，遗迹半尘土。回首徂徕松，亭亭尚堪抚。
恍惚秦时官，苍然大夫五。何来安期生，相对形貌古。
携我登云车，纵横擘麟脯。掀髯但一笑，东瀛复斥卤。
却下丈人峰，行行至南楚。鼓棹浔阳流，吹箫洞庭浦。
三湘亘七泽，茫茫散楼橹。放歌答鱼龙，怀才吊鹦鹉。
初闻黄鹤游，忽睹冯夷舞。九疑何芊绵，离立向平楚。
宛转双蛾眉，恸哭摧肺腑。万古苍梧云，不散黄陵浒。
缅思向衡岳，改辙望岩户。里足扪嵚岑，决策穷龃龉。
绝壁栖鸾凤，层峦攫虬虎。石留娲皇炼，崖豁巨灵斧。
嵯峨大禹碣，窈窕祝融府。千峰既腾掷，众壑亦旁午。
举头触支机，侧身见河鼓。海月明冠簪，天星拂綦组。
揭来归东皋，屏迹偕溺沮。薜荔交岩房，蓬蒿翳环堵。
灌园事于陵，饭牛狎五羖。短褐岁载阴，长镵日卓午。
感激何时平，形骸亦良苦。咫尺金华山，洞天列吾婺。
霞气连赤城，霜华拂天姥。石室函金书，丹台秘鸿谱。
瑶草纷可飧，青精剩堪咀。壮哉神秀区，邈矣灵仙坞。
翩然羽翼生，白昼还紫府。

胡应麟（1551—1602），金华兰溪城北隅人，字元瑞，号少室山人，别号石羊生。明万历间举人，久不第。筑室山中，购书四万余卷，记诵渊博，多所撰著。在文献学、史学、诗学、小说及戏剧学方面都有突出成就。曾携诗谒王世贞，为世贞激赏。有《少室山房集》《少室山房笔丛》《诗薮》。

金华山景区

芙蓉峰下

明•江伯容

忆昔登郡楼，苍翠时引睇。朅来探幽奇，峨峨入云际。
蜿蜒众阜中，杰然孤标势。秀色拔千寻，实惟芙蓉丽。
倒景酣夕红，清晖逗朝霁。岌嶪呈众姿，远近无亏蔽。
宛对丈人尊，邈与莲花丽。仰止意未穷，兹游良可继。

江伯容（1580—？），字有量，兰溪城中人。筑青萝馆于瀫溪之东，枕山面水，弦诵其中。辑有《兰皋风雅》12卷，收兰邑历朝往哲之诗。撰有《青萝馆集》6卷。

金华尖峰山

游金华山

清•程尚濂

路古无人迹，林深有鹿群。
飞泉千尺雪，悬磴一梯云。
殷殷寺钟歇，丁丁樵斧闻。
斜光忽西堕，紫翠望氤氲。

程尚濂（1749—？），字敦夫，号息庐，别署心吾子，永康文楼山人。乾隆三十九年（1774）中举人。官四川青神县，后调升犍为知州，以蜀道路崎岖且险，行路为难，遂不得归，因家犍为。在犍为任内修造学宫，规制宏大、构建精美，至今保存完好，为全国著名学宫之一。主修《犍为志》，对当地文化颇有影响。世传家学，尤工于诗，谓为众体皆备，自成一家。著有《心吾子诗钞》15卷行世。

游鹿田

清•金兆丰

城居安得散疏顽，来占名区一味闲。
树暗不知云起处，泉飞遥在鸟声间。
夕阳红送僧归寺，众籁清随樵语山。
直上翠微寻玉女，风流冥想旧时颜。

金兆丰（1870—1934），字瑞六，号雪荪，金华城区人。幼承家学，光绪二十八年（1902）乡试中举，次年殿试位列二甲第五名，赐进士出身，选翰林院庶吉士。光绪三十一年（1905）派赴留学日本，三十四年（1908）回国，授翰林院编修。历任京师大学堂提调，京师督学局视学，国子监师范学堂监督，国史馆编修、武英殿校对等职。

金华鹿田

北山晚翠

近现代•王廷扬

玄圃连冈一样浓，清光返照四时同。
春郊雨湿添新绿，秋树露归掩夕红。
南沼荷花风始定，西山日落雪方融。
闲情不假江山助，却擅江山气郁葱。

王廷扬（1866—1937），字孚川，金华蒲塘人。清光绪二十四年（1898）进士，任工部屯田司主事，江苏、广东知县加同知衔。曾襄办龙州边防，历任留日学生监督、浙江两级师范学堂监督、浙江省视学等职。早年曾入绍兴大通学堂，后加入同盟会，与孙中山书信往来频繁。清政府向英国借款，出让苏杭甬铁路权，浙江各界人士于光绪三十三年（1907）在杭州召开特别抵制会，被推举为副会长。宣统元年（1909），当选浙江省咨议局议员、北京资政院议员。民国时曾任浙江省都督府顾问，出任义乌县民政长。后当选第一届众议会议员、浙江省议会议员。自1914年起，历任江西高等审判厅书记官长、浙江省临时参议会和第二届省议会议员、内务部秘书、浙江省军务善后督办公署咨议、省长公署顾问等。工书法，善榜书，常赖此自给。一生不置私产，至老栖止无所。70寿诞，好友集资赠送楼屋一座，即日书契写明身后捐献聋哑学校，又立遗嘱将书籍70余箱全部捐赠蒲塘小学。著有《湖山草堂集》《山鸟山花馆文稿》《诗选》等。

鹿田月

近现代•应均

登高得践重阳约，暂憩行装宿鹿田。
片月自然资共赏，半弦已好不须圆。
林陲似画施焦墨，山色轻描入淡烟。
人世怡情经有几，夜游恍入镜中天。

读记：1933年，程士毅、胡庸、应均三人同游金华北山甚欢，后作《北山纪游》，吕公望、王亮熙、陶振东作序，胡俊卿（庸）为记，程健樵辑录，应均写山水四幅并题诗画后，此为其一。

应均（1874—1941），永康市郊应店村人，名万春，字敷华，又字仲华，号晓村，享年68岁。从小聪颖过人，勤奋好学，精书法，工兰梅，好诗文篆刻。早年斋号“师竹轩”，晚年以“松石山民”为号。其书画艺术曾受到于右任、黄宾虹等当代大师赏识，曾一度被书画界遗忘。直到1990年《西泠艺丛》第二期首刊其书画艺术专题，应均才以其高尚的人格力量和鲜明独立的艺术魅力赢得人们的尊敬和重视。去世60周年之际编印《应均书画集》行世。

就北山逭暑寄苏盦

近现代·马一浮

三洞经游地，重来似梦中。
林岩长蔽日，溪谷自生风。
石古云烟积，台高象纬通。
羊群呼欲起，空有本玄同。

读记：马一浮于1963年5月避暑金华双龙洞招待所时所作。原注“入山七日，始出笔砚，馆舍清寂略似僧寮。昔之待客者为方外之士，今则以小吏代之。道俗无殊营构则异，吾之视馆舍犹寺院也”。“苏庵”即蒋国榜（1893—1970），字苏庵，江苏南京人。工诗文，书师汉魏，喜好金石、书画、碑帖等。宣统年间购杭州“小万柳堂”改建屋宇易名为兰陔别墅，俗称蒋庄。平素乐助公益事业，后入马一浮门下，为中华人民共和国成立后马氏仅收的两弟子之一。1950年马一浮应蒋国榜邀请在蒋庄居住17年。

马一浮（1883—1967），幼名福田，字一佛，后字一浮，号湛翁，别署蠲翁、蠲叟、蠲戏老人，出生于四川成都。清光绪十四年（1888），随父母返浙江绍兴原籍，居绍兴东关长塘后庄村（今上虞市）。中国现代思想家、诗人和书法家，是引进马克思《资本论》的中华第一人，与梁漱溟、熊十力合称为“现代三圣”（或“新儒家三圣”），现代新儒家的早期代表人物之一，浙江大学原教授。于古代哲学、文学、佛学造诣精深，又精于书法。编刻《蠲戏斋诗前集》《蠲戏斋诗编年集》《芳杜词賸》等。中华人民共和国成立后，任浙江文史研究馆馆长、中央文史研究馆副馆长，是第二、三届全国政协委员会特邀代表。所著后人辑为《马一浮集》。

金华双龙景区

癸酉暮春，盘泉纪游，并怀陈诵洛、张颂南、周润芳、尹志陶、狄九健、高汉声、胡抱一、俞咏华诸老友

近现代•黄维时

赤松礼佛余，借作盘泉游。笋舆陟岩峣，巍峨豁两眸。
回首望江村，炊烟几处浮。峦冈起复平，路转入山陬。
屏藩环我侧，俯视泉如虬。翘瞻青嶂迭，飞瀑天际流。
迢递云峰远，吁嗟何所由。崎岖板道难，奋发如置邮。
行行复行行，已临大灶头。烈火烧青石，山深林亦稠。
此去岭重重，啼崖韵事幽。虽云腰足健，喘息苦难休。
直上飞水岩，层峦窥我足。眼前解渴水，初看天上瀑。
精诚无间心，自有其中乐。如意巅口立，回望江天缩。
南山若城郭，远近分清浊。双溪绵如带，金城混如玉。
春色满田畴，草木成荫绿。天然图画新，妩媚如出浴。
从此入康庄，山阙同帷幄。涧绕与峰回，柴扉相交错。
犬吠伴鸡鸣，迎我入山屋。山楼作校舍，老友任教读。
莘莘十余子，书桌连床榻。茶炉供座右，渴来任煎服。
山城绕村外，四顾皆濯濯。为问何荒废，云系德化薄。
谁知庄之东，古杉天际矗。大有数人围，蓊郁称冠木。
盘根水之湄，孤高惊众目。葱苍谁与并，长山同寿录。
耶徒占堂构，外力侵幽谷。炎炎逢盛夏，此中凉气淑。
舍近图远辈，殊难明机轴。东挹玉壶峰，西控洞天麓。
高既出群峦，静又远城曲。解渴饮金盆，防饥种莱菔。
烽烟匪易入，妖逆难肆虐。若能长卧此，无异同驾鹤。
我惭未了生，怕听哀鸿哭。金瓯何所依，茫茫将谁托。
吁嗟乎长山，尘事何翻覆。

黄维时（1895—1945），原名凤炳，字志雄，号至雄山人、无畏草堂主人，金华市金东区塘雅镇塘雅村人。毕业于浙江省立第七中学，浙江公立法政专门学校。五四运动时期被浙江省推选为去北京的五位代表之一。后留学日本学法律，学成归国后被聘为浙江公立法政专门学校教员，后被聘为浙江私立法政专门学校校长。回梓后命任义乌县长，因辞未就；1928年夏，赴鲁查灾，任安徽、山东两省赈济委员会主席；1930年春，任军政部上校军法官兼陆海空军总司令部特派驻汉清理军犯旧案主任；1931年春，辞官回金华故里，门署“无畏草堂”，从事律师职业，组建正谊律师团，担任律师公会副会长。律师业务之余，常寄情于山水，游历了全国的名山大川，以吟咏自乐，尤以北山最为眷恋，热心保护名胜古迹，发起组织北山名胜管理委员会，重新开辟了封闭两百多年的双龙洞内洞，并将自己对北山风景的感怀吟唱，结集成《北山诗草》留于后世。其著作有《新市政论》《溅泪集》《农村合作造产之研究》《北山胜概》《双龙纪胜》《续源文钞》《佛教经学》《黄维时诗存》等。

游北山傍晚返金华

近现代·潘天寿

一头花压帽檐斜，抵死游春兴倍赊。
身似放翁人未识，海棠如锦入金华。

潘天寿（1897—1971），原名天授，字大颐，自署阿寿、寿者。早年自署懒道人、心阿兰若住持，晚年自署东越颐者、颐翁、雷婆头峰寿者等，浙江宁海县冠庄村人。现代画家、教育家。1923年先后任上海美术专科学校及新华艺术专科学校教授。1944—1947年任国立艺术专科学校校长。1949年后，历任中国美术家协会副主席、浙江省文联副主席、美协浙江分会主席、浙江美术学院院长，为第一、二、三届全国人大代表，中国文联委员。1958年被聘为苏联艺术科学院名誉院士。著有《中国绘画史》《中国书法史》《听天阁画谈随笔》《顾恺之》《治印丛谈》《听天阁诗存》《中国画院考》《中国书款之研究》等。

第二节 赤松山

赤松山，地处金华市金东区赤松镇以北，宋《赤松山志》云："周回数十里，即赤松山是也。"赤松山传为古仙人赤松子于此引牧羊少年黄初平修道成仙之地，有始建于晋代的赤松宫，区域内自然风光秀丽，历史遗存丰富，人文积淀丰厚，赤松山以黄大仙传奇文化与清幽的山水风光交融为主要特色，是以观光和休闲度假为主要功能的国家级双龙风景名胜区的重要景区。

赤松山

和杨使君游赤松山

唐•贯休

为郡三星无一事，龚黄意外扳乔松。
日边扬历不争路，云外苔藓须留踪。
溪月未落漏滴滴，隼旆已入山重重。
扪萝盖输山屐伴，驻旆不见朝霞浓。
乳猿剧黠挂险树，露木翠脆生诸峰。
初平谢公道非远，黯然物外心相逢。
石羊依稀龁瑶草，桃花仿佛开仙宫。
终当归补吾君衮，好山好水那相容。

读记：咸通元年秋冬，29岁的贯休再次回乡，并与婺州刺史杨发游赤松山。

贯休（832—912），唐末五代前蜀诗、书、画僧。俗姓姜，字德隐，婺州兰溪（今浙江兰溪市游埠镇仰天田村）人。7岁出家和安寺，日读经书千字，过目不忘。唐天复间入蜀，被前蜀主王建封为“禅月大师”，赐予紫衣。他的一生，能诗善书，擅绘画，尤其所画罗汉，更是状貌古野，形象夸张，所谓“梵相”，在中国绘画史上有着很高的声誉，存世《十六罗汉图》为其代表作。贯休在书法上也颇有造诣。《益州名画录》载：“善草书图画，时人比诸怀素，画师阎立本。”诗名高洁，宇内咸知。有《禅月集》存世。现存世诗计735首。

题赤松

宋•郑刚中

世谓仙易得，汉武吾所知。终老坐迷妄，海上求安期。
世谓仙难得，二王等儿嬉。安期自来顾，一笑相与归。
难易讵能诘，懵恍谁复窥。千古赤松事，话者君勿疑。
凌遐与倒景，物外非无之。要须功行满，乃可超尘泥。
无怀轻诞心，鹤鹿浪欲骑。安期寄语谓世人，初平不是牧羊儿。

赤松山

鹧鸪天（九日登赤松绝顶）

宋• 韩元吉

老去休惊节物催。菊花端的为君开。
携壶幸有齐山客，怀古还如单父台。
松掩映，水萦回。使君强健得重来。
不须细把茱萸看，且尽丰年酒一杯。

韩元吉（1118—1187），南宋词人，字无咎，号南涧。开封雍邱（今河南开封市）人，宋室南迁，韩氏一家迁至福建，曾累任处州龙泉县主簿，福建建安县令，司农寺主簿，吏部尚书，淳熙元年（1174）2月因遭劾以待制出知婺州。又改知福建建宁府。淳熙五年（1178），以龙图阁学士身份再知婺州。后晋封颍川郡公，而归老于信州南涧，因自号南涧翁。韩元吉的两个女儿先后嫁给了金华学派创始人吕祖谦。平生交游甚广，与陆游、朱熹、辛弃疾、陈亮等当代名流和爱国志士相善，多有诗词唱和。《四库全书总目》称其“诗体文格，均有欧、苏之遗，不在南宋诸人下”，“文献、政事、文学为一代冠冕”。著有《南涧甲乙稿》《南涧诗余》等，存词80余首。

游赤松

明•金涓

枕石听流梦未安，碧云萝薜古祠寒。
夜深鸾鹤群仙过，人在青松月下看。

金涓（1306—1382），字德原，义乌人。尝受经于许谦，又学文章于黄溍。

游赤松山分韵得弟字

元末•戴良

旦发东郭门，晚憩北山址。乍离城市喧，益羡丘壑美。
舍车陟岖嵚，停策玩清泚。游目苍崖颠，放情白云里。
攀林感落英，涉涧悲逝水。冀凭栖遁踪，往遇冥寂士。
忽见山阿人，仿佛君平起。何当乘素烟，相与嚼丹蕊。
牧羊事已乖，炼石情徒止。长揖谢荒祠，永愧尔兄弟。

戴良（1317—1383），元明间浦江人，字叔能，号九灵山人，又号云林。通经、史百家暨医、卜、释、老之说。学古文于黄溍、柳贯、吴莱。学诗于余阙。元至正十八年（1358），朱元璋取金华，召之讲经史。旋授学正。不久逃去。顺帝授以淮南江北等处儒学提举。后避地吴中，依张士诚。见士诚将败，挈家泛海，抵登、莱。欲行归扩廓军，道梗，侨寓昌乐。元亡，南还，变姓名，隐四明山。明太祖物色得之，召至京师，试以文，欲官之，以老疾固辞，忤旨。逾年自杀。其诗风骨高秀，眷怀宗国，多磊落抑塞之音。有《九灵山房集》。

赤松山

明•戚雄

方外幽居偶一过，天风吹上白云窝。
山围四野苍苍色，水映双溪淡淡波。
画戟屡挥高唱绝，蓬壶同醉早春和。
欲穷羽化千年事，松老无枝长薜萝。

戚雄（1478—1544），字世英，号雪崖，浙江金华城区人。明正德六年（1511）进士。知建阳县，平易近民，锄奸扶善。调知南海，治为百粤最。召拜南京监察御史。嘉靖六年（1527）疏劾李福达、郭勋，以“风闻妄奏”下狱落职。著有《婺贤文轨》。

赤松山

第三节　洞天幽境

溶洞景观是金华北山自然景观的主要特色。在金华山南坡中部分布着一条长20余公里，宽约1公里的带状石灰岩层，亿万年来鬼斧神工般形成了50多个地下溶洞、多条地下河和地下湖。其中尤以双龙、冰壶、朝真三洞最为著名。此三洞早在1000多年前即被总称为“金华洞”或“三洞”而见诸古代诗文。

洞天福地就是地上的仙山，是道教仙境的一部分，“洞天”意谓山中有洞室通达上天，贯通诸山。东晋《道迹经》云：“五岳及名山皆有洞室。”所列十大山洞名与十大洞天一一对应。唐代杜光庭《洞天福地记》称“第三十六洞天金华山”。第三十六金华山洞，周回五十里，名曰金华洞元天，明代大旅行家徐霞客曾四次游历金华山，对著名的北山“金华三洞”奇趣做了生动而贴切的描绘。

金华洞

五代•非丘子

层峦叠嶂翠苍茫，石径云深草木香。
郁律肯嫌山路峻，康庄多厌世途长。
千年洞里风光好，一笑人间日月忙。
此日我来寻胜事，丹丘何处总成荒。

读记：金华北山双龙、冰壶、朝真三洞最为著名。此三洞早在1000多年前即被总称为“金华洞”。

非丘子，生卒年不详，后晋人，原名唐，山西太原人。曾中进士，后出家为道士，成真于浙江天台山。

双龙洞

三洞祷雨

宋•钱藻

重门踏尽洞门天，洞底飞泉海止回。
知有苍龙此潜伏，为施灵雨出山来。

读记：三洞即双龙、冰壶、朝真三洞。此诗是钱藻知婺州时为祷雨有感所作。

钱藻（1022—1082），字醇老，钱塘（今苏州）人。北宋皇祐五年（1053）进士，又举贤良方正科，为秘阁校理，同修起居注。曾三次上书乞慈圣光献太后归政。神宗时，累握知制、直学士院，除枢密直学士、知开封府，迁翰林侍读学士。独立守绳墨，廉静有条理，人称长者。与苏轼同朝为官，亦对王安石变法持异议。熙宁三年（1070）三月出守婺州。有《钱藻贤良策》5卷。

蓦山溪·叶尚书生朝避客三洞

宋·韩元吉

双龙古洞，领略千岩秀。福地有真仙，
来一试、调元口手。青春绿野，月转最高峰，
星斗润，柳梅新，五夜收灯后。
诏飞天上，人倚经纶旧。重入辅升平，
更赢得、千龄眉寿。功成未晚，
归伴赤松游，金印重，羽衣轻，会见丹砂就。

双龙洞

宿上霄洞

唐•袁吉

一宿烟霞境，更无尘梦侵。
泉声寒绕枕，山色冷归衾。
自得希夷性，还忘名利心。
更阑不成寐，岩鸟共寒吟。

读记：《赤松山志》详细记载了上霄洞的面貌，说其“洞门高五尺许，入门则高，广二、三丈。自左升梯而上，又于上扶梯而入其中”。意思就是，进去后还要爬两个梯子才能进到主洞。“举而视之，则虚旷如大厦数十间之广……烟霞交错，石髓流英……”此洞里面非常大，还有炫目的钟乳石。袁吉在这首诗中，写他在上霄洞处宿了一夜，对此景色念念不忘，认为它让人有忘记名利、身心爽快的感觉。此后，上霄洞声名鹊起。惜此洞后被封，至今尚未发现。

题罗汉洞

宋•应材

石磴巍峨捉膝行，行时不觉看时惊。
纵教良匠描难就，自是天工造化成。

读记：罗汉洞在讲堂洞下方50米处。清光绪《金华县志》载："罗汉洞……深不可测……右有石鼓，左有石和尚撞钟……内有石罗汉坐水中，故名。"

应材（？—1180），字伯良，浙江永康岩后人。绍兴二十七年（1157）进士，授衢州教授。后潜心钻研理学，造诣甚深。宋隆兴间（1163—1164），朝廷下诏求贤，应材被举荐，升任兵部架阁文字，掌管账籍机密文案。后因老成持重，端庄谨严，被帝选为太子春坊，总管东宫内外庶务。宋淳熙初，应材上疏力陈北伐收复中原失地。几年内，边境平静安定。淳熙七年（1180）应材病故于军中。谥安国公。

唐丈命玉涧僧画金华三洞为图障寿母玉涧有诗

宋·金履祥

金华高哉几千丈，翠壁重峦不可上。
上下飞潜灵液通，朝暮烟云姿万状。
我闻玄女蟠金鼎，至今遗粒犹可饷。
又闻仙姑驾银鹿，至今瑶田印层嶂。
金华本是东南奇，未数剑门天下壮。
有时笙箫响青云，犹疑幢节迎仙仗。
自古长生端有术，飘摇群仙尚无恙。
只今洞天双龙飞，何处华表声清喨。
谁将此山真面目，尽收奇伟归图障。
居然冈阜北堂前，未须屣履勤敖放。

上霄洞

宋•王野

吾闻北山阳，岩壑宝相窍。何年开鸿蒙，随地通窔奥。
朝真高难攀，冰壶深莫料。诡怪者双龙，崖室最苍峭。
上霄虽晚出，烟霞寄孤峤。寻源陟空山，访仙款遗庙。
始探颇褊窄，稍入亦窈窕。上穴由梯升，傍穿须火照。
青厂既郁郁，白乳仍皭皭。旁通多曲折，幽眇转奇妙。
穷探岂不欲，所畏自微爝。昏昏蝙蝠飞，悄悄鼪鼯叫。
或疑洞灵出，或恐山鬼啸。又闻村中氓，凿石供灰烧。
俄然得深窦，倾城尽登眺。何人不好事，窒塞迷其要。
此虽幸独存，荒僻委蓬藋。倘移傍京邑，车马日号召。
了知神仙事，茫昧不堪吊。岂无隐沦士，岩筑像惟肖。
畲田沃可耕，涧水清可钓。平生爱泉石，自谓饥可疗。
喜兹近吾隐，来往足谈笑。此意复谁论，行行逢荷筱。

读记：自唐袁吉咏上霄洞诗后声名鹊起，故王野慕名去游览，回来写了这首长诗。诗中提到，由于来旅游的达官贵人太多，村民接待不过来，一度将洞口封住了，他是扒开石头钻进去的。在宋朝以后的文献和诗词中，上霄洞却神秘地消失不见了。有传说是山洪暴发淹没了洞口。2001年北山脚下□□村村民陈奶义建房时曾挖掘出一块书有疑似“上霄洞”三字样的石碑。

王野（？—1260），字子文，号潜斋，浙江金华人。南宋嘉定十三年（1220）进士。累官枢密院编修兼检讨，历两浙转运判官、江西转运副使、知隆兴府，除知镇江府，迁沿江制置使、江东安抚使兼知建康兼行宫留守。宝祐三年（1255）拜端明殿学士、签书枢密院事。因与宰相不合，为言者所攻，未逾月而奉主管洞霄宫。工诗，书法祖欧阳询。曾知建宁府，创建安书院。刘克庄曾为其诗作序（《后村先生大全集》）。《宋史》卷四二〇有传。

冰壶洞

三　洞

宋•于石

群峭摩天不染埃，凝岚滴翠郁崔嵬。
帘垂飞瀑无人卷，舟引游仙出洞来。
一窍中谁开混沌，三山外亦有蓬莱。
扪萝更间朝真路，夹迳松阴覆绿苔。

冰壶洞

双龙洞

元•许谦

林幽不见天，山静只闻泉。
混沌何年鉴，嵚崟百尺悬。
岩坳犹有路，石窦仅容船。
仿佛双龙迹，潜鳞岂在渊。

读记：双龙洞坐落在海拔1000多米的北山南坡，它的特点是“洞中有洞洞中泉，欲觅泉源卧小船”，千百年来人们誉为“水石奇观”。双龙洞由内洞和外洞组成，外洞面积1200平方米，可容千人，洞口两侧上端悬有两个钟乳石“龙头”，故称双龙。外洞与内洞中的历代摩崖石刻无数。洞内石壁上钟乳石和石笋纵横交错，有的形似珍禽异兽。从外洞进入内洞须经此小穴逆水而行，洞穴宽3米余，仅容两只小船并行进出，水面离穴顶30余厘米，欲进入内洞，必须平卧船中，仰面擦崖而过，内部风景饶有异趣。

许谦（1269—1337），字益之，号白云山人，浙江东阳人。元代教育家，师承金履祥，尽得其传。对天文、地理、典章、制度、食货、刑法、文学、音韵、医经、术数、释老等均悉心钻研，得其精义。官府屡荐他出任官职，均坚辞。元延祐元年（1314），由金陵归乡，居东阳八华山开门讲学，从学者甚众，声誉所及，及门弟子，见于著录者千余人，各有成就。为学者师四十年，一生清苦自守，世称白云先生。与何基、王柏、金履祥齐名，于金华建“四贤书院”。卒后赐谥文懿。著作颇丰，著有《四书丛说》《诗集传名物钞》《诗书丛书》《白云集》《温故管窥》。撰有《八华讲义》《学规》等，《元史》有传。

双龙洞

金华山游双龙冰壶二洞欲往朝真洞晚不可到

元•吴莱

金华三十六洞天，高崖巨壑多风烟。
老石斗瓮寒鸣泉，蛮花铁树森戈铤。
鸟兽绝迹鬼魅瞷，清丝叫条巢神仙。
虚弘啮趾螟颐然，怪凿霏落辟屋櫋。
凉飚倒鞴吸欲穿，冻乳冰髓伛就船。
荧光烛冥竹炬焦，积薜哒屩跣却趯。
危栋结宇深扃键，曲房密阁极邃延。
困仓敛薪列町畽，械架褐卷冠裳悬。
钟栾鼓虡屹不迁，彤霞宝盖烂瑛鲜。
蜚幢舞节恍后前，垂龙夭矫角鬣全。
穹龟络蛇白以玄，狻头象脚伏联猭。
蟾蜍蚀月囚重潆，霙霜霰雪凝真铅。
灵溪流潺截中边，秘穴漆黑局背肩。
神阍峻拒亟我旋，暗井瞰腹抱豁圆。
仰窍断缡瞩或颠，妖蛟产暇滑吐涎。
□□□□□□□，冰帘洒空万琲联。
冯夷海国潴为渊，窥觇欲下手足拳。
悔惧咋舌恐有愆，谽其奥室别据巅。
茑萝藤蔓乱纠缠，蝙蝠翅股挂复翱。
蜥蜴弄雹窟宅专，梵质蕃饰垂蹁跹。
宝璎珠珞穷雕镌，精英象物得气先。
上踞下伏总一甄，馨磴陟绝愁攀缘。
嗟予学道苦未坚，起搴昌阳望延年。

乾堪坤舆自方圆，禀生受有吾拘挛。
羽毛鳞介正或偏，飞潜动植过百千。
宫居灶食类皑蠓，酸咸淡涩朽臭膻。
揭鉴照面益削腹，运剑剖腹猛涤湔。
贪赢啬厚务死权，息黥补劓吁谁贤。
我疑神仙住渺縣，黄庭郁璘内景蜒。
芙蓉城阙麒麟耕，蓬莱楼阁鱼龙鞭。
服闾卖瓜俗骨痊，道华啖枣彭仇捐。
白河照耀踏斗缠，沧海搅碎观桑田。
盖独阅此使世癫，我卜我筮还筵蕁。
喝开三洞薄八埏，翩然直驾鹤与鸢。

读记：从双龙洞经“龙耳”洞，拾级而上200多米，便到冰壶洞。洞口石碑上刻郭沫若游冰壶洞后所赋之诗。冰壶洞洞深120米左右，为一倾斜而下的竖井状的落水洞，因其洞口朝天，洞口小、肚大、身长，垂直而下，内有飞瀑，深奥莫测，“形似冰壶”而得名。根据记载，此洞于公元300年（晋代）发现。宋《鲁斋集》曰：“下危梯、观瀑布。”1636年，徐霞客详尽记录了他的探险见闻。双龙、冰壶两洞已于1991年年底打通，由双龙洞内洞上行50多米，即可闻冰壶洞内瀑布的“若击鼙之声者”。洞中遍布石笋、钟乳石，悬挂瀑布落差达20米，其从暗河飞泻而出，声若巨雷轰鸣，而水流立即潜入洞底，不留水潭。其势壮观无比，古今游客均惊叹不已，为国内外洞景所罕见。

吴莱(1297—1340)，原名来凤，字立夫，门人私谥渊颖先生。浙江浦江人。天资过人，7岁能文。延祐间（1314—1320）举进士不第，隐居松山，深研经史。学问渊博，从学者众，尤以文学名世。宋濂曾从其学。作诗不喜近体，而擅古体歌行，诗格雄浑奇肆，瑰玮有奇气，对元末“铁崖体”诗歌有一定影响。为清人王渔洋所称赏。清纪晓岚所编《四库全书总目提要》载：“吴(莱)与黄溍、柳贯并受业于宋方凤，再传而为宋濂，遂开明代文章之派。”著有《尚书标说》6卷、《春秋世变图》2卷、《春秋传授谱》1卷、《古职方录》8卷、《孟子弟子列传》2卷、文集60卷。后人选编《渊颖吴先生集》。

冰壶洞

讲堂洞

元·陈元珂

结伴寻幽向赤城，灵岩洞处托高情。
松花入口凭风起，竹杖穿云带月行。
谢眺青山吟自适，陶潜浊酒兴偏清。
此身已判从深隐，懒慢缄书寄玉京。

读记：讲堂洞位于双龙洞西北约1.5公里，九龙村东侧。系南朝梁代著名学者刘孝标隐居讲学之所，因名。洞有二门，一向西南，一向西北，两洞口间相距30米。该洞全长75米，平均宽6米。洞轩爽高洁，能容千人。清光绪《金华县志》载："讲堂洞……为刘峻(孝标)读书处。石室深广十余丈……""金华十景"之一。明末著名旅行家徐霞客在其《浙游日记》中，将金华的四个洞及兰溪的四个洞综合品评排名，将双龙洞列为第一，讲堂洞列为第三。千余年来，历代名士来此凭吊络绎不绝，题留诗文无数。现西南向洞口上方有"白衣洞"三字，此系清代一知府"张冠李戴"而误题。据清光绪《金华县志》载："嘉庆初知府玉柱于讲堂洞建石像三，镌'白衣洞'三字，于是'白衣'之名遂移于讲堂矣。"其实，白衣洞即九龙洞，系另一洞，洞口早已湮没。

陈元珂，字仲声，号双山，闽清人，嘉靖十四年（1535）进士，以户部郎谪判德庆州，迁南雄府同知，视郡篆，擒妖贼陈永富、杨天庆等，擢金华知府。政尚严明，重教风，一郡称治，升宁绍兵备道，建狼牙营，筑余姚城，佐督府胡宗宪讨倭贼于海上，余党攻舟山，督府檄元珂监军，大破之，晋湖广参政，寻罢。元珂因自少至老居闽山乌石山，因自号其集为《双山集》，著有《三山诗选》及《居婺文录》4卷。见于《分省人物考》《金华府志》，陈元珂所撰《闽山庙碑记》。

讲堂洞

游三洞

明·姚文炤

佳客怜兹会，名山故有期。
名霞遥送酒，绝壁坐题诗。
云气连三洞，泉声自四时。
仙源原有约，辟谷更寻芝。

姚文炤，字在明，福建莆田人。明嘉靖九年（1530）任金华府知府，兴利除弊。事靡不举，颇得民心，故政绩之美谣遍传郡邑。

双龙洞

朝真洞

明•王思任

高洞逼天居，残天漏点馀。
风根锄不出，日凭短无如。
玉乳流胎乱，金枢匿窍虚。
此来题八素，应上谪还书。

读记：朝真洞又称上洞，传说该洞是古代石真道人炼丹栖居之地，故又名“真人洞”。自冰壶洞640余石级即至，洞口向西，洞门显豁，高约10米，主洞道长140米，支洞长55米，面积2540平方米。洞口有“三十六洞天”五字石刻。该洞由主洞与两个支洞组成。另一支洞，肚大口小，但尾长，形似螺蛳，故名“螺蛳洞”。主洞内有“石棋盘”“天池”等景观。洞顶有一罕见大石梁，长数十米，上有无数钟乳石，纵横交错，倒垂悬挂，极为壮观。

左侧洞壁下端，石笋累累，参差错落。从“石棋盘”前行，便到达堪称洞天奇绝的“一线天”，天窗到洞底约50米。“一线天”下来，即为“巨峡”，两边峭壁如削，底下巨石突兀，直下千寻，深不见底。故徐霞客说“朝真以一隙天光为奇”。过“一线天”尽处，原有宋代理学大师朱熹的题刻“止步”二字，因此南宋学者金履祥写有“天窗不照人间世，限尽游人自此回”的诗句。朝真洞为燥洞，可以居住，所以古代隐居于此修炼者甚众。

王思任（1575—1646），字季重，号遂东，晚年号谑庵，山阴人。王思任于万历二十三年（1595）中进士，曾知兴平、当涂、青浦三县，又任袁州推官。

朝真洞

金华三洞歌

清•张作楠

翼翼椒亭峥洞口，石室凿开天户牖。
蚴蟉盘攫走双龙，逼是拿云好身手。
炬行内洞崖擦顶，怪石错立翔群山。
钟撞磬戛釜缶裂，老蛟踞地神蛇蜒。
天神衣折翩跹影，雷雨深湫驻斜景。
直教飞步凌天涯，脚底乾坤恣超迴。

张作楠（1772—1850），字让之，号丹村、丹邨，金华曹宅镇龙山村人。嘉庆十三年（1808）进士，由处州府学教授，历桃源、阳湖等县知县，太仓州知州，升徐州知府。淮徐海通兵备道。治事廉平，人称儒吏。张作楠博学多能，理阐程朱，学探河洛，家富藏书，擅长诗书，尤精算学，精通天文，贯通中西，是位历算学家。为官时以工匠自随，制仪器，刊算书。常州市区天宁寺大雄宝殿丹墀两旁的测日景石表、平面日晷，就是清嘉庆二十五年（1820）张作楠任阳湖县知县时制作的。张作楠著作颇丰，著有《四书同异》20卷，《翠微山房数学》38卷及《愈愚录》《东郭乡谈》《乡党述注》《翠微山房遗诗》《梅簃随笔》《书事存稿》等，辑有《八线对数类编》，又辑故人诗为《旧雨录》等。56岁时，从任上乞养还乡，家居20余年，以吟诗为乐，曾与曹开泰等乡贤同道组织北麓诗社，常与诗社诗友为伍，抒写了大量有关金华山川、人文等诗篇。

游三洞（三首）

清•陈文騄

其一

扶筇直上碧云隈，足下天风吼作雷。
手把芙蓉招帝子，无心唤出潜龙来。

其二

别有奇观洞里存，片楂不许问灵源。
神仙久厌人间世，故遣双龙早闭门。

其三

赤碧青黄句漏砂，夕阳返景灿烟霞。
孝标已去书声渺，僧与白云共作家。

陈文騄（1840—1904），顺天（今北京）大兴籍，祁阳人。清光绪十年（1884）任金华知府。曾游历金华山冰壶洞、双龙洞、讲堂洞，写下《游三洞》诗三首，并题刻于讲堂洞北壁，落款为：光绪丁亥仲秋郡守陈文騄游三洞题。

和汤尔和先生壬申孟夏游北山双龙洞元韵（三首）

近现代·黄维时

其一

路转峰回道不穷，桑麻鸡犬白云中。
松涛竹韵泉声里，洞府朝霞分外红。

其二

极目楼台尽网罗，烽烟四起泪横波。
壶中岁月春常在，九转丹成费琢磨。

其三

名山看尽未携筇，踏遍神州几万峰。
自笑浮生蝶梦幻，那堪玉宇露华浓。
虫鸣唧唧愁荒寺，泉卷腾腾起伏龙。
真个仙源风景好，最难洞府两相逢。

附：汤尔和先生原唱（三首）

其一

泉声岚气两无穷，身在清湘画稿中。
最爱漫山崖柏树，秋凉应照满溪红。

其二

隔江烟灶似星罗，淡淡山痕渺渺波。
却病风光太柔媚，后生志气易消磨。

其三

笋舆安稳胜支筇，直到芙蓉以上峰。
奔泉泻地都成雪，怪石当门欲化龙。
待访初平无觅处，华溪桥畔倘相逢。
生小在山儿足健，连绵经雨树荫浓。

双龙洞

冰壶洞

近现代•郭沫若

银河倒泻入冰壶，道是龙宫信是诬。
满壁珠玑飞作雨，一天星斗化为无。
瞬看新月轮轮饱，长有惊雷阵阵呼。
压倒双龙何足异，嵚崎此景域中孤。

读记：1964年5月中旬，郭沫若于上午8时上北山去游览双龙洞、冰壶洞。陪同郭老游览的人除了郭老的儿子、秘书和驾驶员外，还有金华地委李学智书记、梁长庚专员、胡晓民副专员和戴光、张学义两位副书记以及地委副秘书长马蕴生，地委办公室秘书科长、李学智的秘书张林耕。一行人看了双龙洞后游览冰壶洞。游毕来到双龙招待所会议室，郭老见桌上准备了宣纸、笔、墨，就走到桌边，大概他在冰壶洞中边走边看时，已打好诗的腹稿，很想马上抒写出来！于是拿起大笔，一口气挥毫写下了此诗。全诗写好后，又写了“冰壶洞”三个大字。后来将“冰壶洞”三个大字刻成碑，此诗稿手迹刻在碑阴，并建了个碑亭。

郭沫若（1892—1978），幼名文豹，原名开贞，字鼎堂，号尚武，是中国新诗的奠基人之一、中国历史剧的开创者之一、古文字学家、考古学家、社会活动家。1926年参加北伐，1927年参加了南昌起义，中华人民共和国成立后历任中国文联主席、中央人民政府委员、政务院副总理、中国科学院院长等，在中国共产党第九、十次全国代表大会当选为中央委员，在第一届至第五届全国人大当选为常务委员会副委员长，并当选为全国政协副主席。第一届“中央研究院”院士。获得“加强国际和平”斯大林国际奖。著有《中国古代社会研究》《甲骨文字研究》等重要学术著作，1958年9月兼任中国科学技术大学校长。主编有《中国史稿》和《甲骨文合集》，全部作品编成《郭沫若全集》38卷。

冰壶洞

金华北山三洞歌

近现代·马一浮

屈子离群思远游，世间何处非丹丘？
御风缩地聊可及，吾行不与时人谋。
清虚任物尊黄老，洞天分治从灵宝。
颇怪仙人有俗情，琳阙珠宫岂长保。
久向兹山闷灵怪，石乳寒凝如倒薤。
然犀夜烛穷幽玄，投足奔流逆澎湃。
白日雷霆风雨上，帝释天魔屹相向。
旌幢鳞羽强安名，伯夷志眩神尧丧。
初平一叱泯柔刚，龙汉迢遥隔几桑。
不见青牛逢尹喜，浪传黄石教张良。
情与无情元共体，掌中六合才稊米。
峥嵘寥廓始无形，昭昭何必异冥冥。
大力中宵趋不辍，小智营营贪鼠穴。
五丁奋臂空咨嗟，七圣迷途犹未彻。
盈虚消息本相乘，火自流金水自冰。
终古业风吹识浪，千年深谷变高陵。
行歌欲觅渔樵话，击竹时来粥饭僧。
见说蚩尤方苦战，何如松子事飞升。

游金华冰壶洞感赋

近现代•姜东舒

冰壶古洞无他异，飞瀑喧豗跃碧池。
艺事细思当若此，一精远胜众披离。

读记：1984年3月19日上午，应浙江师范大学之邀，讲授书法后，畅游金华北山于冰壶洞所作一绝。

姜东舒（1923—2008），山东省乳山市人，曾任中国硬笔书法家协会主席，浙江省钱江书法研究会会长，文澜书画社社长，浙江省政协诗书画之友社顾问，山东《羲之书画报》名誉社长，浙江省人大常委会办公厅咨询，研究馆员。

第四节　洞泉湖泊

金华北山除有大量溶洞景观外，还有许多涧、泉、瀑布与湖泊等自然景观。前人留下了美好诗句。

双龙景区

赤松涧诗

南北朝·沈约

松子排烟去。英灵眇难测。惟有清涧流。潺湲终不息。
神丹在兹化。云軿于此陟。愿受金液方。片言生羽翼。
渴就华池歌。饥向朝霞食。何时当来还。延伫青岩侧。

读记：赤松涧位于双龙洞东南约7公里处。涧自里宅东北之西殿流经二仙桥，又向东南流，注入山口冯水库。亦称赤松溪。

北山赤松溪水

赤松涧

唐•皎然

缘岸蒙笼出见天， 晴沙沥沥水溅溅。
何处羽人长洗药， 残花无数逐流泉。

皎然（730—799），唐代著名诗僧，俗姓谢，字清昼，吴兴（今浙江湖州）人。自说是谢灵运的十世孙，但据《唐才子传》《颜真卿传》及《旧唐书》记载，皎然是东晋名将谢安十二世孙，谢灵运乃是谢安侄子，因皎然更重视谢灵运名气故自称谢灵运十世孙。皎然在文学、佛学、茶学等方面颇有造诣。与颜真卿、灵澈等和诗，现存470首诗。多为送别酬答之作。其词情调闲适，语言简练。皎然的诗歌理论著作有《诗式》。

和前人小桃源韵

宋•王柏

二初何如人，夫岂古隐士。
道成遡泬寥，羊卧不再起。
鸾鹤舞松声，萧骚快心耳。
金灶清尘生，余丹不轻委。
我来桃源游，直穷路所止。
飞萝摇春烟，素雪喷清泚。
了无一根桃，此名安可纪。
岂是牧羊儿，即刘阮二子。
不然命名者，亦别有深旨。
何时架草堂，深入此山里。
翛然逃世虑，炼魄继遐轨。

读记：小桃源位于双龙洞东约6公里处，即大篑山与炼丹山之间。涧深长僻静，花繁水曲，涧景特秀，故名。小桃源自古享有盛名，历代许多名士曾为之撰写游记和题留诗篇。南宋《赤松山志》载：“（赤松）宫内自左庑，可问桃源之津。溯流而前，泉石相搏，无风而涛。行且百步，有亭曰‘物外’。又百步，横涧为桥，榜曰：三峡惊涛怒号前，莫知所穷后不见，其所止殆与尘世相隔。过磐石，临浚流……横绝一小桥，有亭在大石上，曰‘石泓’……昔有‘栖碧’‘御风’‘泠然’等处。”

徐公湖并序

明•赵祖鹏

徐公湖，亦曰千日醉泉，在绝顶两玉壶间。泉仰出，广可两三亩。昔徐公逢安期生、赤松子于此对弈，徐在旁观弈。二仙酌湖水饮徐，徐醉卧湖西平石上，千日不醒。比起，宿莽已绕身矣。归至家，家人释服已二月。至今平石板有徐公卧迹焉。后亦仙去。今东、西两玉壶，祠安期生、赤松子。平石下、山桥上祠徐公。湖水分两派：东派注金盘村，为赤松溪；西派下平石，穿三洞，为盘溪。水清冽异常，人取以酿，风味特殊，亦曰千日泉。

金华绝顶溢清池，浴日涵星紫气随。
明印两壶悬六晌，暗穿三洞落双漪。
徐公一饮经年醉，松子频来几局棋。
浸枣如瓜长此地，错教东海问安期。

第五节　赤松仙踪

我国漫长的封建社会，形成了儒、释、道三教的传统文化。金华北山是三教文化的代表性圣迹。传说中之黄帝、九天玄女、赤松子等均曾登金华山，秦代方士安期生亦曾在金华山修炼登真。传为古仙人赤松子于此引牧羊少年黄初平修道成仙之地，是大仙圣地，流传了许多传说故事与诗词。

赤松仙踪

赋咏得神仙诗

南北朝陈·阴铿

罗浮银是殿，瀛洲玉作堂。
朝游云暂起，夕饵菊恒香。
聊持履成燕，戏以石成羊。
洪崖与松子，乘羽就周王。

阴铿，南朝陈文学家，字子坚，武威姑臧（今甘肃武威）人，生卒年不详。其高祖袭迁居南平（在今湖北荆州地区），其父亲子春仕梁，为都督梁、秦二州刺史。铿幼年好学，能诵诗赋，长大后博涉史传，尤善五言诗，为当时所重，仕梁官湘东王萧绎法曹参军；入陈为始兴王陈伯茂府中录事参军，以文才为陈文帝所赞赏，累迁晋陵太守、员外、散骑常侍。约在陈文帝天嘉末年去世。

古风其十七

唐•李白

金华牧羊儿，乃是紫烟客。
我愿从之游，未去发已白。
不知繁华子，扰扰何所迫。
昆山采琼蕊，可以炼精魄。

读记：这是李白《古风五十九首》中的第十七首。这五十九首古风，反映出李白在诗学上并不是简单地附和当时推崇建安的流行风气，而是努力上溯风骚、尊复风雅，深化了自初盛唐以来的复古诗学。在艺术创作上，诗人既运用写实手法，又进行想象夸张，各首诗虽相对独立，但在主题、立意、风格及诗学渊源上又表现出整体性的特征。

顾恺之画黄初平牧羊图赞

宋• 苏轼

先生养生如牧羊，放之无何有之乡。
止者自止行者行，先生超然坐其旁。
挟策读书羊不亡，化而为石起复僵，
流涎磨牙笑虎狼。先生指呼羊服箱，
号称雨工行四方。莫随上林芒屏郎，
嗅门舐地寻盐汤。

苏轼（1037—1101），字子瞻、和仲，号铁冠道人、东坡居士，世称苏东坡、苏仙，汉族，眉州眉山（今四川眉山市）人，祖籍河北栾城，北宋著名文学家、书法家、美食家、画家，历史治水名人。引碑入草开创者，李志敏评价：“苏轼是全才式的艺术巨匠。”

卧羊山

宋·郑士懿

见羊疑是已叱石，见石翻疑未叱羊。
非石非羊何所见，这些意思难商量。

郑士懿，字从之，号定斋，宁德（今属福建）人。南宋端平二年（1235）进士。授始兴教授。淳祐中通判婺州。迁太学博士，知武冈军。有《定斋集》，已佚。明嘉靖《宁德县志》卷四有传。

叱石成羊图

题丹井、丹灶、石羊（五首）

元·叶颙

其一

闲云埋甃冷，皓月照前空。
仙与丹俱化，苔花弄晓风。

其二

浴丹仙已远，甃冷藓痕鲜。
断绠无人汲，空遗浸月泉。

其三

丹成仙去后，灶古白云边。
灰冷空馀爇，林荒锁断烟。

其四

二仙牧群羝，食尽丹田草。
化石几何秋，牧羊人未老。

其五

山边牧羊者，谁得似初平。
羊化人俱往，年年草自荣。

牧羊儿土鼓

明·朱元璋

群羊朝牧遍山坡，松下常吟乐道歌。
土鼓抱时山鬼听，石泉濯处涧鸥和。
金华谁识仙机密，兰渚何知道术多。
岁久市中终得信，叱羊洞口白云过。

朱元璋（1328—1398），明朝开国皇帝。幼名重八，又名兴宗，字国瑞，濠州钟离（今安徽凤阳）人。少时为僧，后参加红巾军，任左副元帅。曾称吴国公、吴王。1368年建都南京，国号明，年号洪武。同年攻克大都（今北京）推翻元朝统治，后逐步统一全国。元至正十八年（1358）十二月，朱元璋攻取婺州，驻于金华山赤松观。现在金华山尚有其曾驻马前的“洪武域”遗迹及其大将胡大海和常遇春比武用过之“比武石”，在山顶还有一块“藏宝石”，上面有许多交错线纹，传说是朱元璋用剑砍出的藏宝图。

眺便

清•李渔

叱羊仙洞赤松山，一日双眸数往还。
犹自未穷千里兴，送云飞过括苍间。

李渔（1611—1680），字笠鸿，号笠翁，金华兰溪夏李树人。明末清初著名戏曲家。明崇祯十年（1637）入金华府庠。在戏剧、小说、散文、诗词杂著、文艺批评、生活文化、出版等方面均有重要贡献。清顺治八年（1651）移居杭州。不久，清顺治十四年（1657）侨居金陵（今南京）建芥子园，设书肆，刊印《芥子园画谱》，离金陵20年后，于清康熙十六年（1677）复归杭州“层园”。卒于杭。其所作《笠翁十种曲》极负盛名。他作的诗，反映了现实生活，语言通俗。专著有《闲情偶寄》《笠翁论古》《窥词管见》等；戏剧有《十种曲》；小说有《无声戏》《连城璧》《十二楼》等；编著有《资治新书》《古今史略》《千古奇闻》《四六初征》等。诗文杂称《笠翁一家言全集》，还有《李渔全集》。

无 题

近现代· 王梦白

岁月蹉跎如梦眠，哪知梦里已变迁。
金华山上寻仙迹，叱石成羊又一年。

王梦白（1888—1934），名云，字梦白，号破斋主人，又号三道人，祖籍江西丰城，出生于浙江衢州（今柯城区）。因住地与三溪接壤，自号三溪渔隐，称居所为映雪馆，又称三衢读画楼。中国现代中国画画家。年轻时在上海钱庄当学徒时喜画花鸟画，学习任颐，并受到吴昌硕的指导，画艺提高很快。1919年到北京任司法部录事；1919—1924年，由陈师曾推荐任北京美术专门学校（北平艺术专科学校）中国画系主任、教授。他的得意弟子为王雪涛、王羽仪。善花卉翎毛，喜写生，尤擅画猴，他还以书法见长，能诗作对，1929年曾赴日本，举办个人画展，出版了《王梦白画册》。晚年寓居天津，穷困潦倒而逝。

第二章　南　山

南山，金华区域境内西南及南部诸山的统称。绵亘于山坑、塔石、溪口、箬阳、周儒、莘畈、岭上、山脚、外畈、安地、华南等乡镇。南山属仙霞岭余脉，呈西南—东北走向，由于新构造运动上升强烈，在流水侵蚀下，西南诸山，谷深坡陡，多千米山峰（50余座）。南山也是白沙溪、厚大溪与瓯江水系的松阳溪、宣平溪的分水岭。向东北延伸，山势渐趋平缓，多呈块状丘陵。南山著名旅游风景区有九峰山、琅琊山、仙源湖等。

金华南山

第一节　九峰山

九峰山，古称妇人岩，又称龙邱山、芙蓉山，坐落在金华市汤溪镇境内，距金华市区28公里。九峰山南依括苍，北临瀫水，东瞰八婺，西望三衢，方圆20余平方公里，呈丹霞地貌。九峰山山势高耸，峰峰相连，有大小马峰、马钟峰、饭甑峰、芙蓉峰、寿桃峰、箬帽峰、牛头峰、达摩峰，“高数百仞，岩洞玲珑，嶙峋特秀，奇峰共九，故名九峰”。这里沟壑峡谷遍布，溪、泉、瀑、潭横生，三个龙潭在一个峡谷之中，波光粼粼，飘叶入水。山上有九峰仙洞、列仙洞天、九峰寺等古迹。九峰山历史悠久，西汉龙丘苌，东晋葛洪仙，南齐徐伯珍、宋菩提达摩，唐徐安贞，五代贯林，元黄公望等名流高士在此求学、布道、传经，留下了大量的诗词。特别是东晋陶渊明携眷属而居于九峰之麓，又号东阳隐士之后，名声大振。有称北有双龙，南有九峰。九峰景观可谓集雁荡之奇、桂林之秀、庐山之峻、华山之险于一体，像一朵奇葩开放在浙江中部。现为浙江省级风景名胜区。

龙丘引

南北朝·龙丘引

龙丘一回首，楚路苍无极。
水照弄珠影，云吐阳台色。
浦狭村烟度，洲长归鸟息。
游荡归春心，空怜无羽翼。

读记：西汉高士龙丘苌隐居于九峰山，山因苌而又名龙丘山。龙丘子高，六朝太末人，西汉名士龙丘苌后裔。

金华九峰山

龙丘途中

唐代·李商隐

汉苑残花别，吴江盛夏来。
惟看万树谷，不见一枝开。
水色饶湘浦，滩声怯建溪。
泪流回月上，可得更猿啼。

李商隐（813—858），字义山，号玉谿生，怀州河内（今河南沁阳市）人。唐开成二年（837）进士，授秘书省校书郎，调弘农尉，历佐幕府，终于东川节度使判官，检校工部员外郎。时牛、李党争激烈，他长期在牛、李党争中浮沉，一生困顿失意。其诗作多写离乱感慨，忧虑国事，表达个人失意情怀，他的诗精工典丽，委婉含蓄，艺术上构思缜密，想象丰富，语言优美，尤以七言诗见长，在晚唐诗坛上占有重要地位。有《李义山诗集》。

寒望九峰作

唐·贯休

九朵碧芙蕖，王维图未图。
层层皆有瀑，一一合吾居。
雨歇如争出，霜严不例枯。
世犹多事在，为尔久踌躇。

读记：贯休55岁时，即唐光启二年（886）冬天来到九峰山住九峰禅寺，此诗当在这时所作。贯休在这寒冷的冬天，远望九峰山，九峰似芙蓉，近看如蜂巢，峰峦嵯峨叠嶂，瀑布壑涧峡谷深邃，望九朵碧芙蕖之壮观而感叹。

金华九峰山

九峰岩

宋•赵抃

龙丘石室人难继，安正书堂世莫登，
但见烟萝最高处，九峰排列一层层。

读记：西汉与严子陵为友的名士龙丘苌隐居于九峰山，因此也称龙丘山，故有"龙丘石室人难继"之句。安正书堂古址在九峰山下，南朝齐梁间，徐伯珍设馆讲学之处。

赵抃（1008—1084），字阅道，号知非子，西安（古县名，今浙江衢州境内）人。北宋景祐年间进士，累官殿中侍御史，以清廉正直著称，不避权势，时称“铁面御史”，历益州路转运使加龙图阁学士知成都。熙宁元年（1068），擢参知政事，与王安石不合，罢知杭州，徙青州，再知成都，蜀郡晏然，以太子少保致仕，卒谥清献。兰溪城内天福山南麓有告天台。相传他生前“每日所为事夜必衣冠焚香告天”，故名。赵抃乃衢州人，告天台西向衢州，又名望衢亭。台前有赵景祐公祠，后有赵氏书院。衢州柯城钟楼底有赵抃祠，祠内存“天下第一流人”匾额。晚学道有得，诗谐婉多姿，不类其为人。有《赵清献公集》。

九峰山

明·宋约

亭亭九瓣捅青莲，中有飞来一道泉。
瑶草不知春几度，碧桃已老岁三千。
岩前月冷猿空啸，洞里云深鹿自眠。
莫道葛洪仙去远，至今丹灶尚依然。

读记：碧桃，九峰山岩前有桃树，其实甚美，非山中自有，莫知谁植(摘自民国《汤溪县志》,录自《后汉书·郡国志》注引《东阳记》)。

金华九峰山

九峰岩（二首）

明·胡森

一

客游何处典衣回，兴在重岩数举杯。
树杪飞流云壑泻，山腰卷雾古楼开。
风传人语花间出，天放晴光鹤自来。
自古名山留异迹，至今仙梵轶浮埃。

二

厌闻杜宇促春回，犹有殷红存酒杯。
满路林光晨霭合，一川花气午烟开。
雨余芝盖径旬长，林下文旌两度来。
自是仙家多逸调，清游常凝出氛埃。

胡森（1493—1564），字秀夫，号九峰，晚号太末人，今金华汤溪厚大乡胡碓村人。明正德十六年（1521）进士，任南京刑部主事，以功官至太常寺少卿，转南京鸿胪寺卿。在职期间，拒馈金，裁冗员，以爱民节用、清廉刚正、不阿附权贵著称，后因与权相不合，辞官归里，隐居九峰山。嘉靖年间，邻县欲将重役转加汤溪，森作《却役书》，痛陈历年赋役已有增，今又添重役，则民日贫而敛日急，祸乱必起。据情申报，役乃获免。卒葬九峰山麓，墓今犹存。九峰岩壁嵌有胡森手书碑。著有《九峰文集》。

游九峰（二首）

明·陈茂鷟

一

九峰春日好，乘兴忽相过。
雨意岩前合，风声洞里多。
霁色浮岩岫，云光度薜萝。
敲灯欢未已，休问夜如何。

二

石洞故阴阴，仙人何处寻。
百年沧海梦，一片白云心。
花去无消息，榴开自古今。
多君幽懒性，千载有知音。

读记：九峰山九峰岩洞上正中，有“九峰仙洞”四个摩崖真书，字大可二尺许，系陈茂鷟于明万历十三年（1585）书。

陈茂鷟，生卒年不详，福建闽县人，举人。明万历十二年（1584）出任汤溪知县。

九　峰

明•金城

九峰巉巉如狮蹲，青天可扪云可吞。
樵牧崎岖畦径乱，松岑石笋千秋烂。
曾闻谷中有真人，竹床落日移天半。
客身三十一入山，马蹄蹩趸山花闲。
野鸟关关破秋露，一夜禅趺万缘寤。

金城，生卒年不详，汤溪人，明万历四十年（1612）壬子科举人。授开州知州。

九峰山

九峰书院望九峰山

清•胡炜

九峰书院对南山，山聚奇峰九点环。
崖洞迟吾燃药灶，门墙先士接贤关。
岱衡秀色参高下，牛斗文墟近往还。
为睇名区钟瑞气，肯辜灵岫列窗间。

胡炜（1712—1796），字赤抒，又字尔华，号晓庐，金华洋埠镇湖前村人。清乾隆十五年（1750）庚午科副榜第六名进士，授山西太原府太谷县知县、大同知县。致仕后参纂《汤溪县志》，著有《阅史拈奇》36卷、《治家略》《偶存草》及《晓庐杂录》等。

九峰山

游龙丘山感赋

近现代•余绍宋

浙东诸山谁最尊，龙丘自古已著闻。
群峰起伏蔚奇秀，一径深曲离烟尘。
郁然苍翠杂丹赭，粲若玉女莲花盆。
其中一岩龙峭绝，天窗突启床横陈。
龙邱先生栖息处，范书遗迹今犹存。
南齐徐君接踵起，名山终古属高人。
有唐徐君负时望，韬精养晦亦其伦。
孰倡登仙胜异说，图经云笈恣云云。
取向代者浮屠氏，旁门左道非其真。
妄陈偶像置高椅，冀邀香火愚凡民。
两家杂混占斯席，遂令明德失礼明。
山名本以先生著，喧宾毋乃太寡恩。
崚绝高风遂消歇，忧哉芳躅亦负炳。
先生之友严陵叟，祠堂屹在桐江滨。
可怜龙丘意寂寞，相所奚以谢芳邻。

余绍宋（1882—1949），字越园，号寒柯，龙游人。宣统二年（1910）举人。早年留学日本法政大学。回国后，历任外务部主事，众议院代理秘书长，北京政府司法部参事，修订法律馆编纂，北京美术专门学校校长，北京师范大学、法政大学教授，司法官及普通文官惩戒委员会委员长，司法部次长，1921年、1926年两度出任司法部次长，代理总长。国民政府外交部高级顾问，杭州《东南日报》副刊主编，浙江省通志馆馆长等职。曾主纂《龙游县志》《金石书画》。工书画，尤善画竹。著有《书画书录解题》《中国画学源流概况》《寒柯堂集》等。诗喜古风长律，画擅长卷巨制，大气磅礴，善写山水松竹、书字章草，生平自诩字第一，竹次之。精鉴赏，富收藏。

九峰山

秋日游九峰山

近现代•徐东藩

寻幽偶访龙丘迹，策杖乘登安正堂。
千载名贤人已往，九峰水峙碧云多。

徐东藩（1887—1950），字寿城，金华长山人。早年留学欧洲，先后入英国伯明翰大学，获硕士学位。1921年任浙江省议员，山东省省长公署专员。1922年任华盛顿会议中国代表团咨议。次年，任北京政府全国财政讨论委员会委员，督办鲁案善后事宜公署审议处处长。自1927年起，历任国民政府外交部条约委员会副会长、外交部参事行政院成海卫管理公署专员、浙江省临时参议会秘书长、英士大学教授。

九峰山

第二节　塔　岩

塔岩山，九峰山西二里许，由山麓至岩高二里，中路建亭。岩洞轩敞，山水一望可收，是九峰景区的重要辅助景区。

九峰山

塔 岩

明•陆可教

何处灵岩路，春空倚碧梯。
地盘平野尽，天入九峰低。
林暝猿时啸，岩幽鬼亦啼。
客探龙穴迥，僧傍鹊巢栖。
风雨生虚壁，藤萝没暗蹊。
石青烟漠漠，崖碧草萋萋。
曲径千盘绝，飞流百丈齐。
暗踪飞壁鼬，空响落天鸡。
野黑犹分水，云平独覆溪。
梵清醒客梦，灯炯破尘迷。
蹑屐春方半，开樽日未西。
主人真解事，绿醑晚重携。

陆可教（1547—1598），字敬承，兰溪人。明万历五年（1577）进士，以编修掌诰敕，使者馈遗悉却之。明万历十六年（1588）擢江西正主考，明万历二十二年（1594）擢北京国子监，次年（1595）升南京礼部右侍郎。有《陆礼部文集》16卷。

登塔岩（二首）

明•汪文璧

一

丹梯遥上白云区，宝地良辰喜暂娱。
峭壁云霞开梵宇，中峰日月隐浮图。
尊前寥廓诸天迥，帘外缤纷万象趋。
逸兴祇因觞咏发，乘风便欲驾飞凫。

二

灵岩翠嵂自天开，兴逐深秋并辔来。
绝磴高悬珠树杪，飞泉斜出碧峰隈。
风飘岚翠沾衣袂，日丽林光照酒杯。
饮罢上方钟声动，归途遥带夕阳回。

汪文璧，生卒年不详，安徽休宁人，举人。明万历二十九年（1601）任汤溪知县。

游塔岩

清•徐振宗

古刹峥嵘石作梯，攀援绝顶见招提。
僧从云外敲鱼响，塔在天边借鹤栖。
日月不磨前代迹，江山曾许后人题。
凭高一发苏门啸，木落秋空万壑低。

读记：塔岩半山腰有寺，僧人每于洞中悬灯，望之如星悬天。招提，僧寺之别名。

徐振宗，汤溪人，县学生员。

第三节　青峰山

青峰山位于金华市厚大乡陶寺村东，为仙霞岭余脉，是金华南山向北延伸至厚大乡的一座山峰。古时山上有书院，现存有古井遗址。

金华厚大青峰山

青峰山

明•胡永瑞

雨过峰头湿翠鬟，霏霏拂拂有无间。
我来纵目斜阳外，一幅王维画里山。

胡永瑞（1421—1476），字彦绪，号琴月，金华洋埠湖前村人。好音乐，著有《琴谱》，一名《太古遗言》。

金华厚大青峰山

青峰山

明•胡孟修

群峰翠绿耸苍旻，瑞气氤氲拂晓晴。
云母帐前螺髻拥，汀筠帘外翠屏横。
闲时拄杖看无厌，静里披图画不成。
一派天风忽吹散，亭亭相对转分明。

胡孟修，汤溪人。明成化七年（1471）辛卯科举人。

第四节　琅琊山

琅琊山又称琅峰山、岩山，与镇政府驻地琅琊徐村隔溪相望。地处南山脚下白沙溪畔。在悬崖山壁上，临水数百岩洞，镶嵌其中。明永乐十八年(1420)，传说徐氏先祖劈山凿路，在山腰洞天高散处建真武大帝庙镇之。后几经修葺，此庙1967年毁于“文化大革命”；1992年至1997年捐、拨款新建、修复了白沙、琅峰阁、白沙亭、双扇门、胜利亭、乐寿亭、八仙亭、古诗台、革命烈士纪念碑、抗日阵亡战士纪念碑、白沙庙、真武大帝庙、观音阁、神童滑梯、白沙老爷手掌印、龙跃深潭、抗日战壕诸景点。琅峰山一带流传着汉将军卢文台为民治水修筑三十六堰的许多美丽动人的传说。景区留下了不少名人诗词、墨宝。1999年8月30日，琅琊山被公布为市级风景名胜区。

金华琅琊山

琅琊山

清•杨业塘

谁鞭峭壁飞两壁，仅存一应缘此山。
灵心目喜开豁，白云不须关焉。

金华琅琊山

第三章　东　山

东山，是义乌江以南、武义县以北、义乌县以西、武义江以东诸山的俗称，主要分布在金华区域境内江东、岭下、石桥、长庚、灵岳诸乡和江沿、低田两乡的南部。

金华东山

积道山

积道山位于金华市区东南部，地处金东区澧浦和岭下两镇交界处。积道山是一座奇山，它的海拔虽然只有306米，却似泰山平地而起，独立雄伟。它的名声虽然不显，却千年传承，底蕴深厚，独具神韵。它是仙霞岭的余脉。山体由火成岩(侵入岩)构成，是2500万年以前地质新生代第三纪以块状断裂为主要特征的地壳运动频繁的火山与岩浆活动的产物。清《康熙府志》有云："连屏拥翠，石磴萦纡，绝顶坦平如掌。"这正是：积道之山山有道，不显之岳岳不群。

金华积道山

登松溪积道山

宋·杜旃

高山环拱一山尊，一水盘旋万水奔。
日映楼台三里廊，春藏花柳数家村。
白云洞府身堪托，碧汉星辰手可扪。
况是重阳无十日，好携佳友对方樽。

杜旃（约1144—1192），字仲高，号癖斋。尝占湖漕举首，从辛弃疾游。陈亮评："仲高丽句，晏叔原不得擅美。"著有《杜诗发微》《舞斋集》《癖斋小集》。

金华积道山

积道山

近现代•许永生

积道攀登兴不同，凭高堪唱大江东。
嵌镶塘库炫其玉，拱伏丘陵谒乃宗。
马石龙潭迎远客，古樟新庙缀高峰。
俗身到此心胸阔，百虑千愁一旦空。

许水生（1936—2010），浙江金华人，杭州大学教育系毕业，曾任金华县人民政府办公室主任。业余从事文艺创作，为全国当代诗人联谊会会员，浙江省诗词学会会员，浙江省方志学会会员，金华市赤松诗社副秘书长、常务理事，金华县文学工作者协会副主席。出版有《南山絮语》《云山诗集》。

金华积道山

第三编　婺水真源

第一节　双　溪

义乌江与武义江于燕尾洲汇合后称金华江，亦名婺江、婺港。通济桥以上亦称双溪。西流穿通济桥过河盘桥、婺江大桥，转向西北，流经临江乡雅苏出县境至兰溪城南马公滩与衢江相汇合，称兰江。

双溪西南别出为龙渎。穿城南大桥，沿五百滩南缘西流，至河盘桥复入金华江。

金华婺江

东阳溪中赠答诗二首

南北朝·谢灵运

一

可怜谁家妇？缘流洗素足。
明月在云间，迢迢不可得。

二

可怜谁家郎？缘流乘素舸。
但问情若为？月就云中堕。

读记：南北朝时期金华称东阳郡，婺江又称“东阳江”“东阳溪”。谢灵运是我国文学史上第一位山水诗人，他以写山水诗见长，这两首诗应该说是现存古代文献里最早歌咏金华风情的诗，它以婺江为载体，描写了一对青年男女对唱之情形。

谢灵运（385—433），原名公义，字灵运，以字行于世，小名客儿，世称谢客，陈郡阳夏县（今河南太康）人，生于会稽郡始宁县（今浙江上虞），出身陈郡谢氏。南北朝时期诗人、佛学家、旅行家。晋安帝元兴二年（403），谢灵运继承了祖父的爵位，被封为康乐公。义熙元年（405），出任大司马司马德文的行参军。此后任抚军将军记室参军、太尉参军等职。刘宋代晋后，降封康乐侯，历任永嘉太守、秘书监、临川内史，元嘉十年（433），被宋文帝刘义隆以“叛逆”罪名杀害，年仅49岁。谢灵运少即好学，博览群书，工诗善文。其诗与颜延之齐名，并称“颜谢”，是第一位全力创作山水诗的诗人，他还兼通史学，擅书法，曾翻译外来佛经，并奉诏撰《晋书》。明人辑有《谢康乐集》。

金华婺江

武陵春

宋•李清照

风住尘香花已尽，日晚倦梳头。
物是人非事事休，欲语泪先流。
闻说双溪春尚好，也拟泛轻舟。
只恐双溪舴艋舟，载不动许多愁。

读记：这是1134年李清照第二次流亡到金华时，在国运维艰，愁压心头而面对婺江所赋的词，宣发出了在流亡途中居无定所，国家支离破碎，到处物是人非，这愁就是一条船也载不动啊。

李清照（1084—1155），号易安居士，汉族，山东省济南章丘人。宋代（南北宋之交）女词人，婉约词派代表，有“千古第一才女”之称。所作之词，前期多写其悠闲生活，后期多悲叹身世，情调感伤。形式上善用白描手法，自辟途径，语言清丽。论词强调协律，崇尚典雅，提出词“别是一家”之说，反对以作诗文之法作词。能诗，留存不多，部分篇章感时咏史，情辞慷慨，与其词风不同。有《易安居士文集》《易安词》，已散佚。后人有《漱玉词》辑本。今有《李清照集校注》。

忆双溪

元•袁桷

清溪明处水交流，万井鳞鳞冠盖稠。
杯凝玉光明月入，幕遮翠影落花留。
云生古洞千山雨，风送层楼万壑秋。
丽泽祠前最佳绝，藕花零乱胜沧洲。

袁桷（1266—1327），庆元鄞县人，字伯长，号清容居士。举茂才异等，起为丽泽书院山长。元大德初年，荐授翰林国史院检阅官。进郊祀十议，礼官推其博，多采用之。升应奉翰林文字、同知制诰，兼国史院编修官。请购求辽、金、宋三史遗书，以作日后编三史的史料。元至治元年（1321），官翰林侍讲学士。泰定初年辞归。桷在词林，朝廷制册、勋臣碑铭，多出其手。卒谥文清。著有《易说》《春秋说》《延祐四明志》《清容居士集》291篇诗文。

双溪棹歌

清•李德举

一

轻于芦叶小于鸟，一棹随流浪拍江。
春色移将何处去，梅桩才过又桃桩。

二

秋水东连五百滩，渔翁拍手坐团团。
水中鳞鳍俱堪数，只用鱼梁不用竿。

三

一声短笛起沙鸥，岸插青帘见酒楼。
仿佛江城飞白雪，梅花门外系扁舟。

李德举，生卒年不详，清乾隆丁卯岁举人，乾隆二十七年（1762）东阳知县。

双　溪

近当代•叶一苇

一

相抱双溪去，长留燕尾洲。
今看飞舴艋，逐浪自悠悠。

二

千峰争北骋，二水并西流。
溪底双明月，齐飞八咏楼。

金华婺江燕尾洲

双溪绝句六首之二

近当代•周槐庭

一

双流源溯白云栖，到此情融手自携。
欲数江城风韵绝，双桥虹影会双溪。

二

清波楼敞茗传杯，潋滟回塘傍阁开。
远岫窥楼如欲语，匆匆携翠过江来。

金华婺江

第二节　白沙溪

白沙溪位于金华市婺城区，是金华婺江的一条重要支流。白沙溪在历史上又名南溪、白龙溪，也称白水、白渠、银溪，流域面积达320平方公里。它源于遂昌、武义两县交界处的狮子岩，北流汇入沙畈水库，出库过沙畈乡，注入金兰水库，出库折东北流，过琅琊镇，穿白龙桥，经临江汇入金华江。白沙溪源远流长，具有数千年的文明历史和特色文化，它给世人留存了丰富的文化古迹和人文典故。据载，两千多年前，东汉辅国大将军卢文台帮助刘秀打下江山后，带领36名亲信南下归隐，行至白沙溪畔，只见南山绵延、溪水长流，决定永久驻留。白沙溪并不总是一泓清泉，每逢大雨倾盆，溪流洪水泛滥，若久无雨水，白沙溪又缺水断流，农田干裂。卢文台便率领军民，“垦壁田畴，开堰引水，灌田以利民”。其后，白沙流域陆续修建了36个堰坝，形成“三十六渠饶灌溉，秋田万顷仰西成”的壮美景象，滋润着沙畈、琅琊、白龙桥一带万顷良田。为表彰卢文台的功绩，历代朝廷对其先后七次追封，金华老百姓感念其治水之恩，尊称他为“白沙老爷”，供奉庙宇百座之多，世代敬仰。

20世纪白沙溪流域修建了沙畈水库和金兰水库。这是两座集灌溉、供水、发电、防洪等功能于一体的水利工程，库区山清水秀、空气清新，给金华上百万人民提供了全国一流的优质水源，以其全国同类城市排名第三的清冽甘泉，成就了更加宜居宜业的金华城。2020年金华白沙溪三十六堰正式列入世界灌溉工程遗产名录，这是国际灌排委对白沙溪三十六堰在灌溉工程发展史上的重要地位，以及三十六堰对推动世界文明进程重要作用的高度认可。

白沙溪遗兴

宋•王淮

白沙三十有六堰，春水平分夜涨流。
每岁田禾无旱日，此乡农事有余秋。
功驰汉室为名将，泽被吴邦赐列侯。
千古威灵遗庙在，至今血食徧遐陬。

读记：王淮重任丞相，关心家乡，注重水旱灾害，他对白沙溪三十六堰很看重，盛赞卢文台筑三十六堰之功绩，千古威灵遗庙在，至今血食偏遐陬。此诗不仅感怀了卢文台的治水功绩，也描述了当时人们有序利用三十六堰的景象。

王淮（1126—1189），字季海，金华城区人。南宋绍兴十五年（1145）进士，授临海尉，以荐任监察御史，劾罢宰相汤思退等，历任翰林学士，知制诰，端明殿学士，淳熙八年（1181）拜右丞相兼枢密院事，寻进左丞相，十五年（1188）授观文殿大学士，封鲁国公，官居一品判知衢州，力辞，改提举洞霄宫。卒，少师，谥文定。为官四十多年，职居相位，孝宗称赞他“不党无私，刚直不阿”。竭力选贤任能，朱熹、吕祖谦、辛弃疾、陆游都曾受他荐举，一时人才济济。他力主抗金，注重赈济水旱灾害，奏请宽刑减赋。著有《东轩文集》。

千古白沙溪

宋·杨廷兰

出作东汉将，归扶南山犁。
置身云台表，庙貌何崔巍。
功补夏后阙，泽同郑渠遗。
滔滔流不息，千古白沙溪。

读记：与王淮同朝学士杨廷兰所作的《千古白沙溪》，非常形象、真实地评价了白沙溪白沙人的功和名，千古白沙溪，滔滔流不息。

金华白沙溪

白沙春水

明•杜桓

白沙溪水镜光清，水面无风似掌平。
春暖锦鳞吹细浪，晚晴黄鸟啭新声。
烟堤绿树人家小，云渚斜阳钓艇横。
三十六渠饶灌溉，秋田万顷仰西成。

读记：这首诗为我们勾勒了一幅梦幻般的水墨白沙春水画卷，美丽的山水风景，让我们为之陶醉。盛赞三十六渠，得利秋田万顷，仰望秋天大丰收。

杜桓（1368—1439），金华曹宅人，明永乐七年（1409）进士，授藩国赵王府纪善。著有《艮庵集》等，明万历《金华府志·艺文志》收有杜桓《金华十咏》诗。

金华白沙溪

白沙溪春兴

明·朱汝璋

晴云暖日抱回溪，蓼渚莎坪咫尺迷。
薄暮矶头聊濯足，一双鸂鶒向人啼。

读记：鸂鶒，水鸟名。或以此鸟形如鸳鸯而色多紫，故亦称“紫鸳鸯”。温庭筠《黄昙子歌》：“红潋荡融融，莺翁鸂鶒暖。”

朱汝璋，生卒年不详，明代汤溪人。

金华白沙溪

第三节 潜 溪

双尖山与萧皇岩是浙中金义一带的两座灵山，传有人间贵族隐居山中，修道成仙。泉水由山涧汩汩而下，流经溪口水库，交汇而成潜溪，顺地势向南接慈航溪，汇入义乌江。潜溪，这条在《金华地名图册》上不甚醒目的短小水系，以它独有的灵性滋养了一方丰饶的土地和土地上热忱的人民。如今，在潜溪水畔，高士故里，禅定寺旁，宋濂家宅遗址、柳家村柳贯后人聚居地、畈田蒋村艾青故居、吴晗启蒙私塾等文化旅游如火如荼，一条潜溪串联起源远流长的千古文脉。

金华潜溪

和刘伯温秋怀韵

明•宋濂

我家潜溪曲，正面溪上山。
揉桂作阖庐，文杏为重关。
新栽二尺松，毳毳杂黄管。
白鹤寄书来，问我何当还。
移之万仞冈，瘦骨撑孱颜。

宋濂（1310—1381），初名寿，字景濂，号潜溪，别号龙门子、玄真遁叟等。祖籍金华潜溪，后迁居金华浦江。元末明初著名政治家、文学家、史学家、思想家，与高启、刘基并称为“明初诗文三大家”，又与章溢、刘基、叶琛并称为“浙东四先生”。被明太祖朱元璋誉为“开国文臣之首”，学者称其为太史公、宋龙门。有《宋学士全集》75卷。

潜溪图歌为宋景濂赋

明•刘基

金华山水天下希，潜溪龙门尤绝奇。
群峰峻极河汉上，一峰独立芙蓉陂。
先生结庐在其下，文追班扬兼贾马。
遂令此山增壮观，野有朴樕皆梧鐕。
上清道士方方壶，乘兴为作《潜溪图》。
丹崖翠麓神仙居，东望日出树如苏。
溪流穿林还度谷，十里一达五里伏。
龙湫吐景生白虹，藤萝振雨松呼风。
却忆往时清夜月，帝女乘云下天阙。
钟镛铿愺萧鼓发，霓裳羽衣飘灭没。
初平骑羊前启行，长髯鬖髿飞玉霜。
秦娥吹笙玄鹤舞，牵牛河鼓凝寒芒。
相思迢迢频入梦，梦驾两鸾从一凤。
觉来毛发犹爽淅，目送征鸿度空碧。
山有蔬，水有鱼，幽涧有泉清可畯。
何时上疏乞骸骨，寄声先遣双飞凫。

刘基（1311—1375），字伯温，浙江青田（今浙江文成）人。元末明初政治家、文学家，明朝开国元勋。在中国民间，流传着“三分天下诸葛亮，一统江山刘伯温；前朝军师诸葛亮，后朝军师刘伯温”的说法。刘基精通天文、兵法、数理等，尤以诗文见长。与宋濂、高启并称为“明初诗文三大家”。著作均收入《诚意伯文集》。

金华潜溪

第四节　琳　湖

琳湖，位于金华市洋埠镇一乐堂村。明清时，与瀔江通舟楫，水色苍莹如玉，纡曲如带，内有十景。琳湖西自邵家埠入青阳村，东出罗埠。长十里余，中路阔数十丈，长里许，两岸胡氏居焉。青阳胡氏在明清时为汤溪巨族，琳湖畔有胡氏发祥之地“一乐堂”。明正德年间，以“得天下英才而教育之，一乐也”之义，收徒教课，造厅堂其额曰“一乐堂”。该湖琳琅满目，风景优美，故名。

20世纪30年代一乐堂边琳湖

题琳湖

明•郭时颐

廿年不揽琳湖胜，修竹依然旧日清。
醉后错疑湖上路，东风吹落鹧鸪声。

郭时颐，兰溪人，中书舍人。

琳湖

珠　湖

明•邵起

湖光苍莹漾琳球，十里周回一镜秋。
渡挟湖声通瀔水，气凌山色逼龙邱。
乘槎未效张骞去，放棹时为范蠡游。
安得三贤能载起，诗歌重与共赓酧。

读记：珠湖，即琳湖。此诗以十里琳湖通瀔水、逼龙丘的气势，并以张骞去、范蠡游的典故来描绘了琳湖湖光水色。

过琳湖

清•章敬修

行过双堤一棹通，西湖风景此应同。
画桥野叟扶筇立，家在花明柳暗中。

章敬修，汤溪县人。

琳湖

第四编　古迹寻踪

第一章　楼台亭阁

第一节　八咏楼

八咏楼原名玄畅楼，后改元畅楼。位于金华市城区古子城东南隅，坐北朝南，面临婺江，建在高8.7米的石砌台基上。登楼远眺，南山连屏，双溪蜿蜒，尽收眼底。现存建筑共四进。重檐楼阁，歇山屋顶，此楼传为南朝齐隆昌元年（494）东阳郡太守沈约建造。楼成，沈约登楼赋《登玄畅楼》诗，后又作长歌八阕，名为《八咏》诗，是当时文坛上的长篇杰作，传为绝唱，其楼因此声名远播，文人墨客一时纷纷登吟为雅事。到了唐代，崇沈约的《八咏诗》，玄畅楼改名八咏楼。南宋淳熙十四年（1187）扩建，将沈约的诗勒于石碑。元皇庆年间（1312—1313）楼毁于火，碑亦不存。明洪武五年（1372）重造宝婺观，八咏楼废址建，后玉皇阁毁。万历年间（1573—1620）重建八咏楼。现存八咏楼为清嘉庆年间（1796—1820）重建，1984年大修。历代文人游此，留下了不少脍炙人口的诗文名篇。八咏楼还与历代武将有关。元末农民起义军的重要将领胡大海、明代抗日英雄戚继光、太平天国侍王李世贤等，都曾登上八咏楼检阅他们的部队。还有明末兵部尚书朱大典，率兵与清军激战中，壮烈牺牲在八咏楼，留下了可歌可泣的英雄史迹。周恩来同志1939年到金华视察时，也曾在八咏楼下的八咏滩头召开过近千人的群众大会，慷慨激昂地宣传团结抗战的方针。1981年浙江省人民政府公布八咏楼为浙江省级重点文物保护单位，同年进行了落架大修。在旧城改造中，拆除八咏楼前破旧杂乱的厂房和住宅，建成了八咏广场，竖立了沈约雕像，碑刻了沈约八咏诗篇，以广场为中心的沿江绿化带，彻底打开了八咏楼的视线，重现了当年巍峨的壮观旧貌。

金华八咏楼

登玄畅楼

南北朝·沈约

危峰带北阜，高顶出南岑。
中有陵风榭，回望川之阴。
岸险每增减，湍平互浅深。
水流本三派，台高乃四临。
上有离群客，客有慕归心。
落晖映长浦，焕景烛中浔。
云生岭乍黑，日下溪半阴。
信美非吾土，何事不抽簪。

读记：沈约在南朝齐隆昌元年（494）以吏部郎拜宁朔将军、来金华任东阳郡太守，在任期间建造了玄畅楼。建成后登楼写下了不少脍炙人口的诗篇，《登玄畅楼》是其首篇。此诗写景清新，抒情真切。玄畅楼所处位置是旧时金华的制高点。“台高乃四临”，北有北山双龙风景区，闻名遐迩；南有括苍诸峰，连若屏障；八咏楼一角岸险每增减，湍平互浅深；“水流本三派”指的是义乌江和武义江汇流其下为婺江，浅深称为三江，又称双溪。

八咏诗

南北朝•沈约

一、登台望秋月

望秋月，秋月光如练。照曜三爵台，徘徊九华殿。九华瑇瑁梁，华榱与璧珰，以兹雕丽色，持照明月光。凝华入黼帐，清辉悬洞房，先过飞燕户，却照班姬床。

桂宫袅袅落桂枝，露寒凄凄凝白露，上林晚叶飒飒鸣，雁门早鸿离离度，湛秀质兮似规，委清光兮如素。照愁轩之蓬影，映金阶之轻步，居人临此笑以歌，别客对之伤且慕。

经衰圃，映寒丛，凝清夜，带秋风，随庭雪以偕素，与池荷而共红。临玉墀之皎皎，含霜霭之蒙蒙。轥天衢而徙度，轹长汉而飞空。隐岩崖而半出，隔帷幌而才通，散朱庭之奕奕，入青琐而玲珑。

闲阶悲寡鹄，沙洲怨别鸿，文姬泣胡殿，昭君思汉宫。余亦何为者，淹留此山东？

二、会圃临春风

临春风，春风起春树。
游丝暧如网，落花雰似雾。
先泛天渊池，还过细柳枝。
蝶逢飞摇扬，燕值羽参池。
扬桂旆，动芝盖。
开燕裾，吹赵带。
赵带飞参差，燕裾合且离。

回簪复转黛，顾步惜容仪。
容仪已照灼，春风复回薄。
氛氲桃李花，青跗含素萼。
既为风所开，复为风所落。
摇绿蒂，抗紫茎。
舞春雪，杂流莺。
曲房开兮金铺响，金铺响兮妾思惊。
梧台未阴，淇川始碧。
迎行雨于高唐，送归鸿于碣石。
经洞房，响纨素。
感幽闺，思帏帟。
想芳园兮可以游，念兰翘兮渐堪摘。
拂明镜之冬尘，解罗衣之秋襞。
既铿锵以动佩，又细缊而流射。
始摇荡以入闺，终徘徊而缘隙。
鸣珠帘于绣户，散芳尘于绮席。
是时怅思妇，安能久行役。
佳人不在兹，春风为谁惜。

三、岁暮悯衰草

悯衰草。衰草无容色。憔悴荒径中。寒荄不可识。昔时兮春日。昔日兮春风。

含华兮佩实。垂绿兮散红。氛氲鸡鹊右。照耀望仙东。

送归顾慕泣淇水。嘉客淹留怀上宫。岩陬兮海岸。冰多兮霰积。

烂熳兮客根。攒幽兮寓隙。布绵密于寒皋。吐纤疏于危石。

既惆怅于君子。倍伤心于行役。露缟枝于初旦。霜红天于始夕。

雕芳卉之九衢。霣灵茅之三脊。风急崤道难。秋至客衣单。

既伤檐下菊。复悲池上兰。飘落逐风尽。方知岁早寒。

流萤暗明烛。雁声断才续。萎绝长信宫。芜秽丹墀曲。

霜夺茎上紫。风销叶中绿。山变兮青薇。水折兮黄苇。
秋鸿兮疏引。寒鸟兮聚飞。径荒寒草合。桐长旧岩围。
园庭渐芜没。霜露日沾衣。愿逐晨征鸟。薄暮共西归。

四、霜来悲落桐

悲落桐，落桐早霜露。
燕至叶未抽，鸿来枝已素。
本出龙门山，长枝仰刺天。
上峰百丈绝，下趾万寻悬。
幽根已盘结，孤枝复危绝。
初不照光景，终年负霜雪。
自顾无羽仪，不愿生曲池。
芬芳本自乏，化实无可施。
匠者特留眄，王孙少见之。
分取孤生枘，徒置非堂陲。
宿茎抽晚干。
新叶生故枝，故枝虽辽远。
新叶颇离离，春风一朝至。
荣华并如斯，自惟良菲薄。
君恩徒照灼，顾已非嘉树。
空用凭阿阁，愿作清庙琴。
为舞双玄鹤，薜荔可为裳。
文杏堪作梁，勿言草木贱。
徒照君末光，末光不徒照。
为君含嗷咷，阳柯绿水弦。
阴枝苦寒调，厚德非可任。
敢不虚其心，若逢阳春至。
吐绿照清浔。

五、夕行闻夜鹤

闻夜鹤，夜鹤叫南池。
对此孤明月，临风振羽仪。

伊吾人之菲薄，无赋命之天爵。
抱局促之短怀，随冬春而哀乐。
懿海上之惊凫，伤云间之离鹤。
离鹤昔未离，迥发天北垂。
忽值疾风起，暂下昆明池。
复畏冬冰合，水宿非所宜。
欲留不可住，欲去飞已疲。
势逐疾风举，求温向衡楚。
复值南飞鸿，参差共成侣。
海上多云雾，苍茫失洲屿。
自此别故群，独向潇湘渚。
故群不离散，相依江海畔。
夜止羽相切，昼飞影相乱。
刷羽共浮沉，湛澹泛清浔。
既不经离别，安知慕侣心。
九冬负霜雪，六翮飞不任。
且养凌云翅，俯仰弄清音。
所望浮丘子，旦夕来相寻。

六、晨征听晓鸿

听晓鸿，晓鸿度将旦。
跨弱水之微澜，发成山之远岸。
怵春归之未几，惊此岁之云半。
出海涨之苍茫，入云途之弥漫。
无东西之可辨，孰遐迩之能算。
微昔见于洲渚，赴秋期于江汉。
集劲风于弱躯，负重雪于轻翰。
寒溪可以饮，荒皋可以窜。
溪水徒自清，微容岂足玩。
秋蓬飞兮未极，塞草寒兮无色。
吴山高兮高度，越水深兮深不测。
羡明月之驰光，顾征禽之驶翼。
翼伊余马之屡怀，知吾行之未极。

夜绵绵而难晓，愁参差而盈臆。
望山川悉无似，惟星河犹可识。
孤雁夜南飞，客泪夜沾衣。
春鸿旦暮返，客子方未归。
岁去欢娱尽，年来容貌衰。
揽衽形虽是，抚臆事多违。
青娲虽长复易解，白云诚远讵难依。

七、解佩去朝市

去朝市，朝市深归暮。
辞北缨而南徂，浮东川而西顾。
逢天地之降祥，值日月之重光。
当伊仁之菲薄，非余情之信芳。
充待诏于金马，奉高宴于柏梁。
观斗兽于虎圈，望窈窕于披香。
游西园兮登铜雀，攀青琐兮眺重阳。
讲金华兮议宣室，昼武帷兮夕文昌。
佩甘泉兮履五柞，簪枍栺兮绂承光。
托后车兮侍华幄，游渤海兮泛清漳。
天道有盈缺，寒暑递炎凉。
一朝卖玉碗，眷眷惜余香。
曲池无复处，桂枝亦销亡。
清庙徒肃肃，西陵久茫茫。
薄暮余多幸，嘉运重来昌。
忝稽郡之南尉，典千里之光贵。
别北芒于浊河，恋横桥于清渭。
望前轩之早桐，对南阶之初卉。
非余情之屡伤，寄兹焉兮能慰。
眷昔日兮怀哉，日将暮兮归去来。

八、被褐守山东

守山东，山东万岭郁青葱。两溪共一泻，水洁望如空。
岸侧青莎被，岩间丹桂丛。上瞻既隐轸，下睇亦溟蒙。
远林响咆兽，近树聒鸣虫。路出若溪右，涧吐金华东。
万仞倒危石，百丈注悬潨。掣曳泻流电，奔飞似白虹。
洞井含清气，漏穴吐飞风。玉窦膏滴沥，石乳室空笼。
峭崿途弥险，崖岨步才通。余舍平生之所爱，欻暮年而此逢。
欲一去而不还，怅邹衣之未褫。揖林壑之清旷，事氓俗之纷诡。
幸帝德之方升，值天纲之未毁。既除旧而布新，故化民而俗徙。
播赵俗以南徂，扇齐风以东靡。乳雉方可驯，流蝗庶能弭。
清心矫世浊，俭政革民侈。秩满归白云，淹留事芝髓。

读记：沈约写完《登玄畅楼》诗，意犹未尽，于是又将诗中的每句为题，扩写为八首诗歌，亦省称“八咏”。这八首诗，诗无定句，句无定字，合计1803字，是当时文坛上的长篇杰作，时号绝唱。所以从唐代起遂以诗名改玄畅楼为八咏楼，以志纪念。

题沈隐侯八咏楼

唐•崔颢

梁日东阳守，为楼望越中。
绿窗明月在，青史古人空。
江静闻山狖，川长数塞鸿。
登临白云晚，流恨此遗风。

崔颢（704—754），汴州（今河南开封）人，唐代诗人。唐开元十一年（723）进士，官至太仆寺丞，天宝中为司勋员外郎。最为人所称道的是他的那首《黄鹤楼》，据说李白为之搁笔，曾有“眼前有景道不得，崔颢题诗在上头”的赞叹。《全唐诗》收录诗42首。他秉性耿直，才思敏捷，其作品激昂豪放，气势宏伟。著有《崔颢集》。

20世纪30年代八咏楼

题八咏楼

宋·李清照

千古风流八咏楼，江山留与后人愁。
水通南国三千里，气压江城十四州。

读记：绍兴四年（1134）九月，李清照避难金华，投奔当时在婺州任太守的赵明诚之妹婿李擢，卜居酒坊巷陈氏第。《题八咏楼》诗应在此期间所作。登上八咏楼，悲宋室之不振，慨江山之难守，远望逸情，放下对国事的忧愁，把它留给后人。故“江山留与后人愁”之句，堪称千古绝唱。这里水道密集可以深入江南三千多里，战略地位足以影响江南十四州的存亡。十四州即宋两浙路计辖二府十二州（平江、镇江府，杭、越、湖、婺、明、常、温、台、处、衢、严、秀州），泛称十四州（见《宋史·地理志·两浙路》）。此诗气势恢宏而又婉转空灵，意蕴深邃，充分地表述了八咏楼的气魄、金华重镇的形势和李清照的爱国情怀。历时八百余年，余韵犹在，仍然撼动人心，成为历代题咏八咏楼的出类拔萃之作，其诗还将与“明月双溪水，清风八咏楼”一样，千古永铭。

八咏新楼

宋·王柏

翚飞高插女星光，可是溪山属沈郎。
眼力拓开千里远，楼身抬起一寻强。
争观王谢新题壮，不数齐梁旧事荒。
谁识倚阑真乐处，清风明月浪篇章。

金华八咏楼

登八咏楼有感

宋•吕祖谦

仲舒旧事无人记，家令风流一世倾。
天下何曾识真吏，古来几许尚虚名。

吕祖谦（1137—1181），字伯恭，婺州（今浙江省金华市）人，祖籍淮南寿州（治今安徽凤台县）。郡望东莱郡，人称“小东莱先生”。隆兴元年（1163）进士及第，调补南外宗学教授，累迁直秘阁学士、提举亳州明道宫，参与重修《宋徽宗实录》，编纂刊行《皇朝文鉴》。淳熙八年（1181）逝世，享年45岁。宋宁宗时，追谥为“成”。嘉熙二年（1238），改谥“忠亮”，追封开封伯。景定二年（1261），配享孔庙。南宋理学家、文学家，博学多识，主张明理躬行，开“浙东学派”之先声。他所创立的“婺学”（又称“金华学派”），是当时最具影响力的学派，在理学发展史上占有重要地位，与朱熹、张栻齐名，并称“东南三贤”。著有《东莱集》《历代制度详说》《东莱博议》等，并与朱熹合著《近思录》。

东阳八咏楼

元•赵孟頫

山城秋色净朝晖，极目登临未拟归。
羽士曾闻辽鹤语，征人又见塞鸿飞。
西流二水玻瓈合，南去千峰紫翠围。
如此山川良不恶，休文何事不胜衣。

赵孟頫（1254—1322），字子昂，号松雪，松雪道人，又号水精宫道人、鸥波，中年曾署孟俯，汉族，吴兴（今浙江湖州）人。元代著名画家，“楷书四大家”（欧阳询、颜真卿、柳公权、赵孟頫）之一。赵孟頫博学多才，能诗善文，懂经济，工书法，精绘艺，擅金石，通律吕，解鉴赏。特别是书法和绘画成就最高，开创元代新画风，被称为“元人冠冕”。他也擅篆、隶、真、行、草书，尤以楷书、行书著称于世。

七律·新岁登玄畅楼

清·李渔

一年登眺数谁先，喧爆声中我着鞭。
老树经春都作态，浮云入暮亦成烟。
楼登玄畅偏怀古，酒载屠苏不用钱。
欲借秃毫书短句，避人道士已高眠。

读记：这是李渔在明崇祯十二年（1639），也就是29岁，将要赴杭州参加乡试之前，为了博个彩头，图个吉利，是年正月初一，李渔邀二三好友，携酒前往八咏楼，饮酒后所吟咏之七律。

金华八咏楼

秋日登八咏楼

清·金兆丰

两代功名半隐侯，宦愁未了又诗愁。
月明定识前朝事，木落何堪大地秋。
孤雁有情犹北向，双溪终古逐西流。
相传太守诗囊富，大好江山笔底收。

20世纪60年代八咏楼

八咏楼

近现代·费孝通

婺水悠悠江上楼，易安漂泊不胜愁，
万里江水今胜昔，八咏声韵倾神州。

读记：1996年12月，全国人大原副委员长费孝通登八咏楼，欣然赋此诗。

20世纪70年代八咏楼

第二节 明月楼

明月楼原址在金华府赤松门（即梅花门）东北的城墙之上，北宋宣和年间（1119—1125）始建，后屡建屡废；至清乾隆初，移建于今址，现存建筑为清光绪十五年（1889），金华知府继良（字绍庭）和金华知县曹砺成重建；1917年，金华知事钱人龙又葺而新之。明月楼自古与八咏楼、清风楼齐名，明月楼前有金华府城隍庙，出府城隍庙侧门，经石阶八九，转登城，即明月楼，楼凡二层，周围皆石柱，前楹四柱，四周俱刊篆书，系桐城吴廷康手笔，字颇苍劲，明月楼内有梁山舟（即梁同书）《捐修金华府城记》石刻（此石刻现无存，仅留有拓片），楼外有炮台，上悬铁炮一门，重数千斤（不知造于何时），再升木梯而登上层，凡金华之名山胜地，无不如八咏楼之宛然在目，庶几叹观止矣。

明月楼

宋•林公度

两溪合流涵太虚，白龙簸弄摩尼珠，
玉娥捧盘不敢去，孚尹散入仙人居，
仙人乘云游汗漫，琼箫寥寥度银汉。
斟酌北斗依上台，玉宇琳宫露如霰。
凤台神驭不可留，春风花开帝王州。
夫容峰前旧时月，夜夜长照溪上流。

林公度，字廷甫。原籍今苍南县藻溪镇繁枝社区元店至温州岙一带，后徙沪山八丈（今苍南县灵溪镇沪山社区百丈村）。南宋端平二年（1235）乙未科进士，官昌化主簿。

20世纪40年代明月楼

和曹西溆明月楼韵

宋•王柏

宣和栋宇镇东城，平野苍然一眺明。
叠嶂有情宜晚对，两溪无奈向西倾。
招邀风月标严句，麾斥云烟醒鲁楹。
谁倚阑干来点检，渡头终日有舟横。

和曹西溆明月楼韵其二

宋•王柏

政声霭霭拱和平，士悦明安讼自清。
末俗规模多简陋，伟人事业必恢宏。
一新庭宇斸余力，三肃溪山订旧盟。
休道人生行乐耳，诗坛融尽古今情。

金华明月楼

明月楼

元•黄溍

遗堞何年有，飞甍压上头。
鼓鼙分大漠，香火望灵湫。
曲岸舟如失，遥沙树欲浮。
登临且吾土，未敢恨淹留。

金华明月楼文物保护碑

第三节　清风楼

清风楼建于宋元间，明万历重修，清末楼已废，唯其地域迄今仍称清风楼头。地址在梅花门（即赤松门）外。后重建于黄宾虹公园内，它与八咏楼、明月楼并称金华三大名楼。

金华婺州公园清风楼

吊清风楼

近现代·章介平

冈岩城壁筑宏台，揽挹天边襟度开。
此地唯留堤上石，赤松何日伴风来。

章介平（1924—2000），浙江金华人，金华市中心医院副主任医师，浙江诗词学会理事，金华赤松诗社副社长。

金华婺州公园清风楼

第四节　双溪楼

双溪楼，北宋宣和元年（1119）知州黄达建，米芾题额。南宋绍兴十五年（1145）知州吴表臣重建，明弘治间知府郝隆徙于通远门外水驿前双溪合流之阳，即宋丽泽书院故址。今已废。

20世纪80年代金华老照片

鹧鸪天·九日双溪楼

宋•韩元吉

不惜黄花插满头，花应却为老人羞。
年年九日常拼醉，处处登高莫浪愁。
酬美景，驻清秋，绿橙香嫩酒初浮。
多情雨后双溪水，红满斜阳自在流。

第五节　明远楼

明远楼在县东三里许，宋年录事参军廨舍之所，跨门建楼，尽见一郡山水之胜。今废。

20世纪70年代金华老照片

临江仙·明远楼

宋·曹冠

三洞烟霞多胜致，壶中别有登临。白鸥飞处晚云深。群峰罗户牖，空翠入衣襟。

分得双溪楼上景，四时佳趣供吟。浩歌鲸饮酒频斟。莺花休恨别，风月是知音。

曹冠，字宗臣，号双溪，东阳人。绍兴二十四年（1154）进士。二十五年（1155），为平江府府学教授，旋除国子录擢左宣议郎、太常博士，寻兼权中书门下检正诸房公事。乾道五年（1169）进士。绍熙初，知郴州，转朝奉大夫赐金紫致仕，年八十卒。有《双溪集》《景物类要诗》《燕喜词》。

第六节　极目亭

极目亭，乃金华之名亭也，当年曾与八咏楼、双溪楼同为婺州临观胜地。光绪《金华县志》载：在子城东隅，宋熙宁中建。《名胜志》云：亭建“双溪阁”旧址，故曾名“双溪亭”。元丰四年（1081），北宋著名文学家、参知政事赵抃首游此亭，次年重游时写有《题婺州郡圃双溪亭诗》：政和初，知州吕淙改双溪亭为“叠嶂亭”。南宋绍兴二十三年（1153）知州曹琏重建，因可极目群山之秀，双溪西流，更名为“极目亭”。淳熙六年（1179），吕祖谦岳父、知州韩元吉又辟而新之，他在《极目亭诗集》序中言及郡守周彦广，曾取米芾所书“极目亭”三大字榜其上，但栋宇狭甚，不足以陈觞豆、列丝竹，难酬宾客之用，故再扩建，建后来登者酒酣欢甚，赋诗歌词者甚众，婺州“极目亭”多任知州一扩再扩，终成宽绰豪华之建筑。故“极目亭”后人称为“太守亭”。2020年值庚子之秋，盛世之年，城投集团在古子城斥资重建此亭。

题婺州郡圃双溪亭诗

北宋•赵抃

去年春晚宴亭皋，今日重登不惮劳。
栏外当时双派水，已应归海作波涛。

读记：极目亭，曾名“双溪亭”。元丰四年（1081），北宋名臣著名文学家赵抃首游此亭，次年重游时写此诗。

极目亭有作

宋•孔武仲

浩荡江风动客襟，短亭清晚一登临。
乱霞藏日半天缬，渌水浸空千顷金。
壮志未成游学恨，素交将散别离心。
前山更有难寻景，试为闲来一苦吟。

孔武仲（1042—1097），字常父，今峡江县罗田镇西江村人。孔子四十七代孙，孔文仲大弟。自幼聪慧好学。嘉祐八年（1063）登进士甲科第六。初授谷城县主簿。历任江州（今江西九江）、信州（今江西上饶）军事推官、湘潭县知县。后任国子监司业、集贤院校理时，奏请朝廷改革科举制度，恢复以诗赋取士，选贤举能。元祐六年（1091）七月，以宝文阁待制出任宣州（今安徽宣城）、洪州（今江西南昌）知州。绍圣三年（1096），因朝廷党派斗争激化被免职，定居池州（今安徽贵池）。从此，专事文学研究，与欧阳修、苏轼、苏辙、黄庭坚等人过从甚密，诗词唱酬，信书不绝。一生著说百余卷，主要有《书说》13卷、《诗说》20卷、《论语说》10卷、《金华讲义》13卷、《孔氏奏议》3卷、《芍药园序》及《孔氏杂说》等。

重建极目亭

宋•韩元吉

曲阑十里画屏开，气压凌歊百仞台。
不尽溪光空外见，无穷山色望中来。
旋规北槛栽新竹，更辟东窗对野梅。
老子兴来真不浅，清秋忍负十分杯。

读记：淳熙六年（1179），时任金华知州韩元吉接任后，对极目亭又辟而新之，并取米芾所书“极目亭”三字榜其上，后因栋宇狭甚，不足以陈觞豆、列丝竹，难酬宾客之用，故再扩建，建后作此诗。

极目亭

婺州州宅极目亭

宋·陆游

尚书曳履上星辰，小为东阳作主人。
朱阁凌空云缥缈，青山绕郭玉嶙峋。
似闻旋教新歌舞，且慰重临旧吏民。
莫倚阑干西北角，即今河洛尚胡尘。

读记：淳熙六年（1179）冬，知州韩元吉好友陆游从临安赴福建上任，经过兰溪时，特意转道婺城，看望韩元吉。在游览新辟极目亭时写下了这首传世诗篇。诗讽刺之芒直指享奢侈生活的官员，提醒并告诫他们：该“极目”的应是西北方沦陷区的山河和民众。拳拳的爱国之心，在这里更显得正气浩然！

陆游（1125—1210），字务观，号放翁，越州山阴（今绍兴）人，南宋文学家、史学家、爱国诗人。陆游生逢北宋灭亡之际，少年时即深受家庭爱国思想的熏陶。宋高宗时，参加礼部考试，因受秦桧排斥而仕途不畅。宋孝宗即位后，赐进士出身，历任福州宁德县主簿、敕令所删定官、隆兴府通判等职，因坚持抗金，屡遭主和派排斥。乾道七年（1171），应四川宣抚使王炎之邀，投身军旅，任职于南郑幕府。次年，幕府解散，陆游奉诏入蜀，与范成大相知。宋光宗即位后，升为礼部郎中兼实录院检讨官，不久即因“嘲咏风月”罢官归居故里。嘉泰二年（1202），宋宁宗诏陆游入京，主持编修孝宗、光宗《两朝实录》和《三朝史》，官至宝章阁待制。书成后，陆游长期蛰居山阴，嘉定二年（1210）与世长辞。

20世纪60年代金华师范学校一景

第七节　一览亭

一览亭，原在金华城区铁岭头北侧的县学（今金华师范学校附小址）后边，是古城内西南角临江的最高处。登顶遥望，金华山蔚然深秀，尽收眼底。相传朱元璋进军婺城后，曾在这里设中军帐，和刘伯温一起，运筹帷幄，立下了“高筑墙，广积粮，缓称王”的方针，部署统一江南韬略。深得婺州黎民拥戴。为了纪念朱元璋的恩德，在宣德皇上南巡到金华的前夕即宣德三年(1428），在这极富意义的峰顶构筑了一座石柱木梁亭，匾名“一览亭”。宣德皇帝幸驾婺城后，即来登亭祭拜先祖遗踪，缅怀先祖创业根基。嘉靖年间，知府朱麟重修此亭时，因太祖洪武皇帝和宣德皇帝都来此登览，遂易名为“圣览亭”，百姓则敬称为“皇亭”。清光绪十四年（1888），知县曹砺成捐资修建此亭时，仍恢复为“一览亭”。20世纪末，因城市扩建，“一览亭”已易地重建于天宁寺大殿东侧坡上。

一览亭

圣览亭

明·陈元珂

当年逢圣览，此地遂名亭。
宇宙新开极，山川亦献灵。
溪环双玉碧，峰绕九华清。
往迹兼今意，分符愧勒名。

读记：嘉靖年间，知府朱麟重修此亭时，因太祖洪武皇帝和宣德皇帝都来此登览，遂将一览亭改为“圣览亭”。

陈元珂，字仲声，闽清人，嘉靖乙未进士，以户部郎谪判德庆州，迁南雄府同知，嘉靖二十六年（1547）由郎中任金华知府。政尚严明，重风教，一郡称治，升宁绍兵备道，建狼牙营，筑余姚城，佐督府胡宗宪讨倭贼于海上。元珂因自少至老居闽山乌石山，因自号其集为《双山集》，著有《三山诗选》及《居婺文录》4卷。

圣览亭

明•王畿

孤亭渺何所，幽傍蕊珠宫。
深旷市廛杳，萧疏墟里同。
境将尘虑澹，坐使道心空。
自得云霞侣，无劳羡赤松。

王畿（1498—1583），明代思想家。字汝中，号龙溪，绍兴府山阴（今浙江绍兴）人。师事王守仁。为王门七派中“浙中派”创始人。明嘉靖十一年（1532）中进士，授南京兵部主事，进郎中。给事中戚贤等荐畿，首辅夏言斥畿伪学，乃谢病归。来往江、浙、闽、越等地讲学四十余年，所到之处，听者云集，年过八十仍周游不倦。后人合辑为《王龙溪先生全集》。

一览亭

第八节　最高亭

最高亭，南宋“金华丞相”叶衡（1122—1183）所建。叶衡一生为国为民做了许多好事，告老还乡后，仍住金华城内北隅大洪山麓祖宅。带回的积蓄，安顿家小外已无多，他就悉数用于营造园中小亭。亭建在菜园角上干荒的秃山尖，因地势取名为“最高亭”。亭距万佛塔仅百余步，常上亭来歇憩，仰望古塔，悟惮吟咏。百姓得知丞相造亭，都以为是金碧辉煌、流光溢彩的，纷纷前来观赏。然而，只见四木柱黑土瓦小亭一座，柱间仅可坐两人。从此，叶丞相的人品成了街头巷尾人们传颂的佳话。爱国诗人陆游，十分仰慕叶衡爱国爱民、清廉守节的品格，也题诗称赞，大家昵称此亭为“丞相亭”。今已废。

叶相最高亭

宋·陆游

高亭新筑冠鳌峰，眼力超然信不同。
肤寸油云泽天下，大千沙界纳胸中。
春游到处群花拥，夜宴欢然百榼空。
刘白老来忘世味，只思诗酒伴裴公。

第九节　佛寿亭

1933年，黄维时主持创建金华北山佛寿亭（全名为“小南屏佛寿亭”，原位于今婺城区罗店镇西旺村华溪桥自然村通往双龙洞的涧旁小路上，1956年迁建至西旺村通往双龙洞的公路旁），前后费时三个月。此外，他还主持建造了金华观、冰壶洞内的石阶等。这些旅游景观和设施，至今仍在使用。

20世纪50年代金华北山佛寿亭

北山道上佛寿亭选地

近现代· 黄维时

偷忙今又到山前，为相玄亭策万全。
峦嶂排空成壁垒，泉流匝地奏琴弦。
南屏缥缈分香火，北枕巍峨现洞天。
大道幽深堪佐寿，个中最合息仔肩。

20世纪70年代金华北山佛寿亭

癸酉立夏前五日，佛寿亭奠基礼告成，设祭于双龙内洞，群真雅集，作此留念（二首）

近现代·黄维时

其一

仙凡共叙话沧桑，瑰异岩花换旧妆。
兀坐狻猊思领训，安排罗汉欲拈香。
个中风月无人问，袖里乾坤有主张。
不管尘寰雷雨急，洞宫深处醉霞觞。

其二

点缀名山岂偶然，林亭佳话赋新篇。
南屏恩露绵邹鲁，蓬岛风光会洞天。
指破玄机迷梦醒，涤除烦虑道心坚。
炉香缥缈岩生雾，愿化慈云遍大千。

读记：1933年夏，佛寿亭奠基礼告成，黄维时与钱瑞成、陆达度、叶继存、樊纪仁、程悟穆、韩涵仁、王铨仁、程昆山诸君在双龙洞内设祭，并以诗记之。

第十节　履湖亭

履湖亭在金东区鞋塘，录自鞋塘《履湖庄氏宗谱》。

20世纪80年代的金华

履湖亭

清•曾日省

长湖远在郡城东，上有幽人结构重。
只履曾闻穷幻化，双凫安得隔雌雄。
芳樽秋映梧桐月，钓艇时牵杨柳风。
贺监风流行可继，清狂安逸乃翁同。

曾日省，临江人，金华同知。

履湖亭

清·唐思宜

湖亭窗户俯涟漪，亭上高人鹤氅衣。
身与渔樵同隐迹，心于名利久忘机。
水深藻绿鱼筝盛，沙暖芥香燕子飞。
我去恐无门径入，稽山却掉酒船归。

唐思宜，金华府学训导。

第十一节 侍王府

侍王府，坐落在金华市婺城区城东鼓楼里酒坊巷52-3号，侍王府原系唐宋时州衙所在，元为宣慰司署，元末朱元璋曾驻此。明时为巡按御史行台，清朝为试士院。1861年，太平天国侍王李世贤攻克金华后，遂以金华为中心建立太平天国浙江根据地。侍王府为当年李世贤在浙江的指挥中心。侍王府规模宏大，分为宫殿、住宅、园林、后勤四部分，毗连宽广的练兵场，总面积达6.3万平方米，是我国现存的太平天国时期建筑中保存最完整、规模最宏大、壁画等艺术品最多的一处，团龙、壁画、两株千年古柏为现存侍王府的三宝。1988年被列为第三批全国重点文物保护单位，1998年被浙江省委、省政府命名为省级爱国主义教育基地。现已开辟为“太平天国侍王府纪念馆”并对外开放。

侍王府

宋自公堂后双古柏

清代•陈鸿寿

玉池双桐近百尺，天台古藤垂万年。
昔从泰岱问封禅，攫拿龙虎盘风烟。
空堂无人老狐入，夜深屋脊鸺鹠泣。
白雁飞归五百年，两行苍翠沾衣湿。
一株藓蚀稍空腔，一株劲直不肯降。
离缅琐碎散璎珞，砚池乱落柏子香。
题名远纪熙宁代，东坡旧友分明在。
耤田手诏保宁军，元畅楼高碧山对。

读记：太平天国侍王府耐寒轩前，古称自公堂，有东西两天井。在天井内，生长着冲天而耸立的两株柏树，左桧柏，右龙柏，几个世纪，傲世虬立，阅尽人间繁华迭替。相传为五代吴越国王钱镠亲手栽种，距今已有1100多年的树龄，被专家誉为全国十大名柏之一。

陈鸿寿（1768—1822），钱塘（今浙江杭州）人，书画家、篆刻家。字子恭，号曼生、曼龚、曼公、恭寿、翼盦、种榆仙吏、种榆仙客、夹谷亭长、老曼等。曾任赣榆代知县、溧阳知县、江南海防同知。其工诗文、书画，善制宜兴紫砂壶，人称其壶为“曼生壶”。书法长于行、草、篆、隶诸体。行书峭拔隽雅、分书开张纵横，独步有清一代。篆刻师法秦汉玺印，旁涉丁敬、黄易等人，印文笔画方折，用刀大胆，自然随意，锋棱显露，古拙恣肆，苍茫浑厚。为“西泠八家”之一。有《种榆仙馆摹印》《种榆仙馆印谱》行世，并著有《种榆仙馆诗集》《桑连理馆集》。

自公堂古柏

金华试院宋自公堂后双古柏

清•阮元

自公堂后双古柏，六百余年老宋客。
蟠根郁律透重泉，生气勃然出堂脊。
一株轇轕绞节转，一株皮厚腹中坼。
等闭莺燕不敢来，绝顶花雕刷寒翮。
瓦沟残日落青手，苍鼠奋髯啖其液。
此堂支柱多古柏，乾道七年魏王宅。
汤阴恶桧刬不尽，巩洛松楸种何益。
此柏幸栽节度家，颇有清香凝画戟。
徒恨苔身长百尺，朱与冬青树争碧。
堂阴谁可话畴昔，六碑首问熙宁石。

阮元（1764—1849），字伯元，号芸台、雷塘庵主、揅经老人、怡性老人，江苏仪征人。清朝中期官员、经学家、训诂学家、金石学家。为乾隆五十四年（1789年）进士，先后在礼部、兵部、户部、工部供职，并出任山东、浙江学政，浙江、江西、河南巡抚及漕运总督、湖广总督、两广总督、云贵总督等职。以提倡学术、振兴文教为己任，勤于军政，治绩斐然。晚年官拜体仁阁大学士，致仕后加官至太傅。道光二十九年（1849）去世，获赐谥号“文达”。曾罗致学者编书刊印，主编《经籍籑诂》，校刻《十三经注疏》，汇刻《皇清经解》等，于数学、天算、舆地、金石、校勘等方面亦多有建树 ，史称其“身历乾、嘉文物鼎盛之时，主持风会数十年，海内学者奉为山斗焉” 。生平著述丰富，撰有《揅经室集》《十三经注疏校勘记》等三十余种著述传世。

自公堂古柏

颂太平天国侍王府鹰麟图

近现代•章士严

一幅鹰麟万古风，侍王府里柏苍葱。
缅怀天国抒神笔，极目河山怅转蓬。
扫尽妖氛鸣战马，收歼奸宄应歌功，
而今举世多同志，能与先驱感慨通。

章士严（1921—2000），笔名青山，金华市人。曾任浙江省文史研究馆馆员，屈原大学诗词艺术系词学教授；浙江省诗词学会秘书长，并兼任全球汉诗诗友联盟总会、新加坡狮城诗词学会，美国纽约、洛杉矶，以及北美、美东等诗社与文化团体名誉顾问、会长。毕生从事中学、大学教席40多年，并长期从事文史学术研究与写作，共刊布300多万文字，有散文、小说、论文，专著有《畹町桥》《牛郎织女》《词创作讲析》《沧桑故事文集》等20种，诗词800多首，散见于海内外书刊。

瞻仰侍王府纪念馆

近现代·寿鸣鹤

控压东南慑九州，将军西去霸图休。
昭昭身与金瓯裂，皎皎心同朗月俦。
天国无痕亏一篑，贤王有馆足千秋。
星移物换精英在，昼夜双溪竟日流。

寿鸣鹤，约卒于2009年，曾任金华师范学校党委书记。

侍王府纪念馆

第二章　书院与故居

第一节　九峰书院

九峰书院在九峰山，即安正书堂。清康熙汤溪知县宋绍业在文庙西创建义学，后亦名“九峰书院”。九峰历来是文风鼎盛之地。史书记载，早在南朝宋元嘉年间（424—453），徐伯珍迁居九岩山（即九峰山）筑室讲学、授徒千余人。所立安正书堂距今已1500余年。

金华九峰山

九峰书院

明•王瓒

昔贤书院在岩间，千载高风不可攀。
莫道夜台灵去远，文星犹自照空山。

王瓒，陕西人，进士，明天顺四年（1460）出任龙游县知县。

金华九峰山

九峰书院

清•冯宗城

轩楹重整焕新模，环碧峰峦列画图。
秋宇云停青玉案，夕扉藜照绛纱厨。
只看墙竹文逾茜，尽有书田砚不枯。
更锡嘉名编志乘，山光耸秀正盘纡。

冯宗城，嘉善人，教谕，乾隆四十八年（1783）纂修《汤溪县志》。

第二节 桐荫书院

桐荫书院，其前身为明之桐荫书屋，清顺治年间（1644—1661）改名为桐荫书院，在市区古子城八咏门东遗爱祠址。遗爱祠系明代万历年间（1573—1620）为供祀知府张朝瑞而建。至康熙三十年（1691），金华知府王无忝为桐荫书院扩建，并捐奉以延师课士。因桐荫书院又旁宝婺观，故又名宝婺书院。康熙五十七年（1718），桐荫书院又被改建为遗爱祠。到乾隆七年（1742），金华知府郑远于遗爱祠旁重建书院，并命名为蓉峰书院。道光三年（1823）、同治八年（1869），金华知府景昌、金华知县余本愚分别重修了蓉峰书院。到光绪十一年(1885)，经金华知县曹砺成请于金华知府陈文騄，蓉峰书院被并入新建的长山书院。今废。

桐荫书院

明·张朝瑞

桐荫佳兆鬻龙川，始信童谣古语传。
何幸齐檐曾再见，项林晏罢惠朝天。

张朝瑞，万历间曾任金华太守。

第三节　刘孝标读书处

刘峻（462—521），本名法武，奔江南后改为现名，字孝标。南朝梁学者兼文学家。平原(今属山东德州平原县)人。少孤家贫，刻苦读书，清河崔慰祖称他为“书淫”。齐明帝时，官豫州刑狱。天监初（502年以后），召至西省。以注释刘义庆等编纂的《世说新语》而著闻于世，其代表作《广绝交论》和《辨命论》，在当时的骈文中颇有特色。刘峻虽被萧秀征为荆州户曹参军，但由于萧衍的忌恨，最终选择了金华山为栖地的归隐之路。他一边设帐授徒，一边筛选收集自己的文章，并写成一篇《自序》总结他的一生。去世后，他的学生私谥为“玄靖先生”。

从智者游九龙谒刘孝标祠

元·戴良

上人敬爱客，追从不知疲。
昔闻蜡屐游，今见飞锡随。
朝暾烜将出，晓露泫未晞。
扪葛缘侧迳，披榛欵幽扉。
水声激涧滑，钟韵出林迟。
佛庐从中起，祠宇亦旁依。
行歌怀昔贤，趋拜想前徽。
踯躅久不去，此情谁得知。

杪秋游金华芙蓉峰憩刘孝标读书处

明代·胡应麟

叠岭危梯挂碧天，支筇遥踏乱云前。
芙蓉万朵烟中出，桧柏千林洞口悬。
采药坛空犹晋代，读书台古自梁年。
移家我亦寻仙客，试伴群羊绝顶眠。

讲堂洞

讲堂洞访刘孝标故居

近现代·马一浮

不见初平石化羊，紫岩唯有树苍苍。
居久指点云深处，此是刘家旧讲堂。

读记：马一浮癸卯（1963）作于北山双龙宾馆。

金华北山九龙村讲堂洞

第四节　徐侍郎读书处

唐中书侍郎、吏部尚书徐安贞在九峰山中留有读书处。

金华九峰山

春日登九峰寻徐侍郎读书处

清•胡炜

巍巍九峰山，白云满幽谷。
层岩嵌精蓝，峭壁悬飞瀑。
春风习习来，翠嶂争研郁。
扶筇陟其巅，望古驰遐瞩。
昔闻徐侍郎，束发隐山麓。
地僻尘俗违，汲古淹诵读。
山薮非不深，龙蛇终起陆。
荐居天子旁，宏词灿星宿。
一朝忽见几？归我旧茅屋。
谷鸟传好音，岩卉嬗新绿。
昔年淒息地，无由问樵牧。
惆怅夕阳斜，归途多踯躅。

晚过徐侍郎故宅

清•叶闻性

落照空潭静，含烟陇树荫。
人声来渡口，鸥鸟泛波心。
萧瑟三家宅，风流千载吟。
邻筝传古调，谁复有遗音。

叶闻性，西安（衢州人），教谕。此诗录自《北游草》。

第五节　精　舍

精舍，《后汉书·包咸传》载：旧时书斋,学舍,集生徒讲学之所。

20世纪70年代的金华

入龙丘岩精舍

南北朝·江总

法堂犹集雁，仙竹几成龙。
聊承丹桂馥，远视白云峰。
风窗穿石窦，月牖拂霜松。
暗谷留征鸟，空林彻夜钟。
阴崖未辨色，叠树岂知重。
溘此哀时命，吁嗟世不容。
无由访詹尹，何去复何从。

读记：龙丘岩精舍，在龙丘山，即今汤溪九峰山。

江总（519—594），字总持，济阳考城（今河南兰考）人。幼笃学，有辞采，家传书籍数千卷，常昼夜攻读，手不释卷。仕梁、陈、隋三代，梁时为武陵王府法曹参军，累迁尚书殿中郎太子舍人兼太常卿，陈后主时官至尚书令，世称“江令”，不理政务，常随陈后主游宴后庭。入隋后，官为上开府，诗风渐趋沉挚深厚。明人辑有《江令君集》。

访北麓诗社遗址——荷塘精舍

近现代•方镛声

访古寻根山口冯，荷塘枯潴忆遗踪。
数楹旧筑荒精舍，一角危栏圮萎蓬。
骚雅失传诗史笔，瑞眠无觅雪呢鸿。
百年绝响堪惆怅，扬粹而今喜赤松。

自注：山口冯北麓诗社原址荷塘精舍老屋尚存，但有关诗社活动事迹史籍记载甚疏，相传原有碑刻多方，厂亦已毁失，今闻村委会已有妥加保护之议。

方镛声（1915—1993），浙江金华人。光学测量学家，高级工程师，长期担任中国人民解放军1002厂的生产和科研领导工作。博学多才，善诗、书、画、篆刻、摄影等。出版有《紫岩吟草》。

第六节　何基故宅

关于南宋大儒何基之故宅，道光《金华县志》载："何基宅，县北十五里盘溪，土名后溪何。"又，光绪《金华县志·地理·山川》载："盘溪有二源：一出双龙洞……一出九龙村西南，流迳乌嘴岩，又南流迳寺前村，又迳后溪何——何基故宅。"

何基故宅

过北山何先生故宅

宋•于石

青云不在金华巅，白云孤起金华岑。
百世相传勉斋学，四书谁识晦翁心。
水流盘涧自深浅，月照北山无古今。
人问故庐何处是，门前松桂蔚成林。

于石（1250—？），兰溪人，字介翁，号紫岩，晚年号两溪。貌古气刚，自负甚高，年三十而宋亡，隐居不出，一意于诗。

第七节　宋濂故居

宋濂，明开国文臣之首，元末明初著名的文学家、史学家、哲学家，其故居遗址位于金华市金东区傅村镇上柳家与禅定寺中间，潜溪南岸：在距上柳家东北角约200米处。该村已没，故址尚存，村东之禅定寺至今犹在。公元1310年，宋濂就出生在这里。

宋濂故居遗址

还潜溪故居

明•宋濂

自入潜溪住，超然绝世氛。
懒寻书作伴，长与鹤为群。
千虑净于水，一身闲似云。
梅花领幽尝，疏雪隔窗闻。

宋濂祠堂

第五编　古风民俗

古婺风情多姿多彩，婺剧、斗牛、道情、龙灯等民俗风情各具特色，引人入胜。

金华龙灯

第一节 婺 剧

婺剧是我国古老的地方剧种之一，俗称金华戏，为浙江第二大剧种，它以金华为中心，流传于浙江金华、衢州、丽水、临海、建德和江西等一带，因金华历史上素称婺州而得名。婺剧在金华这个拥有浓厚艺术文化的城市，迄今已有四百多年的历史，剧目丰富，主要声腔为高腔、昆曲、乱弹、徽戏、滩簧、时调六种。婺剧的艺术特色是古朴浑厚，强烈粗犷，唱腔高亢，音乐丰富；擅长武功，文戏武做，特技惊人，具有鲜明的地方特色。2008年6月，婺剧被列入国家级非物质文化遗产名录。

金华婺剧

婺剧赞

近现代•田汉

璞玉浑金尚可求，英雄儿女入燕幽。
浙东何止山川美，又有新声说婺州。

读记：1962年浙江婺剧团首次赴京演出，田汉观看演出后赋此诗赞美婺剧。

田汉（1898—1968），本名田寿昌，乳名和儿，笔名有田汉、陈瑜、伯鸿、汉儿倚声、首甲、绍伯、漱人、陈哲生、明高、嘉陵、张坤等。湖南省长沙县人。剧作家、戏曲作家、电影编剧、小说家、词作家、诗人、文艺批评家、文艺活动家，是中国现代戏剧三大奠基人之一。

金华婺剧

扬州慢·赠别浙江婺剧团过南京公演后北上

近现代·方镛声

绒幕才开，氍毹未暖，匆匆又别金陵。
自华灯暗处，听初响锣声。
蓦记起儿时形景，依稀如昨，却似难凭。
叹多年阔别，他乡来听乡音。
慰情未足，又平添一缕离情。
怅舞袖婆娑歌喉婉转，何日重温？
但祝来时再见，争夸剧艺更纯精，
借他山攻错，不虚千里征程。

读记：1962年9月观看浙江婺剧团在南京的演出后有感而作。

金华婺剧

七律　婺剧赞

近现代·鲁兵

少小离家！久居上海！偶尔看到婺剧！激越的高腔！悠扬的滩簧！使我情不自禁地思念故乡！写了一首七律！以酬谢浙江婺剧团的同志！

轻歌曼舞动江州，来自双溪八咏楼。
雪里残梅犹健劲，桥边弱柳自温柔。
思凡年少成佳偶，挡马英雄恋故丘，
久客渐忘身是客，乡音能不引乡愁。

鲁兵（1924—2006），原名严光化，笔名鲁兵、严冰儿。金华金东区琐园村人。浙江大学英文系毕业。曾任少年儿童出版社编辑室主任，编审。中国出版协会幼儿读物研究会会长，中国作家协会会员。著有《鲁兵童话集》《寓言的寓言》《神奇的旅行》《教育儿童的文学》等。

浙江婺剧团参加亚运会艺术节演出《断桥》

近现代·陈德

百剧千团各有娇，断桥浙婺艺高招。
寻夫怨爱神情切，会妾悔惊魂魄销。
杀跌武功新耳目，造型画面动心潮。
晋京献演荣三次，总理高评第一桥。

金华婺剧《断桥》

第二节　金华斗牛

金华斗牛为牛与牛斗，始于北宋明道年间（1032—1033），并与庙会相结合，是带有东方文明独特魅力的民俗娱乐活动，被称为“东方一绝”。鲁迅早期即为金华写过斗牛文章。他在《观斗》一文中写道：“看今年《东方杂志》才知道金华又有斗牛，不过，和西班牙却是两样的，西班牙是人和牛斗，我们是牛和牛斗。”（《鲁迅全集》第五卷）中华人民共和国成立后，一度停止，1985年，金华市在湖海塘畔重建斗牛场，上海科教电影制片厂来斗牛场拍片，把金华斗牛搬上了银幕。一年后，因入不敷出，于1987年7月关闭。自1992年以来，“金华斗牛”又于每年重阳节隆重开角。

金华斗牛

观斗牛

清·傅文光

子颓喜饭牛，饲之以高粱。
王孙亦已往，此风傅村氓。
刍汤细料理，喘息伺温凉。
借之以耀武，不敢用服箱。
人情唯苦乐，八蜡具弛张。
一日两武出，红锦角生芒。
有如壮士去，慷慨赴疆场。
兵刃既已接，进退互争强。
使尽平生力，四角竞相当。
顷刻胜败分，胜者气奋扬。
掉尾鸣不负，饭至上中堂。
服耕乃其事，未舆春务忙。
众耕而已食，以此誓不忘。
日受主人养，争此一日长。

傅文光，金华金东区傅村人，本诗录自傅文光《东山草堂诗集》。

斗牛谣

清·张作楠

田间群儿笑拍掌，雀跃泥中来复往。
往往来来看斗牛，一牛得胜群欣赏。
养牛须得虎儿高，斗牛莫使牛遁逃。
我牛屡胜菩萨佑，斗牛慎毋使牛瘦。
归来嘱儿勤饭牛，甑无勺米儿泪流。
叱儿安得使牛饿，怪通邻牛比我大。

录自郭宝琮编《翠微山房遗诗》。

张作楠（1720—1850），字让之，号丹村、丹邨，金华曹宅镇龙山村人。嘉庆十三年（1808）进士，由处州府学教授，历桃源、阳湖等县知县，太仓州知州，升徐州知府。淮徐海通兵备道。治事廉平，人称儒吏。博学多能，理阐程朱，学探河洛，家富藏书，无书不究，擅长诗书，尤精算学，精通天文，贯通中西，是位历算学家。为官时以工匠自随，制仪器，刊算书。著作颇丰，著有《四书同异》20卷，《翠微山房数学》38卷及《愈愚录》《东郭乡谈》《乡党述注》《翠微山房遗诗》《梅簃随笔》《书事存稿》等，辑有《八线对数类编》，又辑故人诗为《旧雨录》等。56岁时，从任上乞养还乡，家居20余年，以吟诗为乐，曾与曹开泰等乡贤同道组织北麓诗社，常与诗社诗友为伍。曾多次游历金华山等风景区，写下了大量有关金华山川、人文等诗篇。

第三节　桥　灯

桥灯谣

清·胡起锷

元宵灯火盛，近地推青阳。
青阳有三姓，安定最称长。
散居十数处，处处各夸张。
会合大公殿，来敬徐偃王。
锣鼓喧天响，火炮声嘭嘭。
男女杂沓来，推挤各一方。
近殿数亩麦，践蹈扫精光。
蝉联三四匝，环绕七八行。
兴尽方肯走，让宅设先尝。
主人鞠躬拜，道士赞焚香。
清酒三献罢，分设各自忙。
每桥一盏酒，两人馒一双。
分罢炮声起，龙头首先昂。
后者陆续走，曲折似龙骧。
众口各呼叫，喇叭声高扬。
自此次第去，姓姓略相当。
一昼兼二夜，辛苦又何妨。
冷风吹入骨，腹饿酒充肠。
如有贪杯客，醉倒在路旁。
买卖随灯走，青果有回甘。
别有不肖子，掷赌瞒爷娘。
酒后各无赖，打降逞凶强。

平地些小怨，发泄在灯场。
嗟嗟保清吉，何为皆若狂。
神圣如有灵，必同端木伤。

读记：诗中的青阳为地名，位于金华市罗埠镇西，衢江南岸，青阳洲。宋至明有郑、洪、方三姓于此族居。徐偃王，乃西周时徐戎的首领。统辖今淮、泗一带。《后汉书·东夷传》："地方五百里"，向他朝贡的"三十有六国"。曾联合九夷伐周。穆王因其势大，承认其为东方霸主。后为楚所败。端木，指端木氏，名赐，即孔子学生子贡，春秋末卫国人，善于辞令。

胡起锷，汤溪人。县学生员。

桥灯

第四节 春 傩

春傩并序

近现代•杨廷兰

乡俗刻木为牌，图画土神，名曰傩牌。开岁十五以前鸣锣击鼓，旗伞辉煌。按日巡行同社既遍乃止。所至或备牲醴，或设香烛，祈祷则曰保福，禳除则曰回遣。亦乡人傩之遗意欤。

风俗所沿袭，用意都不恶。可因众若狂，而言事近谑。
开岁春风和，雪融梅破萼。旗先柳色新，伞共日华烁。
鼍鼓喧郊原，铜钲震山郭。借问此何为？乡傩及时作。
既祈妇子安，还祝雨旸若。牲酒村村馨，香烛户户灼。
相逢说灵应，指示殊确凿。所以千百年，神威凛干镆。
同社递送迎，莫敢负盟约。昔予读鲁论，阼阶想虔恪。
至人亦何心，古礼未可略。今看帅队来，索室风犹昨。
朱盾未须扬，熊皮不必著。按日巡里闾，徇道同木铎。
逐疫迓天庥，乡邻非隔膜。斯谊洵可嘉，此典讵当削。
爰向春风中，随人荐清酌。

注：摘自民国《汤溪县志·诗》。

杨廷兰，金华汤溪人。

第六编　方物名产

第一节　金华火腿

据考证，金华民间腌制火腿始于唐代，迄今已有千余年历史。唐开元年间（713—741）陈藏器《本草拾遗》载："火腿金华者佳。"到清朝已远销日本和东南亚。光绪三十一年（1905）在德国莱比锡博览会上获金奖，又在1915年美国旧金山巴拿马国际商品博览会上获金奖。从20世纪30年代开始，金华火腿畅销英国和美洲等地。

金华火腿选用精多肥少的良种猪"两头乌"的后腿肉精制而成，尤以东阳上蒋村生产的"雪舫蒋腿"最为有名。

金华火腿

浦江火肉·金华

明·张岱

至味惟猪肉，金华早得名。
珊瑚同肉软，琥珀并脂明。
味在淡中取，香从烟里生。
腥膻气味尽，火肉炒雪芽。

读记：张岱在饮食方面是一位精致的品鉴家。他作有多首咏方物诗，品其“以俗物入诗而不失其雅”之美。这首五律，短短四十字，不仅生动刻画了金华火腿的色、香、味、形，还阐明了其腌制工艺、食用方法，同时又倾注了个人的感情和见解。

张岱（1597—1689），字宗子，又字石公，号陶庵、天孙，别号蝶庵居士，晚号六休居士。山阴（今浙江绍兴）人，出身仕宦家庭，久居杭州。明亡，避居剡溪山，是一位晚明文学家、史学家。不仅是一位多才多艺的文人，而且重视饮食之道，讲究“食不厌精、脍不厌细”，是一位精致的品鉴家。

金腿吟

近现代·吴子受

物华增地望，婺郡此蜚声。
瘦色呈红玉，肥脂结水晶。
竹枝香蕴藉，雪舫味醇清，
不胫惊能走，行踪遍海瀛。

吴子受（1921—2011），兰溪游埠奎塘村人，1947年考入上海东吴大学法学院，善诗词书画，为中华诗词学会会员。

金华火腿

金华火腿

近现代·许永生

金华火腿味中奇，饭桌华筵笑语飞。
琥珀一盘炫人目，清香满口醉心脾。
沙场慰问乐军士，金殿赐名震国畿。
精品而今逢盛世，五洲四海尽风靡。

金华火腿

第二节　金华酥饼

金华酥饼，据记载始见于南宋婺州浦江吴氏所著的《中馈录》，馈录中所说的酥饼是用蜜糖作馅的，而后多用干菜肉馅。金华酥饼是一种表里酥脆，内荤外素，油而不腻，鲜咸可口，风味独特的糕点。古时秀才赶考，今人出门旅行，皆乐以此为干粮；宴请宾客则可作席间点心。金华酥饼发展到20世纪80年代，技艺上经过不断改进，成功研制出了火腿酥饼、甜酥饼、辣酥饼等品种。

金华酥饼

金华酥饼

近现代·许永生

酥饼怀揣走大千，口碑历历美名传。
清香酥脆童叟喜，爽口怡人齿颊鲜。
逆旅几筒堪果腹，点心一碟上华筵。
来金贵客多携带，亲友同尝共笑颜。

金华酥饼

第三节　金华酒

金华酒是古代金华郡、州、府及辖县生产的各种黄酒的总称。历史上金华的寿生酒、错认水、瀫溪春、东阳酒、三白酒、桑落酒、顶陈酒、花曲酒、甘生酒、白字酒等品牌,都各有千秋,成为金华酒的整体实力,也成为浙江酒的主力军，有“浙酒”美称。五代十国时期，吴越王钱镠将金华酒列为贡酒。《金华县续志》记载：唐代官府都设酿酝局，官酒坊之酒专供公务饮用，“金华府酒”之名，即始于此。唐天宝元年（742）金华府改名东阳郡，曾名“东阳酒”。唐以后，金华酒名声显露，李时珍认为兰陵酒出自金华，宋代金华纳酒课名列全国前列。元代宋伯仁著《酒小史》将金华酒录入名酒之列风靡全国。明代冯时化编著的《酒史》载，明“金华酒，浙江金华府造。近时京师嘉尚语云：晋字金华酒，围棋左传文”。表明当时金华酒已被誉为字、酒、棋、文四绝中的一绝而誉满京城。同时社会上流行着“杜诗颜字金华酒，海味围棋左传文”的对联。金华酒与风流遗韵的杜甫的诗、颜真卿的字、左氏的文章相提并论，誉播四方。清代诗人袁枚在《随园食单》中说：“金华酒，有绍兴之清无其涩，有女贞之甜无其俗，亦以陈者为佳，盖金华一路，水清之故也。”《金瓶梅》一书中16处21次写到金华酒。进入21世纪,千古流芳的金华酒,为丰富现代人的生活而流芳溢樽,香飘天下。

留客中行

唐·李白

兰陵美酒郁金香，玉碗盛来琥珀光。
但使主人能醉客，不知何处是他乡。

读记：李时珍认为兰陵酒出自金华，他在《本草纲目》中写道："东阳酒即金华酒，古兰陵也。"《中国土特产大全》一书中也说：兰陵又名东阳，兰陵美酒古称东阳酒，距今已有2600年的历史。历史上所称的"东阳酒""兰陵酒""兰陵美酒""金花酒""金华酒"，均指兰陵美酒。

金华酒

龟堂独酌

宋·陆游

一榼兰溪自献酬，徂年不肯为人留。
巴山频入初寒梦，江月偏供独夜愁。
越石壮心鸡喔喔，子卿归信雁悠悠。
天生我辈初何用，病骨支离又过秋。

读记：这是陆放翁喝了兰溪造的瀔溪春酒后，对金华酒的赞誉。

东阳郭希吕吕子益送酒

宋·陆游

山崦寻香得早梅，园丁又报水仙开。
独醒坐看儿孙醉，虚负东阳酒担来。

读记：南宋大诗人陆游与东阳酒结下了不解之缘，且留下了《饮石洞酒戏作》《石洞饷酒》《谢郭希吕送石洞酒》《东阳郭希吕吕子益送酒》等诗。石洞酒是东阳红曲黄酒中的佼佼者。从南宋郭希吕起，以独特酿酒秘方祖传到现在。石洞酒饱受历代文人墨客诗文称誉，陆游通过与当时的“桂林瑞露”“岐山橐泉”等驰名佳酿相比较来盛赞石洞酒。从三国建衡三年（271）到唐乾元元年（758）的480多年里，金华主要以东阳郡相称，古代以产酒地为酒名，故早期金华酒皆称“东阳酒”。李时珍在《本草纲目》中有“东阳酒即金华酒”之语；《饮食辨》中有“又一种金华酒，又名东阳酒，味极甘美，酒乃净酹……”所以，历史上东阳酒与金华酒的酒名通用。

谢送东阳酒

元·钱惟善

故人远送东阳酒，野客新开北海樽。
不用寻梅溪上路，春风吹与满乾坤。

钱惟善（？—1379），字思复，自号心白道人、武夷山樵者，钱塘（今杭州）人。至正元年（1341），以乡荐官至儒学副提举。张士诚占领江浙后，退隐吴江筒川，后又迁居华亭。明洪武初年卒，与杨维桢、陆居仁合葬于干山，人称三高士墓。钱惟善长于《毛诗》，兼工诗文。有《江月松风集》12卷传世。又兼长于书法，作品有《幽人诗帖》《田家诗帖》等。

金华酒

第四节　金华佛手

金华佛手，雅称金佛手，被誉为“果中之珍品，世上之奇卉”。据史料记载，佛手在金华栽培史始于北宋嘉祐年间（1056—1063），距今已有900多年的历史。金华佛手主要种植在金华北山之麓的罗店镇后溪河村、西吴村一带，发展到明朝时，“以养佛手为业。售之省会橐金而归，手足无甚劳，而衣食有赢余”，已经是金华的一个重要产业。1960年，朱德委员长曾亲自到罗店观赏佛手。中华人民共和国成立40周年大庆，在北京举行的全国花卉博览会上，金华佛手作为浙江名贵花卉参展，引起轰动。1993年第三届博览会期间，金华市罗店镇送展的矮化佛手盆景荣获博览会最佳产品奖，1998年4月，金华被国家命名为“中国佛手之乡”。

金华佛手

佛手柑

明・朱多炡

春雨空花散，秋霜硕果低。
牵枝出纤素，隔叶卷柔荑。
指竖禅师悟，拳开法嗣迷。
疑将洒甘露，似欲揽伽梨。
色现黄金界，香分肉麝脐。
愿从灵运后，接引证菩提。

朱多炡，字贞吉，号瀑泉，占籍武昌。明宗室，弋阳僖顺王曾孙，封奉国将军，好游，自诡曰相如，曰澹游子。门人私谥曰“清敏先生”。能诗工书，行草宗米，杂以古字，自成一体。精绘事，见古人墨迹一再临之，如出其手。山水得二米家法，花鸟及传神均工。按明诸王世系多字辈统字辈之祖，应为八大山人祖父行，且均属宁王之后，性情亦相近。

佛手柑友人难赋得无指者

明·胡应麟

西来一种自当阳，特地呈拳孕异香。
雨露滋培含素质，风霜历尽绽金庄。
月移枝上拈珠灿，叶落空林翻锦章。
不解个中深密意，暗藏指诀几多长。

胡应麟（1551—1602），字元瑞，号少室山人，别号石羊生，浙江省兰溪县城北隅人。明万历间举人，久不第。筑室山中，购书四万余卷，记诵渊博，多所撰著。曾携诗谒王世贞，为世贞激赏。明朝著名学者、诗人和文艺批评家，在文献学、史学、诗学、小说及戏剧学方面都有突出成就。著有《少室山房类稿》《少室山房笔丛》《诗薮》。

金华佛手

红林檎近·咏佛手柑花

清·董元恺

南海春工早，西天秋意凉。
翠叶压霜橘，素葩发幽光。
散来雪山花瓣，淡扫佛国严妆。
清绝绮阁琼窗，夜静梦魂香。
皓月澄疏影，冷蕊促飞觞。
匀膏渍粉，曾经共沐芬芳。
临轻拈微笑，东风屈指，合掌云屏伴法王。

董元恺（？—1687），字舜民，号子康，是清初江苏武进籍词人中最重要的一位。顺治十七年（1660）中举，第二年即因“奏销案”被黜，故千端心曲，悉寓于词，结成《苍梧词》（又名《董舜民词集》）12卷，今《全清词》（顺康卷）存录693首。

金华佛手

第五节　山茶花

山茶别名山茶花，耐冬，古名海石榴。据金华罗店后溪河村《何氏宗谱》记载，人工栽培山茶花始于南宋（1127—1279），多栽于庭院，供观赏。金华北山等地有野生山茶花。金华山茶花品种有200多种，20世纪80年代从国外引进“荷兰黄”“美国大红”等新品种。“花佛鼎”是金华山茶花中的佼佼者，1986年，金华市一届人大八次会议决定山茶花为金华市花。全市有近万亩山茶花种植基地。2002年，建成中国山茶花文化园和金华国际山茶特种园。已举行了十二届山茶花节。

山茶花

山茶花

唐·贯休

风裁日染开仙囿，百花色死猩血谬。
今朝一朵堕阶前，应有看人怨孙秀。

山茶花

茶花吟

近现代·周槐庭

前年金华茶花奇昂，巨株有索价近万者，操奇赢者趋之若鹜，而市人为之咋舌。客岁以来，渐复常价。

一九八七年一月二十日

一

青帝前年醉坐衙，茶花尽遣绽金芽。
先生赴市归来叹，一月薪金几朵花。

二

摇钱事去逐流霞，一梦茶花亦自嗟。
嫁与东风还旧面，红酣散入万人家。

金华茶花

近现代·许永生

姹紫嫣红挹丽姿，冬来春继久经时。
冰封十里凌寒发，雪压三层铁骨支。
彩溢名花花即画，香浮雅韵韵催诗。
田园锦簇山野艳，婺邑茶花四海知。

山茶花

第六节 金华茶叶

金华盛产茶叶，而最负盛名的是婺州举岩茶，其产地在金华双龙洞风景区黄大仙景区鹿田村附近。五代毛文锡《茶谱》中有“婺州有举岩茶，片片方细，所出虽少，味极甘芳，煎如碧乳”的记载。明代李时珍《本草纲目》、黄一正《事物绀珠》、张谦德《茶经》、詹景凤《明辨类函》、方以智《通雅》等均把婺州举岩茶列为当时的名茶之一。至清代末叶已名存实亡。20世纪70年代，有关单位组织科技人员根据历史记载，对举岩茶的制作工艺进行挖掘，恢复举岩茶的生产。1979—1981年，峯岩茶连续三年被评为浙江省一类名茶。1981年在全国供销系统名茶评比会上，举岩茶与龙井、紫笋、莫干黄芽同被列为浙江省的四大名茶。1989年有茶园2300多亩。除举岩茶外，还有九峰山之采云间茶等。

举岩茶

北山茶

明·潘希曾

春来遥忆北山茶，青碧丹崖傍我家。
采露撷烟空梦寐，沿河溯济自年华。
求闲会了三生愿，知足何须七碗加。
燕语莺啼春送尽，又看光景到萱化。

读记：北山茶即金华举岩茶。五代前蜀毛文锡《茶谱》及明李时珍《本草纲目》有载。诗中“七碗”，即七碗茶，典出唐卢仝《走笔谢孟谏议寄新茶》诗：“一碗喉吻润，两碗破孤闷。三碗搜枯肠，唯有文字五千卷。四碗发轻汗，平生不平事，尽向毛孔散。五碗肌骨清，六碗通仙灵。七碗吃不得也，唯觉两腋习习清风生。”

潘希曾（1476—1532），字仲鲁，号竹涧，浙江金华人。明弘治十五年（1502）进士。历官工部右侍郎、兵部右侍郎及左侍郎。卒赠兵部尚书。有《治河录》《南封录》《竹涧集》。

种　茶（二首）

明·胡森

一

何许开云自种茶，南园依约野人家。
底须彭宅门前柳，不谢平章宅里花。
千竹野亭醒醉眼，一瓢清供涌南华。
抱琴有客如相问，请看疏烟洞口斜。

二

石田茅屋只宜茶，兴味悠然称我家。
玄圃耐寒赏避俗，紫琳蘸雪已输花。
披香有客删遗谱，挥尘还准转法华。
自叹卢生狂未了，一节时向玉川斜。

采茶妇

清·张作楠

谷雨谷雨日日雨，新茶坼芽细如黍。
山南地暖茶味甘，山北地寒茶味苦。
侬家茶圃在山南，采得新茶绿满篮。
将茶买盐更籴米，回视篮中却见底。
茶芽日长价日低，茶多米少掩面啼。
劝汝且弗啼，汝不见东邻白发老寡妻，
代人采茶暂救饥？

采茶

九峰山茶园诗

近现代·陈直心

九峰山麓九峰茶，十里茶同景色佳。
看若锦坡腾细浪，卧如美女披青纱。
名山胜景宜嘉树，雨后明前采嫩芽。
叶制珠矛皆上品，客来中外百专家。
荣为国际参观地，出口营销遍海涯。

九峰山茶园

参考文献

（1）（明）王懋德、陆凤仪编纂：《万历金华府志》，国家图书出版社，2014年。

（2）（清）邓钟玉等：《光绪金华县志》，上海书店，1915年。

（3）黄维时：《双龙纪胜》，1933年。

（4）方凤撰、张燧辑：《金华洞天行纪金华游录注合刊本》，上海汉文正楷印书局，1933年。

（5）（明）吴沉：《濲川集》，兰溪市文史与文献研究会，2019年。

（6）（清）张作楠编：《北麓诗课》，金华市金东区曹宅镇文史丛书，2005年。

（7）张昌贤主编：《浙江省金华市地名志》，金华市地名办公室，1985年。

（8）章关键：《金华市志》，浙江人民出版社，1992年。

（9）石夫主编：《金华县志》，浙江人民出版社，1992年。

（10）赵之钧编著：《画家黄宾虹年谱》，人民美术出版社，1992年。

（11）许永生：《南山絮语》，正之出版社，1992年。

（12）方镛声：《紫岩吟草》，香港明星出版社，1994年。

（13）叶一苇：《一苇诗词选》，1997年。

（14）张乐初主编：《双龙风景名胜区志》，上海人民出版社，2003年。

（15）张乐初编：《姜东舒诗集》，浙江文艺出版社，1997年。

（16）张根芳：《张作楠评传》，中国戏剧出版社，2007年。

（17）王晓明主编：《历代名人咏金华》，浙江大学出版社，2008年。

（18）陈直心：《玫瑰文集》，中国炎黄文化出版社，2008年。

（19）张根芳、叶涛编：《黄维时诗存》，金华市金东区文学艺术界联合会，2009年。

（20）范天行、王定平编注：《九峰诗选》，青海人民出版社，2005年。

（21）黄启源主编：《金华的记忆》，人民日报出版社，2009年。

（22）张根芳主编：《金东区家谱资料选编》，金华市金东区政协文史资料编辑委员会，2010年。

（23）《金华市婺城区志》编纂委员会：《金华市婺城区志》，方志出版社，2011年。

（24）金兆銮、金兆梓：《陟岗集续集》，金华市文物局，2013年。

（25）吴远龙等主编：《金华历史文化研究》，金华市社会科学联合会，2015年。

（26）徐小飞主编：《永康历代诗词选》，杭州出版社，2015年。

（27）金兆丰、金兆棪、金兆銮、金兆梓：《陟岗集三编》，中国美术出版社，2017年。

（28）罗加编：《兰溪历代诗词》，2019年。

（29）张泽民：《禅月诗僧·贯休》，团结出版社，2019年。

（30）金华市赤松诗社编：《赤松诗词》，浙江省金华市赤松诗社，1996年。

（31）金华市群众艺术馆编：《婺星》，《婺星》杂志社，1996年。

后　记

一个城市有一个城市的记忆，而一个城市的记忆往往扎根于充满烟火气息的陋巷里弄之中。

金华，自秦王政二十五年（前222）建县以来，已有两千多年的建制时间，可谓历史悠久。在漫长的岁月中，金华城区经历了无数次灾难的洗礼，战争、兵燹、洪水、火害、圮毁、迁徙、重建。任何一次洗礼，都是城市的一次重生和发展，由此由县而郡，及至州府。城市的设置，随着人口的增加和建筑物的兴起，由此衍生了许多意义深远的地名。有的地名因历史原因而几经更改，有的地名自古以来沿用至今，也有的地名因城市的变化而永远沉寂在历史的尘埃里。但无论是仍在使用的地名，还是已然退出历史的地名，它们都将永远留在金华人民的记忆里。

一代人有一代人的记忆，一个人有一个人的记忆，个人的记忆虽然不能包罗万象、完整无缺，但通过几个人的片鳞碎甲，多少能够拼凑出一代人的城市记忆。正值金华市政协文化文史和学习委员会编纂《老金华的记忆》，吴宝金先生提议以写的诗词的形式记录金华的老地名的来龙去脉和故事，并抒发对它的感情。我与李国雄先生闻之同声相应。

吴宝金和李国雄两位先生是我的同门诗友，也是我尊敬的老师，我们共同创办了金华南山诗社，着意为金华的地方文化做点力所能及的事情。故承担创作任务后，我们分头走街串巷，寻踪掠影，到图书馆和档案馆搜索相关资料，走进民宅寻访耄耋老人记取金华故事，然后结合自己的生活经历，创作对这片故土饱含深情的诗词作品及老地名注解。

春去秋来，寒耕暑耘，一年多的努力终成正果。其间，我们得到了许多好心人的帮助和支持，在此就不一一致谢了。但是金华市政协文化文史和学习委员会能够立足金华历史文化的保护和传承，让许多老金华人发挥各自的特长进行忠实的记录，实在功莫大焉。

由于我们的阅历和水平有限，难免出现遗漏和谬误，敬请各位专家批评指正。

陈国友

老金华的记忆

古迹

金华市政协文化文史和学习委员会 编

中国戏剧出版社
CHINA THEATRE PRESS

图书在版编目（CIP）数据

古迹 / 金华市政协文化文史和学习委员会编. -- 北京 : 中国戏剧出版社, 2024.6
（老金华的记忆）
ISBN 978-7-104-05315-6

Ⅰ. ①古… Ⅱ. ①金… Ⅲ. ①名胜古迹—介绍—金华 Ⅳ. ①K928.705.53

中国国家版本馆CIP数据核字（2023）第006122号

古迹

责任编辑：赵宇欣
责任印制：冯志强

出版发行：中国戏剧出版社
出 版 人：樊国宾
社　　址：北京市西城区天宁寺前街2号国家音乐产业基地L座
邮　　编：100055
网　　址：www.theatrebook.cn
电　　话：010-63385980（总编室） 010-63381560（发行部）
传　　真：010-63381560

读者服务：010-63381560
邮购地址：北京市西城区天宁寺前街2号国家音乐产业基地L座

印　　刷：北京鑫益晖印刷有限公司
开　　本：880mm×1230mm 1/32
印　　张：31.5
字　　数：853千字
版　　次：2024年6月 北京第1版第1次印刷
书　　号：ISBN 978-7-104-05315-6
定　　价：298.00元（全六册）

序

金华城坐落在金华山与婺江之间，是一座青山、绿水、古城三者相得益彰的城市。金华市区辖婺城区、金东区、武义县、浦江县、磐安县、兰溪市、义乌市、东阳市、永康市。这是一座历史悠久、文化内涵丰富的城市。

金华山与婺江（含东阳江、义乌江、武义江）水孕育了勤劳、淳朴的人民，大家把金华建设成了一座美丽富饶的城市。这座城市具有丰富而独特的自然景观、人文景观、历史景观和文物景观，需要我们认真地挖掘和开发其宝贵的历史遗迹，只有我们妥善地保护和利用，才能取得巨大的经济效益和社会效益。

素有“小邹鲁”美誉的金华，有较深厚的文化积淀。由于历史的变迁和城市的快速发展，金华很多的老建筑都已经消失，只有留在老人们脑海中美好的记忆。随着时光的流逝，我们也将渐渐地失去童年的回味。

为此，我们探访了很多老先生和老学者，请他们一起回忆金华婺城区和金东区内的古城墙、古城门、古井、古寺庙宫观、古遗址。我们尽力把这些消失的古城墙、古城门做个简单的介绍，使久已湮灭的部分建筑在人们的脑海中得以再现。

本书的内容除目前保存下来的建筑之外，很多都是根据老年人的回忆和有关资料汇总的，由于年代久远，难免有些疏漏和错误，敬请读者谅解。

历经几十年的风雨沧桑，一座现代化的金华城已展现在浙中大地。希望本书能唤醒金华人的记忆，激发现代金华人思古之幽情，增强我们的向心力和凝聚力，从而更加热爱我们的家园，更加热爱我们的金华、努力建设金华。我们满怀信心，金华人将承前启后、与时俱进，为建设和谐社会、创造灿烂文明而不懈努力。

吕学姜
2021年8月8日

目录

城门（墙）篇

街巷（古井）篇

往事（风韵）篇

城门（墙）篇

金华西大门

古城墙

古代，都邑四周多筑有高大坚固的墙垣，我们都把它叫“城”。城外再筑一道城垣，外城便称为“郭”。有些城郭之外还挖有又宽又深的护城河沟，这叫“池”，池与城合称“城池”。建筑城池的目的，主要作为军事上的防御工事，以备外敌入侵之虞。因此，城墙是古代城市建设中十分重要而必备的建筑。

金华是浙江中部的军事要地，因而历代先后在金华设置郡治、府治、县治，并曾多次兴建城池。

由于金华古称婺州，所以金华城又有婺城的别称。至今还可以看到多处金华城的遗迹，如现在东市街的东南、宏济桥北，和西市街南、西御江帝景建筑群西，以及明月楼下都还保留着几段明清时期的城墙原貌，这些宝贵的遗存能让你一睹当年金华古城墙的芳容。（近年，金华市政府在市民的强烈要求下重建了东市街梅花门，现已重新建有城门。）金华的古城墙大约始建于唐天复三年（903）武肃王钱镠时。据光绪《金华县志》记载，婺州城当时的城墙周长大约4700米，内有子城。高5米，厚9.5米。历年有严重损毁，此后，屡毁屡建。

到了北宋宣和四年（1122），知州府台范之才组织百姓重建金华城池，扩城周围达十里，基宽三丈，高六丈。元至元年间（1335—1340），当时的元朝统治者下令毁去城墙，至此婺州古城墙尽毁。

元至正十二年（1352），廉访副使伯嘉纳等在旧址处重建城墙。城墙周长6000米，厚8米，高7.3米，共有七个城门，每座城门上都建有二层式门楼。东、西、南、北的四个门，环以瓮城（又称月城），即环绕城门外筑起小城，砌砖石为路。在城墙上筑起齿状的矮墙，1.7米高。在城楼旁筑屋7间，作守御瞭望之用。在护城河边矮墙之间筑屋36间，供巡城士兵休息住宿之用。城南临婺江有水港，以大江为险，而东、北、西三面挖掘了宽约20米，深5米余的护城河，全长86米。还在护城河上架有吊桥，桥头有石坝作阻拦。城墙的建筑从元至正十二年（1352）春闰三月开始，到秋天七月完工，十月开始挖护城河，第二年五月全部完工。

元至正十八年（1358）十一月，朱元璋未称帝前派大将胡大海带兵攻打金华城时，因城墙坚固、屡攻不下，胡大海退至兰溪。同年十二月，朱元璋亲率将士十万余人攻打婺州城，在当地老百姓的响应支持下才得以从元军手中夺得。朱元璋打下婺州城后，赞美金华城："城临大溪，三面环壕，倚山带水，东西长而南北短，险固可恃。"因此，民间就有"铜金华"与"铁衢州"的传说。

明末清初，金华人朱大典被明末小朝廷任命为文华殿大学士，建行台督师，辖金华、兰溪、汤溪、浦江四县。朱大典在金华据城固守，誓与婺州城同在。清兵围金华城两旬有余，久攻不下。后探知婺州城西城墙新筑土尚未坚固，便用红衣火炮

通远门古城墙

赤松门古城墙

专攻其处，数十门炮一齐轰，大火连天，城墙崩毁。清兵拥入婺州城内，杀戮屠城三天，生灵涂炭（明末庠生李渔曾有详细记述）。

金华古城墙，在明、清时多次修筑。清顺治十四年（1657）修筑时，已有雉堞2454个。

清嘉庆七年（1802），金华遇特大水患，金华知府严荣和乡绅方廷玉发起捐修金华府城墙之义举，严荣在《捐修金华府城墙》碑记中有相关的记载。

清光绪八年（1882），知府邹仁溥重修旌孝门迤南至迎恩门一段。清光绪十二年（1886），知府陈文录继续重修自迎恩门迤北至旌孝门一段。各段城墙的基宽、高度和面广是不等的。原有城门11个，百余年后，其中4门毁坏，存留的城门有7个。存者为南面的清波门（俗称柴埠门），东南的八咏门（旧名元畅门），东面的赤松门（俗称梅花门），西南的长仙门（俗称水门）和通远门（俗称望门），西面的迎恩门（旧称朝天门，俗称兰溪门），北面的旌孝门（俗称义乌门）。已闭的四门为双溪门、至道门、清河门和天皇门（也叫天柱门）。正北原有天一门，清光绪十一年（1885）曾重开，不久又闭。各个城门旁均建造营房。元以前朝天门、旌孝门和通远门等都建有瓮城。这在清光绪二十二年（1896）重修《金华府志》八县总图，《金华府志》原图，《金华县图》及清末民初《金华区域图》等史志中可得到佐证。这些史志中均详细画出了金华府城八处城门楼，其中非常清楚地标明赤松门、通远门、迎恩门、旌孝门四座门为瓮城。

金华的古城墙建有外城墙和子城墙。子城墙建有四个门，分别为东面熙春门、南面保宁门（又称鼓楼）、西面桐树门、北面金华门。即东面为现东市街西、八咏路以北、酒坊巷以东、将军路以南皆为子城的范围（详细见金华古子城一文）。

抗日战争以前，金华城墙东面在高山头原自来水厂一带（现宏济桥头西600米处），西面在今新华街，南面在今飘萍路和婺江东路一带，北面在今人民东路南侧的明月楼附近，东西长而南北狭，呈不规则的长方形。城墙外有护城河环绕，而现在的海洋大厦、人民广场、府上街东兰溪门菜场、游泳池，及人民东路一线都是当年的护城河。

1938年12月10日，金华开始拆除城墙。目前只残留很少的几段。

吕学姜

古城墙遗址

迎恩门与东西岳宫

金华城迎恩门，旧称朝天门，这里是通往兰溪的大路，俗称兰溪门，居金华老城的西北角。迎恩门坐落在现婺城市区解放路上新华街(原婺州城西边城墙就在新华街上)的十字路口，如今的金茂大厦和金华火腿大楼之间的位置，是原金华府西面的主城门。

古时每逢有皇帝的封诰，官员赴任或调迁，重要来往文书都是从这个门进出，所以叫迎恩门。

迎恩门，筑有瓮城（又称月城），城门上建有城门楼，城楼高大，有两层。城脚用大青石条砌成，上部用长约30厘米、重约20斤的“十八斤砖”砌就，十分坚固。城门上有一个个砖砌的垛子，垛子或称“女墙”“雉堞”“埤堄”，当中有个方孔，是用来向城外敌军射箭放炮的“射孔”。垛子高1.5米，是守城军士的掩体。史载清顺治十四年（1657）修城时，婺州全城总共有2454个垛子。迎恩门外还筑有半圆形的瓮城，也叫月城，瓮城的城门又叫小城门，大小城门上都安装有“千斤

迎恩门（王维明绘）

闸”，一遇战事即引敌兵入瓮城，两边放下“千斤闸”将敌军在瓮城里歼灭或擒获。小城门外有条宽六七米的护城河（现金茂大厦西和市区人民广场原都是护城河），这条护城河南通婺江，北转到现人民路。河两边砌石坝，上设有“吊桥”。这吊桥用很大的硬树木拼造，上有数个大铁环，环上穿着铁链和绳索。桥后 5 米处，立了两根大木桩，在木桩顶安装了铁质凹轮，用以驾驭吊桥的铁链和绳索末端系于城楼之上，逢战事，城上守兵通过绞盘拉起吊桥，扣在城门洞上，阻止敌兵进路。城楼旁筑屋7间，作守御瞭望之用，护城河边造屋36间，作守城戍卒的营房。

当年迎恩门内外，商贾店家很多，每天交通繁忙，人来车往，熙熙攘攘，非常热闹。

20世纪30年代，日军飞机轰炸金华城区，这时城墙成了敌机空袭之际疏散人员的障碍物。为了减少空袭时的牺牲，金华开始拆除城墙，城门也同时被毁坏，但中华人民共和国成立初年尚能见到瓮城，出迎恩门瓮城就能通往现在的府上街。当年金华西乡民众和陆路过来的兰溪客众都是从这里进入城内。拆除迎恩门城楼和月城大约是20世纪50年代。

原东岳宫(又称东岳殿)在现金华婺城区将军路188号。旧丽正书院东侧，废宋丞相叶衡居宅上建天圣宫，至元二十四年(1287)改为东岳宫。皇庆元年(1312)毁于火，延祐四年(1317)修复，明嘉靖大修贴金，清顺治三年（1646）又毁于兵乱， 顺治十八年(1661) 修复。

当年，东岳宫的建筑朱墙碧瓦、富丽堂皇，南面临将军路，前后五进，很壮观，背面是现在的石榴巷，是金华城内最大的一座宫殿。宫内供奉着东岳大帝及帝后，分三进两厢。三进：第一进，十天君；第二进，五岳大帝、四朝官、逢凶化吉、文武判官等；第三进，五岳大帝父母。两厢：左有财神子孙堂、都市王、泰山王、阎罗王、宋帝王、秦广王；右有土地、痘司、转轮王、平等王、卞城王、五官王、楚江王。

全庙原有神像600多尊，其人物形态各异，表情丰富，生动逼真，素有“东岳庙神像甲婺州”一说。东岳殿内有文昌帝君殿、育德殿、真武殿、斗田殿、玉皇殿等众多形式的建筑。殿后还有一座清雅幽致、奇花秀木的小花园。宫左有18个台阶，下去便是“地狱”，故也称“十八地狱”。“地狱”山由三面合围的窑洞组成，这里是东岳庙中泥塑艺术之集锦。

正面大殿设五岳大帝，东西两边是十殿阎君。十八地狱在殿案前交错罗列，各狱鬼卒，都在例行职守，施行冥罚：有的推磨，有的拉锯，有的挖眼，有的刮面，有的搅油锅，有的烧火坑……或突眼怒视，或切齿鼓力，无不逼真传神，给人以生动之感。在地狱塑像中，还穿插有“目连救母”“龙王告状”“唐王游地狱”“刘全进瓜”“胡迪骂殿”等许多人物造型。整座地狱，从第一殿“阴阳界”始，到第十殿“轮回转生”止，各类塑像130余躯，尺度约同真人像。这样庞大完整的地狱造型和泥塑精品，实为珍贵。

此宫备受金华人民的尊仰。民国期间曾在此办过一家针织厂，有木织机十余台。20世纪50年代初，大殿改为大会堂，建了一个大舞台供演出和放电影，为金华的文化场所。（20世纪50年代笔者在金华环城小学上小学时有一次与金师附小同学一起在这舞台上合唱演出，60年前的事至今历历在目）20世纪60年代，拆除这个大会堂，开办冶炼厂。现为金华电子仪器厂址，拆除后改造成办公楼。后来，金华电子仪器厂搬迁，现在是商业会所。

金华还有一座西岳宫，西岳宫坐落在市区后街与雅堂街的转弯口，现西华寺的西侧，对面有一座“景德寺”。

西华寺门楣上方书有“西岳华山” 的青石匾额，四个大字以雄壮秀丽的行楷书就，以楷书为主，厚重苍劲，又糅进了行书飘逸的特点，显得极有力度，字迹不知出自哪位名家之手。

西华寺坐北朝南，三开间，门口有三步青石台阶。

光绪《金华县志》有记载：西岳宫旧废为圣王庙，在元台坊，万历时尚存千圣王像，天启年间(约1623)曾一度改为魏忠贤祠，崇祯年间仍名西岳宫。雍正四年(1726)，嘉庆十四年

(1809)并修，道光二十三年（1843）毁，道光三十年（1850）重建。

民国时期有学者曹松叶记载西岳宫：供神的地方，共一进，中间设立西岳大帝塑像，形态威武而庄严，还有四朝官，文武判官，逢凶，化吉；左列子孙堂、观音，右列财神。

房子共有两进，1953年时这座房子曾一度被一小学暂时作为临时教室使用。

20世纪60年代，房子拆除改建他用。

李林炎　吕学姜

西华寺

梅花门

金华城东原有一座城门叫赤松门（俗称梅花门），坐北朝南，面对婺江。

2000年，在金华东市街桥头旧房拆迁中，在清风龙头山坡西侧起始处，南距已修复的赤松门城墙码头豁口约12米处，发现一堵本地红砂岩条石堆砌的残墙。2006年夏秋，金华市国家级历史名城创建办公室和古子城管委会，组织人员对古子城历史文化区历史建筑普查，此残墙引起了重视。现初步考证，此为金华府赤松门城楼遗址，赤松门城楼在金华府城东，背倚清风龙头，前为河边码头。

清光绪《金华县志》有赤松楼在赤松门上的记载，明《万历府志》、古籍《金华丛书》、《续金华丛书》及《东莱文集》等，均能找到南宋吕祖谦《游赤松山记》和《城楼》等。《游赤松山记》是吕祖谦于淳熙十五年，偕友同游赤松山所记，这是金华历史上最早的一篇写赤松山的游记。《城楼》一诗虽未写城楼之名，但此诗名曰《城楼》开宗明义，且字里行间均为赤松楼所见所闻，现抄录如下：

城　楼

城峻先迎月，帘疏不隔风。
棋声传下界，雁影没长空。
岛屿秋光里，楼台海气中。
登临故待晚，甬外夕阳红。

赤松门城墙遗址

赤松门（朱晓虹绘）

吕祖谦的《城楼》诗和光绪县志关于赤松楼的记载，互相印证赤松门城楼的存在。清康熙二十二年（1683年）《金华府城图》等则说明了赤松门城楼不是建在外墙上，而是建在内侧的瓮墙上，即清风龙头西侧山坡上，这样赤松门城楼在战时为指挥楼台，平时和清风龙头和石倚岩上的清风楼及东北方位的明月楼连成一线，成了文人墨客的休闲之处。

新发现的赤松门城楼遗址，坐北朝南，南北宽约12米，高5.5米，北侧靠清风龙头山坡向东而去，南侧为挖掘后裸露的残墙，宽约2米。从此处向东丈量至另一残留石壁处70米左右，即今日水厂废弃的西门，此处为《金华万历府志》所云和清《道光县志图》所标名的石倚岩。再看城楼遗址残墙从南向北至中部位置，如有一道分界线，南侧为完整的本地红色粉砂岩堆砌，每块条石宽约25厘米，长约1米，用石灰和麻筋做刀泥，中间插进一块长1.3米、宽24厘米的火山岩青石，整堵墙堆砌工整规则。北侧墙体均曾坍塌，所用石料也为不规则的火山岩，残墙中下部还有一处宽60厘米、长70厘米、内深约2米的土洞，为近代人所挖，分析可能是日军轰炸金华时，户主在室内所挖的防空洞。残墙上部从南距水厂围墙约20米，墙体东侧墙基中部约2米处，有一粉砂岩莲花柱石埋在土层中，此柱石高30厘米、直径40厘米，鉴定为宋代建筑构件，极有可能是已毁的石倚岩侧超凡庵之残留物。细

赤松门城墙遗址

勘残墙四周无本地常见的明清青瓷碎片，但发现了数块唐子城所用粉砂岩城墙石，其大小、石料材质、凿痕均同侍王府后门西侧子城唐城墙形制相似。

赤松门城墙或曰外墙，已修复的外墙豁口向东约30米处，应该是原外墙的城门洞所在位置，这里至今还保留着城门洞遗存，同时正对着原宏济桥遗址，再注意查勘此次发现的赤松门城楼遗址，此城门洞恰好在城楼的中间位置。我们特意邀请了浙江省地质大队专家，对本地几处唐子城和宋、明时期红色粉砂岩出土物的抗风化程度进行分析，此段残墙岩石为本地典型的白垩纪时期的沉淀物，对照同时期砌入的火山岩青石的风化度，年代应在数百年以上。但他们对残墙中用石灰麻筋做刀泥有疑问。针对此疑虑，对比发现赤松门城楼残墙所用的石灰麻筋泥和明月楼石灰麻筋泥一致。

赤松门城楼确定为明代时期修缮的建筑物，但其历史久远度当在金华唐、宋时期。尤其是宋代大儒吕祖谦的《城楼》诗，因赤松门城楼遗址的发现而得到正名，也为赤松门城楼增添了重要的文化内涵。

民间流传有朱元璋部将常遇春攻打梅花门的故事：元至正十八年(1358)十二月朱元璋亲自率领大军攻婺州城（金华），特命部将常遇春攻打梅花门。当时婺州城内元军镇守严密、城门紧闭，每天只能放行少量能讲金华土话的人进出，盘查很严。常遇春的部队到婺州后驻扎在赤松山的赤松宫（时称宝积观），常遇春考虑再三特请赤松宫内16名道士化装为赤松山民挑着柴炭先一天进入婺州城内作为内应，又请二仙桥村民以给城内送馒头、下芳埠村民给城内送豆腐之名叫开梅花门，常遇春率部一拥而上，放下桥板，顶开城门。紧急时分元兵从赤松楼上放下千斤闸试图阻止大军入城。千钧一发之际，常遇春亲自用双手托着千斤闸让部下冲入城内，又令大军立即放炮为号。这时，先一天进入的16名道士在大洪山、明月楼、庆丰楼等处堆起柴炭点燃大火。婺州城内火光冲天，一片混乱，朱元璋大军才能攻入婺州城内并将金华城改称宁越府。

赤松门外婺江边原有一大片摩崖石刻有很多人物头像，编者幼年曾亲眼所见。

江边水面有一段为金华市民的放生处，岸上立有石碑。

现今，梅花门已重建。

吕学姜

重造赤松门

通远门

金华的通远门（俗称望门）在今西市街南婺江路，现国际大酒店东侧位置，面对婺江。

通远门城门之上，建有城楼，此楼称华丰楼。城楼很高大，楼高两层，雕梁画栋、青瓦白墙，精美华丽，内有座福德庙，供奉本保老爷判官扶苏观音和麒麟贵子。城门筑有瓮城（又称月城）。

城门是两扇巨大无比、厚重坚实、钉着很多泡钉的城门，门顶还砌有一条通天狭道，内安“千斤闸”，军情紧急时，通过城头的“绞关石”，可以立即下闸，断绝敌军入城之路。

城外建的瓮城范围较大，敌军即使突入瓮城的小城门，只要大小城门同时下闸闭门，突入小城门的敌兵也就插翅难飞，死于城头顶上打下的炮石和乱箭，未死者只能束手就

通远门古城墙

擒，真如瓮中捉鳖。

通远门（吴景忠绘）

城门外是热闹的小码头，商贾店家林立，各种手工作坊和茶馆很多，开有店铺数百家。这一带经济活跃，民间曲艺杂耍、说书道情等文化活动也比较丰富。

这里既是通往杭州和京城的水路码头，又是通向兰溪、严州及安徽、江西、福建水陆路的主要通道，也是通往南乡和汤溪的交通要道。历任官员都是从这里进入婺州城内到府第当政，大凡做生意的人也要走此门以求通畅远途。

以上城门旧时一到谯楼打更，管城门的便闭门加锁，禁止行人出入。若有急事需要进出，必须给管城门的“开门包”。

南宋绍兴四年（1134）冬十月，李清照（1084—1151年）51岁时，因金兵战乱避居婺州陈氏府第。李清照与金华有缘。她饱受了亡国之恨、战乱之苦、孤独之悲。当年，她举目无亲，漂泊无依。在杭州整理、编完《金石录》后，她坐一顶小轿来到杭州望江门外，乘船游钱塘江、富春江，在严州府（梅城）转入兰江至婺江到金华，船途经建德严子陵钓台时，李清照感触颇深，写下了《钓台》一诗：

巨舰只缘因利往，扁舟亦是为名来。
往来有愧先生德，特地通宵过钓台。

诗中对汉隐士严子陵表示崇敬之情，对为名缰利锁所羁的世人做了形象的刻画，表达了李清照承认自己挣脱不开名缰利锁，同时也是不愿为名缰利锁所羁。

船到婺城江岸，沿小码头（现通济桥东侧凉亭处）上岸，路过通渠巷和后街，先在四世一品巷落脚（现在的四世一品大厦处）。从此与这座古老、文明而安宁的婺城，结下了不解之缘。

她在金华婺州避难，心情抑郁，难以排解，写下一首词情凄哀的《武陵春·春晚》：

风住尘香花已尽，日晚倦梳头。物是人非事事休，欲语泪先流。闻说双溪春尚好，也拟泛轻舟。只恐双溪舴艋舟，载不动许多愁。

这首词是李清照的千古名篇。

双溪即现在金华婺江双溪口地段，东阳江、武义江交汇于婺江之处。它似一条玉带环城蜿蜒而过。地处浙江中西部的中心城市——金华（婺州），自古为金华十景之一。暮春的双溪景色美得令人屏息，然而李清照面对如此美丽的春光，却勾起亡国之恨，飘零之苦，寡居之悲。只一句“只恐双溪舴艋舟，载不动许多愁”，率直的比喻，她历经的人生沧桑的暮年情愁便跃然纸上。然而，李清照的人生态度依然是积极的，词虽然浓郁凄哀，却并不会给人以悲伤的感觉。

同年春天，李清照游览金华的八咏楼（初建南朝齐隆昌元年，现保存完好），面对滔滔西去的婺江水，李清照又联想起年轻时吟过的“生当作人杰，死亦为鬼雄。至今思项羽，不肯过江东”的诗句，不禁感慨万千。她提笔写下《题八咏楼》这一千古绝唱：

千古风流八咏楼，江山留与后人愁。

水通南国三千里，气压江城十四州。

1949年5月6日，刘华清将军率部队从通远门进入市区，金华城得以解放。

目前，通远门还保留着一段古城墙。

徐佳

旌孝门与金华的关帝庙

旌孝门，俗称义乌门，坐西朝东。

这里是通往东阳、义乌、浦江、诸暨的陆路主要通道。也是婺城老百姓去赤松山黄大仙宫和曹宅大佛寺参加祭祈活动的必经之路。

旌孝门上建有一座十分高大、雄伟而漂亮的城楼，有两层，楼房专供士兵休息和瞭望敌情。城楼旁筑屋七间，作守御管理之用。旌孝门外有座清龙古庙，供奉本保财神土地；出门70米许还有座印光寺（丽泽书院曾一度在内办学）。城门内东侧是一座历史悠久、规模颇大的关帝庙。

旌孝城门除了有两扇巨大无比、厚重坚实、上钉泡钉的城门外，门顶还砌有一条通天狭道，内安“千斤闸”，军情紧急时，通过城头的“绞关石”，可以立即下闸，断绝敌军入城之路。旌孝门外还筑有半圆形的瓮城，也叫月城。旌孝门瓮城的城门叫小城门，敌军如果进入瓮城的小城门，只要大小城门同时下闸闭门，敌兵就插翅难飞，被城头上打下来的炮石乱箭毙命，或束手就擒，真如瓮中捉鳖。

小城门外有护城河，俗叫小溪，这条小溪宽约18米，深5米多，与婺江贯通（这条溪目前还保留着，叫通远溪）。护城河边造屋36间，作为守城戍卒的营房。护城河上设有“吊桥”。桥头有石坝作阻拦。这座吊桥由榆槐树的大木头拼制而成。上有三个铁环，环上穿着铁索麻绳，桥后一丈五尺之处，竖有两根木桩，木桩顶安有熟铁锻就的凹轮，用以架住铁索麻绳。麻绳末端系于城楼之上，一旦有警，城上戍卒可以通过绞盘拉起吊桥，倒扑在城门洞上，一来阻绝敌兵进路，二来加强城门防御功能。

城门墙上筑有齿状矮墙，有五尺高，并配置火药铁炮数门。

1664年4月，清兵围攻金华。奉命镇守金华的朱大典率军坚守婺城，在这座城门下坚守数月，发生了许多可歌可泣的故事。

旌孝城门下是热闹而又十分繁华的地方，经商买卖，店铺摊贩齐布，每天都是兴旺繁忙的景象。门后左边还有一座关帝庙，供奉关云长及关平和周仓三尊塑像，平时常有人前往点香捐资、祈祷求愿。

平时，每当酷暑之夜，市民往往结伴登楼纳凉，清风习习而来，仰望明月当空，或繁星闪烁，很有一番情趣。

金华市区共有四座供奉关公大帝的庙庵，旌孝街上有两座。旌孝门关帝庙，在原旌孝门（又称义乌门）内东侧，因在金华府东，又称府东关帝庙。这座关帝庙建筑规模宏伟，占地较大，布局精致又合理。全国各地的关帝庙比较普遍，关帝庙又称武庙，祭祀的是三国时的关羽，他除了财神的身份外，还是一位民间的守护神，因此关圣帝君又称荡魔真君、伏魔大帝。关帝庙除古建筑外，还有琉璃影壁、铁铸香炉、石雕饰品、木刻器具以及各代石刻，各朝题诗、题匾多幅，都是值得一观的艺术精品。

道光《金华县志》载："关帝庙，明天启年间敕建，旧宇坐南朝北，清朝乾隆三十九年（1774），改建石柱，嘉庆年间重修。光绪年间，曾修缮。解放初期还留有建筑物，大约毁于20世纪50年代初。"

另有一座关帝庙在现旌孝街65号三清宫南侧。旌孝门关帝庙的建年无考，光绪二十三年（1897）修。供神一进，关羽、关平、周仓。中华人民共和国成立初期毁坏。

玉泉庵也是一座供奉关羽的关帝庙，坐落在现金华市区宾虹广场（现解放东路235号）这一块土地上。建年无考，明初时火焚，明天启六年（1626）重建，清同治年间(1862—1874)修。此庵原是金华市区内比较重要的一座尼姑庵，坐南朝北，门面高大精致，开五间三进，石柱，门口拾级而上，头门进去有一个天井。这里每年农历五月十三都要设祭，是庙会日。每逢庙会，兴盛摆祭、做道场，香火极盛，还有演戏、唱道情等娱乐活动，演戏三五天，人山人海，十分热闹。

中华人民共和国成立后，这里已没有尼姑，很长一段时间由居委会使用。20世纪80年代，居委会在这里开办了一家照相馆，后来是有名的步步高鞋庄。21世纪初，玉泉岸拆除，建设成宾虹广场。

还有一座关帝庙在南市街。古婺州通济桥南，原有南市街，每天有市，十分热闹。桥南的这座关帝庙，每逢农历五月十三关羽生日，在南市街都要举行大型庙会，十里八乡的老百姓纷至沓来，赶到这里观看耍大刀等各种表演。

关帝庙规模不太大，有三殿两亭，亭置四天王，预示风调雨顺。布局严谨，前后有序，斗拱密密排列，建筑格局，和谐统一，十分得体。庭院间藤萝满树，花香迷人，使关帝庙充满浓烈的生活气息。殿内木雕神龛玲珑精巧，内塑帝王装关羽坐像，勇猛刚毅，神态端庄肃穆。龛外雕梁画栋，仪仗倚列，木雕云龙金柱，自下盘绕至顶，狰狞怒目，两首相交，以示关羽的英雄气概。

清嘉庆五年(1800)被大水冲坏，嘉庆二十一年(1816)重建，光绪十六年(1890)知府继良再修。

关帝庙自古是香客、居士、老百姓向往的圣地。一直以来，关帝庙香火旺盛，但是今天已烟消云散。曾经的建筑，都只能留在金华老人们的记忆之中。

吕学姜
张小平

现在的旌孝街

八咏门与胡大海的逸事

八咏门（旧又名元畅门），在今天的金华市区飘萍路与酒坊巷的交界处，坐北朝南、面对金华的婺江水，门前是很多低矮的民宅。由金华著名的紫岩巷通向八咏滩，因此而称八咏门，又因为门后有宝婺观和元畅楼所以又名元畅门。门外有座元坛庙，供奉本保老爷和财神土地（此庙嘉庆元年建，光绪年修）。

大凡金华四乡八县运来的粮食、家什器皿、水产鱼虾都是从这个门进城。

特别是进八咏门后就是金华的酒坊巷，当年的酒坊巷内有专门由官府监督制作的金华贡酒：酒质醇厚、甘美，色泽金黄。喝了金华贡酒能益气延年、强身健体，深受官民的厚爱。每年、每月、每天凌晨从各地运来优质的糯米和婺城华南雅畈及白沙铁店的婺州窑酒瓶，由八咏门送到各个制酒作坊。每天下午又由各个酒坊把窖藏数年的美酒挑出八咏门外到婺江上拼装成船，通过水路沿婺江、兰江、富春江、钱塘江及运河运到四面八方直至京城。

值得一提的是，每位进出城门的担挑和车拉的货物都需缴纳一些金钱，也就是现在的税款，这都是当时府衙人们赖以生存的主要收入。

当年的民族英雄胡大海被杀害于八咏门外，补录于下：

胡大海（？—1362），字通甫，泗州虹（今江苏泗洪县）人，明朝开国功臣。

胡大海原是一个炸油条的小商人，身材魁梧，勇力过人。1354年，朱元璋屯兵安徽滁县时胡大海前来拜见，朱元璋见胡大海相貌威严，表情憨厚，与之对话十分投机，便非常喜欢，留于军中，任江南行省参正政事。

元至正十八年(1358)十一月朱元璋命胡大海带大军攻婺州（金华），奈久攻不下。同年十二月朱元璋率领十万大军攻破婺州城后命胡大海镇守。把婺州路改称宁越府。

胡大海主事婺州后，他礼贤下士，积极推荐刘基、宋濂、叶琛、章溢事朱元璋。胡大海的军纪严明，体恤老百姓，常对部属说：“吾武人不知书，唯知三事，不杀人，不掠妇女，不焚毁庐舍。”胡大海待人诚恳，对降将也是如此。不料却被降将蒋英暗杀于婺州八咏楼前的八咏门外。胡大海遇害后，朱元璋作文以祭，特赠光禄大夫，追封越国公，谥武庄，肖像功臣庙，配享太庙。

胡大海守金华期间，善待百姓，减免税赋，扬善除恶，为婺州老百姓做了大量好事。至今，老百姓还怀念着这位民族英雄。

胡大海墓庄严威武，墓前原有石人、石马各两座，其中一匹马没有头，守护着我们的民族英雄。他的墓坐落在环城北路祝丰亭边（现金华广福医院正门交通大圆台）。这里是旧金华县西北婺女乡孙家岭生姜垅。当年很多金华人都曾前往吊唁，此墓于“文化大革命”时被毁。

这就是八咏门的故事。

吕学姜

现代修建八咏门牌坊

清波门与朱大典的故事

金华市区婺州公园的西面，现金华园林管理处西则、艾青纪念馆对面有一座清波牌坊，当年是清波门（俗称柴埠门）的遗址。也是背北朝南、面对金华的婺江水码头，这是一座专运柴火的城门，门后通往柴场巷和芝麻山头，即现在的明月街南端。这里东往天长巷和苍茅亭及金华府衙古子城，西去铁岭头西市街，北往四牌楼醋坊岭，道路平坦交通便利。金华城的建筑材料如砖瓦石块、木料工具等都由水路运到江边码头上岸，通过清波门时需要向守卫的兵弁缴纳一些现金银两课税后才能进门。

当年的清风楼就建在清波门上，楼高两层、雕梁画栋、青瓦白墙，此楼十分华丽精美，是金华的七大名楼（余是赤松楼、八咏楼、明月楼、双溪楼、金华楼和华丰楼）之一。面对美丽清澈的婺江双溪水和朦胧而神秘的幽幽南山，有很多文人雅士在清风楼上撰写了脍炙人口的诗文。因清波门和清风楼毁灭多年，20世纪90年代，在金华市政协和金华市小邹鲁研究会的倡导下，在金华市经济开发区和各有关部门的支持下，于金华婺江三江口的黄宾虹公园重建了清风

20世纪30年代的清波门渡口

楼，朋友们可前往一游。

清波门外原有一座忠烈祠，是清乾隆皇帝为表彰明末兵部尚书朱大典殉难所建，编者把朱大典殉八咏楼一节列于文后供大家参考。

20世纪90年代的原清波门招待所

朱大典（1581—1645），字 延之，号未孩。金华婺城区长山乡长山村人（又有传说他出生在汪下滩）。自小家境贫寒，但他孝顺长辈、刻苦读书、勤奋劳动。

明万历四十四年（1616），朱大典中进士，任章丘知县。天启二年（1622）升兵科给事中。因反对宦官魏忠贤党，天启五年（1625）出任福建副使。抵御“红毛番”侵扰有功，晋右参政。丁父忧，归隐金华北山鹿田书院读书。

崇祯三年（1630）以原官起用。崇祯五年（1632），累官至山东巡抚。因平定孔有德等兵变有功，崇祯六年（1633），升兵部右侍郎。崇祯八年（1635），农民起义军兴，朝廷命朱大典总督漕运兼巡抚庐、凤、淮、扬四府，移镇凤阳。此后曾坐失州郡，一再贬官。崇祯十四年（1641），又命朱大典总督江北、河南及湖广的军务，仍坐镇凤阳。

在这期间，适逢许都围金华，朱大典的儿子朱万化募健儿抵御。不久京师陷落，福王立于南京。朱大典结交马士英、阮大铖，受召为兵部尚书，总督上江军务。

清兵破南京，福王被擒。朱大典乃归金华，据城固守。

鲁王监国，任命朱大典为文华殿大学士，建行台督师。辖金华、兰溪、汤溪、浦江四县。唐王立于福建，朱大典任东阁大学士，督师如旧。

清兵下浙东，刚过安吉，阮大铖即降清。阮大铖又驰书信力劝朱大典也降清，朱大典见信大怒，愤然裂书，立即令杀招抚使，遂与部将固守金华城，誓与婺城同在。

清波门的“忠烈祠” 是后人为纪念他而修建的，以表达对他的敬慕和怀念（现已毁灭）。

如今，清波门已成为人们的记忆。

吕明

现代修建的清波门牌坊

长仙门与天妃宫

望江宾馆偏东20米原来有一条从中山路通往婺江边的水门巷（现在是金厦集团开发的御江帝景区块建筑群），水门巷南头有石阶一直通入婺江水中，这里原是金华的长仙门（俗称水门）门址。如今的门址已被填埋在婺江路下，上面已成为金华外滩公园。

20世纪50年代，金华城内还没有建设自来水管网体系时，金华市民的生活用水主要是用井水和江水，长仙门外的婺江水是人民生活的主要取水口之一。笔者当年住在铁岭头，即如今四世一品大厦这个位置。1955年，笔者八九岁，家住铁岭头顶，门前有座陶家楼庙，供奉本保老爷。每逢星期天，都要挑着一双木水桶去婺江边挑水。每次挑水都路过四世一品巷口再到水门巷北端，看到左手边有一座白马庙，此庙坐东朝西，门前墙上画着两匹白马，门上绘有两个守门神，严眉怒目（数年后才知道这两个门神是秦琼和尉迟恭）。一路走过，有张家弄和包家弄。再一路往南，有很多下行的台阶，就能见到金华城墙，这就是长仙门（水门）下了。

由长仙门南行，再下数十个台阶才能到婺江边，笔者用水桶把水面上浮着的杂叶拨开，把水桶没入水中盛满水后，再艰难地沿石阶一步步往上行。由于年幼力气小，一般每担水要在路上休息两次才能到家。来回路上常见到很多熟悉的面孔在挑水忙碌。

当年的婺江水清澈干净，入口甘甜，人们多数喜欢饮用江水而不喜欢饮用井水，井水都是以洗涤衣服和杂物为主。

长仙门外的江边常常停泊着很多木排，这都是从南山和白沙溪上、琅琊沙畈乡水路运来的木材和柴火；也能看到很多装载着陶瓷器皿的船只，它们都是在等待着联系好的城内买家，再往城里运。

长仙门外的水面上经常能看到许多小木船在江中撒网捕鱼，也有人坐在一个直径一米左右的圆木桶里往江中放线钓鱼，一般是过三四个小时后再拉线收鱼。

每逢盛夏，金华城的很多人都出长仙门到婺江里洗澡游泳，20世纪60年代以前都还能看到这样的场景。

长仙门外有座天妃宫，也叫天后宫、妈祖庙。天妃宫，清光绪《金华县志》载：天后宫康熙年间闽商建，咸丰十年(1860)毁，光绪十年(1884)复建，原属金华福建会馆。

金华的天妃宫在日寇入侵时被拆毁，此宫原坐落在老婺江路水门往西约100米，背临婺江、坐南朝北(古婺州长仙门外)。现今沿婺江北边的地块大都是在原婺江河道上填土而成，因此天妃宫原址应该是在望江饭店对面沿老城墙到望江楼以东的位置（即原码门头附近）。旁边还有一座光孝观。

天妃宫，金华老城七八十岁的老人都曾听说或见过，三间二进明堂南北二台门，门券顶有石匾额“天妃宫”三字。进入大门即前殿，门上饰有砖雕，以寿字花纹为主，间有人物禽兽、树石和风景。前殿面阔五间，进深三间，十一檩硬山顶，前后无廊，梢间屋顶较矮，另起两个小屋顶，贴附于次间屋顶之侧，外表看去呈三个屋顶。前殿为院，院南北为厢房，院内石板铺地，院中有甬道通往正殿。殿内斗拱雀替、托脚等多雕花，细碎繁缛，涂金描彩。第一进供顺风耳、千里眼；第二进供天后。天妃宫累封护国庇民，妙灵昭应，宏仁普济，福佑群生，诚感咸孚，显神赞顺，垂慈笃佑天后之神。

妈祖是中国东南沿海和海外华人供奉的海洋渔民保护神，又称天妃、天后、天妃娘娘、天上圣母等。道教称妈祖为辅斗昭孝纯正灵应孚济护国庇民妙灵昭应弘仁普济天妃。

有关妈祖的记载，大约起于北宋。妈祖原是都巡检林愿之女，名默娘，生于宋太祖建隆元年（960），殁于北宋雍熙四年（987），羽化时才28岁。

妈祖13岁得道典秘法。16岁观井得符，能布席渡海救人。自宋宣和以后的两宋间已经历代皇帝先后敕封达九次。南宋绍熙元年（1190）由“夫人”晋爵为“妃”，元世祖时又晋爵为“天妃”，清康熙帝再晋爵为“天后”。至清嘉庆年间，妈祖的封号已经累计长达28个字。妈祖之主要神迹是救济海上遇难之生民。据传，妈祖有千里眼、顺风耳，能解救船民于千里之外。如果海风骤起，船舶遇难，只要口诵妈祖圣号，妈祖就会降临营救。

每年3月23日是妈祖神诞之日，而5月25日是金华福建会馆的会期。

千百年来，凡福建移民所到之处，都有妈祖庙，且已遍及台湾、湖广、四川、港澳及东南亚等地。百年前，葡澳钞票、邮票上多印有妈祖图案。妈祖信仰业已多元化，并融入了道教、佛教和其他信仰。特别在台湾地区，妈祖庙香火供奉盛极。

李林炎

现代修建的长仙门旧址

古子城

金华府外城墙内还有一座古子城，共有城门四座，保宁门、熙春门、桐树门、金华门。大司前谯楼至星君楼大司后披仙台一带，周长四里，东面为现在认养古建筑戏台熙春巷至将军路东、金华博物馆以西、现在的启明学校（当年的江西会馆万寿宫）以北。南面是现在的保宁门连接到八咏楼、酒坊巷边。西面自酒坊巷直通到将军路，北面是原金华府衙后花园一直连到金华博物馆以西。

古子城的四门，南曰保宁门，面对金华外城墙上的双溪楼。西曰桐树门，面对酒坊巷，笔者认为八咏楼下的地道应该是这个门的通道，这一观点需进一步的考证。北曰金华门，面对原旌孝街，左后面是大洪山上原来的永福寺和万佛塔。东为熙春门，通向小井巷和当年繁华的东市街。旧周围四里、洪武年志径一里二百九十步五尺。最近，酒坊巷在旧城改造，尚能看到古子城的城墙一角。

金华旧属扬州，东汉献帝初平三年（192）建长山县，三国吴宝鼎元年（266）分会稽郡，西部置东阳郡，隋开皇十三年

现代重修建的保宁门牌坊

现代修建的熙春门牌坊

桐树门遗址

金华门遗址

（593）改东阳郡为婺州，唐开元年间(713)郡治迁徙今日古子城，后筑婺州城。金华是兵家必争之地。唐代迁徙婺州郡于双溪北岸，南临婺江，背靠北山，东西均为险陡的山坡，在古代人眼里是一个典型的风水宝地。最早的婺州古子城，清康熙《金华府志》记载：从保宁门遗址前后施工打桩取样，并结合史料分析，保宁门外约80米处便是婺江河滩，沙土中有六朝和唐初的陶瓷器碎片，而沙滩则在保宁门外90余米深处，可见当时的保宁门临江地势是险峻的。隔江而望的南岸一马平川直到南山，纵横数十里，是冷兵器时代金戈铁马血雨腥风的古战场。是以古代有“铜城”之称。

晚唐光化三年（900），后梁钱镠率军攻婺州城，最后推翻唐王朝在婺州的统治。公元907年又因战事的需要向东西外扩建婺州城，城周长达九里。故旧城改称子城，这也是古子城称谓的由来。

从唐开元（713—740）郡治迁徙古子城，到后梁开平元年（907）扩建九里外城，大约200年时间，保宁门是婺州的主要门户。它经历了唐广明元年（880）黄巢农民起义军和光化三年（900）、天祐元年（904）等数次战火的洗礼。

金华古子城管委会配合历史文化名城的建设，于21世纪初已在原地重建，供游客与市民观赏，楼前重建立碑纪念。

鼓楼

梁开平元年（907）五月，太祖朱温封钱镠为吴越王。吴越国经三代五世王，时间为50多年，相传府治内耐寒轩的两株千年古柏为钱武肃王为祝母亲生日而植。吴越时期北方连年战乱，婺州和江南诸郡一样在钱镠开明的统治下，百姓安居乐业，经济也有较好的发展。到吴越钱弦俶时，他审时度势，将江山拱手相让与宋太祖赵匡胤，故王朝顺利更迭，金华平安无战事，百姓安居乐业。

宋宣和四年（1122），知州黄特在五代建筑外城的基础上修建了鼓楼。关于鼓楼清光绪《金华县志》有两处比较间接的记载可以佐证："望火楼在府城隍庙后高阜上，楼悬钟，凡城内外火发者鸣钟使人知而救之。"该楼的注解记载："按今大司前镇东楼即鼓楼亦悬大钟如望火楼。"又："双溪楼，初在鼓楼前对面外墙上，宋宣和元年知州黄特建，米芾题额。"鼓楼修建的时间大抵也在宋宣和年间。

鼓楼成了古子城门户的同时，由于府治地段的商业繁华，商铺在鼓楼前比肩接踵，高高的鼓楼便增加了消防、瞭望、报警的功能。

另外，从古子城保宁门遗址处挖土清基现场分析，保宁门西侧为红砂砾岩结构的山坡，东侧和保宁门地基则是宽20多米的夯土层，保宁门下10米处沿北往侍王府方向是一条自北往南的蜿蜒小溪流。保宁门没有砌砖石的记录，但在遗址地下2米处南北各有两排红砂砾石叠成的基座，上端则是排列非常整齐坚固的石灰糯米浆砌城墙砖，砖长、宽、厚分别为30厘米、17厘米、8厘米。包砖完全不同于赤松门处城砖，极有可能是宋代修建鼓楼时的墙砖。此城墙砖全部就地掩埋保存。

谯楼

北宋元祐三年（1088），鼓楼改称谯楼。谯楼，许多人写成樵楼，故望文生义理解为樵夫拉柴而过的樵楼。其实，樵也通谯。谯楼在词义上是古人在城门上建筑的楼，可以瞭望。《新唐书·马燧传》有"为二门设谯橹"句。又说鼓楼里内有谯楼巷，故有谯楼。其实鼓楼里谯楼巷原本叫蔡叶巷，因古有蔡叶井而出名。

元祐三年知州燕若拙为何改鼓楼为谯楼详情不得而知。但宋代，金华的发展是继六朝之后的一个鼎盛时期，尤其是在南宋150多年间，由于宋王朝迁临安，金华成了南宋王朝的卫星城。北方人士大量南迁和本地经济文化事业的高度发展，融促成“经世致用”的“金华学派”。从南宋历元至明末，漫长四百多年，使金华赢得了“小邹鲁”美誉。燕若拙修建谯楼正值宋末重建丽泽书院不久，而新建的丽泽书院在古子城双溪之畔，同时有宋理宗赵昀御赐的“丽泽书院”匾额，加之鼓楼外城墙上有大书法家米芾题额的双溪楼等，因此，鼓楼更名谯楼很可能与这些事有关。

元末，朱元璋率大军攻占金华，在鼓楼内原金华府衙置中书浙东行省，后改婺州路为宁越府。朱元璋、刘伯温、宋濂等在鼓楼内居住，相传府台披仙台是和刘伯温等观星论战处，同时，在大司前竖有两面大旗，上书：“山河奄有中华地，日月重开大宋天。”朱元璋在金华的传说很多，他对金华也情有独钟，立都南京后，他还专门修建了金华宫。

镇东楼

清顺治三年（1646），清军围困婺城，明代兵部尚书金华人朱大典奋勇抵抗，后叛将方国安用民间耕牛载红衣大炮专攻修建不久的西门。清军入城，朱大典一家在八咏门火药库引爆自焚。清兵报复，放火屠城。史载，金华被屠城后死伤数万人之多。谯楼在这场灾难中毁于一旦。顺治十四年（1657），清知府修缮府城，同时重建谯楼并更名为镇东楼。

清咸丰十一年（1861），李世贤率太平军转战金华，同时将原金华府地改建为侍王府，约两年，太平军退去，镇东楼又毁于战火。清同治八年（1869），知府余本愚再次重建，这是有史以来这座千年古楼的最后一次重建。镇东楼的称谓也延续到民国末年（1949），但老百姓仍然习惯称之鼓楼。鼓楼边一条弯弯曲曲的鼓楼里路长约500米，侍王府一侧称大司上，照壁至鼓楼称鼓楼里，鼓楼外至外城墙称鼓楼前。抗战前，镇东楼上尚有残破的城楼，内有一口直径约1.5米的铜钟，外有铁栅栏。当时的城墙高约10米，城门洞高4米，路宽3米，城门两侧留有青灰色包砖。子城这一带也因楼而名镇东镇。笔者有一次问金华浙江师范大学的蒋风老教授，他在电话里朗声回答："小时候我经常上去玩，鼓楼很高……"老先生和许多市民一样，对鼓楼感慨颇多。但镇东楼城门墙洞至解放时已荡然无存，仅留有两侧十余米高的残墙，至"文化大革命"时，两侧挖城墙建房，故唐时保宁门遗址也荡然无存了。

2004年，金华古子城管委会根据古子城保护规划在保宁门原址进行重建，重建的保宁门长22米，宽16米，高16米。城台高6.2米，底部设1米高青石须弥座，上部采用本地青砖浆砌。拱券式城门高4.5米，门洞宽4米，北侧内设登台观赏石阶。城楼为重檐歇山顶二层楼阁式木结构建筑，通面阔三间两廊，通进深6.6米。楼层高3.4米，总高9.8米。保宁门两侧鉴于现状不再恢复城墙，突兀而立的保宁门和鼓楼已融为一体，它体现了宋、明时期的历史遗韵，也包含了现代的气息。楼内柱上由当代名人撰写了多副楹联，增添文采。

重建保宁门是对金华悠远历史文化的继承和发展。保宁门浓缩了金华一千多年的岁月沧桑，是金华的缩影。

2017年，金华市政府又专门拨款对保宁门进行了修缮。

蒋　耕　吕学姜

天皇门与七宝寺的逸事

位于今天的胜利北街与人民东路的金华市中心医院东侧原有一座天皇门，这座天皇门门口北边是护城河，护城河就在现在的人民路上。天皇门上有座两层高的楼，平时供兵员休息和守护之用。城门楼上有“天皇门”三个大字。门朝南，通向现在的胜利北街。这是条往北行走的通道，门前有木质的吊桥架在护城河上供行人通行，是北乡老百姓往城里走的主要道路。

进到城里两边都是店铺和茶室，特别是有一座供大家拜祀的七宝寺。

七宝寺在天皇门内，就是现在金华中心医院停车场。七宝寺背靠白鹿山，白鹿山就是现在金华市中心医院门诊部位置。相传七宝寺创自明嘉靖二十年（1541），天启三年（1623）有多名僧人守护，清朝顺治九年（1652）徒僧纲海朗海募建，乾隆六十年（1795）僧庆元重建，香火一直甚是旺盛。

七宝寺门前有四眼井一口，这口井水量充沛，水质甜美，市民都争相汲取供为家用，周边有很多豆腐作坊也在此打水使用，因此也俗称是“富井”。此井上建有亭子一座，供雨天防雨，遮阴之用。

正对四眼井就是七宝寺的正门，正门进来是一座天皇殿，天皇殿两侧供奉四大金刚，四大金刚各自手持不同的法器。代表东方的叫持国天王，手持琵琶，身穿甲胄，是主乐神，表明他要用音乐来使众生皈依佛教。南方增长天王手握宝剑，一是象征智慧，慧剑斩烦恼，二是保护佛法不受侵犯。西方广目天王，手缠一条龙，一为表示世间多变之意，二为龙神的首领。

北方多闻天王，一是代表内心不受外边环境污染，二是保护人民财产。总的来说是保佑人民风调雨顺，国泰民安。天皇殿正中供奉弥勒大肚佛像，佛像两边有对联一副：大肚能容容天下难容之事，开口便笑笑世间可笑之人。弥勒佛后面坐落的是韦陀菩萨，是佛的护法神。韦陀菩萨手持有三种姿势，手持降魔杵一朝天，可让僧人免费住宿吃饭三天，降魔杵横着的可让僧人免费住吃饭一天，如果是朝地的话，就是不管僧人吃住。七宝寺平时香客络绎不绝，香火旺盛。

进入天皇殿，有钟楼和鼓楼各一座，晨钟暮鼓打击，正中有放生池一口，上有桥通行，其后就是大雄宝殿供奉如来佛祖，两旁是十八罗汉，如来宝座后面是普陀宝山。

大雄宝殿的后面是藏经阁和方丈室，建在白鹿山上。两边有数十间居士房间，平时供居士们念经诵佛。

这座金华城里有名的寺庙在光绪年间被一场大火烧去，十分可惜。

1912年，在七宝寺的原址上开办旧金属八县联立八婺女子初级中学，其大门口是现在胜利北街580号四眼井巷东口。

1925年8月，由八县学届叶熙、顾顺钟等十二人发起开办定名为八婺联合县立女子中学。公推金品黄为校长，首批招收钱巧珠等学生65名，教员由金中教员义务担任。

1926年，董事会推举石镜湖为董事长，租用寺内园地建筑校舍，聘请严行为主任委员。

1931年，省教育厅改正校名为“旧金属共立八婺女子初级中学”新建自修室，办公室，会客室及大门。

1933年，省教育厅令改名为“旧金属八县联立八婺女子初级中学”。

1936年，聘请马寅初博士来校做题为《现代女权与女子应负的责任》的演讲。

1937年9月26日，三架日机在金华火车站上空投弹六枚。

1941年4月15日，七宝寺内残余校舍又被炸，学校停课，民国三十七年（1948），新建校舍计办公室、会议室、教职员工卧室十余间。

中华人民共和国成立后，七宝寺继续开办女子初级中学，后女子初级中学搬到解放西路现在金华四中校址，现改为金华四中。

而七宝寺旧址现为金华职业技术学院医学院门诊部了。现在七宝寺部分地界都是金华中心医院的东大门了。

刘斌

民国时期八婺女子初级中学

天柱门与太史第叶衡的故事

金华市区除了赤松门、长仙门、迎恩门、旌孝门、通远门和八咏门，人们记忆中缺少天皇门，因为后来封门了，因此在人们的记忆中很少有回忆。

天柱门即现在的天柱巷北边的一座城门，北临防城河，面朝南，城墙上有“天柱门”三个大字，朝北的防城河上有座吊桥（这护城河就在现在的人民路上），吊桥是木质结构，每逢战事拉起吊桥敌方就不能进来了。城门上有一座两层建筑楼，供守备人员居住和生活。出了天柱门就是现在的佳音巷。

天柱门内是石榴巷，当年的南宋宰相叶衡就居住在这里，俗称太史第，太史第门口有一口井，供周边居民一齐使用。

叶衡（1114—1175），字梦锡，出生于现酒坊巷至石榴巷一带，他从小勤奋学习，刻苦读书万卷，绍兴十八年(1148)34岁时中进士。乾道六年(1170)叶衡任户部侍郎。淳熙元年(1174)他已60岁，任户部尚书参知政事，秋冬之交叶衡入朝任右丞相兼枢密使。他力主抗金，后进封为资政殿大学士，太子太师。家门口有衮绣坊一座，太史第内有花园数亩，园内建有一亭，名为“最高亭”。

叶衡一生体恤劳苦民众，品格正直，不结党朋，是非分明，奉公守节，临事明断，刚正不阿，有功于扫除秦桧余党。

太史第后来搬迁到东岳宫的位置（即现在将军路188号旧丽正书院东边）。也就是后来的金华大会堂，再后来改为电子仪器厂，现在是文化创业园了。

徐佳

街巷（古井）篇

金华八咏楼城墙下的古井

城东的街巷与井

人的生存离不开水，所以大多“择水而居”，集居的人多了便有了城镇，就有了方便人流和物流的船只。流淌千百年的义乌江（婺江的主要支流）毫无疑问是金华人的母亲河。金华城自突兀于义乌江北岸的“清风龙头”（现在清风公园西头）沿江而筑。当年，义乌江在金华城南边流淌，于通济桥东边的“天妃宫”附近与武义江汇合成了婺江，一路向西偏北奔流。

清风龙头以西，金华有城墙之时有一城门称“梅花门”，城门下的江面用二十余条船只以铁索连接，在船上铺木板作桥面，供行人过往义乌江两岸，这就是后来的上浮桥之上游真正的“浮桥”。清风龙头处的山向西一段之后蜿蜒朝北，在“高山头”处又向西拐了个大弯后在大洪山而止。

说起“高山头”，老金华人都知道那是当年军队的代名词，自1949年5月金华由解放军接管。浙江省第五监狱就设在高山头，国立英士大学一部也在这儿。20世纪50年代初李德生所率的12军其中一部就驻扎在高山头。那时半个东城区域的人们每天都能听见部队按作息时间吹响的军号声，可谓“军号嘹亮”。后来，旧时的监狱仍在，几幢当年的牢房呈梅花状放射分布，长长的走廊两边原先是关押犯人的房间，一边就有十几间。在起始端建一高高的岗楼，哨兵站在岗楼上，几幢牢房里的走廊和两幢牢房之间有任何动静，哨兵都能发现。当然，牢房内部是经过改造让部队战士住的，因此“牢房”采光不错，较为明亮。监狱的围墙，宽度最厚，是三合土墙体。有人说，三合土里掺了煮熟的糯米饭，以增加黏度，是真是假不得而知。高山头的南段，1956年建造自来水厂之前是一大片园子和荒山坡，其间住了几户人家，还有两幢老旧的“考寓”，所谓“考寓”是因当年中学尚未像今天这样普及，尤其是中学，整个金华八县就只有一所“浙江省第七中学”（后改名金华中学，也就是金华一中的前身）办在与该处对应的西面山上的侍王府旧址。东阳、永康、义乌等县要进入“浙江省第七中学”的学生要通过考试合格才能获得入学资格。学校没能力安排各县来金考生的住宿，要学生自行解决。为方便学子应考，有些县的乡里贤士集资在学校附近为来金应考之学子食宿提供方便建房。也有称“会馆”的，凡是乡里到金华办事的人和考生皆可落脚。乡里还得雇人看管“考寓”“会馆”。现在为保留这段历史，将一比较完整的“东阳考寓”修缮保留，它在侍王府的北边（现在的市文物局）。高山头南段坡上与东市街沿街人家住房和院子之间有一条路面用青石板铺成的小巷叫“石板巷”，南头在梅花门，北头在后来的“双井巷”“石板巷”与“双井巷”交叉路口是高山头军队营房的南端大门。

站在石板巷向西俯视，整条东市街尽收眼底。远望，那时金一中（侍王府）东面围墙外还是一片空地，鼓楼里便沿着围墙自北向南通到鼓楼前（现在的保宁门南），大洪山、三清殿和一些断壁残垣围着的菜园清晰可见。东市街是金华城最东面南北走向的一条街，南端呈土字向右转90度，先与拦路井相交，称“东市街口”，后与城墙外的公路（后称婺江路，现叫飘萍路）垂直，垂直处的南边便是义乌江。东市街南端左转百十米就是上浮桥。1996年东市街口与对岸下沿村之间的江面上架起了“宏济桥”，从此，江两岸的人们再也不会出现因洪水淹没上浮桥而不能通行的局面，上浮桥也就完成了历史使命被拆除。东市街北过一“东阳会馆”开始上坡，此处的路将高山头军队营房一分为二，即路的东西两边皆是军队使用，下了坡是旌孝街。东市街北（东阳会馆以南50米左右）还与本地住户所称的“上横街”（现叫将军路）垂直，双井巷在两街垂直处略微靠南，因巷口的北转角处有一双眼井，故取名“双井巷”。在此双井附近居住的都是城郊菜农，有二十余户人家。当年，三户有钱人家居住在东市街南段，所以南段的房屋要比北段的气派。如今靠“古子城”东的几幢老房子，有城里其他地方的金华名人居住过的老屋迁到这儿的，有一幢是当年下湖（现金东区多湖街道）钱氏人家就地建的房屋，因结构尚好而予以原地修缮留存（现在为福音堂中医门诊部）。这户钱氏人家的北边有一条巷子叫“谯楼巷”，它的西端通鼓楼里。巷中也有一户钱姓人家，是金东赤松镇二仙桥人，门牌号为“谯楼巷九号”，这户人家有一大院，种有许多果树，院里有一幢三层的楼房，也是一富裕户。

在石板巷坡顶（后来的金华自来水厂大门口处）俯视东市街正对面是一条很窄的巷子——小井巷，是因巷里有一眼小井而得名。井的圈口小，一边井的圈沿靠墙，圈沿另一边的巷道只能供一人通行。之前说过，东市街的东西两侧均是“山”，街在“山”底，街离义乌江又如此之近，所以整条东市街的地下水位很高。150米长的东市街有大小水井不下十余眼，有几眼是“家井”，或在人家的院子里、天井中或屋檐下。这眼小井，当雨过天晴用水桶取水，水桶上根本不需系绳子，手抓水桶伸入井里就能将水提上来。即使老天晴些日子，水桶上系的绳子也无须长过1米。石板巷所在的高山头南段1956年开始建造金华首座自来水厂，石板巷很长一段被自来水厂圈进，剩余的石板巷从此成了弄堂（狭小而两端可出入的路为“巷”，只一个口子进出的为“弄”）。2014年，原自来水厂以及周边用于建万

金华府井

佛塔公园，石板巷由此不复存在。在建造万佛塔公园期间，公园北端原军队营房地界内清理出一眼深18米，直径达2.4～3米的大井，而该井是在整块岩石上凿出，估计是当年的浙江省第五监狱才具有做成此事的能力，是监狱用水之井。2016年，美化、整治街道环境时，在鼓楼里侍王府南门东侧围墙外也清理出一眼水井，据考证是宋代金华府署的用水之井，在坡顶依势凿岩而成，虽经百年填封而不枯竭，井水依然甘甜。而侍王府是太平天国遗存下来规模最大的王府，其间有壁画和国家一级文物“团龙”石雕。20世纪50年代初，侍王府是金华中学所在地，那时叫“金中”。金华师范学校是从“金中”分离出来办在府城隍庙里。自有金华二中之时，“金中”就称“金一中”了。1958年，金一中迁校到蒋堂，“金师”就迁入侍王府。1956年，大洪山被当时的12军选为军部办公之地，万佛塔地宫也就是那时被发现的。

张效良

黄宾虹与郑家弄

157年前的那个除夕之夜，古城金华爆竹声声，家家户户张灯结彩，人们在欢乐祥和的气氛中忙着谢年、吃年夜饭。

对家住城西铁岭头的徽商黄定华一家来说，这个除夕更是一个吉日——他喜得贵子。这个孩子，就是中国近代著名山水画家黄宾虹。

1865年1月27日子时，黄宾虹出生在金华铁岭头长仙门外（俗称水门，现帝壹城后面）一幢坐北朝南的民宅里（当年郑家弄口）。黄宾虹的父亲黄定华（1829—1894），字定三，号鞠如，祖籍安徽歙县潭渡村。14岁时迫于生计，随父兄同往金华做生意，经营布店，开设“广达布总号”。黄定华原配汪氏早逝，续娶金华方氏为妻，即黄宾虹的生母，育有四子二女，黄宾虹为长子。黄宾虹一家先后居住在金华铁岭头、兴让坊、三元坊。

黄宾虹13岁时随父返原籍歙县应童子试，16岁时返回金华，考入金华丽正书院，18、19岁时在金华书院修业备考。直到26岁时，黄定华商业破产，举家迁回原籍歙县潭渡村，但黄宾虹的四

20世纪80年代的金华铁岭头

20世纪90年代的金华铁岭头

弟黄赞继仍留在金华从商，二妹三妹送金华郑、金两家当童养媳。此后，黄宾虹又多次返金华访亲友、拜祖坟。中年时，黄宾虹曾一度想定居金华，但考虑到金华过于潮湿而作罢。

金华山川秀美，文化鼎盛，有“小邹鲁”之誉。金华是黄宾虹的出生地，在这里的学习经历更让他受到名师教诲，在诗文上学有所长，同时受师长的熏染，对书画产生了浓厚的兴趣，并打下良好的根基。金华的师友开启了黄宾虹的慧性，引导黄宾虹走向艺术之途，对他一生有决定性的影响。黄宾虹对故乡金华也是魂牵梦萦，情意绵长。在他的画作中，有关金华的山水画为数不少，在他的自述及文集中，也常对金华的师友念念不忘，深情厚谊充溢字里行间。

罗店憩园　习画启蒙地

黄宾虹在《自撰年谱》中记载：“前聘汤溪邵赋清师，年六十余，为余童子师。”这位金华汤溪的邵赋清，工诗善书，是黄宾虹的启蒙老师，教授5岁的黄宾虹读四书。

黄宾虹6岁时，随父避乱至金华北山，居住在罗店镇，其父延请李灼先、李咏棠兄弟为师，教习诗文书画。李灼先，浙江金华罗店人，晚清金华地方名士，善画山水。李咏棠，廪生，李灼先之弟。黄宾虹随师游览了金华北山三洞，并住在李灼先的憩园读其藏书。在罗店的民居上曾发现李灼先山水画的遗迹，憩园仍在，已经破败不堪。李咏棠的后人说，土改时，祖上所收集的字画及黄宾虹小时候学习的画稿，被放在憩园大门前空地上放火烧光了。

1953年9月，90岁高龄的黄宾虹在杭州市第一人民医院做白内障手术时，遇到了时任医院院长的李灼先孙子李挺宜。术后视力刚恢复，黄老就提笔画了一幅《狮山图》送给李挺宜，画中的景色就是当年憩园背后的狮子山。黄宾虹在画上题跋追忆了这段学习生活：“狮子山，金华西郊十五里。林壑鲜妍，一峰昂首。旧有罗石听松楼、琴儿、梅窝等胜，遗址尚存。挺宜世居峰麓，家筑憩园。余忆髫龄，从令先祖读书郡垒，得闻汉宋诸儒训古性理之学，兼习文词、书画，浏览所藏兵农古籍，如目前事……”

倪逸甫的教诲　受益终身

黄宾虹六七岁时，遇到两位对他艺术影响极大的恩师——倪谦甫、倪逸甫兄弟。他在《八十自述》中详细记录了向他们求教的经历：“时有萧山倪丈炳烈善书，其从子淦，七岁就能画人物花鸟。其父倪翁，忘其名，常携至余家，观其所作画，心喜之而勿善也。意作画不应如是之易，以其粗率，不假思索耳。其父年近六旬，每论画理，言作画必先悬纸于壁上而熟视之，明日往观，坐必移时，如是三日，而后落笔。余从旁窃笑，以为此翁道气太过，好欺人。请益于先君，诏之曰：‘儿知王勃腹稿乎?’因知古人文章书画，皆贵胸有成竹，未可枝枝节节为之也。翌日，倪翁至。叩以画法，不答。坚请，乃曰：‘当如作字法，笔笔分明，方不至为画匠也。’余谨受教而退。再扣以作书之法，故难之，强而后可。闻其议论，明昧参半，遵守其所指示，行之年余，不敢懈怠。”

倪炳烈，字谦甫。生卒不详，祖籍萧山，浙江金华长山石门人，为倪逸甫之兄，倪淦之伯父，黄宾虹跟他学书法。所书《朱柏庐先生治家格言》楷书中堂，结体端庄，行笔稳健，有颜书风韵。行书楹联“玉堂修史文皆典，香案承书望若仙”，提按自如，笔势圆润，字体新丽，丰腴中蕴遒劲。

倪逸甫

倪逸甫，祖籍萧山，浙江金华长山石门人，倪淦父，工诗，善画兼擅篆刻。倪逸甫与黄宾虹的父亲关系密切，常去黄家走动，或观黄家的古画，或请黄父品评他们的画作。黄父极为欣赏倪逸甫的画艺，早年曾请他作过一幅《松菊图》，黄宾虹10岁时，父亲还命他临摹这幅作品。黄宾虹曾通过倪逸甫之子倪淦的帮助，暗中在倪家抄得《逸甫画论》。倪逸甫“作画当如作字法，笔笔宜分明”的教诲影响了黄宾虹的艺术生涯，引导他走上了以书入画的正脉。黄宾虹说“善书者必善画，善画者必先善书”，他在绘画上的成就，完全是建立在金石书法深厚的根基之上。他晚年提出“道咸画学中兴”，正是由描绘性的外美而进乎书写性的内美，是他艺术理念的主干。

名儒授业　文艺双修

黄宾虹六七岁时，拜黄济川为师，习授举业及启蒙画艺。黄济川（1835—1909）,字梅溪，一号墨涛，又号莳竹主人，今金华市金东区塘雅镇塘雅村人。从小聪明过人，6岁画龙于壁，逸逸有生气，被人称为“神童”。他好读书，能写一手好文章，诗书画无不精通，尤以墨梅著名，傲骨凌风，颇具气节。黄济川初为秀才，家贫授徒以自给，金华名士大多出自他的门下。光绪十二年(1886），黄济川中进士后，在湖南慈利、清字等地任知县，以廉洁著称，清剿匪盗，安抚百姓，鞠躬尽瘁，有“黄青天”之称。著有《双砚斋文存》三卷、《怡云山馆诗草》二卷，1915年《续修浙江通志》有其列传。

黄宾虹8岁时，黄宾虹的族人黄崇惺中了进士，外放福建归化县令，任途中，绕道金华拜访黄父。黄宾虹陪他游览金华八咏楼时，黄宾虹能以唐诗对答，黄崇惺认为竖子可教，就推举老乡程健行来教“四书五经”。

黄宾虹12岁时，又聘赵经田、应芹生为师，于五经之外兼习诗文书画。赵经田是黄济川的高足，主要教书育人，弟子中有卓然成家者，曾参与清光绪《金华县志》的编纂。清末金华郡守继良，因仰慕赵经田的人品及书法，与他多有交往。赵经田精于书法，在金华声誉极高，金华大佛寺、西华寺、福音医院牌匾都是他题写，金华大商号之招牌额，多出其手笔。黄宾虹对赵经田非常尊重，每至金华必躬亲登门，拜恩师于堂上。成名后，黄宾虹还有画作赠予赵经田后人。

画师的《家庆图》黄宾虹的全家福

黄宾虹16岁时，考入金华丽正书院。时逢其父50岁寿诞（虚岁），特请义乌籍画家陈春帆作《家庆图》。黄父让黄宾虹拜陈春帆为师，并随陈春帆游览了义乌。这次拜师学艺，并非纯粹喜好绘画，而是为了学一技之长可以谋生，类似齐白石青年时拜师学画肖像。这次学艺，使黄宾虹受益无穷。黄宾虹传世的人物画极少，但从他在山水画的点景人物中，可见其人物功力颇深，笔简意足。黄宾虹在《九十杂述》中记载："父执义乌陈春帆画师年七十余，客我家中，画我父母兄弟四人，妹二人小照，形貌逼真，纯粹中国勾勒笔法，设色浓厚，装裱为横轴，南北迁移，保护如头目，今七十年，光洁如新，每年岁前悬挂次。"

陈春帆作《家庆图》

《家庆图》画面中央的人物为黄宾虹的父亲，其蓄短须，衣长袍，手持书卷端坐在山石之间，仪态闲适。黄父左侧一少年即是黄宾虹，其左手持手卷，右手指点画面，黄宾虹的小弟依偎长兄之侧，持手卷一端，似兄弟二人品赏图画。父子三人身后有秀竹一丛，益增幽雅之趣。房舍边有两个持书卷相依的童子，也是黄宾虹的弟弟。房舍内妇人手抱小女倚窗相望，留小辫的女子偎依身旁，是黄宾虹的母亲和两个妹妹。作品布景屋宇井然，清池环抱，梧桐翠柏点缀庭院。人物则聚散有序，各得其所。笔墨工而不匠，设色浓淡相宜，阖家欢庆，诗画传家的祥和儒雅之气跃然纸上。这幅作品融肖像画、界画、山水画于一体，足见作者匠心功力。黄宾虹在《虹庐画谈》中称赞陈春帆写真不让曾鲸（明代人物画家）、禹之鼎（清代人物画家）。

这件传家宝，黄宾虹极为珍爱，辗转南北，随身携带。1942年春天，黄宾虹客居被日寇占领的北平，观赏《家庆图》时，他想到自己年届八十，却流落异乡，感慨万千，萌动思乡之情，挥毫在画作上题诗一首："卫蘧进德乐知非（戊寅父大人年四十九），庭诏殷殷勖绍衣。山色金华今不改，佩觿舞勺恋春晖（余兄弟随侍侨居浙江之金华）。屈指明正我八旬，梦谈哀乐忆前尘。陈翁留驻韶华笔，六十六年图画新。（图为义乌陈春帆先生作成于丁丑戊寅之间，令嗣西林茂才文翰画山水传家法，载《金华县志》。）壬午春初，黄山予向时年七十又九。"最终这幅作品捐献给了浙江省博物馆。

黄宾虹17岁时，父亲经商蚀本歇业，家中经济困难，他的弟弟们不得不弃学从商，他仍遵父命，就读书院，师从黄秉钧学考科举。黄秉钧为黄济川胞弟，黄济川光绪二年（1876）中举人后，入幕郡守，因公务缠身，无暇授徒，即由其弟黄秉钧教导黄宾虹。

黄秉钧，字子旋，号芸阁，光绪十四年（1888）戊子科荐卷岁贡生，咨部注册铨选儒学正堂，例赠文林郎。他博闻强识，崇尚气节，颇有善行。地方上的耆硕之文，节孝之传，多由他撰写。设教于金华城中大洪山师竹山房十多年，桃李盈门，性爱画梅，盘根错节，苍劲入神，又善隶汉碑唐帖，融为一家。

嘤其鸣矣 翰墨艺友

黄宾虹的金华朋友圈

黄宾虹在金华度过了青少年时代，他的老师都是金华地方上德高望重的饱学之士，且长于书画，在这些恩师的悉心教导下，黄宾虹诗文书画齐头并进。同时，他还与几位画友志同道合，结为至交。

倪淦（1864—1907），字芯泉，号颠道人，又称沈宋山房后人，小邹鲁人。祖籍萧山，移居金华长山石门，后住金华城水门白马庙，曾客居兰溪。他比黄宾虹大一岁，7岁时已能画花鸟人物，临杜鳌、姜岱（清代金华画家）的画可以乱真。他在丽正书院求学时，与黄宾虹是同窗。成年时曾寓桐庐一收藏家家中，得临摹明、清诸大家书画作品达年余，画艺益进，尤擅长以虫鱼花鸟写生。每于清晨傍晚，蔽身偷窥八哥鸟洗澡，以体会其神态。倪淦画风近似任伯年，并且擅长指画。倪淦当时在金华名声很大，各大店家、寺庙以挂有他的作品为荣。金华百岁老画家施明德说，画家张书旂上海美专毕业后，在金华任教，受倪淦画风的影响，由吴昌硕的大写意风格转向了小写意花鸟画。倪淦所作《梅鹤图》条屏，写一丹顶鹤独立梅树上，做缩颈回首之状，白梅青竹用笔洒脱，有任伯年的遗韵。作品境界冷逸，表达梅妻鹤子的文人高雅情怀。

邵咏棠（1865—1936），字芾南号匏叟。浙江金华旌孝门内大街人，清光绪丁酉科拔贡第一名。受业于黄济川，金华知府陈仲英、继良等夫子名师门下，曾官安徽宿州知州。博学多闻，工文词，擅书法。早年常与画友倪淦、黄宾虹、蒋莲僧等一起习书学画。尤善行书，取法二王，行笔灵动飘逸，体势开张。

蒋莲僧（1865—1943），祖籍浙江浦江，初名瑞麒，字莲僧，别号鹿田老农、赤松山民，金华城区人。光绪二十八年（1902）秀才，补廪膳生。工花鸟、人物，尤擅山水。清宣统三年（1911）任金华府议会正议长，金华县佛教协会会长，民国时任金华一中国画教师多年。蒋莲僧初学花卉，兼画工笔仕女，40岁后专攻山水。山水取法董源、巨然之间，亦致力于“四王”，尤好王原祁，其书法功力深厚。余绍宋先生题赠称“平淡天真，老笔纷披，是非寝馈于此道数十年，不易臻此境也”。蒋莲僧交游广泛，与张大千、徐悲鸿、贺天健、余绍宋、俞剑华为友，南京中央大学艺术系曾请其任教，他亦谢绝。张大千与他多次互赠画作，引为知音。张书旂是蒋莲僧的学生，经常求教，对其极为尊重。出版有黄宾虹题签的《蒋莲僧先生画册》《蒋莲僧山水》。

金华的画友中，黄宾虹与蒋莲僧最为密切。蒋莲僧与黄宾虹是丽正书院同学，长辈亦是世交。蒋莲僧的姐姐蒋莲芝长黄宾虹一岁，家人原想许配给黄宾虹，但10岁时不幸夭折。黄宾虹编辑的各类书刊画册，都寄赠蒋莲僧。1926年，黄宾虹在上海成立艺观学会，蒋莲僧特捐会费并受邀成为艺观学会会员。黄宾虹还多次邀蒋莲僧去上海一同工作，均未应。蒋莲僧代友向黄宾虹求画，则有求必应。蒋莲僧的嫡孙蒋风，为浙江师范大学原校长、著名的儿童文学家，他说祖父不仅书画造诣高深，而且热衷于公益事业，一生做了三件大事。1914年，蒋莲僧创办贫民习艺所，免费教贫民做工艺品以获得生计。1915年，巴拿马太平洋博览会上，他制作的“万佛宝塔模型”获得名誉奖章。他创办金华电灯公司并任经理，为金华城发电照明。他还组织金华北山名胜管理委员会，任主任委员，规划北山景区胜景开发工程。

汪达川（1896—1962），号老达、读画楼主人，祖籍安徽，浙江金华城区人，浙江省文史研究馆馆员。7岁从伯父汪郸仙、父汪承灿习国画山水、兰竹，从姑丈邵咏棠学诗文书法。

后毕业于杭州宗文学堂。军阀混战期间，在北京以卖画为生，早年入罗振玉、郑孝胥主办的书画研究院学习书画，后又得上海狄楚清、曾熙的指教，并由汪采白介绍到李瑞清门下再攻书画，其间与张大千结识，情谊甚笃。后又参加由吴昌硕等主办的上海书画会，与黄宾虹、吴昌硕等大家相处友善。此时，其画艺大进，曾数次举办个人画展。日寇侵华期间，回金华，后到缙云仙都中学任教。中华人民共和国成立后回金华定居，曾任金华市文管组长。擅长花卉、山水，尤以朱竹、墨竹、牡丹、兰花著称，偶涉水族虾蟹等，其墨牡丹参加巴拿马展获得金奖。墨竹、牡丹参加南洋劝业会展览曾获铜奖。他和黄宾虹是安徽同乡，交谊深厚，黄宾虹曾亲笔给汪达川写信，授其画艺（此黄宾虹亲笔信件现珍藏于金华市博物馆），亦赞誉其画艺是“天才学力，笃实光辉，无任钦佩”。

“何物羡人，二月杏花八月桂；有谁催我，三更灯火五更鸡。”这是黄宾虹用了一生的自警语。黄宾虹在金华萌发艺术之芽，他不负师友的期望，以卓越的天才和超常的勤奋，漫漫艺途，孜孜以求，最终登上了艺术巅峰。

骆风

（注：笔者幼年曾目睹画家汪达川在黄宾虹故居门楼上书写“读画楼”）

金华市区古地名掌故

地名是民族历史文化遗产，在城市发展中，保护和利用好地名十分重要，否则就会忘却城市的历史，割断古老悠长的文化脉络，盘点婺城古地名,其中有许多寓意深远的掌故，略举一部分，与读者共享。

状元坊

金华市区解放东路303号这里原有一条巷——就是消失的状元坊，北连现在的解放西路，是为清乾隆四年（1739）朱秋魁中武状元后曾立牌坊于此而得名。亦有记载是为南宋嘉定十三年（1220），刘渭中进士第一（状元）而建。这状元坊，在金华是妇幼皆知，至今人人心仪。目前是一片商业区了。状元坊内的状元府部现保存在古子城的飘萍路上了。

螺丝巷

螺巷是一条因弯曲像螺丝状而得名的小巷。

螺丝巷南北走向，南起现今金师附小学东边，起点是中山路，北至雅堂街51号明月京华小区边。这条小巷已在城市建设中消失。

这是一条古巷，历史文化悠久，宋朝时婺学大师吕祖谦兄弟在小巷的中段创办了最初的丽泽书院（后迁移到旌孝街）。老金华人对这条巷情有独钟，这里有很多令人传颂和回忆的故事。北面是原浙江婺剧团旧址，西边是原一览亭旧址。

太史第

自北面石榴巷口至南面将军路路口连接酒坊巷，因与酒坊巷相连，20世纪70年代合称酒坊巷。因宋朝著名学者潘良贵居住此巷而得名，潘良贵（约1086—1142），金华城区人，字义荣，号默成，宋代进士，授秘书郎，后提举淮南东路常平（负责调剂粮食、义仓、免役等的官司员）、左司谏（速官）等职，他为官清廉，刚正不阿，人称“清潘”。著名理学家朱熹曾为他的著作写序并赞其：“清明直凉确然无欲，真可谓刚毅近仁者。”其后商潘希曾（1416—1532），为明弘治十五年（1502）进士。又有称这是叶衡丞相的府第，故名太史地。

净渠头

东起酒坊巷口，西止胜利北街，东西走向。

当年侍王李世贤带领三千多太平军，从皖南经过严州（今建德）、兰溪，打到金华，准备攻下金华，为进军温州开辟通道。清廷急令兰溪守将带了十六门狗头大炮防守金华，李世贤绕城外巡视，发现金华的八个城门，其中有两个城门有可能打开，一个是梅花门，另一个是通远门，梅花门城高墙厚，攻取不易。通远门容易攻打，但有重兵防守，李世贤来到游宅街（今旌孝街），看到不远处田里的稻草人，计上心来，他命令手下每人扎一个稻草人，半夜三更，组织了上千百姓带着洋油箱和稻草人来到梅花门外，十步竖一个稻草人，稻草人身上挂着灯笼，百姓们喊打喊杀，在洋油箱里点鞭炮。城上的守军以为太平军从梅花门进攻了，忙把通远门的守军和大炮调往梅花门。埋伏在通远门外的太平军就从通远门攻进城内，攻进城后，太平军看见守军就杀，一直杀到现在的将军路与胜利街的十字路口处，太平军问：“此地是何处?”有人说：“这里是净渠头，再没有人可杀了。”后人把这个地方叫净果头。

塔下寺

东起古子城的金华门开始，南到酒坊巷止，东西走向。

旌孝街口至东岳殿，后延伸至净渠头，即现在的胜利街口，原金华古城东属大洪山上有一座古塔叫密印寺（又称永福寺）万佛塔，因塔身外壁上半部每块砖上都雕有精美的如来佛像，数以万计，故又称万佛塔。塔建于北宋嘉祐七年（1062），在永福寺内。为阁楼式砖木结构，八角形九层。清道光二十七年（1847），曾大修增为十三层。1942年，国民党守军以此塔目标过大，容易被日机轰炸为由，拆除了此塔的上半部，日军入侵后全毁。塔下寺因塔而得路名。

桐齐坊

在酒坊巷南端，据考证，桐齐坊的名称也有典故。宋朝时，该巷位于古子城西大门处，因古子城西大门城楼边有两棵大梧桐树，又称西大门为梧桐门。当时有民谣："桐齐檐，出状元。"意思是说，梧桐树如果与西大门城楼屋檐齐平的话，金华就要出状元。金华当时出了状元刘渭，榜眼潘良贵，探花王公迈、王介、夏明诚、倪普。清代又有武状元朱秋魁。金华自南唐开科取士迄今有进士272人。

丽泽弄

在城东旌表街，因丽泽书院而得名。吕祖谦讲学的丽泽书堂，南宋嘉定元年（1208年）改建为丽泽书院。南宋四大书院之一。后迁旌孝门外印光寺故址。几毁几建，直至明末，延续500余年。此弄西接义乌门，东为死弄，因原创有丽泽书院而得名。

紫岩巷

在八咏门外（现是八咏公园）。当年为南北走向，南接婺江的八咏滩，北接酒坊巷，到现在的飘萍路止。

南朝梁学者、文学家刘竣（462—521），字孝标，山东平原人，曾历任齐豫州刑狱，梁典校秘书、荆州户曹参军等职。后游历江南，并在金华紫岩山讲学隐居。学生众多，著作甚丰，将其居所名紫岩巷。如今这一片地已是八咏公园的部分了。

仓茅亭

仓茅亭东西走向，东边是育婴堂，西边是现在的胜利街路口。

仓是粮仓的意思，茅亭是一个官员的名字。传说，南宋时，范仲淹的孙子范仁任金华路总管，他看到金华经常遭旱遇涝，百姓每每断炊。于是，就在金华城里建了个大粮仓，名为永济仓。有一年，江南大旱。范仁奏请皇上开仓放粮。由于当时的交通落后，奏本一来一回要很长时间。看守粮仓的官员茅亭对范仁说："等到圣旨下来，不知要饿死多少人。"就自作主张开仓放粮，救了一方百姓。

事后朝廷怪罪下来，茅亭被拉到八咏滩处决。百姓为了纪念他，在八咏滩南面建了一个殿，殿的名字就叫仓茅亭殿。殿前的路改叫仓茅亭路。

仓茅亭原有古井一口，人民群众都在这里取水，此水清澈甘甜，水量充沛，得到大众喜欢。

码门头

现在际大酒店东边，原来有一个通远门。附近有个水陆码头，金华人俗称码门头。

日本侵略军占领金华城时“码门”还在，旧城改造后连地名都消失了，更鲜为人知的是，此处还有一个天妃宫，天妃宫其实是妈祖庙的别称，在闽粤和两湖地区，有人把妈祖庙称为天妃宫或是天后宫，天妃宫旁边有妈头，又谐称码头门。

酒坊巷

此巷南北走向，南起飘萍路，北止石榴园（原来以将军路为界），以北的那段巷子旧称“太史第”，因宋朝进士潘良贵曾居住该巷而得名。据《默成文集》《宋史》记载，潘良贵是个清官，历史上有“清活”之称，以将军路以南的一段，宋朝时叫桐齐坊，后来才改名叫酒坊巷，汉朝时，金华人或寿三在桐齐坊开设酒坊，所酿制的金华酒闻名天下，连当时京城也风行金华酒，《金瓶梅》中也提到过，桐齐坊的巷名因此被酒坊巷取代。现在酒坊巷还有一口当年人们用来提水酿酒的井——酒泉井。

笔者曾有半个酒瓶，上书有“官”字，说明这金华酒曾为贡品，上交朝廷。此瓶现珍藏在浙江省十大收藏家李林炎先生的博物馆里。

抗战时期，当时《浙江潮》编辑部租了酒坊巷一个金华籍国民党官员的房子，房子很大，《浙江潮》组织的时事报告会、读者座读会等都在那里召开，1937年杭州沦陷时很多难民逃到金华，金华城市人口一时猛增至十来万，近郊农民的房子都成了难民避难所，当时上海、杭州许多有名的报刊社、图书出版社也纷纷在金华设点，许多报纸、杂志社的编辑部就设在酒坊

20世纪80年代的金华码门头

20世纪70年代的金华酒坊巷

巷，比如“报刊联合资料室”就设在酒坊巷，资料室的斜对面是《战地》编辑部，冯雪峰曾负责过该编辑部的工作，酒坊巷还曾是中国台湾义勇军指挥部所在地，现在保留了中国台湾义勇军纪念馆，和中国台湾义勇军办公室。穿过酒坊巷到八咏楼，其斜对面有一条巷叫紫岩卷，当时有两家刊物《大风》、《刀与笔》（画刊）的编辑部就设在紫岩巷1号。1946年，英士大学从温州迁到金华,酒坊巷《浙江潮》编辑部的旧址就成了英士大学图书馆。而今的酒坊巷，南起婺江东路，北至石榴园，北面一段曾名太史第巷，南面段曾名健康巷。全长616米，宽6米，沥青路面。

五百滩

东起八一南街，南起双溪东路，北止金虹桥的一大片地叫五百滩。

当年五百滩为城南大队所在，有车辆厂、金华丝厂和很多老百姓的住房，也有卫生院和学校，一派繁荣景象。

据清道光《金华县志》载，五百滩，原名磨船滩，又据《读史方舆纪要》载：“滩售石甚大舟行牵搅须五百人，然后可渡，故名五百滩。”唐朝诗人李白曾写诗《赠书参军量移东阳（二首）》，其一云：“闻说金华渡，东连五百滩。全胜若耶好，莫道此行难。猿啸千溪合，松风五月寒。他年一携手，摇艇入新安。”从李白的诗中可以看出，五百滩在金华的东面。金华渡当在今金虹桥一带。

如今的五百滩已是公园和商业建筑了。

默相街

默相街位于江北老城区原金华市人民政府大院西侧，南起解放东路，北至将军路，此街南北走向。因古代此地在默相坊而得名，是江北老城区最短的一条街。在老城区改造时改称明月路。

醋坊岭

醋坊岭原称苏坊岭，因宋朝著名诗人苏辙的后代移居于此，此处有一道小山岭，故称苏坊岭。明朝旅行家徐霞客在他的游记中仍称苏坊岭。明朝后期，此处多有酿造米醋的作坊，改称为醋坊岭。“苏”与“醋”在金华方言读音中近音，故称醋坊岭。此街名一直沿用至今。

旌孝街

旌孝街为南北走向，南起现今的三清宫，北止原来的义乌门。

明朝年间，有吴氏乡间少女，居住于今东关一带，家虽贫穷，然事亲至孝。有一天自义乌门入城为老母买猪肉。她在买猪肉时，卖猪肉的屠夫见她长得俏丽，就对他伸手调戏而行不轨之礼。这位乡间少女见自己嫩白的手被屠夫玷污了，就愤怒地夺过屠刀，把那只被屠夫玷污过的手放在肉摊砧板上，用力地往自己手上砍，以示自己的清白。乡间少女断手后，因流血过多，猝死于义乌门外石桥上。后人为缅怀这位乡间少女，把石桥更名为旌孝桥，把此段街路更名为旌孝街。

石榴巷

石榴巷位于旌孝街西，东西向的一条小巷。此巷东西走向，东边是如今的三清客，西边是现在的胜利北街。

两旁原为郊区农民的菜园，菜园内多有石榴种植，巷名故称石榴巷。

吕明

金华的四世一品巷

金华市区原有一条小巷，叫四世一品巷，在铁岭头，此巷南北走向，东边相交市区中山路，西边相交后街（此巷现在在四世一品大厦下，南面地下车库入口处有一个圆形水泥圈上就是四世一品井）。清康熙二十八年（1689）左提督管云南提标中军参将事饶彪、以年老致仕归籍金华，朝廷封四世荣禄大夫一品阶，世居铁岭头北街(即四世一品巷),巷以饶彪官阶命名。

又有清道光《金华县志》、清光绪《金华县志》、《王淮传》等记载,南宋王淮官拜右丞相兼枢密院事，封福国公，并赠其曾祖父王本为太师鲁国公，祖父王登为太师魏国公，父王师德为太师楚国公，均官居一品。王家曾居住于巷中，故得四世一品名。

史书上也有四世一品的巷名记载。

四世一品是一条小巷，百来米长，斜跨后街和中山路。巷子很窄，有三米多宽，巷子两边有平房也有三层高的楼房，中华人民共和国成立初这里面有很多小作坊，笔者在中华人民共和国成立初曾看到在这巷内有制作毛笔和文房用品的作坊，巷尾接近后街处有座四进大院，抗日战争时期是日军宪兵队驻营地。

这条小巷在历史的长河中曾发生过许多鲜为人知的故事。

清光绪三十三年（1907），秋瑾，原名闺谨，字璿卿，自号竞雄，别号鉴湖女侠，汉侠女儿，浙江绍兴人，我国近代杰出的革命家，妇女解放运动的先驱。她能写诗填词，骑马击剑，使枪舞棒,为推翻清朝政府,与辛亥革命党人进行艰苦的革命斗争。她骑马、步行、乘船由诸暨经义乌于2月1日抵达金华后，就入住在四世一品的金阿苟家中。次日，她会见了徐顺达，授以参谋职务，要他负责金华党军事务。其间她也去了兰溪，会见了当地的光复会员蒋乐山，做出了指示，安排了工作。

3月下旬至中旬初，秋瑾第二次由诸暨经义乌到金华，仍住四世一品。4月中旬第三次由绍兴到诸登，经东阳、永康、缙云、壶镇，每次从绍兴到金华都要跋山涉水，每日行程七八十里。她不辞辛劳地奔波，为了做好革命的宣传工作，为了救国救民，与徐顺达、蒋乐山、吴琳谦、周华昌等长谈，讲述革命道理，商讨反清起义大事，为金华的反清革命努力工作，以上工作都是在金华四世一品巷金阿苟家中具体策划落实的。

原定年春开始筹资准备，于7月由金华起义，呼应徐锡麟在安庆起义。7月1日至4日武义、金华，永康等地先后发生光复军起义，但均告失败。徐顺达、倪金等死难。7月6日徐锡麟在安庆刺杀安徽巡抚恩铭，被捕后就被杀，安庆起义遂告失败。以上就是秋瑾在四世一品巷的故事。

吕清韵

20世纪90年代的四世一品巷

尊贤坊的故事

金华市区后街北段中部原有一条东西向的小巷，叫尊贤坊。尊贤坊直通殿楼下，南通今文化路，北连今解放东路的殿楼下，巷呈“丁”字形。这里原来有座尊贤坊小学，南面是通原太极宫的地方，太极宫旧址上改建了金华县婺剧团排演场。现在是百货商业大厦。

早年间这一带住户密集、屋宇鳞次栉比。平常巷陌，百姓人家书香门第，佳士文人很多（当年的画家号称江南鸡王的张华鑫就住在这里）。这里流传着许多诗礼传家、尊贤重才的故事。

传说南宋初年，殿楼下住着一位教书先生，相传是苏门后人，人称苏先生。苏先生从小苦读，儒学深厚。年青时热衷科举，无奈时运不济，屡试不中。科场失意之后，却不迂腐消沉，即以教书谋生，就在自家开办私塾，收徒教学，由于他教学严谨执着，诲人不倦，经他培养的学生，个个都很有出息，其中南宋时期当过宰相的王淮便是他的得意门生。

南宋初年，当时王淮不满5岁，父亲便领着他登门向苏先生拜师求学。苏先生见他天资聪颖，又能刻苦自励，便倾心相教。不仅教他读书识字，习字作文，还开导他给他讲为人处世的道理。由于得到老师良好的教育，加上王淮自身虚心好学，奋发努力，7岁便能赋诗填词，13岁已是作文高手。19岁的王淮于南宋绍兴十五年(1145)中进士。先后在各地为官，由于政绩卓著，官位步步高升,直至升任朝廷右丞相、左丞相(宰相)。

王淮十分尊敬先生，当年读书的时候，每逢大年初一，总要先上老师家拜年。端午节是民间的教师节，这一天，王淮总要向先生送粽子、鸡蛋等礼物。自从他做官以后，平时经常写信向先生问候。每次回乡探亲，总是前去探望。

一次，王淮回家探亲。还没回自已家，就先去看望先生。他到了巷口，便舍轿步行，来到苏先生家，方知先生已经卧病多日。王淮立即亲自将先生背至轿中，送他到当时金华著名的郎中家看病，看完以后，又用轿子送先生回到家中。在送医的往返途中，王淮亲自扶轿而行。

苏先生病故时，王淮身处相位，国事繁忙，日理万机，而且业已年近花甲。闻讯之后，他立即告假从任上赶回婺州为苏先生披麻戴孝、扶灵送葬，亲自连夜撰著悼念文章，隆重祭奠。王淮的行为和高尚品德感动了婺州人民。婺州人民为了纪念王淮和苏先生的美德，把这条小巷改称为尊贤坊。

在旧城改造的大潮中，尊贤坊的旧巷已经拆除殆尽，这条巷的旧貌也慢慢地从人们的记忆中渐渐淡去，但是这个尊贤重才的故事一定会在漫漫的历史长河中长久地流传下去。

方福庆

20世纪80年代的金华后街

曾就读尊贤坊小学同学会

金华的几口老井

金华莲花井是一口三眼老井。前些时候，读了宋代金华文人王柏一些作品，看到他约800年前写的128字的四言诗《洌井》，发现莲花井是个很有故事的井。诗开头四句曰："洌彼井泉，莲华斯名。有美一人，於焉载沈。"王柏用一个"洌"字，简洁生动地描述了当年莲花井水之冰凉、清澈。传说古代金华有位女子，父母嫌其所嫁之夫不良，欲更其偶。该女子却认定自己的婚姻是"琴瑟既合"，于是宁死不易，往井下一跳，"之死靡悔"。诗人悯之，故作此诗，赞叹斯女，乃"炯千万载"也。此事史料是有记载的，说南宋时期，金华有位胡氏女为不失节而跳了莲花井。莲花井建于宋代。编撰于明嘉靖的首部《金华县志》，已提到莲花井，称为金华城诸井之冠。千百年以来，莲花井水澄澈甘甜，哪怕久旱不雨，依旧满满盈盈。

相传古时候，此处是片洼地，乱石嶙峋，荒草丛生，有许多洞穴。一天，有个洞口突然开出来一朵艳丽的大莲花，会摇曳摆动，还发出"嗞嗞"声响。消息传开，引来围观。人群中有位信佛者，认定此乃观音的莲花宝座显灵，坐上去就能得道成仙。于是，他顾不上回去与家人道别，就一屁股坐上了莲花。果然莲花收拢，卷着那人退进了洞穴。家人闻讯赶来，千呼万唤不闻应答。于是奋力挖掘，没想到这是个蛇巢，一条数丈长的巨蛇呼啸而出，扬长而去。随即洞底便喷珠吐玉，涓涓滴滴冒出泉水……还有另一种版本：衙门听说此事，心生疑惑。当莲花再次冒出的时候，将涂上雄黄的家畜扔了过去，莲花缩回。一会儿只听洞中翻江倒海，许久才平息下来。差人挖开一看，里面竟然是一条三丈长的大蛇被毒死了。众人合力拖出蛇尸，洞内竟然涌出泉流……虽是说法迥异，但有两点是相同的：一是那“莲花”是蛇信子（即蛇的舌头），二是蛇洞洞底是个泉水口。当然，这是荒诞无稽的。金华不是热带丛林，不会有过丈长的大蛇。再者，蛇信子只分两叉，不会看似莲花模样。还有说蛇怕雄黄也是民间误传，蛇只是不喜欢雄黄的气味罢了，根本杀不死蛇的。不过，既然是传说，也就不必太较真。总之，民间认为是金华的先人们将一个蛇洞改造成了井。因缘始于“莲花”，便叫其“莲花井”，井口设三眼，呈莲花瓣状，以期名副其实。关于莲花井还有过不少神奇的传说。最扣人心弦的是一百多年前的一个黎明，大雪漫天，在莲花井畔，惊现一串巨大的人的脚印。地球人不可能有这么大的脚，附近不少居民认为是天外来客留下的。20世纪初，西伯利亚原始森林发生神秘大爆炸，说是外星飞船穿越大气层摩擦生热造成的。差不多的时间段，会是同一批来地球的访问者吗？坊间还有传闻，说不止一人曾在井边看到过头上翘着触角（疑似天线）的不明生物，都是在夜深人静的时候……后来，城市改造，道路拓宽，莲花井口被围上木栅栏，重新盖了六角凉亭。井的区域垫高了（感觉井口比早先矮了许多），在十字路口偏东北角处，呈孤岛状。亭前立有“重建莲花井亭碑记”石碑，告示是为文物，受政府保护。

莲花井，狭义上就是口井，但更多的金华人会把它理解为是个地名。人们通常说的莲花井，是指解放路和后街的十字路

20世纪70年代的金华莲花井

现在的金华莲花井

口及东西数十米区域。这里算当年金华老城区的热闹之处，与四牌楼、兰溪门、小码头齐名。莲花井的四个转角商铺有三个与四牌楼相同，分别是水果店、南北货店、大饭店（四牌楼是荣茂饭店，莲花井叫大众牛羊肉饭店，其规模和名气在金华都是名列前茅，两家不分伯仲）。唯一的区别是四牌楼的大药房（天福堂）也占一角，而莲花井的大药房在水果店隔壁，叫仁寿堂。莲花井另一个转角是糖烟酒店。两处都有个规模相同的文具用品店，这是我们小时候最有兴趣的店，因为店里摆放着各种棋类和各种乐器。莲花井往东的醋坊岭西坡有两家老店。南边的是家参行，柜台里陈列着人参、鹿茸等名贵药材。我曾看到柜台橱窗里一支放在圆玻璃盒里的野山参，标价居然四位数，让人惊掉下巴。从此好多年我都认为人参是世界上最贵的东西。参行对面是一家寄旧商店，我每次路过都会进去看看，里面常会有些稀奇古怪的东西出售。我上初一的时候，看到柜台里有一把小提琴，虎纹很美，标价24元（当时文具店里最低档的小提琴是27元）。于是让家长买下了。琴很漂亮，但音质不好。原来此琴年代久远，由于保管不当，底部面板有点脱开。主人就在琴颈下部嵌入了一颗木螺丝固定，一把好琴被糟蹋了。由于音质不佳，大大挫伤了我练琴的积极性，最后也就不了了之了。

大约在20世纪70年代中期，在离路口西面30米靠北开了金华首家火腿专卖店，装潢在当时算是相当考究。在此之前，火腿作为首屈一指的金华特产，也只能混在数以千百计的南北货中，缩在某个角落不被重视。后来登上大雅之堂，这里就成了人们买火腿的首选之地。

40多年前，莲花井边常会有个馄饨挑担，卖的是“江西馄饨”。我仅吃过一次，味道之鲜美至今忆起仍口留余香。馄饨担通常天黑后才出来，挑担一头是燃烧着的煤球炉，架着钢精锅。另一头是碗、勺，调料之类。架子上有小抽屉，将事先准备好的馄饨放在里面，卖完就收摊。卖馄饨的师傅（那时不叫老板）是个小个子中年男子，待客十分殷勤。有顾客了，就撮起一份生馄饨丢进锅里，然后在已加好作料的碗里倒进开水，馄饨基本就可以起锅了。也就分把钟的事。边上有几只小木凳，但生意好的时候，一些客人只能站着吃。当时的金华，路灯昏暗。尤其是在冬天，七八点过后，店铺大都打烊关门，街上冷冷清清。但路经此地，只见热气袅袅，空气中弥散着猪油葱花的气味，挡不住的诱惑！我那时正处在永远吃不饱的年龄，一碗馄饨根本不顶事。况且囊中羞涩，没能力花一角钱过嘴瘾的。于是心里默诵着“下定决心，不怕牺牲……”，目不斜视，快步而过。有时此处会有卖番薯的，通常是中老年妇女。番薯装在木桶里，上面捂着布包着的棉絮，手里拿着秤，见有人路过，就喊：“汤宁花宇！”（烫人的番薯）一般两三分钱就可吃个半饱，当然是煮的而不是烘烤的。

金华人擅长调侃，民间有用“富贵贫贱”四个字来比喻金华最具特色的“四大名井”，广为流传。

富井，就是莲花井。解放路是当年金华老城区最主要的街道，也最为繁华。莲花井坐落在这条街的中段，东边四牌楼，西边兰溪门，可谓是闹市的中心。王柏《冽井》诗有云：“有冽彼泉，在弦歌内。”说明古时候这里是弦歌坊，弦乐不断，歌舞升平，是有钱人云集的地方，富人自然喜欢在此置宅安居。莲花井荣膺“富井”，当之无愧。

贵井，是指四世一品井，就是铁岭头背的双眼井，位于四世一品东南口。四世一品是一条数十米长的小巷，一头在中山路，一头通后街。其名之来历，有不同的说法。一说清军把总饶彪，累功晋升至左都督，于1689年被封赠“四世荣禄大夫”，一品阶。他不是金华人，但据传说他曾在此置有宅邸。另一说，南宋右丞相王淮曾居住于此。他被朝廷赐为福国公后，其父被追赠楚国公，祖父追赠魏国公，曾祖父追赠鲁国公，祖孙四代皆官居一品。我想，既然称“四世一品”，显然后者更具说服力。王淮虽不曾在金华任过职，但他是正宗金华城里人。“四世一品”是因为出了显贵之人而得名的。以此命名的井自然也就显赫起来，成为金华的“贵井”了。其实，这口井的蓄水量是诸井中最少的，就井而言，该算“贫穷的井”。现在四世一品巷早已不见了踪影，拔地而起的是一座大厦，叫作“四世一品大厦”。那口双眼井，业已不知所终。

贫井，四眼井，坐落于城东四眼井巷的东头。井深十多米，蓄水量为金华老井之最。早先人称“龙井”，公认为金华之“井魁”。原有井屋，设有轱辘。这是宋代水井的标准式样，《清明上河图》中就有这种四眼井的画面。此井的水适合做豆腐，古代起周边就有一些豆腐作坊，据说当时金华城里人每天吃的豆腐基本出自这里。

金华四眼井

我小时候，卫校的大门是在四眼井的对面，感觉每天井边都很热闹。说它“贫”，估计是指附近的住户比较穷，大多是农民。记得住“井头沿”的就是户农民。在离井不足二十米处，还是个大牛棚，里面有十多头黄牛。而井圈是由一整块巨石凿出四个眼形成的，很重，靠人力没法挪开。人们聚拢在井旁，淘米洗衣，家长里短。

贱井，拦路井也，位于古子城八咏路东口。顾名思义，井是在路中间的。此井本来有个很吉祥名字，叫“瑞安井”，寓意瑞气盈门，安康祈福。据说乾隆年间，井栏上就出现了“拦路井”字样。后来“破四旧”，井被填了。直到古子城修葺才得以恢复，成为古子城一处有趣景观。现在的步行街，路口或铁栏杆，或大石墩，虽有碍观瞻，但可阻止车辆进入。拦路井的主要作用正是如此。八咏街是金华古代子城最繁华热闹的街，商铺林立，路人熙熙攘攘。如果这里有马车进来，想必谁都不方便。拦路井恰恰是古人智慧的体现，把井挖在路中间，可将马车拒之街外。西边过来得往四牌楼绕，东边来的也得绕

金华八咏路拦路井

道东市街。况且由青石板雕琢的围栏，让井显得既雅致又大气，比现在用石墩，用铁管柱好看多了。此外还有另一个好处，八咏街都是木结构建筑，救火需要及时的大量用水，井在路中间，不会拥堵，取水自然是最方便的。然而，也恰恰因为其拦在路上，千人踩，万人踏，故曰“贱”了。

用“富贵贫贱”对井界定，民间是有争议的。譬如，有人认为四眼井应属“富井”，理由是其水最充裕并可做豆腐变为财富，云云。其实闲人闲聊，见仁见智，没有对错的，只要能自圆其说。巧的是，上述所提及的四口井，分别为单眼、双眼、三眼和四眼，涵盖金华老井的全部形式。水是生命之源，发明从井中取水使我们祖先得以摆脱自然条件的限制，生息范围不再局限江河湖岸。“井”逐渐成了代表家园故土的常见符号，有了“乡井”之说，把“背井离乡”看成人生悲苦之事。古人云：养物不穷，莫过乎井。意思是说井具有不盈不竭，反复造福人类的特点。井是人挖的，井又以水反哺，相互为养，守恒不渝。井对人类生活造福至伟，是人类的好朋友。古代金华是个多井之城，尤其是在江北的城东一带，水井更是星罗棋布，不胜枚举。

金华的老井，有石砌井、土井、砖井、瓦井和陶井等，其名称表明井壁的材料。其中，陶井比较罕见，它是用桶状陶器所叠而成，也称陶圈井，在三国和汉代流行。记得20世纪90年代金华媒体有报道，在市区挖掘出一口直径约80厘米的陶圈井，称据考证此井为汉代的。在修建万佛塔公园施工中，也曾挖掘出好几座古井遗址，据说都是清代的。其中最大的一口深达18米，直径接近3米。令人惊叹的是，光滑的井壁是由人工在岩石层凿下去形成的。金华地下水丰沛，水位高，提井水比较容易。我记忆中唯一的深井，是在将军路去明月路（当时叫大树下）的转角处。井口离水面有几十米，趴在井台上往下看，井洞内黑乎乎的，只看到脸盆那么大的一片闪亮的水。这次我去找过，已经不见了。由于深井少，金华的井大多没有轱辘，个别有的，也是早先留下来的。因为那时没有锌铁皮水桶，打水都用木桶。木桶长时间浸泡，会非常重。体大板厚的，光空桶就有好几十斤。

在金华，井名和所在街巷名大多有因果关系。有的因井的名字决定了街巷的名字，如城东一民居院里有口老井叫篮馥井，它所在的小弄就叫“篮馥井弄”。四眼井和“四眼井巷”也是这个关系。但更多的正好相反，是路名决定了井名，如四世一品和“四世一品井”就是这样。在雅塘街东头，原先有口井叫夏塘井，此名也是随路名的，因为雅塘街原来的名字是夏塘街。

井的名字也有因人名而得的，最典型的是休文井。此井在古子城八咏楼东侧数十米。休文井被认为是金华城里最古老的井，颇有人文底蕴。休文是南朝金华太守沈约的字（太守就是后来的知府，相当于现在的市委书记），他老人家不仅是朝廷官员，还是一位了不起的文学家和史学家，留下了不少脍炙人口的诗。因为他的《玄畅楼八咏》，后人将玄畅楼改名八咏楼，以示景仰。休文井原来是口极普通的水井，因沈太守的一次造访，便出名了。话说有一天，沈约骑着毛驴路经此地，口渴，便下驴饮水。一口无名小井，受到太守的赞赏，百姓闻之，奔走相告，欢欣鼓舞，足见沈太守是当时金华百姓爱戴的父母官。此后，这口原来没有名字的井，一下有了许多称呼。

金华休文井

金华酒坊巷酒泉井

有的叫它“太守井”，有的叫它“沈约井”，还有的叫它“沈太守饮过水的井”，等等，叫法五花八门。不久，一个既朴素又典雅的名字——“休文井”脱颖而出，被百姓欣然接受。用沈太守的字来命名，让百姓感到亲切。到了北宋年间，金华知州赵师岩（知州相当于代理知府）亲笔题写“休文井”三个大字，凿刻于井边。可惜，光阴荏苒，字已被岁月的流水冲刷没了。好在规划重修古子城时，保留了此井。这是除八咏楼外，又一处保留完整的沈约遗迹。前几天去古子城，特地去休文井看看，还都是老样子。低矮的井圈，破损的地面，墙角和石缝隙长着几叶小草。铁质的井盖栏黝黑而斑驳。休文井像是一位迟暮者，苍凉孤寂，形影相吊。虽物是人非，感慨良深，但心底还是挺欣慰的。所谓文物保护，就该这样，尽量原样保留下来即可。

酒坊巷内有口井，水质酿酒极佳，被官府命名为“酒泉井”。明代戚寿三酿的“金华酒”就用此井之水，其酒醇厚绵柔，名扬江南，被誉为“天下第一酒”。于是，此井载入了《中国酒文化》一书，跻身中国名井行列。

金华卫校内早先有座古建筑，是原七宝寺遗址，曾当作校图书馆和阅览室。寺庙门高高的台阶下来，左边是个池塘，出奇地圆，就像圆规画出来的；右边有口井，叫七宝井。估计算是当时的庙产。这里留下了许多我童年的记忆：那池塘历年不干，水呈浅绿色。我们常在此钓鱼，一般都有收获。有一次居然钓上来一条大鲫鱼，鳞片发黑，重达八两半。一位大人过来看了半天，说此鱼起码有七八年了，相当于90岁老人。七宝井在庙门东北方向二三十米处，在当时的卫校行政小楼侧门台阶边。井边一块单人床大小的石碑横卧在砖砌的墩上，供人洗刷衣物用。记得石碑上刻有碑文，但字体古怪，都认不出来。此井井口不大，为五六十厘米直径。水面不深，井绳一米多点就够了。小时候住卫校里，虽然有盥洗室，但还是喜欢用井水，因为井水冬暖夏凉。

早前，金华的古井很多，由于城市的变迁，现代化建设进程中自来水的普及，人们基本上不用井水了，井也就慢慢淡出了人们的视野。

颜世亮

往事（风韵）篇

金华明月楼

金华孔庙

孔庙，原本是孔子的家庙，是孔子死后两年（前478）鲁国的国君在孔子故居山东曲阜修建的，供孔子家人和学生祭祀孔子。孔子是先秦儒学的创始人，汉武帝独尊儒家，使以孔子为代表的儒家成为中国封建社会统治阶级执政的主导思想。

但孔子儒家学说的创立，本身没有依附皇权和特定的政治势力，他以自己不懈的努力，打破了官家垄断的教育，并历经艰辛将其学说引向民间。孔子的《论语》和《春秋》是两千多年来，各阶层人士必读的思想宝库。故古人感叹曰：“天不生仲尼，万古如长夜。”

明清时期，中国的孔庙已遍布全国各地，据史料记载，有两千多座，至清代中叶，东南亚各国及欧洲等国，孔庙也已四处落成，成为中国文化的象征。直至今天，孔子的影响力还远远没有结束，相反，随着中国的崛起，“孔子学院”又一次在世界各地刮起一股中国孔子的旋风。世界上没有一个民族的文化代言人有孔子这般旺盛的生命力。孔子，毋庸置疑地成为中国文化的象征，而孔庙作为纪念孔子的载体，也越来越引起全世界的关注。

金华原来是南宋“金华学派”的发祥地，史学界公推的“小邹鲁”。关于“小邹鲁”由来有二：一是以南宋大儒吕祖谦、陈亮、唐仲友等为代表的“金华学派”在学术界的影响；二是宋高宗有感于山东曲阜孔家后裔奉诏南渡，赐孔氏后裔世居金华衢州，至明代弘治八年，置南孔庙，后又在金华磐安建孔子家庙。这样传统的孔氏后裔祭祀家庙，全国便有了三处，即山东曲阜、衢州、金华磐安，而金华便独占了两处（上述三处均已被列为国家级文物保护单位）。这样“小邹鲁”金华便有了孔庙的文化内涵和孔庙建筑的形式外延。

金华的孔庙还有一处，它就是很多人关心的金华府孔庙，这是和全国各地类似的学宫式孔庙，它可用作学堂或用来祭祀孔子和历代先贤，或用于当地官府举行相关的文化典礼的场所。这座孔庙的遗址，就在古子城历史街区内，大致位置在八咏楼东侧50米外，原金师旧教学楼和后侧一带。孔庙的大部分建筑毁于清末战火中，大成殿则毁于20世纪70年代。据曾在此附近世代居住的老人回忆：20世纪60年代初建塔下寺小学（后更名建国路小学）的教学楼时，拆去了孔庙正门。但教室南面还留有孔庙修建的非常精美的荷花池，池上有拱形石桥，护栏有石狮子，池边北侧石阶旁留有大量的推倒的孔庙石碑残块。后来池塘青石部分拆去修建中山公园和防空洞，大部分就地填土埋了。教室后有一个如两个篮球场大小的花园，花园低于地面1.5米左右，四周均用青石砌筑，花园两侧为东、西庑房，是老师办公和居住之地。花园正面是一个2米高的平台，平台上是巍峨耸立的孔庙大成殿。大成殿大小形制和侍王府大殿相似。大成殿北面有一棵需三人合抱的大樟树。大成殿在“文化大革命”后期一度改为棉纺厂，至20世纪70年代和孔庙花园及东面庑房等全部拆除，连这棵老樟树也未能幸免。

查阅孔庙的相关资料，竟发现金华孔庙的资料甚少，连清光绪《金华县志》中也仅有孔庙先贤及有关休文井在郡学大门东侧等零星记载。

由于金华孔庙已被列入国家级历史名城主要保护区域——古子城历史街区规划中，我们尽了最大的可能，依据史料及遗址现场走访等形式，复原金华孔庙的历史平面图，并在此做一点必要的解释。

2004年在八咏路中段，明清店铺重建工作中，曾在距八咏楼石阶东侧沿古城外城墙内出土两座石牌坊基座，在酒坊巷口出土一座。牌坊大小形制类似复建的八咏楼老街口牌坊。由于地方志没有记载，无法断定朝代，但牌坊基座形制为明代构件，现一座摆放在八咏楼石阶旁，另一座就地掩埋待考。从八咏路拾级而上八咏楼，在石阶的正北方原来为金华孔庙的石阶护墙（现已由青石条覆盖），从这里往北直进，可见第六中学老校区围墙。此处约向东50米原有石阶30余步，两侧有两座牌楼，笔者在当年读书期间还能见孔庙的部分建筑，门口朝西有个牌坊，上书“道冠古今”四个大字，朝东的牌坊上书“得侔天地”四个大字，沿石阶而上，是状元桥，两边是放生池。中间为棂星门,登上台阶，是人工挖掘的孔庙荷花池。荷花池为月牙形，有护栏，池深约2米，池塘两侧距地面深约3米，池中有石拱桥。池塘面积200平方米左右，南北有石阶上下，北侧石墙角有孔庙残碑。孔庙正门五开间，重檐建筑，两侧为乡贤祠、名宦祠等。孔庙中轴线上建有前厅，后院依次有大成门、大成殿、明伦堂、文昌祠等，两侧有东西庙房、崇圣门、先师门、持敬门、致斋所及碑亭、井亭等，整个孔庙建筑群规模十分宏大，建筑面积当超过现在的侍王府。孔庙的主要祭祀活动场所，是大成殿及后人称为花园的大厅。大成殿正中供奉着孔子的神位及各朝各代先贤大儒162人，其中金华籍先贤由各朝皇帝敕封的就有吕祖谦、陈亮、王柏、金履祥这几位金华人的牌位，朱大典及“金华学派”北山四先生等。

金华孔庙建造的年代，暂时无法考证，但据清光绪《金华县志》及孔庙建筑遗存等推断，应该是清代。得此推断主要是两方面的原因，一是清代早期满汉民族矛盾对抗激烈，同时西方文化已开始渗透，清廷选择了尊孔尊儒以实施以汉治汉的策略。康熙皇帝赐封孔子为“大成至圣文宣先师”，并给曲阜孔庙大成殿御赐“万世师表”匾额，雍正皇帝又拨款重建曲阜孔庙大成殿，由此推动了各地大修孔庙。二是毁于20世纪70年代的大成殿空间布局和建筑形制均和今日侍王府大殿及附房相似，而侍王府大殿则有修建于道光年间的相关资讯。另外，大成殿及相关建筑遗存的选材上也和清中期本地选材相近。

有市民错把金华县学宫即现金师附小旧址当成金华县孔庙，这是错把清道光《金华县志》插图误为金华孔庙了，但应该指出的是，金华孔庙也曾是郡学所在地，只是规模大于县学罢了。

关于金华孔庙，我们期待着热心人提供更翔实的资料信息，以利于研究挖掘金华的孔庙文化，以丰富金华这座千年古城的历史文化内涵。

孔庙两边供奉着天下名人贤士的牌位，特别是供奉了金华的吕祖谦和陈亮的牌位，特把吕祖谦介绍如下。

吕祖谦（1137—1181），南宋哲学家、文学家、教育家。字伯恭，人称东莱先生。吕祖谦是姜太公吕尚的第七十九代孙，先世迁居金华城内。

南宋隆兴元年（1163），吕祖谦举进士，历任太学博士、秘书郎、国史院编修官，参与重修《宋徽宗实录》，又辑《皇朝文鉴》150卷。淳熙八年（1181），英年早逝于武夷山冲道观，享年44岁。现墓葬金华市武义县。

吕祖谦的思想文化博大精深，其政治、经济、哲学、教育、人生观、伦理学说、史学观等方面在当时影响都非常大，以致在全国形成了独树一帜的吕学流派,又称金华学派（婺学）。

吕祖谦是金华学派（婺学）的主要代表人物,与唐仲友、陈亮都是南宋婺州学派的创始人，他在金华城内创办丽泽书院（现婺城区中山路金师附小的东北角，原螺丝巷内，一览亭遗址边）。丽泽书院后来迁移到旌孝门外的印光寺内。

吕祖谦在政治思想上提倡“勤政廉政”“轻徭薄赋”“更革弊政”“惠民图强”。“清”“慎”“勤”是吕祖谦为官之道的准则。

吕祖谦的经济思想包括“取民有制”“与民安息”“富恤贫”等内容。他认为只有“施恩布惠，以及其民”，才“可以得民之心而民归附矣”。

吕祖谦一生致力于教育事业，他以“明理躬行”为教育目的，以“讲实理，育实才，求实用”为培养目标，倡导读书要持之以恒，要勇于存疑，要善于思考，更要善于随机应变，认识问题、解决问题，追求博采众说，谦虚谨慎，戒骄戒躁。

吕祖谦家学谨严，知识渊博，善取众长，蔚然成理学大师，他与朱熹、张栻三人称并为“东南三贤”。晚年，他讲学于金华城内丽泽书院，开拓创新，自成一派，与唐仲友、陈亮同为浙东学派中金华一支的主要人物，被公认为金华学派之祖。

吕祖谦的思想精华至今仍然在我们的经济社会发展中发挥着积极的作用。

他著有《大事记》《春秋左氏传说》《东莱博议》《古周易》《历代制度详说》《吕氏家塾读诗记》《东莱集》等。他的学术研究具有划时代的影响。

据传，吕祖谦小时候的记事对他的一生产生了很大影响。有一天午后，民屋里有一位十多岁的男孩——吕祖谦，手里拿着毛笔，面前摆着一本自己订的写字本，正苦思冥想地写文章，写了两行，念了念，歪起小脑袋噘起小嘴巴，放下笔，“欻”地一下把这页纸撕了下来，随手揉成一团，往身后的废纸篓里扔了下去。正想溜出去玩时，只听门口“吭吭”两声，进来的是他的爷爷吕绷中。吕祖谦急忙站直身子，向爷爷请安后说：“爷爷，这篇文章我不写了，写不好。”“那就歇一会吧。粥已烧好，我给你盛来。”说着爷爷去灶间盛了一碗粥，端到他面前的桌上：“喝吧！”爷爷对急着想出去玩的吕祖谦说。吕祖谦埋头喝了一口：“啊！”烫得他全吐了出来。“爷爷，这么烫的粥怎么好喝啊?”“哈哈！”爷爷捋着胡子笑了，“你知道性急，喝不了热粥了吧。爷爷晓得你性子急躁，你的这个毛病也该改改了。做什么事情都一样，不能太急，欲速则不达，写文章也一样，先要用脑子想好才能动笔呢。”

吕祖谦点了点头，似乎明白了。从此吕祖谦改掉了急躁的毛病，还懂得了深思熟虑的重要性。凡事三思而后行，研究学问，写文章都得考虑成熟，仔细推敲之后才动笔。吕祖谦一生勤奋好学、谦虚谨慎，从不自以为是，“句读有未晓，大义有未通，不惜以商榷，不惜就人授读”，后来他凭借自己的深厚文学功底和时世的需要创立了金华学派。

他积极结交当时著名的学者，并和几个主要学派的中心人物保持着密切、融洽的关系。那时候，除以吕祖谦等人为代表的金华学派外，还有金华永康学派和温州的永嘉学派，在学术上这两派都有各自不同的学派主张。

吕祖谦邀请了两个学派的代表人物朱熹和陆九渊来到江西铅山县的鹅湖，进行切磋与交流。吕祖谦对他们说：“花园里的花不能只一种颜色，因为一种颜色显得太单调了；树林里也不可能只有一种鸟鸣叫，我们做学问的最要紧的是互相探讨，共同提高啊!”这就是著名的鹅湖之会，后人在评价这次著名的鹅湖之会时，都崇尚和佩服吕祖谦的博大胸怀。

吕祖谦不固执己见、党同伐异。对于理学阵营外的永嘉、永康学派的思想能做到公允地看待。海纳百川，有容乃大。他兼容并蓄，博采众长，从而形成了当时思想内涵最丰富、体系最完善的吕学。后人评价吕学：“朱学以格物致知，陆学以明心，吕学则兼取其长。”

在吕祖谦的倡导和努力下，金华学派的影响越来越广，参加的学者也越来越多，先后有150多人归到吕祖谦的金华学派中来。

吕祖谦的诗文大多为“不得已而作”，“诗多挽诗，文多铭志”（吴乔年《东莱集》序）。他的议论文笔锋犀利，闳肆辩博。《入越记》《入闽录》等记会稽、武夷之游和鹅湖之会，叙事井然，写景清丽，不失为长篇游记中的佳作。吕祖谦写有诗文80多首，其中少数写景的七律和七绝较有情致，但不如学术有成就。

诗文集《东莱集》，通称《东莱吕太史文集》，共40卷，有宋嘉泰四年（1204）吕乔年刻元明递修本、《续金华丛书》本。

吕祖谦是中华大地上一颗光芒耀眼的文化明星。

古人曾于丽泽书院址上建吕成公祠纪念。政协金华市委和浙江师范大学、浙江古籍出版社共同为吕祖谦编撰《吕祖谦文集》，全集已出版。

吕学姜

金华府衙与侍王的故事

金华府衙坐落在市区古子城内，是金华古子城的核心区。唐宋时期为州、府衙所在地。元为宣慰使司署，元末明初朱元璋曾驻节于此，明时为巡按御史行台，清朝为试士院。一千多年来均为金华政治、军事、文化中心。

1861年，太平天国侍王李世贤率太平军进军浙江。5月28日攻克金华。随即大力召集工匠，对原府衙“大加修缮”，并在原“千户所”旧址构屋数重，扩为西院。两院组合成侍王府，建立了以金华为中心的太平天国浙江根据地。

1863年，太平军撤出金华，侍王府之后曾经多次毁坏，但仍基本保留下来，并作为原浙江省立第七中学的校舍，后历经省立第七师范中学、金华师范学校、金华六中的校舍，仍较好保存原貌。

侍王府整个建筑面积3000多平方米，规模宏大，气势非凡，布局合理，井然有序，艺术价值较大，迄今仍保留大量太

太平天国侍王府纪念馆

耐寒轩古柏

平天国时期的彩色壁画，现已辟为太平天国侍王府纪念馆。

全府可分为宫殿建筑、住宅建筑、练兵场和花园四个部分。大殿建筑高敞雄伟，传说这里是侍王召开军事会议的主要场所。大殿后为二殿和三殿，三殿也称“耐寒轩”，庭院中两株距今已有1000多年的古柏，据说是五代时期钱镠手植。这两株古柏枝繁叶茂，苍劲多姿。因年代久远，目前两株树干均斜生，有石柱支撑，有部分枝干、枝条枯亡，但活枝生长仍十分茁壮。西院为住宅建筑，共有四进，传说是侍王办公和居住的地方。第二进为厅堂结构，墙上壁画，梁枋彩画，建筑内除椽外几乎无处不画，尤其是西院门厅两侧的彩色壁画和室内壁画，具有较高的艺术价值。木雕艺术形象生动，栩栩如生，具有较高的观赏价值。李世贤办公室用《四季捕鱼图》做装饰，场面绚丽多姿，生机勃勃。此外，石雕、砖雕也很有特色。东院大门口照壁上的团龙石雕（已移至库房保存）及周边浮砖雕都具有较高的艺术价值，生动活现。由于年久失修，部分雕砖已损毁，应加强保护和修葺。据初步统计，侍王府内共有雕镌艺术品526件，壁画119幅，彩画407幅和许多石雕、砖雕等艺术品。因此，整座侍王府就如一座太平天国的艺术宝库，具有较高的历史、文化、艺术价值，现为国家重点文物保护单位。

李世贤（1834—1865），广西藤县人，贫农出身。为李秀成堂兄，是太平天国后期的重要将领。上无嫡系兄姊，下无弟妹的他，父亲去世后与老母相依为命。1851年，他刚17岁就毅然参加了太平军。1857年他23岁时，受封侍天福。次年，又受封为左军主将，会师克庐州（今合肥），攻浦口。1860年，投入破江南大营之役，以功进封侍王。1861年春，侍王李世贤由安徽、江西进军浙江，农历五月二十八日攻克金华，而后在金华建立侍王府并占领浙江全境。1862年援天京(今南京)。后救苏州、无锡。1864年转战浙、苏、赣、粤，占闽漳州。次年，败于永定塔下，在广东镇平为汪海洋所害。

李世贤攻占金华后扩建的太平天国侍王府，坐落在金华城东鼓楼里（保宁门内），是全国现存的太平天国建筑中保存最完整、规模最宏大、壁画等艺术品最多的一处，是全国重点文物保护单位。

太平天国中后期，李世贤被封为侍王管理婺州府地，改金华府第为侍王府。侍王府是当年浙江的军事、政治中心。面临婺江，背倚大洪山，府后是金华标志性建筑万佛塔和永福寺。这里是金华东端地势最高处，站在万佛塔上居高临下，俯瞰整个婺州城，方圆数十里一览无余。整个侍王府由宫殿、住宅、园林、后勤四部分组成，毗连宽广的练兵场能容纳数万军队。它占地面积达63000多平方米，现存建筑面积3000多平方米，分为东、西两院。东院以大殿为主体，门前有太平天国遗留至今唯一的一座照壁。进大门（麒麟门），就是气势宏伟的大殿。

侍王李世贤雕像

团龙石雕

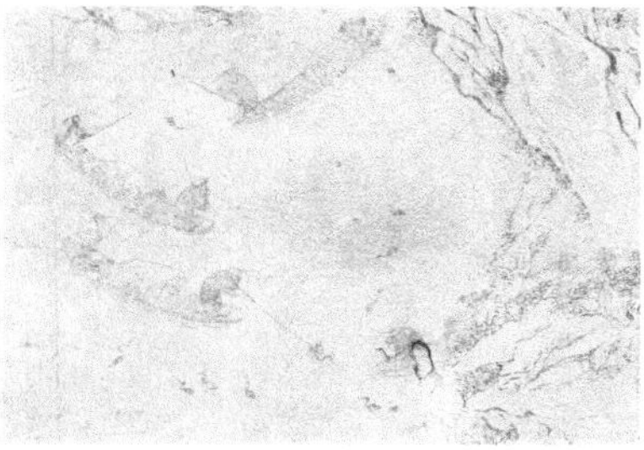

《冬季捕鱼图》局部

《夏季捕鱼图》局部

大殿是当年太平军首领的议事厅（1939年抗日战争关键时刻，周恩来总理曾到这里做过重要的抗战演讲）。柱廊高耸的二殿后面是耐寒轩。所有墙壁、梁柱上均绘有各种壁画和彩画，十分壮丽宏伟。太平天国侍王府西院以住宅建筑为主，共四进。一、二进之间有一长廊，构成“工”字形，这和东院大殿与二殿过厅组成“工”字形一样，是太平天国王府建筑中的一大特点。在这四进的墙壁和梁架上满是壁画和彩画，尤以《秋季捕鱼图》《樵夫归憩图》《望楼兵营图》最为著名。整个侍王府内布满木雕、石雕、砖雕、壁画、彩画等精湛的艺术作品，侍王府犹如一座艺术宫殿。

《望楼兵营图》局部

《秋季捕鱼图》

《樵夫归憩图》

太平天国侍王府是太平天国的艺术宝库，其壁画、彩画之多为全国之最，超过全国各地太平天国遗址所保存的壁画、彩画之总和，不仅具有很高的艺术价值，而且也是研究太平天国运动的第一手资料。

太平军当年打金华的情景如下：

从杭州来的水客听说太平军在安庆被围已经一年多，各路太平军一齐杀向安庆去接应，浙江暂时会很安全。但是没过几天，太平军说来就来了，一个个头包红巾，手执兵刃，远远看去，“红浪”里刀光剑影，也弄不清到底有多少人。老人们都说“铜金华”“铁衢州”这两处的城墙又高又厚，太平军到了衢州，没有硬攻，而是绕过了衢州，直奔金华。消息传来，金华知府慌了手脚，悄悄收拾金银细软，带上大小老婆、公子小姐，打扮成老百姓模样逃之夭夭。等到太平军打到城下，当兵的见当官的都跑了，也就作鸟兽散。太平军几乎兵不血刃，就攻占了金华城。

太平军打到金华时，城里的那些有钱人家，早已闻得风声，头两天就举家逃到深山冷岙里去了。直到太平军打进金华两个多月，处州总兵文瑞败退浦江以后，渐渐地有些胆大的人进城去看了究竟，回来时说其实太平军并不像官军说的那么红胡子绿眼睛杀人不眨眼，集市也已经恢复了原样。在城内外的集市上，太平天国使用自己铸造的铜钱和银子，当然大清铜钱也还能通用。

一到城里，第一眼看见的就是家家户户都在大门上贴着一个“顺”字。太平军过境进城，凡是在门上贴有“顺”字的人家，就算是归顺了天朝，太平军不但不杀，还有保护的责任。一路上，碰见的太平军比城外多得多。他们的穿着打扮，分好几种服色：大多数的士兵都穿黑绸子做的宽大长裤，大红的齐腰短褂，系一根长腰带，挂着腰刀，也有少数几个还掖着短枪的，太平军都留长头发，编成辫子，用红丝线扎住，盘在头上，像缠着头巾的样子，辫梢不论长短，一律留在左耳边，下垂到肩上。也有用整幅的红缎子当英雄巾把脑袋包住的，样子非常英武。脚上的鞋子，尽管样式不同，却都绣着花儿。太平军首领一律穿长袍，下摆齐脚面，按品级分蓝、红、黄等好几种颜色，其中数黄颜色的最高贵，只有最高品级的首领或者是封过王的人才有资格穿黄袍。他们有的头上裹着丝巾，有的戴着像观音兜似的风帽，在额前缀一块颜色不同的宝石，作为品级的标记。在首领宅邸的门口，还看见一些人穿着上黑下白的裤褂，褂子上还镶着不同颜色的阔边，这些人是首领的卫队——蓝、黑、白、红、黄五种颜色，标明首领的官级和隶属于哪一路人马。大首领穿的朝服朝冠十分讲究好看：朝服上绣着各种神兽，朝冠上镶嵌珠宝，朝靴上绣着金花。

有一段时间，整个浙江都掌控在太平军的手中。同治元年正月，左宗棠的部队从安徽屯溪翻山进入浙江开化常山,进军衢州,侍王李世贤领兵迎击，双方激战了半年多。一直到了闰八月，天京吃紧，侍王带兵去救援，浙江兵力减少，这才不得不陆续从温州、台州、处州、严州、金华一路撤退,屯守富阳。

轰轰烈烈的太平天国运动作为历史上最浩大的农民运动，是历史上农民起义最高潮的一幕，那些英烈们的壮烈行为成就了其永恒。他们的形象永远和岁月一起留在人们心中。

侍王府馆藏有国家一级文物陆游当年所书《重修智者广福禅寺记》碑文一块，现在已用玻璃窗保护。还馆藏当年岳飞的恩师宗泽公的碑文两块，其他碑文多块，也馆藏了笔者“文化

《重修智者广福禅寺记》碑文

大革命”抄家的珍贵硬胶唱片多张。

抚今追昔，唯有信步侍王府才能体会这一丝流光吧！

朋友，当你游历原金华府衙现在的侍王府的时候，你会想到上述的故事吗?

李林炎

万寿宫与江西会馆

金华城区八咏路96号燕方归精品文化酒店前身是一座启明学校，这座启明学校从前是赤松门小学，又称东市街小学，再以前是江西会馆，也就是万寿宫的原址。

这座万寿宫在金华有着比较重要的地位，当年江西籍人士在金华谋生者较多。虽然金华人民风朴实，社会风气良好，海纳百川，但江西外来谋生者免不了总有一些不时之需，通过江西会馆自然能得到一些及时而有效的帮助。

万寿宫建筑，有五进，两进之间有天井，旁边走廊有厢房可供急需者居住，也可供商人堆放货物。

供神的地方，分两进：第一进，许真君；第二进，许真君牌位。光绪《金华县志》载："万寿宫即江西会馆也，乾隆四十四年（1779），江西商人建祀，嘉庆八年（1803），敕封灵感普济之神咸丰三年（1853），准以万寿二字额宫。"

笔者当年有万寿宫墙砖一块，捐献给金华市博物馆，这是万寿宫留下的唯一遗物。

如今万寿宫遗址通过改造已是一家颇有规模的餐饮店了。

金华的缙云会馆

金华城区原来有一座缙云会馆，是现在通济桥北桥头西侧位置，当年是在群众剧院的东边（群众剧院后来被拆除建了当年的建设银行金华总部）。东面隔条马路的是金华寿生酒厂和黑白铁社，北面邻原溪下古街和原来的横街小学。20世纪70年代拆除八一北街第一次改造修建了建设银行，这是金华市的第一个钟楼（当年的金华标志性建筑）和友谊宾馆，对面是超三超大厦。保留了群众剧院，而缙云会馆就在这次城市改造中被拆除了。

缙云会馆坐西朝东，门面三间一个石洞门，进入内里是一个天井，天井里种有花卉，两旁有大型水缸两个，以防万一失火之用。

正厅三间门面，中间是客厅，配备有接待客人的桌子和椅子，朝东三间门面左右厢房，西边有厨房，两面有走廊两道。一进正门就有鸟笼一个，圈有八哥一只，每当有人进来都会叫声“欢迎光临”，客人备感亲切，来人都喜欢与八哥对话，这八哥能讲十余句话。

会馆有多间房间，具备招待所功能。

这个会馆是专门接待缙云老乡的会所，凡是缙云乡绅和工商业者过往金华时都会在此驻足，互通交易信息。当年缙云壶镇（缙云最大的镇）乡绅吕元德（又名玄德）从日本早稻田大学学成回来也住在这里，他是同盟会会员，追随孙中山闹革命，对缙云的和平解放曾做出过重大贡献。

笔者祖籍是缙云，幼年曾随父母亲到缙云会馆拜访会馆的负责人，记得负责人姓方，他的后人在金华电业公司任职，如今已有80余岁了，已是耄耋之年。

如今的缙云会馆旧址上沃尔玛、银泰百货、新华书店、酒店先后在横街口两侧林立，成为金华市重要的商业圈。

吕学姜

20世纪80年代婺江东路通济桥北桥头西侧

金华的新安会馆

金华城区解放西路现移动通信公司大楼是原新安会馆所在地。古时婺州城内有很多会馆，主要是江西会馆（万寿宫）、福建会馆（天妃宫）、新安会馆、兰溪会馆、永康会馆、缙云会馆（现时代广场）、绍兴会馆，等等。

新安会馆，清光绪二十四年（1898）重建，会馆主要负责接待和协调淳安和安徽（含现今江西婺源）的老百姓到婺州投资、创业、经商、打工等事项。新安会馆有作为原籍人士临时客栈和商人的货栈仓库的功能。

新安会馆有二进，供奉着朱熹神位。朱熹出生于江西省婺源县（原属安徽省），一代大文豪，他敬慕吕祖谦的学问，特意安排儿子来金华求学，拜在吕祖谦的门下。

新安会馆在金华的会馆中算是比较大的，门面五间，坐北朝南，进门有一个天井，有住房二十余间，供同乡宾客居住。

抗战胜利后浙江省儿童教养院迁到这里，儿童边上课边学习染织。中华人民共和国成立初曾在这里办兰溪门小学，后因金华布厂扩大建设，兰溪门小学并入厂区。

因旧城改造，这里已成为一片商业区，东面是烟草专卖商店，西面是移动公司主要大楼，对面是中国建设银行金华总部。

牛国君

宝婺观与朱大典的故事

原来的宝婺观就是现在闻名遐迩的八咏楼，位于金华市婺城区东南隅八咏路内，坐北朝南，面临八咏公园和婺江。八咏楼高数丈，其楼飞檐朱窗，瑰丽精美，台基高9米，门楼高11米，被誉为“江南第一楼”。登楼南望，双溪之水碧波荡漾，阡陌纵横，南山诸峰连绵起伏，景色秀丽，令人心旷神怡。八咏楼后边是宝婺观（现统称八咏楼）。

八咏楼，原名玄畅楼。传说南朝齐隆昌元年（494）由沈约建造。沈约（441—513），字休文， 吴兴武康人，南朝梁著名文学家和史学家、诗人。他在东阳郡（即婺州府）任太守时所建，建成后常与名人雅士登此楼赋诗作画，批教文章。

沈约首作《登玄畅楼》诗：

危峰带北阜，高顶出南岑。
中有陵风榭，回望川之阴。
岸险每增减，湍平互浅深。

20世纪30年代的八咏楼

八咏楼沈约像

水流本三派，台高乃四临。
上有离群客，客有慕归心。
落晖映长浦，焕景烛中浔。
云生岭乍黑，日下溪半阴。
信美非吾土，何事不抽簪。

后又写《玄畅楼八咏》诗：

登楼望秋月，会圃临春风。
岁暮愍衰草，霜来悲落桐。
夕行闻夜鹤，晨征听晓鸿。
解佩去朝市，被褐守山东。

他一口气写了八首诗歌，后人称为“八咏”诗，这八首诗一直流传至今。当时沈约的“八咏”诗，号称绝唱，因而将玄畅楼改名为八咏楼了。

江南以楼而言，八咏楼算得上是独具一格的，它与著名的滕王阁、岳阳楼连成一条弧线，鼎立于浙、赣、湘三省。

光绪《金华县志》载，宝婺观，南平陈太史以其地上当婺女星，改州名，唐武德四年（621）立祠，开元时徙像于开元观；北宋景祐三年（1036），知州林洙重建，改曰星君祠，南宋淳熙十三年（1186），知州洪达奏请，诏赐星君祠为宝婺观；元皇庆元年（1312），楼毁于火，延祐三年（1316）重建；明太祖洪武五年（1372）秋，宝婺观受灾，楼因相连同时受灾，翌年重建宝婺观，在八咏楼故址改建玉皇阁。隆庆年间（1567—1572）玉皇阁毁于火。万历年间（1573—1619）重建八咏楼。宝婺观楼下有原古子城谯楼门通道。

清顺治三年（1646）清兵攻金华，明末，朱大典曾在此楼下火药库内殉国，楼又毁，知府夏之中重建；康熙二十年（1681）知府、同知重新建造，庠生李一经与兄一鹤助以巨材，康熙三十年（1691）知府王元忝修，嘉庆元年（1796），知府王桂副将保光捐修。

整个楼一组建筑群，分前后两部分。前为重檐歇山顶式亭楼，面阔三间，进深两间。紧贴亭楼后为一组三进两廊的硬山顶木结构建筑。第一进面阔三间（约14米），进深三间，楼高数丈，飞檐朱窗，高爽雅洁。登楼四望，全城景色，远山近水，尽收眼底。第二进中间为一小天井，两边是走廊通道。整个建筑面积为545

八咏楼

平方米，亭楼占地36平方米。

八咏楼也是历代文人墨客吟诗作赋之佳处。唐代的严维、李白，宋代的吕祖谦、谢翱，元代的赵孟頫等诗人、书法家，都曾登楼题吟，留下了不少优美抒情的诗赋佳篇。

这里还有民族英雄朱大典的故事。

朱大典（1581—1646），字延之，号未孩，金华婺城区长山乡长山村人。家甚贫苦，从小刻苦读书。

明万历四十四年（1616）中进士,任章丘知县。天启二年（1622）升兵科给事中。因反对宦官魏忠贤党，天启五年（1625）出为福建副使。抵御“红毛番”侵扰有功，晋右参政。丁父忧，归隐金华北山鹿田书院读书。

崇祯三年（1630）以原官起用。崇祯五年（1632），累官至山东巡抚。因平定孔有德等兵变有功，崇祯六年（1633），升兵部右侍郎。崇祯八年（1635），农民起义军兴，朝廷命朱大典总督漕运兼巡抚庐、凤、淮、扬四府，移镇凤阳。此后曾坐失州郡，一再贬官。崇祯十四年（1641），又命朱大典总督江北、河南及湖广军务，仍坐镇凤阳。

在这期间，适逢许都围金华，朱大典的儿子朱万化募健儿抵御。不久京师陷落，福王立于南京。朱大典结交马士英、阮大铖，受召为兵部尚书,总督上江军务。

清兵破南京，福王被擒。朱大典乃归金华，据城固守。

鲁王监国，任命朱大典为文华殿大学士，建行台督师。辖金华、兰溪、汤溪、浦江四县。唐王立于福建，任东阁大学士，督师如旧。

清兵下浙东，方国安、阮大铖即降清。阮大铖又驰书信力劝朱大典也降清，朱大典见信大怒，愤然裂书，立即令杀招抚使，遂与部将固守金华城，誓与婺城同在。

清兵围金华城两旬有余，久攻不下。阮大铖探知婺州城西城墙新筑土尚未坚固，便命以红衣火炮专攻其处，数十门炮一齐轰，大火连天，城墙崩毁。朱万化带兵在旌孝街三清宫和关帝庙前与清兵浴血奋战，重伤而亡。

噩耗传来，朱大典急命家中妇女先投井自殉。朱大典自携火绳与部将、子孙、馆师、宾从环坐在八咏楼下火药库中，亲自点火自焚，火药库爆炸如发地震，清兵反走辟易，多自相践踏而死。朱大典全家满门男女22人均殉难，殉难者共32人，以身殉国，谱写了一曲感天动地的壮烈篇章。城陷后，清兵屠城极惨！《明史》有传。

现今八咏楼下的地道库就是朱大典的殉难处。

清波门的“忠烈祠”是后人为纪念他而修建的，以表达对他的敬慕和怀念（现已毁）。后人在长山乡建有伏龙寺以纪念，保留至今。

朱大典大义凛然的英雄气节，舍生取义的精神，不仅令金华人民敬仰，清廷也为他的不屈和气节所折服。乾隆四十二年（1777）清廷赐谥朱大典为“烈愍公”，并在金华通济桥北的双溪驿前，建造了一座高10米的四柱青石牌坊，横额上勒刻“表海崇勋”四个大字。

婺城区长山乡还保留着朱大典故居。

吕学姜

金华的一览亭

当年的一览亭原坐落在金华市婺城区铁岭头附近（现望江饭店后面的一处高坡上，雅塘街97号背面）。登高远眺，北面能见芙蓉峰（尖峰山）秀美如画，南面能见积道山耸立雄奇，西隅婺江清澈见底的江水，双溪（义乌江、武义江）之水在城下合流汇成婺江西去，四处山冈、湖泊、农庄在烟云缥缈之间，寺观楼间参差排列于小城之中，举目一览无余，广袤无垠，故此亭名“一览亭”。

据记载，此亭建于明宣德三年（1428），到了明靖年间，知府朱龄重修时，想到朱元璋曾此次登览过，故易名为“圣览亭”。当年朱元璋在此检阅部队。

相传，朱元璋未建国时，带十万大军攻下婺州，婺州成了朱元璋掌握政权的大本营，他常带领麾下将官在此检阅军队，设立中军帐，运筹帷幄，布置韬略，切磋武艺。据说胡大海与常遇春两位将军曾多次在一览亭前比武，并操练军队。朱元璋在婺州广求谋士，面试收纳贤才，在这里惩处恶霸，开仓赈济平民百姓，实行“高筑墙，广积粮，缓称王”的政策，受到民众爱戴。婺州城为以后建立大明王朝奠定了厚实的基础。

清光绪十四年（1888），知县曹砺成捐资重建时，将此亭名恢复为“一览亭”。

一览亭平面呈正方形，四角攒尖顶，造型玲珑秀丽，八根30厘米见方的花岗岩石柱擎着大梁。自兴建后，名人学士纷纷为之作诗题记。如今石柱上还刻有四副对联，其中有瑞安曹砺成题的联句：“寒山片石可共语，明月双溪最为佳。”另一对石柱上有义乌赵文龙1939年题的联句：“无限江山增感慨；八千弟子共支撑。”瓦檐飞翘，檐上雕有栩栩如生的龙，亭顶安放着一只很大的宝葫芦状的陶顶。

一览亭历经沧桑，几近倒塌，中华人民共和国成立后，人民政府数次拨款修葺才得以保存。

由于历史变迁之故，一览亭现已迁至飘萍路婺州公园大门口对面的婺州古寺天宁寺大殿东侧，供人游览观赏。

一览亭是金华历史的见证，游人不可不登此亭矣。

吕学姜

金华一览亭

放生处和摩崖石刻

金华市区古子城东边宏济桥北往东上行一里，原是金华古城梅花门（也称赤松门），城门边便是金华江的义乌江段。江边原有古码头，这里也是金华著名的放生处。自古以来，金华的老百姓景仰德风，发心慈济，把买来活生生的各种鱼、虾、龟、鳖等，在这里抛入江中以放生。

这项公德历来被人们赞颂。

隋唐时高僧天台宗第三代祖师智者大师，讳名智凯，隋炀帝尊称他为智者。大师曾发起佛教徒，乐捐钱财，购买了浙江临海一带驻地六十多所，连接起来共有四百多里，开凿放生池，普劝世人戒杀放生，并奏请朝廷，下令立碑，禁止捕鱼，直至唐贞观年间。从此后，也有很多明君高僧极力倡导放生行为，唐乾元二年（759），特下诏天下各州县，都要求设立放生池或放生河段，以护苍生。宋真宗元年（1017）也下诏于天下广立放生池（杭州西湖，就是宋朝时设立的放生池，现在成了有名的胜地）。到了明朝莲池大师，也在上方、长寿两处设立放生池，并以立碑书文："戒杀放生。"

古时婺州各地方官员和老百姓每年都有固定或不固定的时间祭祀神灵。祭祀时常常要买一些鱼鳖类的水生动物，来这里投河放生，深切期盼以此善举求得神灵的庇护。后来游人也争相效仿，久而久之成为习俗。放生前，来河焚香祈祷，将放生物投入江中，以保各项事宜能顺利太平，为官廉政，家族安康，万事如意，心想事成。

梅花门前边的放生处，在北面山崖下江边原立有一块小石碑，上刻有“放生处”三个字，旁边还有数尊神像雕刻，随着江水的深浅变化时现时没。

原来还有一处摩崖石刻，也就是在现宏济桥头，赤松门外婺江溪边的靠山边上，原来面南的山边有十八罗汉像，其像不是很大，大约一米见方一尊，这十八罗汉雕刻得很是精美，面容栩栩如生，慈祥的笑容给人以和善的感觉。

笔者曾走遍金华城里，摩崖石刻一直很少看到，只在幼年时到上浮桥河边看到这十八罗汉摩崖石刻，这摩崖石刻给笔者留下了深刻的印象。这座十八罗汉摩崖石刻由于九号码头建起了橡皮坝而把此遗址淹没，过后笔者曾经多次寻访古迹一直不能如愿。

后来笔者曾拜访了很多老者，都说曾经见过这十八罗汉摩崖石刻，一直到最近才知道这一珍贵文物古迹，被当年的取水口建设破坏了，这不能不算一件十分遗憾的事情，我们的后人对历史古迹要有尊重感。

20世纪50年代初，笔者曾目睹了这一行动，印象十分深刻。今天回忆记下此文与读者共享。

吕学姜

20世纪80年代的金华东市街口

文昌阁与文昌庙

原来金华有一座文昌阁，位于城区中山路起点原清波门现艾青纪念馆后边，金师附小斜对面，原金华市群众艺术馆的旧址。

文昌阁又称文庙，奉祀的是文昌帝君，是官吏和士子们极为尊崇的神。

雍正七年（1729）知县赵元祚建文昌阁三层楼，楼颇雄伟。

光绪《金华县志》载：“文昌阁嘉庆十一年（1806）由知府严荣副将保光捐资修葺。”

文昌阁供神的地方，共分两进：第一进文昌帝君；第二进有二木主，一是九天开化文昌梓潼帝君圣文天尊神位，二是九天开化文昌梓潼帝君圣母元君神位。道光三十年（1850）重修，光绪二年（1876）因年久失修楼倾。

文昌庙坐落在金华市区将军路文昌巷南，大约是现文昌巷8号城中街道明月楼社区。此庙早已拆除。（原址现婺城公安分局城中派出所东部）

金华市区文昌庙供奉观世音菩萨，规模不大，香客甚多。门房上有一块大匾额，上面书写有“文昌庙”三个红底金色的大字。

嘉庆六年（1801）始入祀典，据传此庙房产是由楼姓老太太捐赠，楼老太太后来出家为尼。咸丰六年（1856）庙中祀岁以二月初三并春秋二仲诹吉致祭,祭文昌帝君先代之神。

最后一任住持叫镜华师太，因文昌庙后来有居民进入居住，镜华师太就移居到市区西华寺去做功课，并在西华寺圆寂。

李林炎

金华的永福寺与万佛塔

光绪《金华县志》载：“永福寺吴越钱氏建，宋大中祥符改名密印。明嘉靖间，以西偏废址，改建按察分司。皇朝康熙十六年，僧牧庵募建殿宇，供藏经，后圮。道光二十六年（1846），僧定钫募建，寺西有塔九级。”另据万历《金华府志》载：宋治平初僧居政建。大清一统志作唐代建。明嘉靖十二年（1533）七月，大风落其铁顶，三千余斤。乙丑，知府叶宗率民修，隆庆初，侍朗王崇记。康熙十五年（1676），康亲王临郡，僧牧庵募修。乾隆六十年（1795）大风，塔顶又落。道光二十七年（1847），僧定钫募资大修，腹庋十三层，设梯曲折而上，足资远眺焉。参旧志，按王崇记略云：“塔高三十丈，下广轮七尺许。今以日影勾股比例法，测得从黍尺塔高十五丈弱，量底层广七尺强。”

又据康熙《金华府志》载：“密印寺，在府治北面百四十步，旧名永福，吴越钱氏建，宋大中祥符间更名密印，后废，

民国时期的永福寺与万佛塔

改建分司。有塔九级……宋治年初建。”

有史料载永福寺供佛的地方，共分二进：第一进四大金刚；第二进如来、十八罗汉，等等。

此外也有传为三国初建的。但综合各种记载并结合1957年年初万佛塔地宫（又称龙宫，也称暗室）挖掘出土的文物看，永福寺应该是五代吴越所建，而万佛塔建造年代应该是北宋嘉祐年间僧居政募建的。

万佛塔原址位于金华古子城北面，酒坊巷北段以东的大洪山水福寺内，也就是现在将军路北的中国人民解放军某部队医院内。有关万佛塔的建造年代，各书记载不一。

万佛塔因建塔之砖均有佛像而得名，初建时九层（其中地上八层，地下暗室一层）。为多层六角形木砖塔，塔高50米，为当时金华城内最高建筑。塔最下层有敞廊，六面均有石门，每层外挑檐廊下平座，每面有两柱，周围有装饰性木栏杆。该塔塔身修长，形态优美。

1939年，国民党军队借口万佛塔目标太大，易招致日军飞机轰炸，下令将万佛塔拆除，仅留下部二层许。

1956年，金华驻军某部在万佛塔残基一带建房，挖基时发现塔基下中心有一暗室即地宫，暗室顶部用一块方形大石盖着，石板中间有一洞孔，窥见暗室中有大量文物，经报告政府有关部门，浙江省文物管委会派王士伦先生会同本地政府有关部门派出的郭志贤等人一起对万佛塔暗室进行发掘，整个暗室由六块红砂大石板铺成，如一个大匣子，每块石板内面均刻有文字，或经文或题记。地宫内靠东、南、西三壁各有一条狭长的石座，石座下有竖石支撑，石座上放着一些文物。靠北壁正中有一座高1.47米的红砂石经幢，经幢前有一只铁箱，箱内有几件文物，地上也有文物。经清点共有金涂塔15座（其中铁铸4座、铜铸11座），各类铜造像60余件，铁铸像3尊，石造像1尊，铜镜多件，铜盆3只，石座2个，小石碑1个和许多钱币。这些出土文物在金华展览后，全部运到杭州，大部分保存在省博物馆，少量保存在国家博物馆。

万佛塔是古代金华府城标志性建筑，自20世纪30年代被毁后，金华人民一直很怀念它。近二十年来，尤其是最近几年，金华人民要求重建万佛塔的呼声日益高涨，每年都有这方面的提案和议案。为顺应民意，市政府结合古子城建设拟确定在古子城周边地带重建万佛塔，以了却金华人民对万佛塔的情结。具有近千年历史的万佛塔已重新屹立在金华城内，成为金华古城的标志性建筑之一。

徐佳

重建后的万佛塔

法隆寺经幢

金华有座法隆寺，又称金钱寺。原有的法隆寺巍峨壮观，但湮灭已久，现留存有一座经幢尚保存完好，这座经幢现耸立在金华市经济开发区原城南金钱寺村中（现金钱寺街35号）。

传说20世纪40年代以前，金钱寺东临武义江，西临进婺城市区大道，这里是武义和雅畈到婺州城区水路和陆路交通的必经之路。来往人员很多，婺州八县常有香客来寺院祈福许愿。

香客们离经幢3米外，努力向经幢抛铜钱，据说散得遍地铜钱方能多多发财。还看到很多供品，都是香客许愿而留。传说很多善男信女自从到金钱寺经幢许愿后都万事亨通，心想事成。当然这是迷信，不能苟同。

金华法隆寺创始无考，寺前石经幢于唐大中十一年（857）立。据光绪《金华县志》记载："幢下石隙有大金钱，径二寸许，击之，宛转洪亮。钱大金钱无存，故俗称金钱寺，寺久已废。"从现存的经幢可以看出法隆寺的规模相当宏伟，不亚于日本的法隆寺。一般唐代留下的经幢都是比较小的，为数不多。寺院中的经幢一般为两座，立在山门的前面。石柱上雕刻着精美的经文和不同的故事、飞天图案等，是宣传弘扬佛法的标志性建筑。在《道光府志》和《光绪金华志》中有记载，当时已经毁掉一座，只留下现在的这座经幢。这座经幢是金华地区保存最早的古建筑。

现存经幢露出地面部分高6.3米，呈八角形，幢基为两层束腰须弥座，上为幢身、宝盖、连珠、仰莲、平座、短柱、华盖、磐石等构件，造型端庄稳重。底层须弥座束腰浮雕金刚力士像，每位力士造型生动。上层须弥座束腰遍刻施舍钱财建造经幢的善男信女的姓名。幢身上刻有“佛顶尊胜陀罗尼经幢唐大中十一年十一月十五日树”和建幢记，“陀罗尼”为梵语音译，汉语译作“总持”，就是能掌握全面的意思。宝盖为八角形，每角雕出兽首一个，俨然像守护经。

法隆寺经幢

连珠上浮雕迦陵频伽即共命鸟，人头鸟身，背上展翼，呈飞翔状，像传播佛教的信使。仰莲雕刻三层，片片莲瓣丰满竞开。平座雕刻源于北魏时期的勾栏望柱，十分精美。短柱上浮雕骑狮文殊、骑象普贤和众多佛教弟子。华盖上浮雕四个伎乐飞天，分别为一吹笛、一吹笙、一吹箫、一弹琵琶，神采各异。磐石上雕刻着流云，线条细腻柔和，委婉流畅，充分体现了唐代江南石刻的工艺水平，是难得一见的石雕艺术珍品。

法隆寺经幢，不仅为后世留下了一座宗教性建筑物，而且给我们留下了一件珍贵的艺术品。

相传老百姓常来经幢前祭奠祈祷，香火不断，诚心者求得保佑吉祥如意。

由于历史变迁，此经幢曾一度被民间住户包围，直到20世纪末，才陆续迁移民房，经幢现已得到较好的保护，是国家重点文物保护单位。

吕清韵

金华的太极宫

太极宫（金华方言俗称），原坐落在金华城区后街与西市街，现文化路2号联谊大厦处。对面是现在的电信公司（50年代这里是城中派出所）。

此宫早已废弃，初建年代已无从查考。20世纪50年代，遗址曾建为工人球场，60年代初这里曾修建金华婺剧团排演场。90年代中拆去金华县婺剧团排演场盖起了一座联谊大厦。南面原为老邮电局（当年拍电报和打长途电话的地方人民大众都到这里来拍电报和打长途电话），现在是电信公司的北正大门口。

几经改造，现周边大厦林立，西边是金华市第一百货公司。

太极宫原有三进三明堂，此宫坐北朝南，供奉太上老君。有南北二台门,门券顶有石画额“太极”两个大字，进入大门即前殿,有十多步石阶而上,门上有砖雕,很精致。宫内布局非常讲究。前殿面阔五间,进深三间，屋顶稍矮。前殿为院,院南北为厢房，院内石板铺地,置防火大水缸两对,院中有甬道通往正殿。殿内斗拱雀、托脚等多雕花，雕刻有人物，禽兽、树石、风景。各种墙壁柱子屋梁上涂金描彩,十分漂亮。

据老一辈回忆，太极宫是举行大礼或举行大典的地方，凡有重要政治活动都在这盛设宴席。每逢朔日（初一)、望日(十五）或冬至、立春等节日，在这里进行盛大的祭祀活动。

太极宫今天已是人们偶然的回忆，希望它能伴随金华历史文化名城的确立,将这一名胜古迹保留在一块小小的原址碑刻中。

吕明

禹王庙又称李王殿

禹王庙，金华人俗称李王殿，坐落在金华城区小码头婺江路66号禹王弄尽头。据光绪《金华县志》载，禹王庙在通远门外旧双溪驿站后。

史载，禹王庙始建于东汉，清同治八年、光绪七年修。是为纪念大禹治水之功而建造。

古时候，金华婺江每逢梅雨季节，上游东阳江和武义江总要发大水，泛滥成灾，婺江两岸老百姓深受其害，民不聊生。

传说大禹治水曾来过金华，专门帮助指导如何防治洪涝灾害，如何疏而不堵。在他的指导下，金华人民得以受益。老百姓捐款在婺江之畔小码头边建造了一座禹王庙。当年该庙众阁巍峨，金碧辉煌，门前有一对石狮威武异常。大门上方有青石匾额刻着“禹王庙”三个大字，进门两旁甬道有碑碣百余块铭刻大禹治水的功绩和名人赞颂辞文，排列整齐。穿过雨道有东西厢房各五间，有接官厅，东有客房、僧舍、膳房等。后有高大雄伟正殿五间称“禹王殿”，登殿须上十三级台阶。从远处看，禹王殿青砖作壁，石阶雕栏，翘脊飞檐，四角挂铃，风动铃响悦耳动听。晨钟暮鼓，高悬庙中。殿中央有泥塑金身禹王像一尊，身高丈二。禹王相貌端庄、慈祥、宁静，使人崇敬，另有庚辰、童律分立两旁，常年香火不断，整个庙宇古老壮观。

禹王殿，飞檐镏金，画栋雕梁，陶瓷彩釉，壁画绚烂，特别是《大禹治水图》绘制精湛，有欲破壁而动之势，已达到相当水平。殿之四周回廊有檐柱二十四，柱间有云龙、雀替彩绘，造雕精美，地面以花岗岩石装饰，并以汉白玉为栏。

抗战开始所有神像被毁，只有禹王像幸存。后又将禹王殿和禹王像拆除。

至今虽然已看不到禹王殿，但金华人还是满怀深情地保留着一条禹王弄。

吕明

回忆昔日四牌楼

二十几年前，金华开始了旧城改造，现在的金华，不仅面貌焕然一新，而且城区已扩大了数倍。老城区的许多街道随着城市扩大得以延伸，有些巷子已经消失。后生们除了从父辈的口口相传略知一二外，要留住历史的街景真相还需要有心者以文字记录，以供消遣、回忆和了解。

老城东的四牌楼（坊）与眼下江北的商业步行街——西市街和江南的商业中心——宾虹路虽不可同日而语，然而，时间倒回到20世纪60年代之前，四牌楼那可是金华城里除西市街之外最繁华的街区了（现在的四牌楼菜场）。

现在人们所指的“四牌楼”是一个区域，是指解放东路579号前的红军巷（20世纪50年代称为柏树巷和道前营房）以西，醋坊岭（现在的明月街）以东，北以将军路为界，南至飘萍路，皆是“四牌楼”之范围。其中包括了眼下的部分解放东路、部分胜利南街、桂林巷、同升巷、高园巷（已消失）、文明巷、小巷（已消失）以及芝麻山头的部分。其实，作为街名的四牌楼（坊），20世纪60年代之前仅仅东始于现在的解放东路与胜利南街相交的十字路口的东升南货店和马路对面的水果店，西止于雅堂街东口，醋坊岭以东，至多百来米长。该路的东边，也就是十字路口以东的街名称为“火神庙下”。20世纪60年代才将“火神庙下”归入“四牌楼”（坊），20世纪50年代初，四牌楼的路面是由溪滩里所捡的鹅卵石铺就，如赤脚走在路面上能相当地起到“按摩”作用。1955年改用沥青铺的路。那时修建马路大多是大鹅卵石打底，再铺上中粗的小鹅卵石，然后将路面夯实，再在夯实的路面铺上细沙，最后将熬成似水的沥青用勺子一勺一勺地像菜农浇水一样泼到路面上，以同沙子黏合固化成路面。每当夏天，烈日当空，路面的沥青经太阳曝晒会融化成胶质状，有小朋友把沥青挖来捏各式小玩意儿。最有意思的是，那年头有北方贫困地区的人牵着几只猴子沿街乞讨，时而在马路宽阔处让训练有素的猴子表演，模仿人的一些简单动作，如拉车、爬竿、戴帽子等，引人驻足观看以讨得些许钱财来养家糊口。如你不注意刚好站在沥青融化处，时间略久，当猴戏散场时，你欲抬脚离开，瞬间觉得所穿的布鞋被地“抓住”不放了，原来是被融化的沥青粘住了。那时没有压路机，压实路基全靠几十人拉动上千斤的圆柱形大石夯碾压。作业时由一人领大家喊着号子，以便用力集中。号子声能响彻半个金华城，可见当年的城区有多大。这时往往有许多行人围观，附近没上学的孩童当然不会“缺席”。

从东至西有四牌楼小学、市京剧团（20世纪50年代初是电报局，后是兵役局）、豆制品厂（店）、几家茶馆、荣茂饭店（之前是私人开的脚踏车修理店）、天福堂中药店、四牌楼和三牌坊（“文化大革命”初期改名为“胜利街”）转角的东升南货店、水果店、理发店、粮油店、百货店、邮政局、山货店、家具店、新华书店、文具店、布店、皮鞋（厂）店、储蓄所、广播器材修理店（兼卖电子元件）……从十字路口往西，四牌楼的北边有高园巷、文明巷，它与将军路相通。南边有桂林巷，它不仅可以通同升巷，还可以通往芝麻山头（巷名）和小巷，出了南巷口就是飘萍路（之前是婺江路）。四牌楼与醋坊岭交接处是雅堂街东口，由此街口往南可通的巷子可多了，有芝麻山头，由东往西还可通天长巷、柴场巷、螺丝巷。当年的金华一中（后改金五中）、浙江婺剧团、金华地区公安处分别在这几条巷里（现在的默相街路段）。

老城区20世纪50年代的三个菜市场（兰溪门、小码头）之一的四牌楼菜市场就在原火神庙下路段（当年的豆腐制品厂在这里）。该路段不足五十米，茶馆店却有五家。说书的、唱道情的不时现身于其间，向茶客要些小钱糊口。未有公家的蔬菜商店之前，常年天微亮，城郊菜农挑着各种时令新鲜蔬菜和菜

20世纪90年代的胜利街以南到北

20世纪90年代解放东路以北的胜利街

贩子沿街设摊争相叫卖。卖猪肉和鸡、鸭的摊主就住在菜市场两旁的排门屋里，肉摊、鸡、鸭摊设在家门口。几户卖鸡、鸭的摊贩都是绍兴籍人。他们是日寇将要过钱塘江之前为避难从绍兴逃来金华的（金华沦陷已是1942年）。我们居住的外公家当年的门牌号是火神庙下7号，是菜市场的东端。此处买菜非常方便，但早上的菜市嘈杂声经常影响睡眠。尤其是20世纪60年代初所有物资都匮乏，生活必需的物品都凭定额票证供应，豆制品也不例外。每户人家按人口限量发放豆制品票，凭票购买豆制品。有票并非随时可买，还得天未亮就去豆腐店门口排很长的队伍，等豆腐店开始营业了才按排队次序凭票购买五分钱一斤的豆腐。现在的人可能不知道，那时的豆腐可不是黄豆粒做成的，而是以黄豆榨油后压出的“豆饼”为原料加工成豆腐的，口感很不好。因为香干、千张、臭豆腐干、油豆腐、素鸡这类品种要的票多、价钱贵，当时一般人家很少有购买的，大多排队买豆腐。凌晨排队买豆腐的人因豆腐店未开始营业，无所事事，讲笑话的、发牢骚的、因趁黑插队而争吵不休的吵闹声也严重地影响着附近熟睡的人们。噪声还来自豆腐厂，当年磨豆浆的机器都是皮带传动，半夜就响起隆隆的响声，连马路对面的人家都听得到，真不知那几户仅与豆腐厂一墙之隔的人家是如何度夜的，或许是听习惯了，反而“充耳不闻”了。

城郊菜农挑来卖的蔬菜新鲜又亮嫩，有的卖菜的干脆坐在摊后的茶店里，无人买菜时与单纯来喝早茶的茶客聊着天，或者也有人到附近烧饼店花六分钱买一个烧饼和一根油条就着茶水吃起来。烧饼油条下肚后再花一两分钱向摆在茶店门口的香烟摊买一支“老刀”或“美丽”抑或是“红金”牌香烟抽着过过烟瘾。那时不论城里还是乡下，会抽烟的一般用装有铜烟筒头的烟杆抽旱烟，买得起纸盒装香烟的人不多。卖完菜后挑着空担子的菜农，口中哼着不着调的金华戏优哉游哉地“打道回府”。菜场的早市散尽，四牌楼与三牌坊交叉的十字路口沿街商铺和小贩的叫卖声此起彼伏。初夏的桃子、杏子、枇杷，盛夏的西瓜、梨瓜和“阴凉棒冰”的叫卖声是一浪高过一浪。水果店不仅卖水果也卖糖和烟，夏天还卖用香料调制冰镇后的冷水，叫“荷兰水”，有红色、绿色、黄色，有一分钱一杯，也有两分钱一杯的，让人解渴。秋末初冬的栗子、甘蔗、糖梗（比甘蔗细而硬，主要用于榨糖）对于小孩来说真的是很诱人的零食。至于苹果、香蕉之类属高档水果，一般人不敢问津。当夜幕降临，荣茂饭店或天福堂中药店墙边，一个绰号叫“小铁铃”的卖梨膏糖的绍兴籍夫妇单肩背了一只不小的木箱，一手提一只煤气灯，一手拿着摆木箱的架子，其夫人双手各拿一条木凳子设摊叫卖梨膏糖，同时以说书招揽生意。当木箱放在架子上，打开箱盖，点亮煤气灯，夫妇俩一左一右站在条凳上，“小铁铃”站在右边，手拿一面小铜锣有节奏地敲起来招客，说着“济公传”“金台传”之类凡夫俗子爱听的小说。当说到将听客胃口吊起之时，便停下卖梨膏糖，还调侃“我的梨膏糖勿吃勿咳，越吃越咳”，常常引得听客哄然大笑。夜深书讲至精彩之际，便戛然而止，说一声“今夜到此为止，下回且听明朝夜里再讲”，听客扫兴四散，“小铁铃”收摊回家困觉。别以为四牌楼东段是菜市场，就会聚些三教九流各类人物。曾几何时，此处居住着两大姓氏人家，一是蒋氏，

20世纪90年代的胜利街西侧

2010年胜利街四牌楼菜场

另一是郑氏。曾任浙江师范大学校长、儿童文学家蒋风便是蒋氏家族的后人之一，他家就在隔壁弄堂里。蒋风上辈的蒋莲僧是与黄宾虹一起学画的著名画家，清末宣统三年（1911）一度任金华府议会正议长（相当于如今的“人大”主任）。他在兰溪门创办电力公司，自任经理，解决了金华全城的照明和工业用电，使婺州古城有了电灯。我的外太公郑涛20世纪初是金一中前身金华中学的国文教员并任金华县督学。写得一手好字，求字者纷至沓来。我的小外公郑宏选毕业于金华中学师范部（现金华一中前身），他带领几位教书先生将四牌楼东头的火神庙扩建成小学。当年称“火神庙小学”，后叫“四牌楼小学”，我和我儿子均就读于此。现在该小学与将军路的建国小学合并称“胜利小学”。

那时由于生活条件所限，几乎每户人家都在为填饱肚子而奔忙。四牌楼街面上的店铺所卖商品几乎就能够满足人们日常生活基本所需。与四牌楼垂直的三牌坊有诊所、酱油店、裁缝店、敲白铁的等铺子，一般情况下无特殊需求不用走出四牌楼就可过日子。20世纪50年代尚无自来水，居家饮水、洗刷都用井水。50年代末，金华在东市街的山头上建造起自来水厂，60年代初在四牌楼十字路口附近的粮油店门口安装了公共自来水龙头，一分钱可买两桶水。家里挑自来水的“艰巨”任务就由身为长子的我承担起来。

居住在四牌楼同一条马路两旁的居民分属于两个居委会，以三牌坊为界，东边属解放门居委会，西边则归四牌楼居委会管辖。当年居民时常要到居委会开会，进行思想教育，传达上级布置的诸如搞卫生、为农村积肥、送肥等任务，而且常常是安排在夜间。大人开会时，每家有小孩带去，小孩就在会场边玩耍，场面好不热闹。居民还要分成若干小组，也经常要开会讨论，以落实任务。1958年城市也像农村一样成立了人民公社，当年我才10岁，印象最深的就是胸前挂条红布条，上面标着某某人民公社几营几连几排的字样，由于年少尤觉新奇。最热闹的事是居委会办公共食堂，家庭一律不准开火做饭。解放门居委会公共食堂办在三牌坊北段的人武部对面。四牌楼居委会的公共食堂办在粮油店隔壁的一个大院内，也就是四牌楼居

2012年胜利街和解放东路交叉口

2012年胜利街四牌楼菜场

委会所在处。在那个年代，公共食堂没多久就在城里偃旗息鼓、销声匿迹了。

离四牌楼居委会西边四个店面之处便是四牌楼街上最壮观的建筑——新华书店，它也有四个店面的宽度。那时的新华书店便是我进出次数最多的商店，其次是书店马路对面的文具店。书是买不起的，只能从书架或橱柜里取本书站在店里浏览。每逢过年买张新鲜的、中意的画钉墙上倒是有的。书店西边是高园巷，与三牌楼的人武部相通，“金华人民广播站”就设在巷内（该地址先前是一家卫生院）。

我家住四牌楼东头，距就读的小学仅几十步之遥。那时一般家庭经济条件普遍不好，下雨天学生能撑伞上学的很少，大多戴一顶用包粽子的叶子和竹丝编织的大笠帽挡雨。由于我家离学校近，从不用雨具，稍跑一会儿就到学校了。四牌楼的西端是一个上坡，坡上路名是醋坊岭。当年的金华地区专员公署就坐北朝南坐落在醋坊岭的北边，其马路对面是五味和糕饼店，门面挺大的。那时一般人家的孩子只有看的份儿，兜里很少有零花钱。

我在四牌楼居住了三十余年，虽后来住进了单位分的公房，但是父母还是住在原处。我和夫人白天均要上班，因此孩子仍上的是四牌楼小学，寄住我父母家，所以晚上我几乎还是天天要去四牌楼看孩子和父母。直至1996年胜利街地块改造，父母迁出四牌楼另住他处，我才别离了“四牌楼”。如今，我对四牌楼仍怀着深深的眷恋，脑海里还时常出现与街坊发小劈香烟壳做成的三角形、打玻璃弹子、赢子弹壳、跳房子、夜幕下玩“官兵抓强盗”之类游戏的场景，但愿我当年在四牌楼的童心永存。

张效良

金华福音医院的过往

20世纪初，美国人马铿哲医师来到金华创办诊所，开了金华西医之先河。时值清末，天灾人祸，民不聊生。在这片陌生而穷困的土地上，语言不通、条件简陋，但马铿哲精湛的医术和热忱的服务，很快得到金华百姓的信任，来诊所看病的越来越多。面对排着长队的病人想解脱病痛的渴求，马铿哲下决心要在金华创建一座真正的医院。1908年，他在八角库头（现四眼井巷）以北购地14余亩。为获得建院资金，他写信向他家乡教会的牧师求助，募集了善款3000美元。1910年，医院主楼工程竣工。在2010年，金华中心医院办的声势浩大的“百年金医”院庆活动，就是从这个时间节点推算的。事实上，医院正式向病人开放还是要稍晚两年的。为纪念捐赠者，这所教会医院当时被命名为“白克福纪念医院”。金华百姓习惯叫它福音医院，为顺应民意，不久也就易名为“金华福音医院”。这是整个浙江中部地区第一家采用西医诊治的现代医院。小时候听老人说起，早先的福音医院有一名外国医生，一

1929年金华福音医院创办高级护士职业学校

男两女三名中国医生，护士有七八名。几十张病床，有三张是儿童病床。1939年5月，在武义耶稣堂开设金华福音医院武义分诊所。现在金华东市街76号的“福音堂中医门诊部”，是福音医院当年购得的钱姓富绅私宅而开的诊所遗址。如今仍为患者服务，只是西医改成了中医。1942年，日军进犯金华，美方院长逃离避难，留下的医务人员疏散到武义的分诊所。年底撤到丽水，办了丽水分诊所。两年后，日寇逼近丽水，医务人员沿瓯江漂泊，到了青田的南山村落脚。直至抗战胜利，才重返金华整修旧院，金华福音医院得以重新开业，收治住院病人。教会还派了绍兴福音医院的外科主任施乃德来任院长。1947年，徐君赐来院任外科主任，第二年接任院长。1951年9月，金华福音医院由人民政府接管，徐君赐还是院长。当时全院在册职工有57人，其中医师6名，实习医师5名，护士9名，助理护士5名，检验2名，药剂2名。病床五六十张，已有化验室和X光机、氧气筒、烘箱等设备。

省立金华医院成立于1946年1月1日，它是由原浙江省会卫生事务所改名，从省会杭州迁至金华的，院址就是现中心医院的石榴巷职工宿舍。此处为金华城东，巷曲弄深，民居农舍交错，人口相对稠密。大门朝东开，在现酒坊巷的最北端。当时酒坊巷没现在这么长，将军路至石榴巷这段叫“太史第”。20世纪50年代初，移风易俗，不少地名更改，赋予新的含义，如“解放路”就是为纪念解放军入城的线路。因为医院在此，太史第就改名“健康巷”了。作为官方医院，起点较高，一开始就有门诊和住院两部。门诊有内科、儿科、外科、皮肤科、五官科、妇产科。住院部有50张病床。1949年5月，金华解放，医院实行军管，主要收治解放军伤病员。同年9月，人民政府派马守青和徐坤分别任正副院长。据资料记载，当时医院工作人员为43人。

1954年10月，省立金华医院更名为金华第一医院，福音医院更名为金华第二医院。前者向以内科特色为主的方向发展，技术上以毛应骥领衔。增设中医科、神经内科，将传染病单独设科。传染病区在院区的西北，地势较低，院中心通过廊桥直接就可以进入病房的二楼；后者则向以外科为主的专科化医院方向发展，徐君赐是技术领军人物。成立了骨科、泌尿科等，添置了无影灯、万能手术台、气管麻醉机等设备。

我对这两所医院最早的记忆，是从20世纪60年代开始的。当时的第一医院，院门就是门诊楼的门，一丈余宽。进门就是挂号处，里面是又宽又长的走廊，光线幽暗，边上是一间挨着一间的诊室。院里面有点像迷宫，曲径通幽，穿过一个门廊，豁然开朗，又是一个院子。金华第二医院早先的大门是开在大树下（现在的明月路）和八角库头的转角处的，后来大门往东移了数十米，宽了许多，可供救护车出入。作为医院的正大门，此门用了许多年，至今还在，只是已不对外，仅供院务用车进出。当年的院门口，东边水果摊，西边馄饨铺，多年不变。进了大门，有两栋西式的砖结构门诊楼。左边是挂号收费、化验室、X光室及药房等，右边是急诊注射和各科诊室，两栋楼的二楼用天桥相连。院内地势南低北高，进门就是上坡，一直到住院部病房楼。医院的北边荒无人烟，都是田畈。人民东路还只是一条又深又宽的古护城河遗址，说是护城河，其实已是没水的河床，下面都成了农民的菜地。据说在夜深人静的时候，医院里都能听得见围墙外传来的狼嚎。当时医院有人住杨思岭，虽离医院只有几百米，但晚上还是不敢独自回家。传说金华的狼能够像熊一样直立，它会悄悄跟在你后面，瞅准时机，踮起后腿，前爪搭在你的肩上。你以为是熟人打招呼，一回头就被咬了脖子，一口毙命。所以，金华的狼被人们称为“狗头熊”。

1963年年底，金华第一医院和金华第二医院合并，定名“金华医院”。合并后，全院职工349人，分为8个病区，病床400张。医院全部搬至四眼井巷的原金华第二医院，而石榴巷的第一医院成了金华医院的职工宿舍。从那一刻起，就注定了金华医院和金华卫校唇齿相依的关系，不仅两家单位挨着，都在四眼井，而且连宿舍也贴在一起，都在石榴巷。医院的医生会兼学校的临床课，学校的专业课老师有空也去医院下临床。追本溯源，金华卫校的前身就是金华福音医院的福音护士学校，开始没有专职教师和专用教室，以师带徒的方式培养护士。校长由院长兼任，马铿哲自然是首任校长。起初主要培养“男看护”，1927年开始招收女护生，每年约10名，并设了专职校长。1931年，学校独立用房落成，采用半天教室上课、半天病房实习模式。1942年金华沦陷停办，1946年恢复。金华护理界德高望重的前辈陆月林，1947—1952年在此任教并担任校长。1952年9月，金华福音医院高级护士职业学校和省立金华医院卫生技术学校合并，定名为金华卫生学校，隶属于省卫生厅。设置医士、护士、助产士3个专业，后增至7个专业。经过数十年栉风沐雨、砥砺前行，跻身“全国重点卫生学校”行列。现在金华卫校已淡出金华人的视野，那里已矗立起中心医院富丽堂皇、层楼叠榭的新门诊、新病房大楼。前些天我进去转了转，恍如隔世，在“百草园”尚留的那点角落伫立良久，搜寻菁菁校园那遥远的记忆。不过，在今天湖海塘畔的金华职业技术学院医学院里，应该能感受到金华卫生学校的血脉传承。

“文化大革命”期间，医院近一半的医务人员下放农村，被派到江山、东阳、永康等地（很多还是拖家带口，本来说好一年轮换，结果一待就是六七年），其余的和卫校、防疫站、药检所等单位被合并，成立了“金华地区医院革命委员会”，模仿军队建制，分成若干个连。“文化大革命”后继续沿用“金华地区医院”的称谓，直到1985年金华撤地建市，正式定名“金华中心医院”，直到今天。

陆月林老师

2018年2月1号，在“满堂红”饭店发小聚会，来了40多人，都是原金华第一医院和金华第二医院职工子女。大家回忆福音医院的过往，别有一番情趣。

金华（福音）医院给我们的孩提时代留下过许多难忘的记忆。

颜世亮

金华有个小码头

义乌江和武义江汇合向西而成婺江。江宽二百余尺，水域北深南浅，护岸北高南低。据《金华府志》载，唐贞观十一年（637）始建金钱寺，寺旁有村，名金钱寺村。

村西有大片良田，村中各家五谷丰登，六畜兴旺。古时交通多依赖水路，位于金钱寺旁的婺江南岸段便成了船只夜间停靠的驿站。逢着旱水期，船夫们要到江对面的北岸临时泊船。

后金钱寺一带遭遇连年水患，有百姓北迁，开垦良田，营造屋舍，逐步扩大，于唐朝昭宗时期出现完善人居，即古子城。婺江北岸亦随之成为古子城百姓船只固定的避风港，人气日渐胜过南岸。行船的人歇夜，挑担的人歇脚，总要进些水米，寻个住处。岸边就有了茶摊、食铺和驿站。元统二年（1334），通济桥通架南北，俗称下桥，与义乌江上的上桥即宏济大桥遥相呼应。桥上有廊房63间，与婺城白龙古廊桥相似，除供旅人歇脚避雨外，廊房及桥洞成了当地农产品交易及劳动力输送的集散地。

中华人民共和国成立以前，金华小码头就有了相对完备的物资供应配套系统。桥东除了有一座火神庙和一所小学外，其余都是高矮不齐的商铺，错落绵延到水门附近。曾经只一把茶壶两条凳的凉茶铺，早已面目一新成了世人说风云的茶馆，简陋的驿站成了二层小楼的客栈，各样吃食品类丰富，叫卖声此起彼伏。

金华小码头还有了大排场的南货店，供应时令糕点。春酥夏糕，秋饼冬糖，诸如桃酥、擦酥、红回回、橘红糕、连环糕、芝麻条、芙蓉糕、糖饼、麻饼、麻腿、油金枣等都是这家

20世纪50年代的小码头江边

20世纪90年代的小码头

的招牌。

码头上另有米厂、副食零售店、铁匠铺、农具店、旅店、早餐店、瓷器店、肉铺、蔬果摊、废品收购店等店铺。山里人用竹子编一架竹排，载着竹木藤及香菇、木耳、山鸡、野兔等山货，走水路到金华小码头。

竹木随竹排浮在水门处的水面堆场上，其余物资便送到廊桥上交易。待物资都换了现钱，山里人便去采购些日常所需，花上一整日甚至更长的时间挑担步行回家。

此外，在与金华小码头隔着城门的西市街也呈现出一定的经济地理格局。

小码头依水力设有碾米厂，新加工的白花花的大米由独轮车推到码头的米厂或城里兜售，大量新货下了码头，直接进了城门里的百货公司或杂货商店。

入夜，码头上人声渐息，客船与货船纷纷靠了岸，少说也有一二十艘。小渔船点着油灯，泊到江南岸去，一阵江风吹过，火苗扑朔，灿若星辰。历史演进，码头上的油纸伞换了油布伞，又有了布伞；蓑笠换了草帽，又有了新式遮阳帽……直到20世纪60年代，金华城粮食增产，外调任务量加大。城内莲花井、四牌楼及三牌楼八万仓已然不能满足仓储需求，加之金华铁路货运日渐发达，金华城的水路交通及粮食仓储都转移到了位于当时金华火车站九号门附近的九号码头。

金华小码头上停靠的船只日渐稀少。后上游东阳江、义乌江修建水库，金华小码头停航。

金华小码头所处地势并不平坦，由此而建的码头屋舍有着西南吊脚楼的风韵。江边一排楼，通常情况下，站在陆地上看有两层，一层营业，二层住人；下到水里看，才发现楼有三层，一层以下有厨房。

屋舍临水的一边由几根柱支撑着立在水里，每家都有一组石砌的踏步直通到水里。雾霭晨风里，人们就这样踩着下去挑水、洗菜、浣衣……也有人家从面水的窗口丢下一个拴着绳的木桶，直接吊水上来。

江边的房子也有平层的，前面营业，后面自住。店铺前还有两条长凳，铺两块木板摆摊的；也有提个布袋或小篮子临时卖些鸡蛋、针线等小物件的。有明着叫卖的，也有暗里交易的。

金华有种职业称作“牙郎”，用手势表示价格。他们是介绍买卖双方交易的经纪人。除了本地人，也有从上海等地专程赶来的，装一麻袋的米，背一旅行包的花生，采购一些猪下水或是当年金华人不愿意买的全瘦肉，上火车回程。跑运输的人也因此多了些采购的便利，让家中生活相对富足。

曾听闻老工商人提起那段岁月，面对城外金华小码头的这些所谓“黑市”，大家总是睁一只眼闭一只眼，生计艰难，彼此总多了些体谅。否则，哪里来的那么多瞒天过海？

码头上的纤夫，装卸货物求生计的劳工，该是这里过得最艰难的人了。他们通常长年裸着上身，浑身晒得黝黑，无论身材高大或矮小，总是有一副虎背，像是猫脚下的肉垫。拉纤的麻绳或装卸的麻袋在肩膀、后背上磨出厚厚的茧，新手或是怕擦伤的，至多在肩膀上垫一块毛巾，或一块圆形的布。他们不是未经教化而行为荒蛮，只是担心麻绳磨破了衣服，买不了新的。

20世纪90年代小码头

20世纪90年代小码头

20世纪90年代小码头

20世纪90年代小码头

偶尔也有身处绝境的人，为了给家里人省下一口粮，让兄弟姐妹能活下去，赤手空拳只身到码头上讨活路。他们在桥上站成一排，等待有人来雇用，只求给一顿饱饭，有接连几天等不到雇主的，就在桥上睡；也有运气好的，一来就被雇去割稻子，干活利索的还能被雇主预约来年的活，城里人管他们叫“割稻客”。

李白有诗曰：“闻说金华渡，东连五百滩……他年一携手，摇艇下新安……”“金华渡”指的是金华小码头。可见盛唐时，金华航运已十分发达。到了明代，民间传说太祖朱元璋沿运河下江南，取道钱塘，入富春江、兰江、婺江，最终在金华小码头的陈日新饭庄下榻。

“陈日新饭庄”这块老招牌历经数百年不倒，传有红烧肉、鱼冻等名菜。通达的水路交通为金华的对外交流提供了便利，而兼容并包的古婺民风让这些交流在金华文化中留下了深刻的印记。金华人自古悠闲好吃，这些印记便突出地表现在吃食与休闲这两样事上。

茶馆四下坐定，一杆道筒跳开去，一曲道情堂中起：“不唱东来不唱西，各位看官听仔细呀；都说民以食为天，不懂吃喝枉一生呀；我家前世修得好，投生金华好地方呀；一年三百六十五，金华美食道不尽呀；一月馒头配扣肉，二月年糕步步高呀；三月清明粿飘香，四月乌饭暖心肠呀；五月端午裹粽子，六月麻糍粘下巴呀；七月荷叶童子鸡，八月螃蟹爬上窗呀；九月螺蛳吃满仓，十月泥鳅钻豆腐呀；十一梅菜晒满院，十二火腿撑肚皮呀……”

馒头香来自北方，粽香出自汨罗江，火腿与卤菜异曲同工……但它们到了金华，就有了另一番味道，亦如程式化的徽戏随新安人东游南下，由金华小码头传到婺州，经婺民吸纳创新，于明时逐渐自成体系，以“文戏武做，武戏文做”为主要特点的婺剧最终诞生，成为金华的代表性文化。

福建羹、安徽卤味、江西小馄饨……金华小码头的早餐里多的是各地的名号。比较之下，烧饼、油条、豆浆、豆腐脑该是土生土长的美食。然而，若当真往赣州寻小馄饨，江西人直摇头；往福州寻羹，福建人连摆手，当地压根儿就没这玩意儿。纵是到徽州寻找了卤菜，却怎么也吃不出金华味来。

婺州人走心，对吃食前赴后继，上下求索。在金华小码头，纵是个大排档的铁桶炭烧生蚝，小餐馆的拔丝地瓜、茄子饼，掌勺的也乐于坐在一起切磋，品出个真味，争出个高下来。

悠悠婺江水，滔滔两岸潮。时光的洪流涤去了婺州水路航运的历史变迁，淡去了挣扎岁月里同样刻骨的艰难与温暖，在婺州人的谈笑间留下举重若轻的只言片语，留下津津乐道的舌尖美味。

小码头边还有一座禹王庙，金华人俗称李王殿，坐落在婺江路66号禹王弄尽头。光绪《金华县志》载：禹王庙在通远门外旧双溪驿后。史载，禹王庙始建于东汉，清同治八年和光绪七年重修，是为纪念大禹治水之功而建造。

至今虽然已经看不到禹王庙，但是金华人还是满怀深情地保留着一条禹王弄。

张苑

20世纪90年代小码头

老金华城东往事

金华市现在是浙江中部的繁华城市，自20世纪90年代初，婺江南岸设立金华市经济技术开发区和老城区的旧城改造，城市规模与之前已不可同日而语。20世纪50年代初的金华城区与现在市区范围相比更是有较大变化。那时的城区称为“城关镇”，划分为城东、城中、城西三个街道。城东街道与城中街道大致以醋坊岭、默相坊（现在的明月街中段）为界。此处以东是城东街道，北边叫得出名的路有石榴巷，该巷东与旌孝街垂直（现在的三清殿）因当年的万佛塔在其东段南面的大洪山上（现侍王府后面），老百姓都称此处为“塔后”。西头与现今的胜利南街垂直，过去称四眼井（四眼井既是井名也是那处的地名）是城里最长的巷。四眼井原先的卫生学校（金华女子初中）附近与将军路之间有一条很窄的巷，下雨天只能供一人撑伞走过，名叫“斗鸡巷”。南面虽到义乌江北岸止，但有名称的路是婺江东路，以及其南边的一条巷称紫岩巷（后段是酒坊巷），在这里居住的大多数老百姓是郊区五一大队（现上浮桥村）的菜农。另外，过上浮桥那片也归城东街道管辖。东面基本到旌孝街东头，义乌门处。过了一座小桥就是城东端唯一的街道游宅街，是20世纪70年代时金华通往杭州的必经之路。辖区里有四牌楼、解放门、塔下寺、鼓楼里、东市街、旌孝街、上浮桥居委会。而东市街、旌孝街和上浮桥已经属城乡接合部，由居民和城郊的农民交错居住。

我把所见、所经历和所听到的事记录下来，供大家茶余饭后的谈资与消遣，作坊间野史记载。

老城东的街道南北向的从东至西的街巷有石板巷，该巷自建了自来水厂后就不通了，成了弄堂。现在该弄堂因建万佛塔公园已消失，东市街、鼓楼里、半条旌孝街（因其过了石榴巷口也叫岭背后基本是东西向了，20世纪40年代金华一中校长方豪就曾住此处）酒坊巷、道前营房和柏树巷（现在的红军巷半条）三牌坊、桂林巷、文明巷。东西向的自南至北有婺江东路（现在为飘萍路）仓茅亭、鼓楼前、拦路井和梅花门，现在合称为八咏路，梅花门段已不复存在。东市街通鼓楼里的谯楼巷、东市街转到谯楼巷的小井巷、三牌坊的小巷、同升巷，接着就是城东最繁华的四牌楼，现称解放东路。然后是以现在的胜利街东西分，东边是净渠头、塔下寺，西边原先的将军路往东延伸直至与东市街垂直。最北端便是四眼井和石榴巷。四眼井之外基本没有住家，县委干校和气象台曾经建在天皇门外。

城东在20世纪60年代初还是整个市区的主要街区，除西市街外的商业店铺外都在四牌楼和三牌坊十字交叉的两条街上。金华历史悠久的学府——金华一中就在酒坊巷里（1958年迁到蒋堂），之后由原在府城隍庙里的金华师范学校搬入。著名的“八咏楼”就坐落在酒坊巷往左转不远处的高坡上。那时的八婺女子中学（初中）就在四眼井边。酒坊巷北端是省立医院后称金华第一医院。20世纪50年代，现在的将军路东段，当年的净渠头、塔下寺有由李德生为军长的十二军军部，后改成部队一二二医院。军人俱乐部建在净渠头稍东段，北边就是石榴巷。那时塔下寺北部和东市街北端两边都是部队营房，城东这边的街上总能看到军人。部队的操练场就在塔后的城墙之处，有四百米跑道，西头是靶场，还有司令台。司令台南面是部队修械所。我上学后的星期天与街坊的发小穿街走巷来此处挖解放军战士打靶后留在山坡上的子弹头，有时还能捡到遗留的子弹壳，对于我们这些小孩来说是一件非常高兴的事。后来十二军调防后，这个练兵场冷清了许多，这种状况一直延续到70年代末。

我是在塔下寺小学念的书，因离家近的四牌楼小学不收，就到离家远点的塔下寺小学去报名就学。塔下寺是万佛塔所在地大洪山的永福禅寺，它是坐落于塔之下的寺。小学西边是当年城区的文化馆所在地，是由东岳庙改建而成的，那时觉得它规模宏大。沿现在的将军路由北朝南，数步台阶上去是门厅，门厅两边有房间，在一个房间里可以借书阅读。过了门厅后是一个大天井，全都用青石板铺就，然后是青石板铺成的与天井一样宽的台阶，迎面有一堵墙，墙的东西两边是似弄堂的进出口，上了台阶进去后又是天井，但它没门厅进来见到的宽大，是窄窄的，一边是数间办公室，一边是墙，墙上开了一扇门，它是当年城区最大的礼堂进出的门。另一边布局与之相同。一些隆重的集会均在这里举行。没过几年，部队在东岳庙以西部队军人家属宿舍旁建起军人俱乐部，里面有比文化馆还要大的礼堂，还有球场、乒乓球室和阅览室，我第一次看见台球桌就是在这军人俱乐部里。当年的军人俱乐部每星期都会放一场电影，我们一群孩子或混成军人家属，或爬墙进去观看，记得看过电影《牛虻》《葛麻》《秋翁遇仙记》……

我能进塔下寺小学读书，是当年的塔下寺小学校领导为社会着想，尽可能多地让学龄儿童入学，放宽了可入学的月份。其实，可供新生上课的教室只有两间，却招了四个班，怎么上课呢？学校采取的办法是：甲、乙两个班上午在学校的两间教室上课，丙和丁两个班借用附近的居委会预习或复习课程，下午两两对换。真该为当时的校领导的英明决定点赞！我是1956年上的学，有半天上课是在旌孝街南段、侍王府北与鼓楼里转角处的一楼房间，西边便是东阳考寓。一年级第二学期在桂林巷的四牌楼居委会里上课。

我后来转学到家门口的四牌楼小学，上学、放学就方便多了。学校大门朝东，在原先叫“柏树巷”里。学校的东面很早之前是一大片私人的园子，分南、北两部分，北部的高，南部的低。在城中雅堂街西头，西华寺对面弄堂里的“作新中学”学生要穿过雅堂街、走过四牌楼和火神庙下三条街来这里上体育课，所以大家就把这个操场叫“作新操场”。操场没围墙，南面还住了两三户人家，操场东面是进出耶稣堂后门的路。这个操场也成了家住附近的孩子们的乐园。那时夜晚马路照明用的是白炽灯泡，除电线杆附近有些灯光外都是黑乎乎的。当时的孩子不像现在对学习抓得很紧。那时候，没有什么娱乐活动，连看场电影也是很难得的事，街坊里年龄相差不大的一群孩子经常玩“官兵抓强盗”。春天，我们在操场上放风筝；夏天，上树抓知了、“金虫”玩；秋天，我们在操场的草丛中抓蚂蚱、蝗虫玩。1958年，全中国掀起“大办钢铁”，只要是单位，包括学校，甚至居委会都要在空地上建“小高炉”炼铁。城里这“作新操场”是少有的空地，于是在这南北操场上铺开大炼钢铁的大阵势。“大高炉”建在操场北部，南边用来堆矿石，实际上那时候金华首个灯光球场就建在操场的南半部。之后，操场的北部建起新的县委、县政府办公大楼，也就是后来的解放路1号（现在是解放东路597号），20世纪60年代初，县委、县政府与西市街北端的部队驻地调换，从此这里就成了部队的大院。

张效良

上浮桥往事

20世纪60年代，婺江涨大水之时，江两岸来往之路都断绝了。虽有城西的通济桥，但过了通济桥在南市街的南边还有一条为婺江主河道泄洪之用的龙渎河（这是一条蹚水河）。这条河上没有桥，一旦涨大水，原先横跨在这条河上的一条供人行走和车辆通行的堤坝就被水淹没（需要撑船过渡），要到河对岸单位上班的人们和通往白龙桥、衢州、江西和福建方向的外地汽车驾驶员只能“望水兴叹”。城东的婺江东路东头有一座上浮桥。据说上浮桥是因其上游不远处原先有座浮在水面的桥，由二十四条船用铁索连接而成，方便走路的行人过河。在没有火车、汽车的年代，最快的也就是骑马代步。当年的浮桥桥头北岸在城东的梅花门（原金华自来水厂取水口附近）。从永康、武义，甚至丽水和温州等浙南各府县来金华的人必从此梅花门进城，经东市街口，过拦路井、鼓楼前和仓茅亭才能到城区四牌楼等处。现在的八咏路两旁当年是店铺林立，人来人往，好不热闹。梅花门便是往来于义乌江南岸和浙南的咽喉。

20世纪40年代的上浮桥

20世纪70年代的上浮桥

20世纪80年代的上浮桥

站在梅花门向南眺望，农舍、田野一览无余。有一对联曰“梅花门外桃花坞，积道山上天圣寺”，形象地展示出梅花门的地理位置。浮桥南端上岸后也有沿街商铺，那处的大部分住户以务农为生，此处就以桥取名为“上浮桥”。上浮桥的东、南、西三面全是田地，是义乌江千百年来冲积而成，土地含沙量很大，较为贫瘠。20世纪60年代之前上浮桥东面靠江边的大片地种植了桃树，人称“桃花坞”。每当春天降临，整片桃树林桃花盛开，城里有闲情逸致者结队来桃花坞欣赏桃花。随着社会的发展，浮桥越来越不能适应通行的需要，后来就在浮桥下游处建了一座供行人和车辆通行的桥。因离此桥上游不远处原有浮桥故取名“上浮桥”。上浮桥由于该处受地形所限，桥不能建高，因桥北岸便是城墙，建城墙一般高，桥面就太高，而城墙边上全是建筑，财力也不足，所以只能建与桥两岸地面一般高的桥。预计涨大水时水的冲力很大，所以为减少阻力，没设置桥两边的栏杆，这样给走在桥上的行人带来很大风险。小时候在没把桥面改建成水泥桥面时，走在桥上看见脚下河面的流水，心里确实有点害怕。即使改为水泥桥面后也不时有人跌落桥下，甚至溺水身亡。特别是大水刚淹没桥面，一些急于过桥的人或不把冲过桥面之水放在眼中，在蹚水中往往险象环生。那时候，婺江通航，一般木船（非机动）载货往上可达义乌佛堂，往下经兰溪可远至梅城、桐庐、富阳、杭州。桥面与马路相平，船只如何驶过呢？在桥的南端，有一段桥面通过桥头边

20世纪80年代的上浮桥

上的机房起吊装置可以将它慢慢吊起，船只就从吊起桥面的航道通过。可启闭的那段桥面是用钢板制作的，凡是载重卡车从它的上面驶过时都会发出咣咣的响声，夜深人静，吹东风之时，咣咣声能传遍东城。在上浮桥上游的江中矗立着几座废弃的桥墩，大家叫“日本桥”。那是1942年金华沦陷，日寇为掠夺武义的萤石矿（也叫佛石、绿石头）而专门建造铁路，在这里造了铁路桥。自改革开放以来，社会经济飞速发展，义乌江、武义江和婺江上已建起数座桥梁，极大地方便了交通运输和人们的出行，现时的人们有目共睹。

随着社会经济的发展，上浮桥已承载不了两岸往来之重负，1996年在上浮桥下游不远处的东市街口与对岸的下沿村之间修建了现在的“宏济桥”。在宏济桥建起之前，每逢涨大水时，上浮桥肯定被洪水淹没而瘫痪。好在上游东关村建了“东关大桥”，在城西建了“河盘大桥”，在下游又建“婺江大桥”，所以大水阻隔两岸通行的情形已不复存在。从上浮桥往下游北岸一百多米处开始有人家和企业沿江而建，此处叫“牛角尖”，因从这里开始岸边越来越宽。汽车保养场、汽车修配厂、床单厂、东方红电机厂等和以到江对岸务农的一个生产小队，还有居民住在此处。通往义乌江边的一条巷叫“紫岩巷”，从紫岩巷往南走出巷口下一高坡便是“八咏滩”，因该沙滩地正对着八咏楼，故而得名。其实，它就是一段义乌江的河床。不涨大水时江面很窄，河床裸露，水面仅有几十米宽，江水清澈。从高坡下来要走近百米才能到河边，沙滩的鹅卵石从大块开始，越来越小，越来越细，坡度平缓，但最深处是能把大人淹没的。年纪小的只能在浅水处玩耍或由大人带到对岸，江对岸是高高的土岸，并未筑堤坝，土岸之下的江水里长满水草，河床上皆是淤泥。每逢暑假，下午三点钟左右，同街的孩子们成群结队，清一色的只穿一条短裤，赤膊，脚穿木拖鞋走在鹅卵石或石板铺成的路面上，随着脚步发出整齐的噼啪声，好似如今的踢踏舞发出的声音。走过柏树巷（红军巷）、酒坊巷，越过仓茅亭，横跨婺江路，又穿过紫岩巷到八咏滩江段玩水，也可潜入水中捞黄蚬。八咏滩便是当时金华城的大浴场，另一处是距该处下游几百米的天妃宫水域。那里江北岸没沙滩，从洗衣、挑水的埠头下去就是人站不到底的深水区，小孩在此玩水、游泳很是危险，所以城东的人一般到八咏滩来游泳。

近年，原上浮桥上游又建了“宏济桥”，大大方便了江两岸人们的出行。

吕学姜

现在的宏济桥

后记

“千古风流八咏楼，江山留与后人愁。水通南国三千里，气压江城十四州。”这是宋朝女词人李清照歌咏山清水秀、人才辈出的金华的赞美之词。

金华地处金星与婺女星争华之地，有1800多年的建城历史和璀璨夺目的文化积淀，留存了许许多多的名胜古迹，有着厚重的文化底蕴。在轰轰烈烈的旧城改造中，大多数古建筑因为人为因素已不复存在，只留下很少一部分，如今承载着历史文化底蕴的老建筑在新时代的城市发展变迁中进行改造。虽然遗憾，但这是现代化建设，也是一个城市发展不可或缺的。我们后人作文予以回忆，是为了对先辈们建设起来的美丽金华表示深切的怀念。

作为老一辈的金华人，我们有责任和义务把自己曾经目睹的老金华古建筑通过回忆描述出来，使年轻读者通过阅读以便对当年的金华有所了解，谨供大家鉴赏。

金华自古人才辈出，俊贤云集，有丞相王淮和叶衡，有陈亮、王渭等文武状元多人，还有供奉在孔子庙中的金华大儒吕祖谦、金履祥、王柏等。根据孔子庙的规制，在头进门两侧厢房供奉有全国各地历朝历代的圣贤名儒的牌位。金华还产生了邵飘萍、陈望道、冯雪峰、艾青、方豪等为数不少的名人。由于这本书的主题是金华古迹，所以未对这些人物进行详细描写和述说，只待以后作文以作纪念。

如今山清水秀、风光无限的金华在新时代建设浪潮中蓬勃发展，城市日新月异，一派生机。人们的生活富庶而幸福，我们为这样的快乐生活而欢呼。

对于本书的出版我要感谢金华市政协副主席杨坚明先生、金华市政协文化文史和学习委原主任吴远龙先生以及胡泰群先生。另外，要特别要感谢卢杨春先生和谢志清先生，是他们给我出主意，鼓励和支持我们回忆述写这些文章。同时，要感谢徐佳女士在百忙中协助勘误工作，更要感谢李林炎、张效良、吕明、刘斌、徐佳等先生配合我写文章。

在这里我要向所有帮助出版过本书的人，表示衷心的感谢和深切的祝福!

吕学姜

老金华的记忆

古地名

金华市政协文化文史和学习委员会　编

中国戏剧出版社
CHINA THEATRE PRESS

图书在版编目（CIP）数据

古地名 / 金华市政协文化文史和学习委员会编. --
北京 : 中国戏剧出版社, 2024.6
（老金华的记忆）
ISBN 978-7-104-05315-6

Ⅰ. ①古… Ⅱ. ①金… Ⅲ. ①地名—介绍—金华
Ⅳ. ①K925.53

中国国家版本馆CIP数据核字（2023）第006120号

古地名

责任编辑： 赵宇欣
责任印制： 冯志强

出版发行： 中国戏剧出版社
出 版 人： 樊国宾
社　　址： 北京市西城区天宁寺前街2号国家音乐产业基地L座
邮　　编： 100055
网　　址： www.theatrebook.cn
电　　话： 010-63385980（总编室） 010-63381560（发行部）
传　　真： 010-63381560

读者服务： 010-63381560
邮购地址： 北京市西城区天宁寺前街2号国家音乐产业基地L座

印　　刷： 北京鑫益晖印刷有限公司
开　　本： 880mm×1230mm 1/32
印　　张： 31.5
字　　数： 853千字
版　　次： 2024年6月 北京第1版第1次印刷
书　　号： ISBN 978-7-104-05315-6
定　　价： 298.00元（全六册）

序

关于金华古迹地名的追思

金华古称婺州，已有1800多年历史，是浙江中部重要名郡。夏、商、西周至春秋时期属越国地，战国末越被楚灭，遂成为楚国地。秦始皇二十五年（前223）设乌伤县（治所在今义乌），隶属会稽郡。西汉、东汉时期隶属扬州会稽郡。东汉初平三年（192）分乌伤西南地设长山县（因金华北有金华山，古称长山而得名）。东汉末设为会稽郡地。三国吴宝鼎元年（266）分会稽郡，西部设东阳郡，隶属扬州，郡治在长山县。郡辖长山（今婺城区）、乌伤（义乌）、永康（武义）、吴宁（今东阳磐安）、丰安（今浦江）、龙丘（今龙游）、新安（今衢州）、定阳（今常山）、平昌（今遂昌）九县。至晋代沿袭未变。南朝宋时，东阳郡辖九县，隶属扬州。南朝梁时，置婺州，州治在长山，下设长山等九县，梁末婺州改为缙州，南朝陈永定三年(559)分东阳郡置信安郡，郡治在信安县（今衢州），辖信安、定阳二县，隶属缙州。天嘉三年（562）改东阳郡为金华郡（“金华”行政区域名始于此），辖县隶属吴州，州治在缙州，隋开皇九年（589）废缙州及金华郡辖县隶属吴州，州治在绍兴。隋开皇十三年（593）分吴州置婺州，大业三年（607）废婺州及信安郡，复置东阳郡，辖金华、永康、乌伤、信安四县，郡治在金华。唐武德四年（621）废东阳郡置婺州。垂拱二年（686）分婺州置衢州，辖信安、龙丘、须江、盈川、常山五县。唐天宝元年（742）改婺州为东阳郡，乾元元年（758）又改东阳郡为婺州，辖金华、义乌、永康、兰溪、东阳、武成（今武义）、浦阳（今浦江）七县。五代十国时，婺州辖七县，隶属吴越国。南宋时置婺州，辖七县，隶属两浙东路。元至元十三年（1276）改婺州为婺州路，隶属江浙行省，婺州路辖金华、东阳、义乌、永康、武义、浦江六县和兰溪州。至正十八年（1358）朱元璋攻取婺州路，改婺州路为宁越府，二十年（1360）又改金华府。明成化七年（1471）分金华、兰溪、龙游、遂昌四县边境地置汤溪县，金华府辖金华、兰溪、东阳、义乌、永康、武义、浦江、汤溪八县，这就是“八婺”之称由来。清朝时期金华府辖八个县，属浙江金衢严道。1912年撤金衢严道，1914年置金华道废金华府，原金华府辖八县属浙江省辖原金衢严道所属金华府、衢州府、严州府所辖十九县。1927年废道，各县直属浙江省。1932年6月设浙江省第八行政督察区，专员办事处设金华县，辖原金华府所属八县；9月设浙江省第六行政督察特区。1935年8月设兰溪行政督察区，辖县增分水、桐庐、建德三个县，共辖十一个县。1936年改设浙江省第四行政督察区，专员公署设金华县。1939年7月属浙江省第四行政监督区，1947年改设浙江省第五行政监督区，1948年4月改设浙江省第三行政监督区，专员公署设金华县。1948年8月改设浙江省第八行政监察区，专员公署驻义乌县。1949年5月金华设浙江省第八行政区，专员公署设金华县；金华、兰溪、东阳、义乌、永康、武义、浦江、汤溪、磐安九县，同年10月改设金华专区；11月金华县城区设立金华市，兰溪县城区设立兰溪市。1950年撤销建德专区，所辖建德、寿昌、淳安、遂安四县划入金华专区。1952年1月丽水专区撤销，所辖缙云县划入金华专区。1953年1月浙江省直辖诸暨县划入金华专区。1958年金华专区辖金华、兰溪、东阳、义乌、永康、浦江、衢县、龙游、江山、常山、遂昌、缙云、建德、桐庐、淳安、开化十六县。1968年4月改金华专区为金华地区。1985年5月撤销金华地区，原金华县升为地级市。2000年12月撤销金华县，设金东区、婺城区。

金华古城分东、南、西、北四隅。具体又细分为东一隅、东二隅、北三隅、北四隅、西五隅、西六隅、南七隅、南八隅，城郭又有四关界，有东关、北关、溪下关、水南关。巷弄东关市北丽泽街，东关市南正学街，有芝麻山巷等二十条巷。

东一隅，有旌孝门大街、白莲巷等十八处。东市街冯宅岭背、云清殿、高山头、无底洞等都在此隅。

东二隅有南街、熙春巷、马驿前、拦路井、跃龙巷等十四处。

北三隅有北街、花园巷、石榴园、大司后、芭蕉岭、太史第等十二处。

南八隅一坊有北街、酒坊巷、大司后、八咏门等八处。

南八隅二坊有北街、中街、南街、星一巷、天长巷、同升巷、桂林巷、三牌楼、四牌楼、仓茅亭等十八处。

北四隅一坊有北街、四眼井、净渠头、儒宗岭、文昌巷、水竹居、草滩、府城隍等十七处。

北四隅二坊有中街、弦歌巷、县后、醋坊岭、莲花井、默相坊等十七处。

南七隅街有北街、中街，巷有兴让巷、太极宫、殿楼下等十九处。

西五隅街有南街、夏塘街、后街，巷有同升巷、避圣巷、柴场巷、螺蛳巷、铁岭头、四世一品、王家巷、天宁寺、水巷等二十二处。

西六隅有西市街、中街、南街、后街、邱家潭、俗家庙、沟流巷、郑家弄、县城隍等十九处。

东关有东关街、游宅街、丽泽街、马铺岭。吴家等十二处。

北关有府上街、后城里、西峰寺、菱角塘塍等六处。

溪下关一坊有梅花门外、八咏门外、石佛殿、盐埠头、李王殿等十二处。

溪下关二坊有溪下街、小码头、大码头、龙舌嘴、后桥等十处。

金华城内的街巷凝聚浓厚的历史，积淀丰富的文化，每一条街巷都有独特的文化内涵和故事，都有动人的传说。城中的儒宗岭因曾经居住过大儒吕祖谦、唐仲友而得名，苏家巷又因苏辙后裔建有苏家庙祭祀三苏而得名。太史第、四世一品皆因朱之锡、潘良贵、王淮等人而得名。金华的古街巷是金华的历史文化的具体体现，是金华古城的一脉，是传承婺城的历史和文化不可或缺的部分，对回忆与挖掘金华城市的古地名，了解金华城市变迁意义深远且十分重要。其中离不开世世代代金华人的聪明、才智，离不开他们为金华的城市建设所做出的巨大贡献，没有先辈们的付出就没有金华，没有金华的古建筑，也就没有金华的文化。作为金华人，我们不应忘记历史，而应继续不断地挖掘、传承，因为这是一种责任。

吴宝金

目 录

长相思·发掘地名有感

吴宝金

三牌楼，四牌楼。①独自遐瞻古婺州，风光眼底收。
日筹谋，夜筹谋。巷址街名自纂修，管他霜染头。

四牌楼

①金华三牌楼南临解放门，北到市中医分院，与同升巷相交。古时筑有三个石砌牌楼，岁月沧桑，该古迹无迹可寻。四牌楼南接三牌楼，北到将军路与胜利街相交，全长约600米。

后庭花·题下官桥[1]路

吴宝金

官桥雨后莺啼树，约来俦侣。携行曲巷天和煦，咏吟佳句。
漫游柳岸风吹絮，静听花语。闾阎扑地[2]安宁宇，鸟穿梅坞。

下官桥老农贸市场旧址

①下官桥：应是位于五里牌楼老农贸市场旧址，现已拆迁改造成宜人居住小区。

②闾阎扑地：闾阎指里巷的房屋。古代二十五家为一闾，这里指居住区新建房屋众多。

碧牡丹·夜游谯楼巷

吴宝金

团月光澄朗，良夜风清爽。恣意专行，马驿[1]前徽联想。试问谁能？潇洒谯楼巷[2]。景中熙事分享。

婺江岸，绮丽凭自赏。沉迷彩虹桥上。碧水涟漪，画舸绕城游荡。好似苏杭，怀远登高望。于兹无限舒畅。

---

①马驿：位于东二隅，与富景坊无底洞冯宅岭背相邻，由于历史原因，几经变迁。因战乱和城市改造，东市北街的扩建旧迹无寻。故地已建成金华博物馆。

②谯楼巷：位于古子城东南角，北与熙春巷、南与八咏楼平行，全长约500米，古时以民宅居多。

摊破浣溪沙·水门变迁

吴宝金

史册频翻未肯休，同俦追问欲何求？尝试传承婺文化，正筹谋。

踏访水门花解语，行看堤岸鸟啁啾。时代变迁成广厦，画中游。

水门巷[①]

①金华水门巷位于清波门，是一处老巷，由于旧城改造已荡然无存，已建为现代化的帝壹城。古城墙自1938年被拆除后仅残留通远门和长仙门两处旧址。据史料记载，长仙门城墙始建于唐天复三年（903），钱镠始筑城墙。北宋宣和四年（1122），宋金华知州范云才重新修筑城墙，元顺帝元年（1333）古城墙尽废，元至正十二年（1352）在旧址重建城墙。

破阵子·秋夜吟无底洞①

吴宝金

月色沉沉良夜，湖光缈缈金风。带草金萤阴绿里，渡水渔舟潋滟中，垂纶遇钓翁。

画舸平移泛泛，丹泉漱石淙淙。把酒低吟无底洞，醉意阑珊望碧空，薄霜秋意浓。

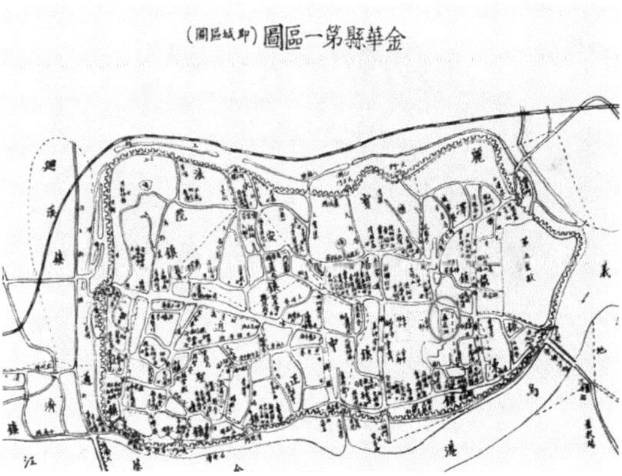

无底洞位置

①据《金华县志》记载，“无底洞”位于（东一隅）将军路与鼓楼里东南角，深不见底，据传闻洞深可达150余丈，位置在今金华市博物馆。

木兰花·正月登冯宅岭[1]

吴宝金

雪霁复登冯宅岭，寻访不堪天气冷。花落尽，叶凋零，旧地尚存还庆幸。

岁月已然成远影，知府继良留愿景。先贤圣哲[2]有碑铭，文采夺人争蔚炳。[3]

冯宅岭背

①冯宅岭：位于鼓楼里和旌孝街路口一段，古时称芭蕉岭，后叫冯宅岭背。北与大洪山、万佛塔和永福寺（古密印寺）相接。吕祖谦先祖在金华借居，创办“丽泽书斋”“丽泽书堂”[坊间认为系吕好问于建炎年间携全家自开封南迁到金华（冯宅岭南），在将军路太史第南一带建有吕成公祠]。

②圣哲：指圣人和哲人，具有超凡品德、才智的人。

③蔚炳：指文采鲜明华美。

清平乐·寻访地名道中

吴宝金

详翻谱录，市井皆民宅。踏访惊呼无影迹，叹惜婺城一脉。

大司后[①]已成尘，小仓巷[②]也无存。久探千年文物，犹如树失须根。

古子城

①据康熙《金华府志·古籍篇》"废子城"载：金华最早古子城在大司前谯楼巷星君楼（八咏楼）至大司后披仙台一带，如今大司后旧迹已无寻，但保留的古迹有保宁门（新建）、鼓楼里、八咏楼、酒坊巷等古建筑群。

②小仓巷：位于东关市南一带，如今也因旧城改造不存。

剔银灯·题太史第[①]

吴宝金

酣梦风吹惊醒，窗外月光清影。睡意阑珊，翻看史料，太史第家彪炳。善施仁政，君须记，民心如镜。

日月昭昭隽永，一世贤良方正。建树功勋，朝廷举策，处世向来聪颖。以求康靖，朱之锡[②]盛名联亘。

酒坊巷

①太史第地处市区酒坊巷（原名太史第巷）北，与现将军路相交西北角，为朱之锡（1624—1666）宅第。

②朱之锡于1646年科举进士第八，入翰林院。曾任吏部侍郎、兵部尚书、总督河道兼都察院右副都御史，史称朱太史，宅称“太史第”。

越溪春·四世一品[1]怀旧

吴宝金

岁月匆匆曾几度，标映[2]展娇容。大夫一品阶荣禄，掌故翻，清史隆丰。四世休居[3]，黎民仰慕，归籍饶公。

当年可是豪雄，隐逸不言功。国朝都督诰命履历，俱存史册书中。逸事遗闻亲感受，心意与民同。

西河·忆四世一品

天拂曙，登高远眺江渚。氤氲一片眼蒙眬，细风缕缕。婺城半霎秀帘开，霞光笼罩花坞。

绿中转，青柳舞，伫聆鸟啭高树。宜人景物共观瞻，过街访户。日前听得老人言，时闻形胜无数。

路经四世一品处，少年时精舍庐庑。季海自家庭宇，旧踪陈迹不存生疑虑，君可翻王淮宗谱。

---

①“四世一品”位于铁岭头与后街相交东南角，巷虽只有百米长，但历史悠久。关于“四世一品”，民间有不同的传说。第一种说此地是南宋名相四代官至一品的王淮（1126—1189）家祖居。另有光绪《金华县志》记载曰：“国朝饶彪，山西汾州孝义人，年老归籍金华，被朝廷封赠‘四世荣禄大夫一品阶’，世居铁岭北街，巷以饶彪官阶命名。”如今“四世一品巷”已于旧城改造中拆除，地址在今工商银行大楼，“四世一品”也只留存于史册中。

②标映：光耀特出。

③休居：辞官家居。

长生乐·水门长乐戏院①遗址

吴宝金

夙昔勾栏寂寞中，不见响空峒。旧时檀板，可惜也疏慵。舞榭楼台看去，萧条冷落，筝弦已绝，鉴影孤鸾更忧忡。

潇潇暮雨，雾气蒙蒙。水门业已无踪。追忆处，草木甚葱茏。坐看楼宇芳渚，叠叠又重重。

---

①金华长乐戏院位于水门巷东侧，依婺江而建，今为市文化馆址。旧戏院内舞台为木质结构，铺浅色氍毹，演员从出将门上场，入相门下场，布景为手工绘制，布质幕布由人工开闭。剧场置木质长条座椅，一张可坐六至八人，可容纳数百人。旧时剧场没有空调，全凭自然通风。场内有小贩兜售瓜子、香烟，有专人提壶沏水。剧场内人声嘈杂，戏一开场，自然安静下来，是市民消遣的好去处。当年能经常光顾者，一般也是家境殷实的人家。

摊破丑奴儿·冯宅岭背[1]

吴宝金

冯宅岭背凝眸望，半是秋光，半是凄凉。伫立荒丛叹夕阳。奈何，蒙国耻，只心伤。

匹夫恨不沙场死，百结愁肠。独自思量。此恨绵绵只未央。俊雄，神箭举，射豺狼。

三清殿

①冯宅岭背位于古婺州东一隅，与东市街相交，此地有保存完好的三清殿、鼓楼里和旌孝街，古称芭蕉岭，后叫冯宅岭背，曾遭外寇破坏。

御街行·长街行

吴宝金

晴空暗柳飘飞絮，十里沙堤路。早梅时节听莺啼，燕入邻家庭户。过安期巷[①]，邱家潭[②]碧，有众多芳树。

清风鼓吹长街去，一阵潇潇雨。倚楼遥望净渠头，黄昏骤然停驻。上儒宗岭[③]，东莱门闭，嗟叹斋精处。

---

①安期巷：位于解放东路以南，南与同升巷、桂花巷相接，至中山路，南北走向，现易名为桂林街。

②邱家潭：位于县城隍、马路里之间。

③儒宗岭：位于城隍庙东南（现停车场），金华市中心医院西南，是金华婺州学派两位领军人物唐仲友、吕祖谦的居住地，唐仲友曾在此地讲学说书，名“说斋精舍”。

满庭芳·过芭蕉岭[1]旧址

吴宝金

碧水环流，苍山起伏，悦览千里晴空。漫天霞蔚，林木尽丰彤。江北江南一色，花无数、甚是繁荣。长堤上，莺啼鸟啭，极目望葱茏。

融融，临胜景，扶疏月影，独自寻踪。府前马门头，习习清风。过草滩沿小巷，芭蕉岭、步履匆匆。无聊意，史书续写，乡梓在襟胸。

---

①芭蕉岭位于北三隅，在酒坊巷和将军路十字相交以东至东市街，与大司后相接。

太极宫[①]

吴宝金

暮色罩晴空，沧桑太极宫。
林高先见月，径仄晚闻风。
众鸟栖巢穴，蛩机宿草丛。
梵音从此寂，故迹在城中[②]。

①金华太极宫呈东西走向，路以其命名，西接西市街，东至后街，长200余米。该地块建有金华第一百货公司、金华市邮政局，未拆建前，此路段各种小吃摊位林立，颇受游人喜爱。

②古时太极宫因燹火战乱被毁，其古迹也难以考证。

记忆柴场巷[1]

吴宝金

鸟啭三春柳，花开百合浓。
长街逢澍雨，水岸沐清风。
辗转柴场巷，深迂福壤翁。
坦然言抗战，愤气怼倭凶。
手指辛酸处，身临苦难中。
抚今同缅忆，往昔共追踪。
数代贤良辈，千年隽秀雄。
江城多志士，故地话华嵩[2]。

《东南战线》刊址：原金华柴场巷15号

①柴场巷位于芝麻山头，与天长巷、螺丝巷互通，古时清波门有柴埠头之称，此巷通清波门、水门，遂叫柴场巷。旧城改造后，仅剩天长巷，其他地方已建设成明月京华小区，柴场巷只留存在老一辈人的记忆中了。

②华嵩：意为崇高、高大。

古婺吟怀

吴宝金

金星婺女有情怀，骀荡双溪育俊才。
书院嘤鸣承北麓，鹿田耕读继东莱。
初平叱石成羊处，室庑倚岩观象台。
缕续[①]华章疏莽远，传承典籍细心裁。
芙峰岭上千章树，积道山中百态槐。
蜑岫流泉步际涯，茶楼联韵吟穷昼。
仙虫树杪恨痴肥，燕子檐头怨春瘦。
络绎游人竹坞歌，连绵乐曲田园奏。
镂骨铭心古子城，弥新历久老中庭。
龙吟虎啸侍王府，凤舞鸾鸣月榭亭。
盛气凌人称将相，低眉顺眼寇仇兵。
疲于奔命堪悲怆，判若云泥甚震惊。
四世声名一品官，三番冷落几家寒。
砖墙黛瓦须臾变，里弄闾阎瞬息完。
结束牌楼无故事，缘因府尹有专权。
迎宵嘉澍行将睹，转日豪雄别处看。
古旧堂构渐淡忘，经年古迹尤寻取。
民廛户槛话沧桑，画阁轩棂成广宇。
感受层楼总是祺，闲谈陋屋堪忧苦。
心烦何必酒壶提，瓦漏无须女娲补。
巷道悠长接近邻，门庭迥远自情亲。
青梅竹马牵红袖，白首煤炉伴绿筠。
卷起疏帘都是爱，徒生蜜意胜如春。
过客生疑含笑问，只道皆为隔壁人。

①缕续：接连不断意思。

八咏老街[①]

吴宝金

安闲度假旧街游，昔日风情一抹收。
集聚琳琅青玉佩，分携系列绿璃瓯。
金黄蜡石成稀物，乳白珍岩亦醉眸。
古子城头形胜地，招来远客久勾留。

八咏老街

①八咏老街位于古子城南，义乌江北岸，与飘萍路平行，西接胜利街，东至梅花门、东市街。该街历史悠久，自宋代以来，几经变迁、修缮，现已面貌一新，但风韵犹存。明清建筑修旧如旧，彰显历史风貌。

鹊桥仙·雅堂街①有怀

吴宝金

堂街秀雅，闾阎恬静，澍雨初停云散。如今旧地又重游，久凝伫，征奇忘返。

娇莺有意，妍花无限，自古环邻和缓。诗朋几度约乡翁，趁明月，登楼望远。

20世纪90年代金华市区雅堂街

①雅堂街地处金华市中心，连接古西关、后街，南接中山路，全长500多米，是金华市一条著名的老街，西华寺就坐落在街西头。乾隆年间曾出过武状元朱秋魁，著名山水画大师黄宾虹曾在此建有住宅。随着城市改造，原旧房屋尽被拆除，许多古迹、故事从此湮灭在史册中，留下了无尽的遗憾。

四牌楼[1]记

吴宝金

沧桑阅尽四牌楼，夙昔[2]繁华尚且留。
亘古[3]名声传八婺，恒今[4]胜景接三洲[5]。
迁延上下千年史，递转东西百货流。
市井由来终未艾[6]，从商富贾有长谋。

四牌楼

①四牌楼位于金华城东，南至三牌楼，北接净渠头。古时店铺林立，卖山货、干果、面食、小吃，茶馆说书等店铺应有尽有，传说此地曾设牌楼四座，因此命名为四牌楼。

②夙昔：也作宿昔。

③亘古：意思是自古以来、整个古代。

④恒今：至今。

⑤三洲：指传说中的蓬莱、瀛洲、方丈三仙山。

⑥未艾：未止、未尽。

古婺水门[1]记忆

吴宝金

万里通衢仰此门，南来北往接乾坤。
双溪市埠无缝隙，八婺城隍有印痕。
往日凭舟霞客[2]渡，而今借砚易安魂。
登临望去成形胜，旧地追踪不复存。

①水门因近婺江而得名，与清波门相邻，现已拆迁改造成“帝壹城”，旧时风貌荡然无存，只能在史籍中寻找其陈踪旧迹。

②霞客：即徐霞客，游记中载有金华形胜文章。

小重山·净渠头①

吴宝金

恣意长街里巷游。此生常缱绻，净渠头。少年情结暗缠纠。长回顾，往事已悠悠。

道不尽熙柔。恨暌违太久，忆良俦。感时溅泪梦长留。人增慕，让我屡回眸。

20世纪80年代净渠头

①净渠头西接胜利街，西东走向，自有金华府治即有此路。自婺州府初建，净梁头已享有盛名，古时此路段建有仓颉庙、东岳殿、文昌庙、神农庙，还有提倡兴学的丽正书院。路南段还建有火神殿和应候庙。

笔者在少年时常结伴在此地戏耍，如今旧迹无寻，但在老一辈街坊中还有言传。

玉蝴蝶·府上街[①]

吴宝金

江城多少情怀，南北客招徕。鸟雀唱高槐，鸣吟府上街。
凭栏人独倚，斜日照檐阶。查史入书斋，婺州多俊才。

府上街的文武官厅

①府上街位于人民东路以北，南北通衢，与西边八一北街相邻并行。古时此地商铺林立，热闹非凡。传说古时有一大户人家在此开了个规模宏大的磨坊，外形像一个大祠堂，人们尊称该户人家为“府上”，久而久之便成了街名。还有另一说法是因地处县府之上，故名“府上街”。

柳梢青·斗鸡巷①

吴宝金

两岸澄辉，三江迤逦，早有相期。径自巡游，陈年旧事，惹我深思。

闲花野草参差，斗鸡巷、多年掩疵。重现潜身，最难得见，沉寂于斯②。

---

①金华城中胜利街西侧，沿四眼井西行有一“斗鸡巷”，全长不足百米，历史悠久，却少有人知。“斗鸡”始于唐代，是达官贵人显示财富和精神境界的博弈活动，后发展成为百姓广泛参与的竞技娱乐，到北宋时达到最盛。北宋亡后南宋朝廷在临安苟安，许多宋朝贵族为避战乱南迁到金华，将此活动也带到金华，可能“斗鸡巷”是由此而得名。

②于斯：在此地的意思。

拦路井[①]感怀

吴宝金

八咏街头拦路井，朝曦月夜着人忙。
青姑大嫂衣鞋濯，老媪皤翁茧手帮。
吊桶笼烟皆自取，垂绳汲水与人商。
寒冬气雾居然暖，暑夏蒸云感受凉。
历久情怀终不弃，用心呵护细收藏。
横斜古道休言窄，数代黎民筑柱廊。

拦路井

①拦路井位于古子城东南角，居古繁华八咏路正中，因其位置特殊，故得名曰“拦路井”。拦路井原名为“瑞安井”，后易名为拦路井，古时以井拦路此为金华唯一。有说古人是为保持街道的安宁、整洁而筑此井。也有说是因八咏路街道不宽，沿街建筑都是砖木结构，易发生火灾，为取水方便，而将井置于路中间。

柳梢青·莲花井[1]

吴宝金

一朵嘉莲，千年献瑞，慧泽人间。竭尽柔情，夏凉冬暖，谢此清泉。

街四万户民廛，受其惠、清澄水源。月影涵虚，濯衣挽袖，谈笑言欢。

莲花井

①莲花井位于古时北四隅二坊，为三眼古井，呈“品”字状，意为“品德高尚”。此井用八角吉石圈砌而成，井圈上镌刻有“莲花古井”四字，现位于市区解放东路与后街北相交处，已有数百年历史，地名也沿用此井名。此井水质清澈甘冽，千年不竭。

据光绪《金华县志》载，此井位于弦歌坊内，泉为诸井之最；据嘉靖年金华文人戚雄编撰《金华县志》载，金华城有井26口，莲花井为“诸井之冠”。

传说莲花井原址为乱石杂草之地，有一深为四五丈的洞穴，一日，洞中升起一朵硕大的粉红色莲花，散发幽香，后人在此凿石挖井，取名为莲花井，井内泉水喷涌而出，取之不尽。据说金华曾大旱三月，婺江断流，但此井仍泉流不断，城中居民靠此井度过水荒。

阮郎归·过铁岭头忆黄宾虹[1]先生故居

吴宝金

天高云敛鸟啁啾，名扬铁岭头。大师赞誉满神州，点厾不肯休。

书巨著，只专修[2]，世间无所求。云蓝玄玉谱春秋，写生山水悠。

金华铁岭头

①国画大师黄宾虹，原名懋质，1865年1月27日生于浙江金华城区铁岭头。因城市改造，其故居整体搬迁到古子城八咏路。

②专修：原为佛教专心修行的意思，此处意为专心于某一职业。

题避圣巷①

吴宝金

咫尺晴空一线牵，翻看县志已千年。
墙残藓驳②家难进，巷窄横斜马不前。
始有先贤规矩定，当无后辈放肆骈③。
陈踪旧迹常相忆，不了余情梦里圆。

---

①避圣巷与雅堂街西华寺相对，原名驻谒巷。相传南宋丞相王淮（1126—1189），年少时进私塾读书，常从寺前经过，因观音神灵显异，王母劝王淮绕道驻谒巷后，王淮高中进士，官拜丞相，将驻谒巷易名为避圣巷，因旧城改造避圣巷已销声匿迹。

②藓驳：苔藓斑驳的意思。

③骈：意为两马并驾齐驱。

卜算子·莲花井

吴宝金

觉起净渠头，踱步莲花井。欲把前朝[①]印迹寻，望断芙峰岭。
趺坐[②]路边亭，自顾街前景。沉湎[③]当年汲水人，绝世存真鼎[④]。

20世纪八九十年代莲花井

①前朝：指以前的意思。

②趺坐：是将左脚放在右腿上，或右脚放在左腿上盘腿端坐。

③沉湎：指深深地迷恋着某事某物，不能自拔。

④真鼎：真物的意思。

望海潮·燕尾洲[1]头

吴宝金

梧桐凋尽，丹枫妙染，篱边蕴藉奇葩。欣赏未休，霜吹继续，枝头甚是豪奢。帘外更清嘉。且行且寻趣，香气交加。漫步蹊畛，作诗吟萃旅人夸。

踟蹰水泽蒹葭。见征鸿一字，写满天涯。携手友人，徒生感叹，滩头看尽繁华。江畔夕阳斜。胜地流连久，能几闲暇。月上林梢望去，江上雾如纱。

燕尾洲

①燕尾洲最初是一片荒沙滩，杂草丛生，垃圾成堆，脏乱不堪。如今经改造后面貌一新，宏伟的“中国婺剧院”兀立其间。现在的燕尾洲公园环境优美，花木葱茏，彩虹桥横跨其上，已成为金华一个有名的生态公园。夜晚华灯初上，彩光闪烁，七色喷泉直上天穹，游览人数众多，是金华人民政府造福于民的一大政绩。

清平乐·秋游杨思岭[1]有约

吴宝金

神怡气爽，雾后天晴朗。约友浪游环曲巷，助兴杨思岭上。

暗中隐逸花[2]香，静斋续写辞章。畅饮三杯菊酒，寄书万里柴桑[3]。

杨思岭路

①杨思岭地处金华江北老城区。

②隐逸花：菊花的别称。

③柴桑：浔阳柴桑（现江西九江），是东晋南北朝时期著名田园诗派创始人陶渊明的故乡。

西峰寺①背传说

吴宝金

眺望苍穹月影残，成书阅罢俱心寒。
书生假宿投兰若，倩女幽魂付素纨。
荡气回肠皆故事，神功动耳与孤鸾。
谁怜怆恻心伤透，此恨绵绵只未完。

---

①西峰寺，在县治西一百八十步，明万历丙午年大殿颓坏，由郡丞袁世振重建。郡守周延光重建观音阁、天王殿，甚为壮丽，据史料记载，西峰寺被太平军所毁。蒲公松龄《聊斋志异》小说中，有描写西峰寺的篇章，其中有聂小倩与书生宁采臣卿卿我我、暮翠朝红的爱情故事。金华也由于蒲松龄的《聊斋志异》而闻名，现因城市改造西峰寺旧址无存。据史载，西峰寺建于唐光化二年（899）至唐天祐八年（911），当时香火颇盛，影响很大，有前西峰寺500年后九华山之说。

《聊斋志异》[1]观后感

吴宝金

昔事由来信则真，蒲公杜撰有其因。
幽魂倩女皆灵鬼，静业书生乃采臣。
一味闲聊虽世故，三思话语却贞仁。
观今鉴古常须省，掩卷行文念善人。

---

①蒲松龄笔下有书生宁采臣赴考，投宿于金华“西峰寺”之说，小说讲述了宁采臣与女鬼聂小倩的一段爱情佳话。此故事至今脍炙人口，金华也因该小说而闻名。

偷声木兰花·默相坊[1]觅迹

吴宝金

城隍庙对牌楼树，默相老街凭独矗。亘古千年，遗迹无寻已化烟。

南商北贾长羁旅，故地民廛皆店铺。沧海桑田，旧貌新妆入史笺。

①金华默相坊位于醋坊岭北，曾毁，清乾隆四十八年（1683）知府张思振、知县彭载庚重建。古时与府城隍庙直通，建有石牌坊数座，世事沧桑，几经变迁，牌坊被拆，不知去向，原空地已建成民房，仅留数十米长街道。

鹧鸪天·西峰寺①

吴宝金

掩卷沉思月色明，一番思绪任纵横。千年亘古西峰寺，万载于今北国名。

思倩女，恋书生，幽魂入夜约三更。缠绵悱恻难排解，启露晨曦隐冢茔。

①西峰寺又称兰若寺，居解放西路西峰遗址，据说寺内仅一位道人，大雄宝殿雄伟壮丽，但杂草丛生，人气不旺，因环境幽静，也有人爱此清静，借宿于此。

蒲松龄著有《聊斋志异》一书，写浙人宁采臣，性慷慨，廉隅自重。适赴金华，至北部。据此分析，宁赴考借居地应非西峰寺，而是位于万佛塔下的“密印寺”。其理由：一是金华万佛塔据史载古有浙中第一塔之称，其塔下寺即“密印寺”。又据《金华府志》载：“密印寺”在府治北面百四十步，旧名永福寺，吴越钱氏建，宋大中祥符年间更名密印寺，后废，改建分司。二是“密印寺”靠近金华试院附近，酒坊巷内有多处“考寓”供八婺学子投宿，宁采臣投宿于此应无别念。

念奴娇·酒坊巷[1]怀古

吴宝金

仓茅亭北，有深巷曲折，感怀情切。玄畅楼头遥望去，彰显古时风物。万象包罗，盎然兴味，迎面清风拂。鸟儿啼啭，引来多少欢悦。

见酒泉水甘甜，寿山善酿，盖地浓香洌。数代相传终不息，史载后人评说。文脉传承，众多考寓，南北相衔接。残留风貌，历时还未泯灭。

酒坊巷酒泉井

①酒坊巷位于金华古城，是保存得较好的一段古巷。自将军路口子城城垣一直延伸到八咏路。据传有一戚姓名寿山的酿酒师，汲取酒泉井中之水酿酒，其酒名寿生酒，酒味醇厚，酒色清澄，曾荣获世界金奖。

许多文人墨客饮后赞不绝口，诗人袁枚曾在《随园食单》中写道："金华酒有绍兴之清，无其涩，有女贞之甜无其俗，亦以陈者为佳，盖金华一路，水清之故也。"古典名著《金瓶梅》中也有许多关于金华酒的描述。如该书第二十回中有：李瓶儿叫迎青将"昨日剩的银壶中酒筛来"句，此外，明代小说家邓志谟的《刻王代萨真人得道骂枣记》中记述："开了碧澄澄的金华酒……"金华人酿金华酒，金华酒与酒坊巷似有一段不解的情缘。

鹧鸪天·忆柴埠头[①]

吴宝金

踯躅江津入梦难，陈踪旧迹忆当年。南通粤海千般远，西下钱塘一霎间。

溪口渡，月桥边，木材柴炭挤成山。提篮小贩穿梭过，热闹茶楼商贾全。

---

①柴埠头位于婺江北岸，古时人们的燃料基本依靠木柴、木炭。山农伐薪打捆，然后用竹筏、船运到市井码头堆放，而后搬运到柴场。金华柴埠头就起到卸载木柴、木炭的作用，原址在婺城公园，近柴场巷，现已不存。

雪梅香·大司后[1]怀古

吴宝金

大司后，熙春启瑞接仙台。正巡游王府，清歌八咏长街。郭外春光不胜看，子城寻访又重来。鼓楼里，日丽风和，莺啭洋槐。

吾侪，欲征集，史料新翻，不敢分乖[2]。试院森严，理而独出心裁。岂可轻言道容易，苦心孤诣出贤才。黉门静，学子莘莘，端坐书斋。

---

①大司后位于北三隅，与鼓楼里、芭蕉岭相邻，与披仙台相接，古时子城建有城垣。从鼓楼里巷南行约50米，有太平天国侍王府邸，再往南走七十步便是八咏古街。大司后筑有将军路，东西贯通，旧迹无寻，其名留存历史资料中。唐时建有子城，大司前谯楼至星君楼及大司后披仙台一带，建有城墙，周长四里，位于古子城北面。

②分乖：意为分离。

行香子·跃龙巷[1]记忆

吴宝金

白壁泥砖，黛瓦条椽。跃龙巷、自古民廛。沧桑饱受，墨守维艰。叹无成识，未承想，已成烟。

高楼栉比，墅舍环连。坦然去、柳下行船。愁怀意断，百姓心安。便渡江皋，登江屿，望江天。

---

①跃龙巷位于东关市南。现今的高楼大厦已替代旧式的泥墙黛瓦，人们的居住环境更为舒适惬意。旧城的民廛已被拆除，但旧城的痕迹却留在了人们的记忆中。

献仙音·醋坊岭[1]有记

吴宝金

江渚烟收，柳堤云敛，澍雨催肥桃杏。接地春朝，细风吹拂，香凝几番清冷。趁矍铄无须畏，叟翁有苍劲。

望街景，忆苏迟[2]，念其彪炳。千古事，香火祭公虔敬。赞太守清廉，为黎民，嗟仰包拯。以史为凭，问真源，常让人省，望尘霾杜绝，世道太平康靖。

---

①醋坊岭位于古时金华北四隅，现解放东路以东。宋朝此地建有醋库，地名也以醋坊为名。宋朝时醋坊岭原名叫"景苏坊"，古时"醋"归官府统管，在此地建有"醋库"，故地名叫醋坊岭。也有传说，当年苏轼之弟苏辙的长子苏迟（1070—1155）在金华当过太守，为官清正廉明，有政绩，为黎民百姓做了许多好事，深受金华人民的爱戴，为其立生祠，立牌坊，以志纪念，故取名为"苏坊岭"，由于"苏""醋"音近，久而久之，也就成了醋坊岭。

②苏迟有子三人，名苏籀、苏简、苏策，均才气过人。苏籀（1091—1164）曾有排律诗题于安地镇岩头村。

临江仙·彰善巷

吴宝金

难觅古城彰善巷，雨天雪地寻求。奈何倥偬史书搜。何须言苦楚，着我费绸缪。

文物瓦瓿兵燹毁，些微不见残留。霜风吹起又临秋。夜深人寤寐，剩有恨难休。

旧址联想

景物因何寥落尽，
已无残迹可追寻。
今人广博前朝事，
会意形声涉猎深。

少年游·忆天宁寺[①]巷

吴宝金

天宁寺巷，承平乾地，风物话当年。梵殿三更，声传千界，教信众参禅。

曾经几度寻陈迹，明月照泥丸。气势恢宏，由衷兴叹，何止拍栏杆。

天宁寺

①金华天宁寺位于金华婺州公园对面飘萍路100号，金华城中东南隅，该寺建筑风格为典型的元代木结构建筑，具有鲜明的时代特色和独特的建筑风格，1983年被国务院公布为全国重点文物保护单位。天宁寺始建于北宋大中祥符年间（1008—1016），政和年间（1111—1117）赐名“天宁万寿祥寺”。南宋绍兴八年（1138）赐名“报恩广寺”，后又改“报恩光寺”。元延祐五年 （1318）重新修建，保留了部分宋代建筑构件，后代又多次进行修葺。天宁寺巷位于正学街（东关市南）。

念奴娇·登玄畅楼有怀

吴宝金

江城呈瑞，念云闲天碧，陟升明月。澹澹双溪西逝水，载取适时风物。蕴藉[①]温恭，易安[②]沈约[③]，厚遗诗高洁。立时嗟咏，婺州千古人杰。

俦友碕岸[④]逍遥，随心小棹，通济桥横截。南北乡贤常往返，举世文章宽阔。远眺南山，情怀绮陌[⑤]，共我心欢悦。夜深无寐，举杯还酹[⑥]先哲[⑦]。

玄畅楼（八咏楼）

①蕴藉：含蓄不显露的意思。

②易安：宋“千古第一才女”李清照的号，她在金华写下了脍炙人口的诗《登八咏楼》、词《武陵春》。

③沈约：南朝政治家、文学家、史学家，任金华太守时建“玄畅楼”，因其八咏诗而易名为八咏楼。

④碕岸：指曲折的河岸。

⑤绮陌：是指繁华的街道，也指风景美丽的郊野道路。

⑥酹：把酒浇在地上表示祭奠的意思。

⑦先哲：指已去世的有才德的人。

柳梢青·咏文昌巷①

吴宝金

一脉传承，千年缕续，圣哲叮咛。北麓东莱，南轩仲晦，乃著碑铭。

何家三杰精英，小邹鲁②、文昌更兴。世泽绵长，贤才蔚起③，彰显江城。

文昌巷

①文昌巷位于金华市中心。南接将军路，北至府城隍庙，南北走向，全长800余米。著名史学家、教育家、出版家、翻译家，爱国人士何炳棣、何炳松、何德奎（世称何氏三杰）曾居住此巷内。

②金华文化积淀深厚，人才鼎鼎，故有“小邹鲁”之称。

据史载，清光绪二十四年（1898），金华有八县名流在金华北山建“鹿田书院”。院内供奉有宋、明、清朝著名七贤。清知府继良曾题“八婺儒宗”。张栻、朱熹、吕祖谦曾在此讲学。

张栻，字乐斋，号南轩；朱熹，字元晦，又字仲晦；吕祖谦，金华人，字伯恭，世称“东莱先生”，他创办“婺学”，与朱熹、张栻并称“东南三贤”。

③蔚起：指兴旺地发展起来。

登八咏楼①

吴宝金

思绪频翻逐水流，诗书欲写费绸缪。
悠悠八咏凭兴起，澹澹双溪孰载愁。
雅致华章传万代，文从典籍继千秋。
前朝素有才人出，后辈崇隆祭此楼。

八咏楼

①八咏楼原名玄畅楼，沈约任金华太守时所建，因其所著八咏诗而易名为“八咏楼”。

金人捧露盘·上浮桥①

吴宝金

上浮桥，登翠嶂，自逍遥。紫陌里，写尽琼瑶。银光满地，正玉盘高挂听吹箫。鼓楼前看，有街邻，兴起歌潮。

清风起，尘霾净，繁叶茂，蕊含苞。试比艳，女子妖娇。溪边漫步，见婆娑杨柳絮棉飘。梦归何处？待来年，重整丝绦。

20世纪90年代上浮桥

①上浮桥又名宏济桥、问津桥。古代有钱人有修桥铺路行善积德的行为。为方便金华到丽水、温州通行，明朝永乐年间由金华人氏袁大珍捐资建造，江上架有舟船24艘，用铁链相连，船上铺木板，浮于水面，船随水位升降。明宣德三年（1428）袁大珍之子袁淮、袁河等捐款又进行重新建造。到清朝时，又多次修缮。1999年在原上浮桥西侧新建钢筋混凝土的新大桥，名曰宏济桥。

惜红衣·乡梓情怀人杰[1]

吴宝金

薄雾初收，浓妆后续，早春滋味。旭日曈曈，芙峰绛霞蔚。芳丛徛立，花正乱，香薰襟袂。沉醉，文化故乡，婺城兰图绘。

东莱子弟，南宋乡贤，篇章具回馈。珍藏典籍荟萃，颇瑰丽。沈约[2]世人称道，举酒一樽酬祭。八咏楼[3]怀远，千里锦书遥寄。

---

①金华有“小邹鲁”之称，文人雅士颇多，文化积淀深厚，南宋时有“东南三贤”之称的吕祖谦，字东莱，金华人；朱熹，字仲晦，江西婺源人；张栻，字乐斋，湖南涟源人，是著名理学家、教育家。吕祖谦曾在金华北山鹿田书院、丽泽书院、武义明招山等地讲学。

②沈约（441—513），字休文，吴兴武康县（今浙江德清县）人，历任南朝宋、齐、梁三朝大官。南朝齐隆昌元年（494）被贬后，任金华太守时建军台玄畅楼。至唐玄畅楼改为八咏楼，沈约的“八咏诗”至今让后人敬仰不已。

③南宋时著名女诗人李清照才华出众，巾帼不让须眉，避难金华时写下脍炙人口的词《武陵春》和《题八咏楼》诗。

菩萨蛮·熙春巷[1]

吴宝金

古子城内熙春巷，旧时景物凭欣赏。臻萃一条街，游人常往来。

婺州多胜迹，老井[2]傍民宅。约友去寻踪，等闲看镇东。

熙春巷

---

①熙春巷位于东二隅古子城中，长300余米，居八咏老街北侧，与八咏老街平行，西北侧有鼓楼里保宁门，沿鼓楼里北上200余米有全国保留最完整的“太平天国”侍王府。

②熙春巷东头有古井一口，名镇东井。

浣溪沙·题水竹居[1]

吴宝金

水竹云居月色清，茵茵缬草[2]小蛩[3]鸣，泥丸啼破惹人惊。
但得愔愔[4]容膝屋，何须耿耿驻溪亭，读书厚顾[5]夜安宁。

---

①据坊间人传，金华有一旧式名廛叫水竹居，经史册查阅，奈何几经沧桑惜无踪迹。

②缬草：一种多年生耐寒开花草本植物。

③蛩：指蟋蟀。

④愔愔：指幽深和悦安静的样子。

⑤厚顾：隆盼的意思。

沁园春·忆仙桃巷①

吴宝金

千陌风和，万井烟霞，妙境渐臻。念仙桃巷内，翻飞红雨，鹂莺巢外，素静兰云。翠柳婆娑，暗香浮动，独自凝情绿水滨。斜阳照，见碧波潋滟，倒映青�。

芳原遍是游人，道杜宇声中好踏春。正登临湖岸，纳风成韵，赍擎②盏酒，敛雨留痕。四起诗情，八方感咏，邹鲁③乡贤颇具神。文彰显，又续传学问，字字千钧。

①古代婺州城内街巷林林总总，各有特色。传闻古仙桃巷栽植桃树颇多，一到春天桃花绽放，美不胜收，因时代变迁，该巷如今不存，惜乎。

②赍擎：意为携带、持送的意思。

③邹鲁：指金华，金华历来有“小邹鲁”之称。

题休文井①

吴宝金

乾坤中守静，绝世休文井。
一脉北山泉，千年流久永。

休文井

①八咏楼系南朝沈约任东阳郡太守时所建。八咏楼下东30米处，有一古井，传说是沈约骑驴路经此地，取井中之水饮而得名，故曰“休文井”。该井地下水丰沛，长年不断，甘洌可口，清澈见底，冬暖夏凉，古时附近百姓到此汲水。北宋年间，金华知府赵师岩曾亲笔写下“休文井”三个字，并镌刻石碑立于井前，以资纪念。此井历尽沧桑，世世代代与八咏楼相依相偎。八咏楼修缮时旧时风貌得以完整保留。

暗香·龙渎桥[1]览胜遇友

吴宝金

婺江两岸，正絮花缥缈，纷飞银汉。拂水晓风，欲把毵毵柳吹散。龙渎桥头踱步，闻噪鸟，时啼时断。独自去，燕尾洲头，惊起两鹁鹳。

休管，越翠苑。惬意五百滩，未觉疲倦。奈何日晚，明月高悬不胜看。畴昔同人几许，今夜里，相逢溪畔。已白发，身健硕，且多俊彦。

20世纪90年代龙渎桥

①金华龙渎桥坐落在婺江分流的河道上，与双龙大桥相交。早年时，这里地势低洼，一遇洪水就淹没，村落散乱。如今随着城市变迁，此地已建成现代化的居民区，五百滩公园环境优美，与燕尾洲公园遥遥相对，居住此地的人们犹如在画中生活，幸福美满。

点绛唇·紫岩殿①今昔

吴宝金

独自沉思，梦中遥忆当年景。遍寻踪影，凉夜风吹醒。
此际欢游，仿佛临仙境。行蹊径，暗香相迎，醉眼观形胜。

赤松山口村东紫岩殿

①古时金华八咏门外婺江岸边有一座紫岩殿，又叫西紫岩殿，与许多寺庙结局一样，于清朝末年民国初期被毁，原址已建成供金华人民游乐的婺州公园，东紫岩殿现在赤松山口村。

离亭燕·吟通济桥①塊

吴宝金

初霁洪流方退，重见碧溪桥塊。亘古及今多少代，未失旧时阶础。淡定卧江边，经历沧桑无数。

往事不堪回顾，今日向谁倾诉？水浸雨欺坚砥砺，兀自寄情寰宇。守拙话清贫，留得万年风誉。

20世纪90年代通济桥

①金华通济桥民间称为金华大桥，横跨婺江，贯通城市江南江北。成为连接金华老城区与开发区的纽带。早先通济桥未建之前，元大德四年（1300），由西峰寺及庵禅师沟通各方，倡议建石桥，耗时五年半，砌成11个桥墩，桥梁未成，及庵禅师去世，工程搁置。又过了许多年，由西峰寺住持云龙牵头，用衣钵寺寺产作建桥之资，终于在元统二年（1334）建成十一孔石墩木梁桥，上覆桥屋50间。当时是十一孔石墩木梁桥，上盖三殿两亭。清嘉庆十四年（1809）改为十三孔石拱桥加筑石栏。中华人民共和国成立后加固加宽，北岸又增建二孔石拱旱桥，交通变得更为便捷、通畅。

玉蝴蝶·邱家潭①的回忆

吴宝金

邱家潭水泓泓，长忆道恢宏。独自且徐行，欣然看婺城。
华灯初放处，街景使人惊。今夜望长庚，咏吟团月明。

①邱家潭旧迹无寻，据前辈们口述，应在现银泰大楼位置。古时风貌已渐行渐远，只能在存留的史书中去寻找其往迹了。

喝火令·咏天长巷[①]

吴宝金

正送敦淳客，迎来笃睦邻。识时归燕舞缤纷。星夜少年才俊，祖训自遵循。

胜意沉吟者，情怀耕读人。育桃栽李湿衣巾。几度风侵，几度雨淋身。几度颂歌乡梓，我辈耀乾坤。

20世纪50年代天长巷金华一初教学楼

①金华五中前身为金华一初，原址在天长巷。学校历经120多年，莘莘学子在这里被培育成国家各行各业的精英。学校历届老师付出自己毕生精力和汗水，赢得学生的爱戴和社会的尊重。学校声名鹊起，誉满全国。

满庭芳·题咏婺城①

吴宝金

碧宇生辉，丹霞蔽日，婺城天气澄和。燕啼莺啭，杨柳舞婆娑。径自花蹊蹀步，湖边憩，俊赏莲荷。诗俦唤，遂登彼岸，绕过小山坡。

林柯，堪蓊郁，篔筜掩映，戏水天鹅。老翁自逍遥，棹楫清波。自觉精神尚好，四面看，景致繁多。环乡梓，等闲人物，原野咏嘉禾。

---

①婺州古城，随着城市规划建设，可谓日新月异，呈现一派欣欣向荣的景象，古婺旧街陋巷已不复存在，如“草滩”“芭蕉岭”“小巷”旧地已建成鳞次栉比的高楼大厦，人民生活有了翻天覆地的变化。旧时风物虽已荡然无存，但是作为新一代金华人应该承担起传承历史文化的责任，把金华的城市蜕变写入史册。

沁园春·访侍王府[1]旧址有感

吴宝金

日夜筹谋，觅迹寻踪，访古问今。正素秋时节，诗家论赋，艳春岁序，骚客和吟。故地勾留，街闾顾惜，岂让尘埃恣意侵。相期久，又谁能忘却，祖训良箴。

黄昏暮色沉沉，见庭院清幽甚肃森。叹威仪府第，杳然乐曲，萧条候馆，罕有弦琴。昔日群雄，藏形匿影，草冢孤篷伴野禽。吾侬辈，有雄心壮志，向远胸襟。

①侍王府在古子城中，太平天国后期将领李世贤当年在金华的指挥中心，是目前全国保存最完整的太平天国王府。侍王府原为唐宋州治所在，元朝宣慰司署，明朝巡按御史行台，清朝试士院。侍王府建筑规模宏大，内藏艺术珍品瑰丽，更有五代时期的古柏两株。

寻芝麻山头①遗址并忆新学入金百廿年

陈国友

陋舍诚高远，径幽垂断篷。
抚墙寻旧日，或可忆新声。

20世纪50年代在芝麻山头的金华五中

①芝麻山头，原为金华一古巷，东起桂林巷，西至螺蛳巷，中有一段连接雅堂街，还有一巷口为柴场巷北端，地势较高而蜿蜒起伏，总约两百步，因道路建设及旧城改造，与柴场巷、螺蛳巷同时沉没于历史。清光绪二十一年（1895），美国女传教士李福丽（Stella Refrea）奉美国基督教北部浸礼会派遣来华到浙江金华从事传教活动，兼办教育，开始筹建学校。1898年，在芝麻山头创设“洋学堂”，此为金华最早讲求新学的学府，亦为浙东新学先驱之一，是金华五中前身。

秋夜微醉，过溪下街②途中为疾雨所袭

陈国友

昨夜又欢醉，残花落满阶。
袒胸迎雨粒，赤脚护泥鞋。
又看云中月，独行溪下街。
天青秋色白，唯我与风携。

20世纪80年代溪下街风情

---

①溪下街，原东起八一北路，西至金华老火车站，是夹在中山路和婺江西路中间的一条小路。现因旧城改造，溪下街变成南北走向，连接中山西路与婺江西路。过去，金华火车站和汽车站都建在中山路上，每天车次不多，旅客易滞留，因而在火车站、汽车站后面的溪下街就出现了许多小旅馆、小饭店，深受南来北往的旅客喜爱。笔者年轻时期也常约三五好友，临窗小酌，笑谈风月，难免带醉而归，故有此诗。

午夜八咏桥[①]望月得句

陈国友

夜静平芜阔，凉风似可追。
三江秋月白，大宇星河垂。
汀草含霜色，林峰起素帏。
且停西北望，拾景欲迟归。

丙申中秋夜大醉偕妻过八咏桥

陈国友

凉夜明蟾云渐开，西风解酒上亭台。
流金沉璧三江阔，清气已然驱闷怀。

①八咏桥，位于双溪之上，建于2014年，起自八咏公园，过义乌江、燕尾洲、武义江抵江南亚峰路。该桥设计师为金华籍学者俞孔坚，其设计灵感来自金华民俗文化中的板凳龙，2015年获得世界最佳景观奖。每当夜幕降临，桥上及公园游人如织，笔者自是其中一员，借诗抒怀，也当情理之中。

吟弄莲花井①

陈国友

玉甃起轩檐，居身繁华境。
泉开龙脉间，月移云鳞顶。
围腰以丹岩，滴水若石磬。
朝夕车马喧，但无江月静。
昨夜雪增高，或来天外影。
盛暑连三瓢，应觉甘且冷。
薄云化雨归，粗茶添酒兴。
婺州几多台，当如第一井。

莲花井

①莲花井号称金华第一井，是为富井，位于解放东路与后街交叉处。因地理位置极佳，故知名度为金华诸井之最。至于凿井年代，已无从考证，只道宋朝就已存在。且每遇大旱之年，莲花井总能井水不竭，故传说亦多，此不一一复赘。笔者于斯，感念良多，借诗以吟，其乐而为。

上浮桥①

陈国友

八婺生好水，好水出磐安。
遍尝吴宁味，更饮乌伤甜。
平畴江正阔，溪流自蜿蜒。
北岸危岩重，东隅尽平川。
回环十八曲，郡府在眼前。
吾心常欲渡，但恐衣履寒。
道途多反顾，江面少客帆。
遂征民间艄，次第列芦滩。
系舟二十四，舟舟比肩连。
童子或皓首，从此越冰渊。

上浮桥

①上浮桥又名宏济桥，现位于飘萍路与东市街交叉口，原址在现址往东百余步之处，梅花门之下，横跨义乌江，是金华通往丽水、温州的必经之地。初建于明朝永乐年间，由二十四条木船系铁链铺木板而成，其后多次修建，1965年改建成钢筋混凝土公路桥，因桥身低平，常被洪水淹没，故在南岸桥墩设有活动铁板，供洪水通过及防止过往车辆行人通行，也有冒险涉水者，因而溺水事件时有发生，1999年再建现桥。

四牌楼[①]

陈国友

谁念牌坊几刻存，排门高树换成新。
千年一瞬繁华梦，车马依稀印旧痕。

四牌楼

①四牌楼位于解放东路与胜利街交叉口，是古代金华的繁华胜地之一，酒店、饭馆、药店、诊所、旅舍、驿站比比皆是，相传有青石大牌坊立于街上，故得其名。笔者少时，常嬉戏于此，攀牛车，滚铁环，逛商家，亲见旧城之历变。

醋坊岭[1]

陈国友

生平缘在市中央，名岭已无半寸冈。
广宇店多难买醋，犹闻旧日酿家香。

---

①醋坊岭位于解放东路，现与明月街交叉处，在莲花井以东，桂林巷口以西，因醋坊而得名。据光绪《金华县志》记载，宋时有官府的醋库坊建于此地，老百姓便以醋坊岭称之。又传，苏辙长子苏迟曾任婺州太守，甚得民心。婺州百姓感念其德，立祠于此，故又称苏坊岭。旧时，岭甚高，道路几经修建越挫越平，现地形微隆，不见其岭，仍用旧名。周边店铺林立，独无醋坊，故戏而诗之。

通济桥①

陈国友

谁记闲棋玉子飞，自操宝马画楼归。
江风依旧江桥老，邀引同门共映晖。

20世纪80年代通济桥

①通济桥位于金华古城之西南，一桥横跨婺江，连通南北天堑，俗称大桥，又因上游不远有上浮桥，也称下桥。离桥百米之东，即为金华江、义乌江、武义江三江汇合之处，江面开阔，烟波浩渺，是为金华胜景。通济桥建于元朝元统二年（1334），因洪水该桥几经损毁几经修建，也因交通需要多次扩建，从最初的十一孔石墩木梁桥发展成现在新旧交融的大桥。相传，在初次建桥时，沿江北岸的三个石墩因江水湍急，多次被冲毁，但建桥者仍不懈努力，因此感动了江边下棋的两位神仙。神仙体恤民众辛劳，便弹出三粒棋子沉入江底，化为石墩，桥遂建成。现在的通济桥，是金华市区最繁忙的大桥，为保留古桥风貌，两次向西拓宽，现在的通济桥其实是三桥合一，周边更有许多大桥建成，很是壮观，遂以诗记之。

净渠头①

陈国友

街陌轻尘四处开，清流源自北山来。
行人若问渠何处，隐入平衢几度猜。

20世纪80年代净渠头

①净渠头位于将军路以西、四牌楼以北的这段路上。早年有一股清水自北山流经此地，汇入婺江，周边居民多在此洗菜涤衣，后因城市发展，道路拓宽，用石板将小河封盖，使之成为地下河道，但旧名尚存。笔者少时多路经此地，记忆犹新，故以诗纪念。

秋日过旧时无底洞①有感

陈国友

大树低垂掩旧门，通幽曲径意深深。
纵然修得金瓯固，莫忘当年挖洞人。

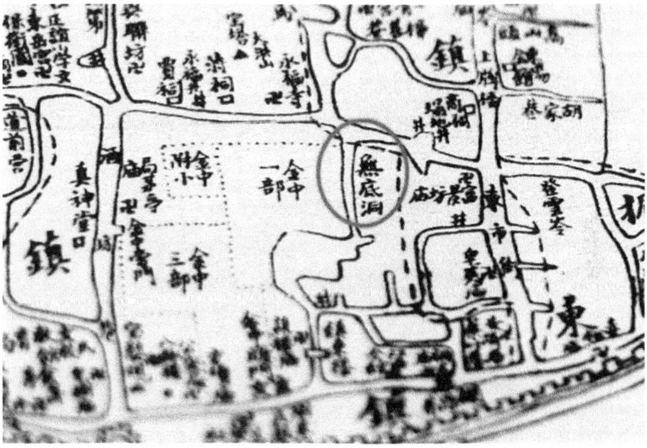

无底洞位置

①无底洞位于将军路，东市街路口与鼓楼里路口间，现金华市博物馆一带。相传因采石形成深坑巨洞而得名，或因古时废弃深井得名，不得考证。笔者常经过此地，亦只闻其名不见其洞，想来挖洞必有其因，无论取石取水，皆为国计民生，故作诗以念旧日挖洞之人。

西华寺①

陈国友

闹市偏留幽静处，禅庵千载闻钟鼓。
修心何必去深山，更向尘嚣寻妙悟。

西华问禅

陈国友

深居市井有遗踪，绕佛问签香火浓。
墙外行人墙内客，总将繁念入禅钟。

西华寺

①西华寺位于市区雅堂街西端，是金华市区重要的佛教活动场所。始建于北宋宣和二年（1120），清宣统元年（1909）重建。现存二进三开间，各称天王殿和圆通宝殿。寺庙虽小，却居闹市之中，香火鼎盛。门口的古樟郁郁葱葱，圆通宝殿有联：翠竹黄花皆佛性，白云流水是禅心。东门有联：辉煌梵宇千秋旺，锦绣江山万年长。笔者曾住附近十五年，香客行踪，寺庙传闻，不时有知，然凡尘杂念焉得禅心？故以诗慎己。

登通远门①

陈国友

薄雾微茫山势高，盘龙出岫到此桥。
登楼凭望三江远，且过兰阴入海涛。

通远门古城墙

①通远门位于西市街南端，有通向远方之意，是古代金华最重要的水路门户，俗称望门。相传，清朝内阁大学士刘墉曾一度被贬金华，为城门官，值守的就是通远门。古时城门之外便是商贾云集的小码头，酒肆茶馆、旅店客栈、山货农具各色店铺鳞次栉比。现遗址尚存，并在东侧重修一段。登通远门城墙举目远望，三江浩荡，南山屏列，诗兴油然而生。

酒坊巷①

陈国友

小径空幽覆旧痕，香车宝马着轻尘。
凭栏只忆金华酒，曾醉南来北往人。

酒坊巷

①酒坊巷位于金华古子城内，原南起八咏路，北至将军路，现南抵飘萍路，北达石榴巷，是金华古城知名的一条老巷。据传，在唐朝此处以开设酒坊闻名，遂称酒坊巷。古时名重全国的金华酒多产于此地，并在《金瓶梅》中多次出现。李时珍认为兰陵酒出自金华，《本草纲目》记载：“东阳酒即金华酒，古兰陵也。”明冯时化《酒史》有云：“金华酒，金华府造。近京师嘉尚语云：晋字金华酒，围棋左传文。”清袁枚《随园食单》有记：“金华酒，有绍兴之清，无其涩；有女贞之甜，无其俗。亦以陈者为佳。该金华一路水清之故也。”笔者少时求学，就在此巷附近，每日过往，自有一种特殊的情感。

四眼井[1]

陈国友

陋巷含烟盖井床，天生四眼出寒浆。
朝开夕落无暇日，谁念姑翁取水忙。

四眼井

①四眼井，金华名井，位于胜利街北段西侧路边，四眼井巷口，现修葺一新。四眼井因井盖凿有四孔而得名，更因井水容量居市区第一，也被戏称“贱”井。旧时四眼井边多有民居，井台有亭，井水因地势较低而充沛，是附近居民饮用的主要水源。笔者少时曾住此井以东二百步之石榴巷，对井自然较为熟悉，每每过往，井台提水之人从无间断，故以此入诗。

水门①记忆

陈国友

九丈城高势可危，浮阶直落近川湄。
双溪到此开平阔，坐看江洲白鹭飞。

20世纪80年代水门民居

①水门，现位于御江帝景小区内，古有一城门曰长仙门，早已弃毁，地势高耸，可俯瞰双溪全貌。多年前从江边一条小巷拾级而上，可达中山路，周边居民稠密，因而也是旧时金华的主要记忆之一。

梅花门①

陈国友

陋巷穿楼百步回，炊烟直向路人吹。
浮桥一径东南去，总念邮人踏马归。

梅花门

①梅花门即赤松门，现距宏济桥以东约百步，城门已恢复，由万佛塔迁址于城门之后。原城门之下有宏济桥（上浮桥）平水过江，是永康、武义方向进入金华的必经之路。相传，当年朱元璋久攻金华不下，心中焦急，闻报坊间有传，“要使梅花开，还须待春来”，便招来麾下大将常遇春在梅花门攻城，大破元军。南宋理学家吕祖谦曾在游赤松门后留下一首《城楼》诗：“城峻先迎月，帘疏不隔风。棋声传下界，雁影没长空。岛屿秋光里，楼台海气中。登临故待晚，雨外夕阳红。”笔者婚后曾在梅花门城墙旧址小住一年，常登高远眺，追念往昔。

八咏路[①]记忆

陈国友

台门散列巷悠长，黛瓦灰砖筑画堂。
最是清风明月夜，渔歌摇过马头墙。

20世纪80年代八咏路

---

①八咏路位于古子城内，与飘萍路平行，东起赤松门，西至胜利街，是古代金华最繁华的街道，也是现代金华保存最完整的古街。在旧时，八咏街分段各有名称，东市街以东称梅花门，东市街至天宁门称拦路井、天宁门至酒坊巷称鼓楼前，酒坊巷以西称仓茅亭。因家父在鼓楼前徐家故里长大并从军，而笔者六岁之前住在拦路井对面的四合院民宅，故父辈朋友邻居多聚于此，随父回访之事时常有之，此诗权当幼时记忆。

南市街[1]渔家旧忆

陈国友

低楼斜立路悠长，散弃乌篷添作房。
应是渔夫江上住，孤灯独照卖鱼娘。

20世纪90年代南市街

①南市街原位于五百滩，从通济桥南岸引桥西侧起始，一直向西延伸，至五百滩腹地，街巷蜿蜒曲折，分支小路错综复杂。因家父曾工作于此，故学业之余时而游之。当时在桥头路口有多家茶馆和杂货店，靠龙渎河北岸有牛市场，路边自建矮房甚多，居民亦众。相传陈友谅与朱元璋在鄱阳湖大战失败后，散落各省江河之上，不得岸上居住，明亡之后，禁令失效，一些渔民上岸定居，南市街由此而来。笔者年轻时，南市街尚有以打鱼为生者，故有此诗。

拦路井[1]

陈国友

八咏街头吾启蒙，门前丹井记年庚。
清风淡月摇灯影，夜半犹闻提水声。

拦路井

①拦路井位于八咏路与东市街交叉处，为金华名井，因掘井于道路中间，有碍行人，有拦路之嫌，故名拦路井，列为贫井，曾因影响交通一度被封闭，旧城改造时，在原址恢复其貌。笔者幼时即住此井对面一四合院内，开始对事物有所认识，六岁离去，随家下放至白沙溪畔东浦村，两年后回城，已不见井台影踪，然拦路井之名已铭记于心，故作诗以记幼童之我。

今日西峰寺背[①]

陈国友

大道通衢楼宇森，蓬蒿寺影了无痕。
行人谁记聊斋事，此地曾留宁采臣。

①西峰寺背位于解放西路，现回溪街至五一路路段南侧，因古有西峰寺而名。西峰寺相传建于明初，至于何时圮毁，无从考证，仅留寺名。蒲松龄的《聊斋志异》中宁采臣与聂小倩的故事据说就发生在这里，当然小说毕竟是虚构的，但宁采臣与聂小倩的人鬼情未了的爱情故事还是感人的。然而，斗转星移，时光变迁，还有谁会去细读蒲松龄的《聊斋志异》，还有谁会去关注凄美的爱情故事。

铁岭头①

陈国友

居高镇扼水西流，俯瞰双溪燕尾洲。
灯火阑珊明月夜，临风独坐最高楼。

20世纪80年代铁岭头

①铁岭头位于中山路，是金华城内的一个制高点，古时水门就建造于此，据传，唐朝著名诗人张志和与铁岭头颇有渊源。现此处高楼林立，登高远望，双溪胜景，一览无余，尤是皓月悬空，清风拂面，其洋洋而极乐矣。

清风楼[1]

陈国友

清风楼上问清风，无限江山谁盛名。
南朝八咏双溪月，游龙夜夜踏波平。

登清风楼

陈国友

极目双流至此宽，苍山碧海与相连。
清风占尽三江水，独向云程济远帆。

①清风楼，金华名楼，始建于明洪武年间（1368—1398），原位于婺城区旌孝门东城墙上。现位于三江口，通济桥南岸以东的黄宾虹公园内，三面环水，风光秀丽。登楼远眺，义乌、武义两江溪水奔来眼底，长龙卧波剧院溢彩佛塔浮云一应佳景皆入画中，清风楼上岂无诗，故作此两首，以表心愿。

明月楼①

陈国友

独占风光明月楼，清风盘柱意勾留。
登临最是凉秋好，如练银河下婺州。

明月楼老照片

①明月楼，金华名楼，现位于人民东路明月街口。原址在梅花门东北城楼上，始建于北宋宣和四年（1122），清初迁至现址。民间有传闻，清廷存明月压清风之虞，故迁明月楼至城北。明月楼一直被文人所钟爱，古时留有“芙蓉峰前旧时月，夜夜长照溪上流”之诗句，另有一联：更楼上一层望羊石仙遗龙湫胜迹；当月明千里访郈太常记梁学士碑。明月楼虽远离江景，仍不失为赏秋佳地。戊戌中秋凉夜，笔者独登明月楼，拾诗以兴。

清风龙头[1]存叹

陈国友

危岩突起镇城东，据险控咽如卧龙。
览胜高楼今不在，只因明月压清风。

清风公园

①清风龙头位于义乌门以东，梅花门以北，现清风公园内，因有龙头状高坡突起，直抵江岸，义乌江由此转向，古时坡上建有城墙，并清风楼，故名。现城楼俱毁，只留一处荒坡，兴废更替，不觉生叹。

金华小码头①

陈国友

通远门外秋水扬，云帆蔽日又横江。
船中多少风尘客，许是鸿儒或富商。

过小码头于金华渡掠景

陈国友

秀色三江君可知，风光醉我不相辞。
南山移作宾虹画，婺水书成太白诗。

①小码头位于通济桥以东，通远门之外，是古代金华最重要的水岸商埠。在水上交通占主导地位的古代，金华小码头上通东阳、义乌、永康、武义，下达兰溪、建德、桐庐、富阳、杭州，乃至出海过洋。因此，古时小码头之盛状，为金华之首，江面商船连绵不断，岸上酒馆客栈商家林立，其间多少富商鸿儒由此经转发迹成名。遥想当年，豪情顿起，作小诗一首或可记取旧日情怀。今小码头建有牌坊一座，临水而立，取“南山移作宾虹画，婺水书成太白诗”联句刻于其上。

桃花坞[①]

陈国友

花坞隔江春意浓，齐天桃色醉朦胧。
忽如一树东风起，十里游鱼争乱红。

桃花坞

①桃花坞位于原上浮桥南岸以东约二里，旧时附近村民种植大片桃树，每当桃花盛开季节，便为金华赏花的绝佳之处。直至现在，邻近的道路或民宅多以“桃”字命名。家父少时多次游览桃花坞，每每谈及，总是喜形于色，做陶醉状，故以家父所传立诗。

年逾不惑忆少时婺江八咏滩[1]

陈国友

门对大江江水清，江滩最合望江灯。
江船夜过清风渡，欲取沉江一粒星。

今日八咏滩

陈国友

杨柳如烟半浸水，萋萋芳草画银滩。
江舟无影何从渡，夜色骑龙南更南。

---

①八咏滩因八咏楼及八咏门而得名，位于现飘萍路以南，原多为工厂和民居，现已改建成八咏公园，登八咏楼可一览全貌。八咏公园以南朝梁金华太守沈约雕像及其八咏诗为主题，富有人文特色，树木、草坪、沙滩、江堤、绿道、廊亭，布置精巧，游人众多。元末明初，朱元璋手下大将胡大海曾在此检阅部队。太平天国侍王李世贤也曾在此检阅部队。抗战期间，周恩来曾在八咏滩做抗日救亡的报告。笔者青年时期曾独住于此，学习、聚会、游泳，更有趁星月虚光，散步沙滩，望江水不绝而长思。

天宁寺①

陈国友

久伫高台瞰大江，沉雄百丈气轩昂。
依稀巷口闻钟鼓，自是洪宁祈瑞祥。

天宁寺

①天宁寺位于飘萍路的胜利街路口与明月街路口之间的北侧高坡，面朝婺州公园，远望三江汇流，为金华市区一游览胜地。天宁寺初建于北宋大中祥符年间（1008—1016），原名承天寺，后改名崇宁万寿寺，政和年间（1111—1117）改名天宁寺，元延祐五年（1318）重建，现存大殿建筑，基本为元代所留。天宁寺大殿全部使用木柱，结构古朴，相传大殿内设有鸟雀结窟，有猜测为迷信思想所致，有猜测为木料气味所致。

吴家[1]旧忆

陈国友

日暮村原三两鸦，炊烟绕树几人家。
通元桥上生风景，归晚牧童披彩霞。

吴家旧景

①吴家现位于人民东路以北，东市北街以西，旧时为金华古城墙外一村，城墙拆毁后融入城市。由通元溪自北山而来，依村而过，溪上垒有石拱桥一座，古树笼罩，紫藤蔓延，风景别致。1988年笔者专程摄有以上照片，今惜旧景不再，甚憾，以此旧忆记之。

过鼓楼里[1]有叹

陈国友

王府宫深听冷蝉，垣墙对列少人烟。
而今不比当年静，如织游人浮市喧。

鼓楼里

①鼓楼里位于古子城内，是贯穿保宁门，南至飘萍路，北至将军路的一条小路，现在也指小路以东到东市街的整个区块，包括过去的谯楼巷、小井巷等，现区块东北角已建成金华博物馆，其他迁建许多古代旧宅，成为金华市区的一个特色景点。过去，鼓楼里北段西侧为太平天国侍王府，北段东侧为部队用房，民宅都集中在鼓楼里南段，即照壁以南，因此鼓楼里北段少有行人。笔者年少时，常与家父往返鼓楼里，到拦路井和鼓楼前寻访旧友。

旌孝街①

陈国友

小巷纷罗大路横，灰墙黛瓦附新声。
石桥流水应如故，只是无须守旧城。

旌孝门

陈国友

百里晴川一线牵，稠城远望若浮烟。
楼门纵使随风去，鼎鼎盛名还续传。

---

①旌孝街，位于旧城东北部，是过去通往义乌的唯一通道，曾有城门称旌孝门，俗称义乌门。现人民东路南侧，由将军路鼓楼里路口起往东北方向斜插，过东市街和通元溪至人民东路。古时通元溪有石桥一座，桥南有义乌门，门内称旌孝街，门外称游宅街，旧时尚无人民东路，游宅街一直延至东关，因此也称东关街，之后城门拆除，二路合一，为旌孝街。据传，明朝时，义乌门外有吴姓乡女进城为母买肉，被屠夫摸手调戏，吴女愤而夺刀，自断手臂，因失血过多死于义乌门外石桥上。朝廷为吴女节气所动，特立牌坊一座，以示旌表。故石桥命名为旌孝桥，城门命名为旌孝门。旌孝街较为绵长起伏，分段地名也多，由南至北分别称三清殿、冯宅岭背、旌孝街、游宅街、马铺岭背。笔者几易住房，均距此街不远，且少年同学多散居于此，故与旌孝街自有情缘。

石榴园[1]新咏

陈国友

小院悠悠颜色清，红黄次第落芳英。
问君哪得常相忆，榴火年年照眼明。

石榴巷

①石榴园在石榴巷西段，古时因建有栽植石榴的园子供人观赏和采摘而得名。石榴巷东起旌孝街，西连胜利街，约一千米。东段有南宋宰相叶衡故居及最高亭，陆游和韩元吉等登临并诗，现已不存。石榴园路边有无名古井一口，笔者自少年起住此十多年，独具情感，遂以诗记之。

题八咏楼[①]

陈国友

独立东城千百秋，风光几欲盖神州。
岭南才子幽燕客，踏遍香尘为此楼。

畅怀八咏楼

陈国友

风雕雨刻越千秋，一世高名八咏楼。
坐望南屏浓渐淡，勾连东水去还留。
韵从沈后才人续，词到李前新泪愁。
潮涌春江拍岸响，新途快意驾轻舟。

---

①八咏楼，金华名楼，原名玄昌楼，位于金华城东八咏路中段，义乌江北岸。早年临江，后因江水南移及兴修公园，现离义乌江百步之余。南朝时创建，坐北朝南，高台耸立，遥望婺江。该楼题咏颇多。南朝齐隆昌元年（494），东阳郡太守、著名文学家、声律学家沈约筑楼并作《登玄畅楼》。唐朝诗人严维留有“明月双溪水，清风八咏楼”。南宋绍兴五年（1135），著名女词人李清照作《题八咏楼》：“千古风流八咏楼，江山留与后人愁。水通南国三千里，气压江城十四州。”笔者青年时期曾住八咏楼对面八咏滩的紫岩巷，顺得雅号“紫岩”，每日目睹八咏楼之风采，故以诗咏之。

早年设摊清波门[1]有朋邀醉之忆作

陈国友

林中置酒宴新朋，圆月浮云共路灯。
忽有东风频借力，槐花一树解余酲。

清波门

陈国友

故城流幻费消磨，不见高门见绿坡。
雪色停舟须感叹，光阴过隙任蹉跎。
夕阳还照云间鹤，溪草犹怀蚌上螺。
我欲空江招远客，拂衣长笑踏清波。

---

①清波门，金华古代城门，位于现婺江东路、明月街、飘萍路、中山路交叉口之西。因城市及道路多次改造，旧址无迹可寻，相应传说也少，只留旧名。笔者婚后在此居住五年，经历人生之转折，既为女儿出生地，也是陈记旺得福面馆的创业点。因此，此地对于笔者来说，意义不凡，特以诗记之。

与访友谈[1]

陈国友

风轻云雀闹，有客夜相探。
坐拥芦门外，笑谈花雨前。
金樽不为酒，玉盏且从烟。
唐宋千秋句，悠悠话圣贤。

①雅堂街，位于市区中心地带，连接明月街到后街的一条小路，但在金华颇有名气。现雅堂街种满了玉兰花，为金华知名的花街。2001年笔者曾居此地并创业开店，其间与诗友谈诗论词。

天皇门①

陈国友

远对青山隔浅池，惜无佳客复来兹。
但传北郭开门日，总是金城失火时。
乌桕残枝存鸟迹，飞蓬荒野覆丹墀。
而今此景随烟去，长乐承平亦若斯。

天皇门旧址

①天皇门，位于人民东路天柱巷之坡顶，今废，遗迹无存，只有书中记载，也有称天一门和天柱门的。笔者少时曾住天柱巷坡顶以南二百步之右拐弯处石榴园井头沿，对其传说多有耳闻。据传，天皇门为金华之火门，因而终年不开，一旦开启城门，城内总有一处失火，且十分灵验。而今天皇门早已灰飞烟灭，但盛世平安尽在眼前，故以诗咏之。

感怀燕尾洲①

陈国友

百里清源聚一头，天高江阔汇名流。
得志乡贤邀写月，衔凄北客欲行舟。
伤心何怨双溪水，举酒当思八咏楼。
往事随风今不见，龙盘燕尾覆新洲。

20世纪90年代燕尾洲

①燕尾洲位于金华江、义乌江、武义江三江汇合之处，是因义乌江和武义江相交形成如燕尾的夹角沙洲，故有此称。2014年建成公园，公园借江州之地势，以五彩板凳龙形状之八咏桥串联八咏、燕尾洲、金龙湾三公园，燕尾洲并建中国婺剧院，与东面万佛塔和西面通济桥相映成趣。漫步洲头，思绪万千，感怀不已，抚今追昔，焉能无诗？

过四世一品①古巷忆宋相王淮

陈国友

墙高百尺斗炊烟，巷短何曾不济天。
但饮门前双眼井，空无身外一文钱。
降灾贫民归田赋，倾国危邦举众贤。
只叹门庭明灭处，独留永忆在心间。

20世纪90年代四世一品

①四世一品，金华知名古巷，因南宋名相王淮而得名。现因旧城改造而不存，立碑以志，但旧名依然沿用。王淮为相十三年，荐举贤才，力主抗金，不党无私，刚直不阿，因而名震朝廷，故王淮堪称中国历史上的一代名相。因为王淮对国家的贡献，朝廷赠封其曾祖父王本为太师鲁国公，祖父王登为太师魏国公，父亲王师德为太师楚国公，均为一品爵位，成为中国历史上第一家被赠封为“四世一品”的家族。因王淮建造相府在此，故此巷称为“四世一品巷”。王淮的一生，为家族赢得了荣誉，也为金华赢得了荣誉。笔者每过此地，崇敬之情油然而生，故作诗以忆。

侍王府

陈国友

历历子城淹旧宫，世人评价任殊同。
兵扬桂北清廷震，席卷江南铁汉荣。
结党堪怜殃百姓，封王何以论英雄。
太平画作图中月，天国依然在梦中。

侍王府

诗咏兰溪门①

陈国友

西出郡门云气佳，城垣内外尽繁华。
荷塘巷口舒新柳，府上街前试早茶。
担头叫卖农家布，店舍惜留西子纱。
而今旧迹无寻处，百丈高楼染翠霞。

20世纪90年代八一北街兰溪门

①兰溪门是通往兰溪的陆上必经之路，旧址应在解放东路与新华街交叉处，现城门早毁，因而这一带统称兰溪门。原为城北之门，岁月沧桑，过去的边隅之地，而今成了闹市中心。旧时城外就有商业兴起，府上街远近闻名，城墙拆除后，交通更为便利，商业地位凸显。笔者时常去兰溪门购物，深受商业气氛所染，故以诗咏怀。

盐埠头①

李国雄

双溪分又合，惯见客船悠。
盐市江头兴，苍鹰燕尾啾。
东邻闻婺戏，西埠接桥头。
千古沉浮事，烟波不复流。

---

①盐埠头现为金华市住房公积金管理中心位置，南面正对燕尾洲。盐埠头古时为客货船码头，对面是盐埠头巷，巷口有一官方盐仓。可能当时整个金华城供应的盐都是从盐埠头这里上岸的，故此码头叫盐埠头。

天宁寺①

李国雄

秋风吹古柏，烟雨湿黄花。
渺渺三千水，蒙蒙万里涯。
乡愁随浪涌，日落见帆斜。
祈祷何消梦，登高望故家。

天宁寺

①据传天宁寺旧名大藏院，创建于北宋大中祥符年间（1008—1016），赐名承天寺。北宋崇宁年间（1102—1106）改为崇宁万寿寺。政和年间（1111—1117）称今名。南宋绍兴八年（1138），为祀奉父王徽宗，赐名报恩光孝寺。元代仁宗延祐五年（1318）重建。明正统（1436-1449）时修复，名为天宁万寿寺。1979年重修，保存元代原貌。大殿后有松柏两株，状如游龙飞凤，邑人称为“龙凤柏”，距今已有一千多年。

金钱寺经幢[1]

李国雄

南关[2]临婺江，独立一经幢。
高入青云里，偎依古柳旁。
翘莲晨滴翠，怪兽晚雄苍。
风雨遗痕迹，凄凉泪几行。

经幢

①据康熙年间《金华府志》记载：法隆寺，在县南三里，寺前经幢高可五丈，刻云唐大中十一年立。其幢累石为之，青绿色，制琢精奇。幢下石隙周匝有大金钱，径二寸许，以杖举之，宛转其中，竟莫之得，俗呼金钱寺。法隆寺经幢为平面八边形，残高6.3米；由十余块大小形状不同的上好青白石分别雕刻，逐级层层垒叠而成。法隆寺经幢原来有十二层，从下往上依次为幢座、幢身和幢顶。幢座由两层束腰须弥座组成，幢身由勾栏望柱、覆莲、八角《佛顶尊胜陀罗尼经》幢柱、宝盖等组成，幢顶由磐石、勾栏望柱、宝珠、葫芦宝刹等组成。据说，幢顶原来有一个雕刻精美、图案生动、非常漂亮的石葫芦。

②南关：金钱寺古称南关村。

旌孝街[1]

李国雄

娘亲疴疾生，孝女绪何宁。
赊肉思贫母，竖夫怀歪经。
桥头留恨处，纤臂断肠声。
一怒为身洁，遗芳万世名。

旌孝街

---

[1] 旌孝桥南称旌孝门大街，后又称义乌门街；桥北称游宅街，后又称东关街。据传明朝时有吴姓乡间少女，家贫事亲至孝，为病母去城里买肉，被屠夫摸手调戏，女夺刀断臂流血死于石桥上。后桥命名为旌孝桥，街以桥名为旌孝街。

净渠头①

李国雄

水自山中出，泉从地下通。
曲渠流见底，暑夜镜悬空。
影动飞檐近，灯悬映晚红。
倚门诓趣事，隔岸乱清风。

①净渠头位于将军路以西、四牌楼以北的这段路上。因有一条水渠从北流向南边，水清澈见底，水温偏凉，故这段路被称为净渠头。听说古时附近的居民经常在此提水或洗涤，而每到炎热的夏天，渠边就会坐着一些人点烛或提着灯笼在此纳凉。年长的手中拿着蒲扇，年少的在渠边戏水以解暑气消闲。

禹王殿[①]

李国雄

啸龙出隘关，辗转婺江间。
汹怒千声急，湍流万户寒。
家财求少恙，蜡烛袅香龛。
手捏平安纸，心中得港湾。

①禹王殿在通济街禹王弄里。弄堂口附近有几爿南北货店，一是万通，二是信丰泰，都是当时有名的商铺。由于婺江以前经常涨大水，沿江的盐埠头、通济街会被淹没，引发洪涝灾害。所以住在附近的居民在洪涝汛期，经常会有人去禹王殿进香求平安。殿内供奉有大禹神像，两边供奉着皋陶、后稷、伯益、契四大功臣雕像。

牛市场溪滩[1]

李国雄

东抱双溪水，南朝万户门
清晨闻鸟语，薄暮听牛吟。
商埠移帆影，石桥连县村。
平畴三百里，沿岸遍芳茵。

①笔者原住盐埠头，后门正对武义江与义乌江交汇处的燕尾洲，靠西南通济桥这边原是一片由河卵石组成的溪滩，是南市街的牛市场，再往南是金钱寺村，这里原是江南的一片良田，向东往上浮桥那边是一片树林，现为八咏景观桥区域。那时婺江经常有通往兰溪的客船和商船。

一览亭[1]

李国雄

古城微雨后，落日照江明。
远近苍山暮，方圆诸色清。
寺观藏故事，楼阁噪名声。
欲尽风流处，亲临一览亭。

一览亭

①一览亭坐落于金华城区铁岭头附近一处高坡上，又名圣览亭。据传一览亭由郡守钱润等建于明宣德三年（1428），是金华城区的制高点。站在一览亭上能极目四野，俯瞰市廓，金华胜境可由之入胜，近景清，遥山近。东可瞧八咏楼、天宁寺，西能观三苏祠（苏洵、苏轼、苏辙祠堂），南览双溪，北望明月楼、文昌阁。登高远眺，北山芙蓉诸峰蔚然深秀，东南数峰如万马奔腾，西隅兰江诸山远在天际，双溪二水在城下合流西去，众多寺观楼阁参差排列于山城雉堞之中，举目一览无余，故名。

四牌楼[1]

李国雄

街坊古迹不胜收，闻说城东有四楼。
残影无存余韵断，惜其长使失风流。

四牌楼旧址

①传说四牌楼古时在婺城中心地带，有条著名的闹市街，建城时叫“中街”，明代称“四牌楼街”。这名字缘于从醋坊岭东下，原县衙门前不到500米长的商业街上立有跨街的“中和坊”“归仁坊”“安仁坊”“悌顺坊”等四座石牌楼。这四座牌楼的名称大多取意于儒家“上合天心，下合地理，中合人和”的道德准则，对社会起教化作用。后来社会思潮激变，牌楼名称曾几度变更。

小码头①

李国雄

南侧临江小码头，街中如鲫涌人流。
客商拴缆离船去，不是茶楼即酒楼。

20世纪70年代婺江东路小码头

①小码头在通济桥北端以东沿江百米的一段区域，正南面是婺江，客船、竹排比比皆是。这里曾经是金华城里最繁华的地方，也是当年金华城里最好的去处。残破的房屋、横列的石阶，老式的排门，街两边开着南货店、杂货店、竹器店、打铁店，还有酒铺店、茶馆等，呈现出一派欣欣向荣的景象。酒铺和茶馆也是个非常热闹的地方。酒铺里常常聚集几个生意人或亲朋好友，时不时传出高声行酒令的声音。茶馆里更为热闹，大多是进城卖菜和购货的农民或商客。各茶馆里都有说大书的人，他们当时经常说的有《三国演义》《水浒传》《封神演义》和《七侠五义》等侠客之类的故事。

西华寺①

李国雄

莲香几缕可祛尘，欲去西华寄此身。
古寺长怀清净梦，修禅闭目释心痕。

西华寺

①西华寺位于市区雅堂街西端，原名三元庵，是金华市区重要的佛教活动场所，始建于北宋宣和二年（1120），明天启元年（1621），随庵右旁西岳宫改名魏忠贤庙而改名为西华寺。清同治初废。宣统元年（1909），由恒通住持重修。西华寺历史悠久，一直香火甚旺，是金华历史文化的见证者。西华寺的前后有天王殿、圆通宝殿及西厢房。寺庙不大，却处于市中心，是滚滚红尘之中的佛教净地，燃香许愿的场所。

万佛塔①

李国雄

孤峰千丈破重天，谁料风光在底间。
不意沉眠凭一镐，敲醒塔室佛千年。

万佛塔老照片

①据记载，万佛塔始建于北宋嘉祐七年（1062）至治平元年（1064）之间。原址位于浙江省金华市区塔下寺的山坡上，九层八角楼阁式砖木结构建筑，由佛僧居政倡导建成，初名叫“密印寺塔”。因塔身外壁上半部的每块砖上雕有不同的精美如来佛像，一排排地结跏趺坐在莲台上，数以万计，故称“万佛塔”。

该塔是楼阁式的砖木结构，八角形，初建为九层，道光二十七年（1847）大修时，增至13层，层层棱角飞檐，高达50米。塔体内设扶梯，曲折而上，凭栏远眺，双溪似带，群山如屏，素有“浙江第一塔”之称。1942年抗战时期拆了部分塔身。1956年，因建造办公楼，挖地基时发现塔下有一地宫，内藏许多文物。2014年，万佛塔重建工程启动，于2018年建成并重新开放。

太史第[1]

李国雄

红瓦蓝天啼鸟孤，庭中杂草乱疏疏。
多情自是旧时燕，识得豪门本姓朱。

①酒坊巷路口以北的那段巷子旧称是有名的太史第。据传，金华太史第的主人是朱之锡。名臣朱之锡（1623—1666），字孟九，号梅麓，义乌陇头朱人。朱之锡是清代首届（1646）科举进士第八名，经殿试入翰林院，33岁离开翰林院，任吏部侍郎，再升兵部尚书、总督河道兼都察院右副都御史，1666年3月去逝。按清代官制，凡翰林院官员，社会上统称“太史”，所以有多种史籍称朱之锡为“朱太史”。

马门头①

李国雄

雕栏玉砌紫墙修，骑马当年便是侯。
举酒凝眸邀远月，繁华何日再回头？

通远门古城墙

①马门头在小码头东北面，古时谓通远门，又称呼望门，是古时金华的正南门，通远门筑有明清时期的城墙。历史上，通远门外就是小码头，是进入金华城最重要的水路门户。相传通远门也是当时金华人沿水路去兰溪、杭州等地的最主要通道，通远即为“通往远方”之意。

熙春门①

李国雄

清晨寂寂空门里，几径闲街雨后新。
雀鸟轻啼门外柳，熙阳托起一江春。

熙春巷东市北街入口

①熙春门连接鼓楼里和东市北街，出口处正对着万佛塔。熙春门巷引导牌的东侧有一口三眼古井。原旧古子城，由小井巷通东市街。因朝向东方，每当太阳冉冉升起的时候，熙春门是最先享受清晨第一缕阳光的地方。

保宁门[①]

李国雄

遥忆当年盗贼狂，如今翘角对残阳。
灰砖土瓦新痕迹，难盖南门古战场。

保宁门

---

①原旧古子城南门，谓大司前谯楼。保宁门位于老城区婺江北岸，八咏老街的尽头。保宁门所谓“保宁”，是指城池在金戈铁马的冷兵器时代，战争不断，贼盗猖獗，因此古城一般都筑有城门以防敌人或贼盗进城，有“铁城”之誉，起着保护百姓平安的作用。“鼓楼”或称“谯楼”，同样担负着“保宁”使命，具有平时报更、报警、防火、防盗，战时瞭望敌阵、鼓角连营的功能。

桐树门[①]

李国雄

星君楼上雀无痕，月出飞檐光一轮。
桐叶影摇齐桂殿，苍梧底下古城门。

---

①据记载，桐树门是原旧古子城的西门。桐树门城楼上建有一座星君楼，据传楼边生有桐树十余株，粗壮高大，树冠与楼顶齐平，甚是壮观。或因此，古子城西门又称梧桐门。

金华门①

李国雄

近岭城门高几重，霞光山色影空蒙。
旧时烟雨今留几，沿路沧桑问始终。

金华门旧址

①金华门在旧古子城北门，大司后坡下路口，相传废于宋朝。金华门是老城（古子城）通向义乌方向的必经之门，面对北山，风景优美。义乌商贾络绎不绝，沿途村庄变化无穷。现还存有金义古道。

八咏滩[①]

李国雄

波飞碧荡连天阔，岸窄潮来万马奔。
抚景依稀千古慨，涛声照旧忆芳魂。

八咏公园

①八咏滩在八咏楼南面，现沈约雕像处一带。相传抗清名将朱大典曾在八咏滩前为固守八咏门关口，率部激战。后清军从省城运来大炮，轰开西门城墙很多缺口，由此进入城内。朱大典会同守将吴邦璿、何武及自家儿孙、幕僚等32人，镇静地端坐在火药库中，点燃了导火线，在保卫金华城之战中以身殉职。

酒坊巷①

李国雄

子城醅入故人肠，辞赋常登大雅堂。
人赞酒泉泉水好，我夸坊酒酒流香。

酒坊巷

①酒坊巷位于金华古子城内，原南起八咏路，北至将军路，现南抵飘萍路，北达石榴巷，是金华古城知名的一条老巷。它由将军路分割为南北两段，北端历史上称太史第，南端八咏楼附近为桐齐坊，且紧挨古子城城垣遗址而成。巷内以清朝末年至民国初年传统民居院落风貌为主，巷内散落着不同时期的名人故居和考寓、试馆，具有很高的历史价值。宋时称桐齐坊，明时因制酒闻名改酒坊巷。其旁边有一酿酒用的井叫酒泉井，酒泉井见证了金华府酒的辉煌历史和酒坊巷的由来。光绪《金华县志》记载：金华酒以此井酿酒，至清光绪年间，金华知府继良亲自命名为酒泉井。

仓茅亭①

李国雄

停车凝望五旗飘，岁月无情时已遥。
回眷新潮红色重，也曾荼火举宣燎。

八咏老街

①仓茅亭现为八咏老街，位于江北主城区，地处义乌江北岸、飘萍路以北、胜利街以东、将军路以南，属于古子城历史街区保护范围。古子城历史街区，由宋代发展至今，几经变迁，修建以八咏楼、酒坊巷、鼓楼里为代表的传统街巷，是古子城重要街区的组成部分，八咏老街现已成为古子城古玩一条街。据《中共金华市金东区党史大事记（1919—1949）》记载，七中、七师学生会举办平民夜校传播新文化，1925年校址迁至仓茅亭。1923年5月，七中、七师学生举行纪念五四运动四周年大会，大会主席号召继续发扬五四反帝爱国精神。

溪下街①

李国雄

连片低蓬小巷斜，鸡鸣灯烁是渔家。
提篮赶市卖鱼去，孩稚编螺作饰花。

20世纪八九十年代溪下街

①相传溪下街只是一条狭长的路，东起通济桥头，西头与后桥路相接后通到老火车站广场，长不过几百米，宽三四米，路两旁是低矮破败、杂乱无章的民房。紧靠堤岸码头的路叫后桥路。溪下街与后桥路并行，相距不足百米。溪下街的名字应该来自一条美丽的小溪。这条溪源于北山，自北向南缓缓流淌，经过兰溪门穿过中山路，流经溪下街后注入婺江。溪下街位于小溪的末端，溪下街由此而得名。

西大门①

李国雄

碧水荒坡杨柳柔，浣歌幽约不胜收。
晨烟几缕草檐矮，不见车来不见楼。

西大门老照片

①西大门位于金华饭店正对面，现新华街与中山路交叉口。西大门的西北角斜坡下即人民广场，原是荒地，附近住户开垦了一些种菜蔬。正西面近杨塘里有一口池塘，塘边种有柳树，常有洗涤衣物之女轻声对歌。现在的新华街原是城墙。西大门是旧金华最西的一座门，是通向通济桥和城南的要道。

拦路井①

李国雄

石阑潭井绝尘埃，澄澈泉花地底开。
瑶海之神施圣手，怀藏仙水下凡来。

拦路井

①相传该井因建在道路中间故称拦路井，它的正名叫瑞安井。瑞安井位于古子城八咏路的最东端，这一带古名叫瑞安坊，在明代的《咸志》中就有关于瑞安井的记载，古人对拦路井多加保护，井圈、井栏、井床都用青石打造，井床四周还筑有井沟以保持道路干燥。据光绪《金华县志》载，在乾隆年间井栏上刻有“拦路井”三个大字。

将军路①

李国雄

一世雄心难复真，千秋功业化为痕。
可怜基下山岩石，早已空怀晋国人。

将军路与鼓楼里交叉口

①将军路自东至西原分称上横街、塔下寺前街、东岳殿、净渠头、将军路、后白塔、石狮子头等地段名。古时又称北街，街中段西斜的北面原有民国第三、第四两所步兵学校。据说此街因建有晋人徐姓将军庙，故称将军路。1965年改名建国路，1983年复名将军路。

杨塘里①

李国雄

塘墈柳垂飞鸟追，倩娘嬉笑洗罗帏。
酒香飘过风涟起，碧水白鹅红鲤肥。

---

①杨塘里在现在的金华国际大酒店后面，是小码头通向中山路的必经之路。中华人民共和国成立初此处住户不多，边有一口池塘，半亩多大光景。水湛清，住在附近的居民常来此塘洗涤。塘堤上有一棵老柳树，枝条垂挂在水中，鲤鱼经常游到浅水处。南偏东角是金华酒厂，在杨塘里可以经常闻到酒香。

长仙门①

李国雄

黑夜桅杆挂烛灯，船头老大放鱼鹰。
天妃宫②下渊鱼尽，一鸟强如十万兵。

---

①长仙门又名水门，是金华古城的南大门，也是金华古时候入城最重要的水路门户。此处紧邻婺江码头，是铁岭头向南经水门巷到婺江穿城墙门而过的地方，因此也是古时候入金华城最重要的门户之一。

②天妃宫：水门沿江偏西一点的地方。明时闽商所建，早已无存。

水门巷①

李国雄

巷深坡陡月昏昏，百丈台阶担水痕。
倩女浣衣何意早，初阳慵睡未开门。

20世纪90年代水门巷

①水门巷位于金华老市区清波门一带，是铁岭头向南通向婺江落差较大的一条街巷，北接中山路，南通通济街，呈南北走向。巷宽只有丈余，长百米有余。一年四季，水门巷的居民都醒得很早，要到婺江去洗衣。那个年代，金华还没有自来水，住得离婺江远一点的居民，都要一早到江里挑水。因为那时候的水最清澈、最甘甜。此地常有担水客，每天早上担水给没体力的居民户，每担100元（折合现币1分）。

四世一品巷①

李国雄

王淮②门庭四代骄，此间楼屋最行销。
据传王记风筝③绝，而后纸鸢飞不高。

20世纪80年代四世一品巷

①四世一品巷是一条由中山路铁岭头向北通往后街不足百米的古老巷子，一条具有悠久历史积淀的古巷。坊间传说四世一品之名缘于金华诞生过四代官至一品的家族——凤林王氏家族。据明嘉靖《金华县志》、清道光《金华县志》、光绪《金华县志》之《王淮传》记载，凤林王氏世祖王彦超，其三子王槐徙居金华，九世孙王淮官拜右丞相兼枢密使，封福国公，并赠其曾祖父王本为太师鲁国公，祖父王登为太师魏国公，父王师德为太师楚国公，均官居一品。南宋名相王淮后裔都曾居住于此。

②王淮：南宋右丞相，金华人。

③风筝：此巷卖过风筝。

燕尾洲[1]

李国雄

北岸高楼纤影斜，长桥窈窈问流霞。
谁怜洲上月明夜，半是牛郎半是她。

燕尾洲

①义乌江和武义江在此交汇的沙洲，形似燕尾，故称燕尾洲，是金华城区繁华中唯一有自然蒹葭和枫杨的芳洲。此洲位于多湖片区东市街以西，三江国际花园以北。它的北面有古子城、八咏楼及婺州公园，南面有艾青公园、樱花公园，西与五百滩隔桥相望。

梅花门[1]

李国雄

滚滚波涛风缔生，浮桥远立小舟横。
渔翁打哨破寒夜，飞起渚中鸿雁声。

上浮桥畔的赤松门

①位于上浮桥畔的赤松门也叫梅花门。据传，元末朱元璋攻打金华梅花门时，久攻不下。忽闻民谣“若要梅花开，还须待春来”。意思是等到大将常遇春来才能攻进梅花门。于是，朱元璋只好借助常遇春大战梅花门的神力，终于攻进金华城。

上浮桥①

李国雄

板索连桩浮绿水，北南商埠变通途。
浮桥隘口千帆阻，起缆时辰百哨呼。

20世纪90年代上浮桥

①上浮桥位于城区婺江东边，地处金华的南大门。上浮桥又名宏济桥、问津桥，明朝永乐年间（1403—1424），由金华人袁大珍捐资始建，以铁索连接24艘木船，上铺木板而成。因元朝时在宏济桥下游约1000米处已建有一浮桥，故宏济桥俗称上浮桥。以前这是金华城里前往丽水、温州等地的必经之路，终日来往行人络绎不绝，一些有商业头脑的人便在上浮桥老街上开起了菜馆、旅馆、药店、豆腐店、茶店等店铺，上浮桥老街也日渐繁华起来，格外热闹，素有金华的“小香港”之称。

南市街[①]

李国雄

隔岸繁花百业开，千商万客过桥来。
多情无奈人潮涌，一路流连不肯回。

20世纪90年代南市街

①南市街紧邻婺江南侧，就是现在风景优美的五百滩公园。相传以前这里有很多小旅馆，下了火车的人以及从永康、白龙桥方向进城的人，都要经过南市街，南来北往的商旅络绎不绝，一般都会过了通济桥来南市街住宿。这里曾经十分繁荣，很热闹。在中华人民共和国成立初期，这里还有两个很大的耕牛和小猪交易市场，义乌、东阳甚至是嘉兴都有人过来交易。

清风楼[①]

李国雄

金风淡淡亦温柔，轻拂江边柳与楼。
寥廓霜天横断雁，澄圆明月照渔舟。

黄宾虹公园清风楼

①清风楼始建于明代洪武年间（1368—1398），原位于婺城区旌孝门东城墙上，是因为每逢涨水期，水流通常没过桥墩，桥仿佛浮在水面上；水流没过佛像，时隐时现；水流涌入金华城，淹没东市街。于是，每逢婺城出现“浮桥”“浪佛”的奇景，水患也如期而至。洪水如猛兽，当时的婺城人眼观水势，发现义乌江直接冲击婺城墙，而后大幅度急转，方才流向婺江。于是，婺城人选择在旌孝门城墙上建造清风楼，以作“清风龙头”，挡住奔涌而来的煞气，镇住城池。后清风楼新建于黄宾虹公园中。

明月楼[①]（之一）

李国雄

斜阳红抹万山沉，上下天光婺水滨。
月皓风高秋夜静，楼头丝竹入流云。

明月楼（之二）

李国雄

四野韶光不厌多，月明江澈两相和。
银辉何事缠绵久，因有清风常踏歌。

---

①明月楼始建于北宋宣和四年（1122），和八咏楼（原名玄昌楼）、清风楼（后重建于黄宾虹公园内）并称金华三大名楼。光绪《金华县志》记载：明月楼旧址在金华赤松门（即梅花门）东北城楼上，宋宣和中建，历经六百多年。清乾隆初，移建于城北府城隍庙后的城楼上，即今址。宋林公度诗句："芙蓉峰（即尖峰山）前旧时双月，夜夜长照溪上流。"王柏诗句："宣和栋宇镇东城，平野苍然一眺明。"这些诗句为明月楼的建楼时间、旧址和得名做了注解。移建后的明月楼曾于清嘉庆及道光年间两度重修，咸丰六年（1856）又毁于火，光绪十五年（1889）重建。现存建筑为光绪十五年（1889）知县曹砺成重建。明月楼平面呈长方形，重檐歇山顶，石柱、海韵木结构，石柱上有清代书法家吴廷康石刻。楼址地势较高，又系建于城楼之上，旧时金华建筑物低，所以，在明月楼上，北望芙蓉峰，南眺双溪，环视全城，均历历在目。夏时宜乘凉，秋日宜登高，中秋宜赏月，严冬宜观雪，是吸引历代名人登临、饮酒、欢歌、题咏的上佳之地。

莲花井①

李国雄

拂晓流云月影低，井前闻惯捣秋衣。
徐徐斗桶吊晨梦，一梦一莲丝渐稀。

莲花井

①莲花井位于金华江北闹市区，即解放东路与后街的交叉口，古井建于宋代，为三眼井，井壁用红砂岩条石砌筑，有八角青石井圈三只，井圈上有阴刻“莲花古井”四字。据光绪《金华县志》载：“莲花井，《戚志》在弦歌坊内，泉为诸井第一。”《戚志》是明代嘉靖年间金华文人戚雄编撰的第一本金华县志，可见在明代嘉靖年间，莲花井已是金华诸井之冠了。据史料载，南宋时期，有一妇女为不失节而投莲花井自尽，当时金华学士王柏曾写过一首《烈井诗》传于世。莲花井水清澈甘冽，水源充沛，久旱不涸，有资料表明，莲花井蓄水量为33立方米，用莲花井水做的凉粉是盛夏消暑佳品，时为金华小吃一绝。

四眼井[1]

李国雄

七宝寺边龙脉地，经年四季玉浆匀。
钱从石出谁思议，井上辘轳赊白银。

四眼井旧址

①四眼井又称龙井，位于金华城内北西隅一坊，江北四眼井巷东口，因有四个井眼而俗称“四眼井”。该井深15米，水量36立方米，水源丰沛，蓄水量为金华诸井之最。该井可同时供多人汲水，原有井屋，井上装有辘轳。在古代，围绕四眼井而居的多为豆腐作坊，据传，提此井水做豆制品，质好，味佳，量高，卖钱多，谓之富井。

雅堂街①

李国雄

西华②菩萨佑祥和，古刹源长信徒多。
欲想登高瞧胜景，亭③南江上荡渔歌。

20世纪80年代雅堂街

①雅堂街在一览亭北，是从原后街通向桂林巷的一条街，最引人注目的是有一座建于北宋的西华寺庙。西华寺，原名三元庵，前后有天王殿、圆通宝殿及西厢房。寺庙不大，位于市中心，是燃香许愿的场所，寺前有一古樟郁郁葱葱。据光绪《金华县志》载，始建于北宋宣和二年（1120），明天启元年（1621），随庵右旁西岳宫改名魏忠贤庙而改名为西华寺。清同治初废。宣统元年（1909），由恒通住持重修，一直香火甚旺。

②西华：九百多年的西华寺。

③亭：指雅堂街穿过芝麻山头小巷坡顶的古迹一览亭。

祥符寺[1]

李国雄

自古疯僧癫又狂，猪头醁酒过细肠。
金言既出定灾福，圆寂时辰满佛光。

①据万历《金华府志》载：祥符寺在府治西，二百九十步。旧名“法幢”，东晋义熙八年（412）建。宋大中祥符年间改为祥符寺，清又改火德神殿，寺内有定光佛遗迹。相传让祥符寺声名远扬的是一位出生于本地的“猪头和尚”，俗姓徐，澧浦镇人，法名志蒙，形态疯癫，每当化缘讨得钱物便换取猪头肉当饭。听说，凡经他预言的祸福均有灵验。据传，定光和尚于北宋景德三年（1006），到衢州吉祥寺回金华后即圆寂坐化，异香满屋。

默相坊[①]

李国雄

牌坊邑庙两悠悠，默默相随月色柔。
默相如今风韵在，墨香酥饼借风流。

①据传，金华府第一任城隍神为默相，明嘉靖十四年（1535），知府陈京为他在正南醋坊岭顶坡上立了座“默相坊”石牌楼，彰显其功德，这也是婺城中唯一的神灵牌楼，默相坊街名亦因此而来。牌楼于清末毁于巨雷。默相坊是城东最短的一条老街，现改名为默相街。原默相坊的位置在府城隍庙前，石牌坊与城隍庙正对。街与庙在一起，默默相望，默默相随。如今有老板借用“墨香”与“默相”的谐音打起酥饼的品牌，多少让历史文化起到传承的作用，唤起了人们对千年古城的记忆。

铁岭头①

李国雄

拼力拉车汗已流，路遥坡陡最堪忧。
商家借问哪街倦？远指东边铁岭头。

20世纪80年代铁岭头

①铁岭头是中山路靠东面的一段路，在西市街南面与中山路交叉口，往东最高处与地面夹角至少有15度。东至老火车站，西至解放门。此段路以前是东西集市的必经之处，货物全靠人力大板车拉，有的车货物太重，板车后面还有本家小孩帮忙推车。

西市街[①]

李国雄

县府门前百货稠，每逢节日客盈楼。
孙翁携买甜糕乐，妯娌缠磨花布筹。
冷饮店堂童女嚷，热播影院帅哥逑。
偶来宾侣逛街景，胜过杭城闹市游。

西市街老照片

①西市街位于中山路北、解放东路南之间，原老县委大门朝南的一条大街，是除小码头外金华最繁华热闹的地段。此街是一条商业大街，许多金华老字号名店都在这条街上，如新新点心店、杜永裕酥饼店、祝裕隆泰记绸布庄、公盛酱油、清香楼、黄钦源糕点店等，以经营各式糕点为特色，其中以麻酥糖、红回回、擦酥最为有名。同时也经营南北山什货。后来黄钦源糕点店成了糖烟酒公司糕点厂，祝裕隆泰记绸布庄成了老一百，东南照相馆成了向阳照相馆，不少老字号门店也在历史的变迁中一去不复还。

八咏楼[1]（之一）

李国雄

沈公绝唱冠名楼，自此骚人影迹留。
八咏萦梁遗雅韵，两吟忧国怨孤舟。
诗惊夜月三更梦，词撼江涛千古秋。
饱历沧桑贤士去，风光借我百年流。

八咏楼（之二）

李国雄

易安遗语后人愁，古迹新修碧水流。
日出云边醒百业，夜临亭上瞰千楼。
沙堤柳浪拂江月，郊野枫涛染岗丘。
清照若登凝目望，山河哪处让民忧？

---

①八咏楼原名玄畅楼，为江南典型的亭台楼阁式建筑，北依北山，南临婺江。齐隆昌元年（494）沈约任东阳郡（金华）太守时建楼，楼成后东阳郡太守沈约曾作《登玄畅楼》。后又登楼作诗并吟咏《玄畅楼八咏》诗，因八咏诗影响广泛，故唐时起改元畅楼为八咏楼。楼高数丈，石砌台基高8米，石阶70余级。南宋扩建，元毁于火，明重建，清重修。

五百滩①

李国雄

霞披两岸共云楼，目透轩窗胜景幽。
碧水蓝天柔一色，红寥白荻画三秋。
霜侵燕尾低飞鸟，雨少桥边乱泊舟。
何惧南矶江泌②浅，礁滩百舸竞争流。

20世纪90年代五百滩

①五百滩在金华市西南5里金华江中，江心岛东西长1650米，南北宽约275米。双龙大桥、金虹桥和通济桥纵贯五百滩，由此将五百滩分为东、中、西三部分。古时相传行舟必过此，是水路要隘。婺江无桥之前，南来北往的行人客商非渡船莫能过江。据《读史方舆纪要》载："磨船滩，滩磐亘甚大，舟行牵挽须五百人，然后可渡，故名五百滩。"在"五百滩"此名未传开之前，这里俗称磨难滩，意即此地岩石连片而坚硬，船只过往，船底与河中岩石碰擦，行船艰难，故得其名。

②江泌：湍急的江水。

下官桥路①

李国雄

漫步板桥不记年，灵溪之水北连天。
横看郁野田桑翠，仰望危峰云蓥妍。
不负三春萌百草，同参一夕织层峦。
城郊此处荒凉地，逸事何曾来过官？

20世纪90年代下官桥路门牌

①下官桥路在高畈路的北面，对面直通老农贸过石板桥至龙渎路，北接金虹桥，南达双溪西路。此地原是江南一片荒凉之地，沿龙渎河两侧，当地农民开荒种菜。

龙渎河[1]

李国雄

闻说婺州民怨频，孽龙常扰水乡滨。
洪流浊泥潮涨落，动魄揪心坑浅深。
数对蜈蚣桥上立，眉间眸子两边巡。
刀锋直指浪高处，偏走南关[2]惊出魂。

20世纪90年代龙渎河

①龙渎河在原南市街的南侧，东西走向，与婺江平行。龙渎河的来历与龙有关，据说，有一年婺江发大水，五百滩、盐埠头和小码头的住户都到金华地势比较高的亲朋好友家借住，以避洪水。其间，一条龙从上游直冲下来，游至快到通济桥头时，猛然见到在此镇桥安波的蜈蚣，心头一惊，掉头往南偏西一甩尾巴而去，这一甩就甩出了现在的龙渎河。龙渎河有一滚水坝，又叫龙渎桥，是经通济桥通往江南的唯一道路。

②南关：指金钱寺村。

汉宫春·通济桥①

李国雄

桥似飞虹，远看波天际，江水西流。东临双溪逐浪，燕尾浮洲。低飞白鹭，嬉扑腾、轻戏悠牛。君不见、风流八咏，招来儒士栖留。

已是云烟掠影，古桥今雄俊，虎踞龙游。车来客往熙攘，载动欢愁。稀星淡月，观夜景、凝眸如钩。桥巨变，黄翁②羞绘，丹青宝卷难收。

20世纪90年代通济桥

①通济桥位于八一路南端，横跨婺江南北。原为浮桥，元代元统二年（1334）建成十一孔石墩木梁桥。上覆桥屋50间，间以三殿两亭，亭置四天王，殿塑妥大士、泗洲僧伽等神像，蔚为壮观。后屡毁屡修，清嘉庆十四年（1809）重建成十三孔石拱桥，桥长213米。1940年，日机将桥南端的一至五孔炸毁。1942年，国民党部队为阻止日寇南侵，被迫将北端主桥的五、六、七孔炸毁。中华人民共和国成立后修建桥面加宽为10米，北岸增建两孔拱旱桥。它是金华的胜景之一，横跨婺江之上，是连接金华南北两区的纽带，是通向兰溪、衢州的要道。

②黄翁：指黄宾虹。

老金华的记忆

老童戏

金华市政协文化文史和学习委员会 编

中国戏剧出版社
CHINA THEATRE PRESS

图书在版编目（CIP）数据

老童戏 / 金华市政协文化文史和学习委员会编 . --北京 ：中国戏剧出版社，2024.6
（老金华的记忆）
ISBN 978-7-104-05315-6

Ⅰ. ①老… Ⅱ. ①金… Ⅲ. ①儿童－游戏－介绍－金华 Ⅳ. ①G898

中国国家版本馆 CIP 数据核字（2023）第 006110 号

老童戏

责任编辑：赵宇欣
责任印制：冯志强

出版发行：中国戏剧出版社
出 版 人：樊国宾
社　　址：北京市西城区天宁寺前街 2 号国家音乐产业基地 L 座
邮　　编：100055
网　　址：www.theatrebook.cn
电　　话：010-63385980（总编室） 010-63381560（发行部）
传　　真：010-63381560

读者服务：010-63381560
邮购地址：北京市西城区天宁寺前街 2 号国家音乐产业基地 L 座

印　　刷：北京鑫益晖印刷有限公司
开　　本：880mm×1230mm 1/32
印　　张：31.5
字　　数：853 千字
版　　次：2024 年 6 月 北京第 1 版第 1 次印刷
书　　号：ISBN 978-7-104-05315-6
定　　价：298.00 元（全六册）

金华市政协文化文史和学习委员会
《老金华的记忆》编辑委员会

序　一

金华儿歌老游戏

我小时候，没有电视电影看，也没有电子游戏玩，甚至连拥有一件铁环、沙包之类的再简陋不过的玩具也是奢望。那个年代的孩子的童年，用今天的眼光来看是寂寞的。可孩子是天生的发明家，他们会用粉笔画几个小方格，找几粒小石子玩跳棋；也可以画几个大方格玩造房子。男孩们找一条粗绳玩拔河，女孩们找一条细绳玩跳绳。男孩也好，女孩也罢，有时会找张废纸，折成小船，在小溪沟边玩得兴高采烈；有时也会找几羽长鸡毛做个毽子踢得兴味无穷；整天忙忙碌碌，变着花样来玩，仿佛有玩不尽的游戏。为了增添乐趣，孩子们往往边玩边唱，唱听来的童谣，唱随口自编的儿歌，尽情地唱呀跳呀，乐不可支。玩累了，大家还会聚在一起自编自唱一些极富韵律的顺口溜，互相调侃、取乐。回想起来，我和我的小伙伴儿时的时光大多就是在这种歌声和笑声中度过的。在那物质资料极度贫乏的年代，一点儿也不觉得儿时的生活过得艰苦、寂寞，今天回忆起来还会有一种美妙的诗情油然而生。

岁月匆匆，弹指一挥间，我已进入耄耋之年，童年已离我远去，但那些七八十年前唱过的童谣，仍能滚瓜烂熟地脱口而出；那些童年时代玩过的游戏，也会像过电影似的在我的脑际浮现，那些颇具地方特色的老童谣、老游戏带我回到快乐的童年，留下一段美好的回忆。其实，这种古老的童谣和老掉牙的游戏，不仅金华有，每个地方都有，如今都成了一笔珍贵的非物质文化遗产，成为传承中华文化不可或缺的内涵。遗憾的是，关注的人不多，能认真地去收集整理者更是少之又少。

程肇荣先生祖籍安徽，出生于江西上饶，从小生活在金华，在金华童谣和金华老游戏的濡染中长大，对金华民间文化情有独钟。他深感浙婺大地山清水秀、人杰地灵和文化底蕴的深厚，不仅早已关注到金华儿歌和老游戏等独具魅力的文化现象，而且亲自动手收集、记录、发掘、整理，花了数十年心血汇编成集，完成这本书，并亲手绘制全部插图。这是令人高兴的事，也是值得鼓舞的好事，因为它不仅为金华保存了一份值得珍视的民俗资料，更为社会留下了一笔宝贵的非物质文化遗产。祈祷金华童谣和老游戏源远流长，永续不辍。

今趁编著者携稿嘱为之序时，顺便借此唤起大家对它的重视，希望有更多人的重视，更多的人参与发掘、收集、整理、研究，体认非物质文化遗产的重要意义。

蒋 风

（作者系浙江师范大学原校长、中国儿童文学研究中心主任）

序　二

孩子是唱着玩着长大的

童年时代是人生长河中的第一座码头，是生命旅程中的第一个舞台。孩子从出生起就在这个码头开始扬起理想的风帆，在这个舞台上迸发情感的符号，天真无邪地跳呀、唱呀、玩呀……以至于数十年后，旧时的孩子已经成为如今白发苍苍的老人。然而，他们依然对儿时那段生活经历无限眷恋，那是他们曾经炽烈热爱和尽情享受过的灿烂时光。

一个初春的雨天，我到金华城北一个偏僻且陈旧的生活小区探望80多岁的方炳银先生。方先生一直坚持赋词作曲、吟唱旧时儿歌，开心地回顾童年时代尽情嬉戏等美好情景；他还通过电视台，向社会呼吁发掘、整理、抢救金华旧时儿童文化遗产……当他听说我正在做这方面的有关工作时，显得异常兴奋和激动。这样一位极其平凡的老人，这位唱着、玩着慢慢长大而又渐渐变老的金华旧时儿童，他的执着使我感动，他的真诚使我振奋。

岁月在流逝，科学在发展，社会在进步。21世纪的孩子们在唱什么、玩什么呢？

按理说，孩子们应当在良好的承前启后的中华民族文化氛围中，尽情地发挥天性，展现其童年光彩。可是，放眼当下的玩具市场和超市，展现着各种各样、形形色色、光怪陆离的玩具，中外合璧，数不胜数，新式古怪，无奇不有。此前实行计划生育，孩子生得少，住的大多是蜂窝式住宅，城市儿童嬉乐场地为数不多，即使现有的也都在搞市场经济。再则，长辈们对孩子宠爱有余，只要孩子一张口，任何形式和任何价位的玩具均会购买。此外，长辈们或因工作忙、应酬多，或因孩子不安静，索性打开开关，让孩子自个儿看电视、看电脑、玩iPad，图省事，把孩子扔给了“电子保姆”。殊不知，这种做法，实际上后患无穷。应当清醒地认识到，现实的玩具中，不乏损害孩子身心健康、导致儿童疾病发生甚至危害生命安全的有害化学物质，实在令人忧愤。记得中央电视台曾曝光广东玩具名城的玩具生产销售在世界上举足轻重，然而，就是在这样的地区，有不法制造商捕捉和利用社会教育及儿童游乐事业的薄弱环节，唯利是图，竟然使用以医疗垃圾加工的“二料”炮制各式玩具，无情地“奉献”给孩子们舔吮和玩弄，实在是触目惊心，令人发指。

不久前，美国儿科学会发表了一篇报告指出，无论是出于早教目的，还是想偷懒，越来越多的父母让孩子看电视或玩电脑，致使孩子坐在屏幕前的时间多于户外游戏等其他活动时间，这不但减少了父母与孩子互动交流的时间，而且不利于孩子语言和智力发育。牵头美国儿科学会这项研究的美国得克萨斯州育儿专家阿里·布朗建议：“如果想与孩子沟通交流，你得关掉电视，与他们多对话，多玩耍。”无独有偶，加拿大研究人员也发现，幼儿长时间接触电子媒介可能影响日后学业、社交和健康状况，而且接触时间越长，后患越多。对此，有专家指出，对大脑发育而言，自由玩耍要比电子媒体更为有益。国外目前有不少教育专家正在努力推动家庭和学校合作的活动，他们明确要求每一次教学活动都要让孩子在各种活动和游戏中有所收获并成长，这种理念与前文提到的“提供孩子们自由玩耍的机会，找回传统游戏快乐”的观点不谋而合。对此，社会各界人士和家长是否应当认真进行一番深刻反思呢？

回想起来，金华作为历史悠久的“风水宝地”，文化底蕴深厚，名人辈出，灿若星河。伴随这一切的形成、发展和积淀，必然产生并发展了受其影响的儿童游戏、儿歌和玩具等灿烂的金华儿童文化。再回想起来，像我这样的曾是金华旧时儿童的人们还算是幸运的。因为，在儿时，我们的生活虽是清贫的，但我们从小就拥有一片蔚蓝的天空，拥有一条川流不息、清澈见底的母亲河婺江，拥有数不清的、大大小小的以及能就近嬉戏、尽情玩耍的游戏场地，拥有一些放飞孩子、宽容孩子并护佑孩子的教师和家长……那时候，我们跟大人们一起虽然过着朴素、平静的生活，不敢奢望现时儿童这样随心所欲地购买"高档"玩具，但是，我们从小却能够无拘无束地发挥天性，或自行或跟大人们一起参与，快乐地吟唱各类明意或不明意的儿歌，自己因陋就简，大胆地尝试制作各种各样"零成本"的玩具，凑伴尽情地进行尽显童性的各种室外游戏。总之，童年时代的我们在家乡美好的天地里，收获着尽情玩耍、任意玩耍和快乐吟唱的幸福享受，开心又健康地成长。

值此，我诚挚地感谢母校金师附小这座有着百余年历史的名校。因为它不仅有着悠久的、优良的教育传统，还因为我们这一代附小学生，在童年时代，在这所学校通过继承传统、与时俱进、寓教于乐与从小学会唱歌、游戏、劳作、读书以及爱祖国、爱人民、爱科学、爱劳动、爱护公共财物"五爱"教育中，获益匪浅，终身受用。母校在条件并不十分充裕的艰苦境况下，悉心地为学生编刊各类儿歌，创造比较完备的游乐场地和大多数用原始材料制作而且十分环保的运动器具，让我们畅怀吟唱、尽情玩耍、开心读书，促使我们从小培养自信心、创造力和动手能力，培养顽强意志、勇敢精神和锲而不舍的坚韧毅力，培养诚信和团结友爱的团队意识，为我们日后的人生道路奠定了良好的、坚实的基础。那时的教师醉心教书育人，设身处地为学生健康成长着想，无私真诚，感人至深。

金华确是块福地，山清水秀，人杰地灵。不少仁人志士、文人墨客等从小唱着金华的儿歌，玩着金华的游戏，慢慢长大，走出家乡，走向全国，扬威世界。他们有一条共同的轨迹：从唱中玩中逐渐锻炼了体能，磨砺了意志，陶冶了情操，明悟了事理，发展了智慧，增强了体魄……终于实现了报效国家、成就事业的人生理想。先辈的生动范例，值得我们后人学习并传承。

金华儿歌和老游戏具有浓郁的地方特色，影响久远，当属八婺文化遗产的重要组成部分，理应积极搜集、发掘和整理，并深入研究，合理传承。这不仅具有历史意义，也颇具现实意义。据此，我将数十年积累的相关儿歌、游戏编著成册，以了久储心头的愿望。种种原因，挂一漏万，难免会有谬误，敬请读者指正。

权作序。

程肇荣

目　录

儿歌篇

游戏篇

儿歌篇

儿歌，儿童吟唱的纯真的歌。

儿歌，儿童自己编唱的自由的歌。

儿歌，反映儿童生活和感情的快乐的歌。

儿歌，大人和儿童交流的深情的歌。

儿歌，伴随儿童一生的永不忘怀的歌。

讲公道

大帮小，
呱呱叫；
大欺小，
弗[1]公道；
大顾小，
样子好；
大骗小，
天雷敲。

①弗：金华方言，“不”的意思。

吃　梨①

小朋友，
坐一起，
大孩吃大梨，
小孩吃小梨，
大家吃得笑眯眯。

①20世纪50年代，金华的幼儿园里的孩子经常学唱此类儿歌，受到了关于“谦让友爱”方面的良好启蒙教育。

戴 花

山栀花，
雅栀花，
囡妮①帮②花满头插。
走东走西走勿歇，
香气攻③鼻头④，
鼻头变八胍⑤。

①囡妮：金华方言，“小姑娘”的意思。
②帮：金华方言，“把”的意思。
③攻：金华方言，“强烈地刺激和冲击”的意思。
④鼻头：金华方言，“鼻子”的意思。
⑤变八胍：金华方言，“分裂成八瓣”的意思。

包手袋

弟弟滚出来[①]，
方被摊开来，
从小“包手袋”[②]，
大了弗变王八蛋。

①滚出来：金华方言，即“生出来”的意思。

②包手袋：金华方言，指婴儿出生后，长辈们会用小方被之类的布质用品，将婴儿四肢伸直包裹好，以矫正其在母胎中的蜷缩姿态。

鸡生蛋[①]

咕咕嘎，
咕咕嘎，
咕嘎咕嘎叫勿歇，
生格[②]小鸡蛋，
抵过生皇帝。

①旧时，金华的一些人家里多多少少会养几只母鸡，一可避免剩饭浪费，二可自产鸡蛋作佐餐之用。于是，在母鸡生蛋过程中，大人们常常会用此首儿歌向孩子们进行“有成绩出成果不能肆意张扬，应当谦虚不居功自傲”的启蒙教育。

②生格：金华方言，“生一个”的意思。

做小人[1]

小枕头，
包手巾，
做起一格[2]小小人；
小人小人听阿话[3]，
抱在褂里[4]亲又亲；
小人困熟放床上，
阿侬[5]手脚轻又轻。

①金华旧时年幼的女孩最喜欢做布娃娃的游戏，她们举手投足，活像小妈妈的样子，委实可爱。
②一格：一个。
③听阿话：金华方言，“听我话”的意思。
④褂里：金华方言，“怀里”的意思。
⑤阿侬：金华方言，“我”的意思。

真好汉

好佬[①]阿[②]勿怕，
夙人阿勿欺；
硬便硬到底，
麦熟勿吃米。

①好佬：金华方言，“言行霸道、专门欺侮别人还威风凛凛的人”。

②阿：金华方言，“我”的意思。

迎 客[1]

黄狗跳，
客人到，
阿侬[2]鞠躬弯弯腰，
客人帮阿[3]抱得老高高。

（程肇荣20世纪60年代创作）

①旧时，金华的大人们教育孩子在见到光临本家的客人时，要向他们鞠躬，以表示尊敬和欢迎。
②阿侬：金华方言，“我”的意思。
③阿：金华方言，也是“我”的意思。

送棉被[1]

吃过端午粽，
天公热烘烘；
吃过端午粽，
棉被橱里送。

① 端午节过后，芒种和夏至的节气将先后随之而至，天气渐渐炎热起来，此时，金华人视情况将被褥等洗涤干净，放入橱柜之中。在此过程中，孩子们会快活地吟唱此首儿歌。

拍拍背

嬷嬷[1]嬷嬷坐倒来，
阿来帮侬拍拍背[2]，
夜里跟侬困一堆[3]。
爷爷爷爷坐倒来，
阿来帮侬拍拍背，
保佑侬活一百岁。

（程肇荣20世纪60年代创作）

①嬷嬷：金华方言，“奶奶”的意思。
②拍拍背：金华方言，“捶捶背”的意思。
③困一堆：金华方言，“睡一起”的意思。

泡泡糖[1]

鸡毛来兑糖，
泡糖捧手上；
一块阿自[2]吃，
一块剩得[3]姆嫚娘[4]。

①泡泡糖：义乌人为鸡毛兑糖而用红糖和苏打粉等制作的一种糖品。
②阿自：金华方言，“我自己”的意思。
③剩得：金华方言，“留给”的意思。
④姆嫚娘：金华方言，“妈妈”的意思。

记 账

买买菜，
买买油，
日日夜里记笔账，
好记性不如烂笔头。

鸡毛兑糖

谷谷丁[1]，
谷谷丁，
谷谷谷谷谷谷丁，
义乌佬挑来鸡毛担，
鸡毛兑糖兑绝零[2]。

①很久以来，义乌有很多人在年满18岁后，就挑着一副装着针线、樟脑等小件商品和用红糖、苏打粉熬制而成的泡泡糖的担子，四处游走吆喝，用这些小商品和泡泡糖，兑取各户人家的鸡毛和鸭毛。“谷谷丁”是他们为招徕顾客而用小铁锤击打铁块发出的声音。

②兑绝零：金华方言，“兑精光”的意思。

永康　永康[1]

永康！
永康！
卖豆腐皮生姜。
叫格[2]歇记着，
格讲屁股上生疮。

①金华人在与永康人交往中，把永康人亲切地称为“永康”。
②格：金华方言，第四、第五句中的“格”都是“他”的意思。

修五金[1]

节令令，节令令，
节令节令节令令，
永康人，
进了城，
一头风箱一头秤，
帮阿郎[2]家里铸锅锹，
帮阿郎家里铜壶修得簇簇新。

①古往今来，永康手工艺人手摇铁片串，挑担出行，风餐露宿，为金华民众生活所需而辛勤奔走，为金华百姓的生活带来了便利，从金华的儿歌中也可见到生动反映。

②阿郎：金华方言，“我们”的意思。

东阳侬[1]

翻瓦背，
修烟囱，
央[2]泥水，
央木工，
做起生活实把力[3]，
统统都寻东阳侬[4]。

①东阳是建筑之乡。很久以来，很多东阳人从事建筑行业，代代相传。东阳手艺人与金华百姓的生活紧密联系，交往甚深。

②央：金华方言，“雇用”的意思。

③做起生活实把力：金华方言，“做起工作来技术过硬质量好”的意思。

④东阳侬：东阳人对自己的称谓。

小猢狲①

小猢狲，
小猢狲，
爬上退落②勿定心；
跳得③东，
跳得西，
石板翻来压断脚后跟。

（程肇荣20世纪60年代创作）

①小猢狲：“猴子”的意思。
②爬上退落：金华方言，“上蹿下跳”的意思。
③得：金华方言，这里是“到”的意思。

吃五更[1]

角带饼[2]，
呱呱黄；
沸油条，
老长长；
再加一碗豆腐烫，
清早五更[3]吃五更[4]；
吉勒古，
吉勒古，
吃得口蒲[5]满口香。

①角带饼、油条、豆腐烫（豆腐脑）都是金华人的传统早餐食品。

②角带饼：金华方言，指长方形烧饼。

③清早五更：金华方言，“大清早”的意思。

④吃五更：金华方言，“吃早饭”的意思。

⑤口蒲：金华方言，“嘴巴”的意思。

搂火棒

谷烂缺只角，
麦烂剩格壳[①]；
牛字没出头，
马字弄出角；
拉根[②]搂[③]火棒，
搂天搂地口蒲毒！

①剩格壳：金华方言，“剩个壳”的意思。
②拉根：金华方言，“哪根”的意思。
③搂：金华方言，“挑拨离间、制造是非矛盾”的意思。

看贼飞

口吃娇，
呒改窍①；
勿好②蒙贼吃，
只好③蒙④贼飞得梁上吊⑤。

①呒改窍：金华方言，“没有办法改变养成的坏习惯”的意思。

②勿好：金华方言，“不可以”的意思。

③只好：金华方言，“只能”的意思。

④蒙：金华方言，“看”的意思。

⑤飞得梁上吊：金华方言，“绑好后凌空提升起来吊在梁上”的意思。

勿讨好[①]

好心背烂脚，
分狗[②]送药膏，
吃力勿讨好，
黄胖舂年糕。

①金华的成年人用此首儿歌对孩子们进行“办事应有针对性、防止盲目性和粗心”等方面的启蒙教育。

②分狗：金华方言，“给狗”的意思。

省灯草

小花猫，
小花猫，
阿[1]要读书侬别吵[2]。
作业早点做做好，
菜油灯[3]里省油省灯草。

（程肇荣20世纪50年代创作）

①阿：金华方言，"我"的意思。

②侬别吵：金华方言，"你别吵"的意思。

③20世纪50年代，金华市区供电能力有限，居民家里大多用菜油灯。条件稍好者则用煤油灯。菜油灯是将半只手掌般大的小铁锅架在小竹架上，倒些菜油下脚油，再放进两三条从席草里剥离出来的草芯，放入锅油中点着照明，反映了当时人们的艰苦和节俭。

开门戏①

高井巷，
铮铮锵，
长乐戏馆锣鼓响；
铮铮锵！
铮铮锵！
虾兵蟹将都上场；
开门戏，
好矇茫②，
熬稍③赶去张一张。

①20世纪50年代前后，金华城内仅有几家戏馆，保持临剧终前半小时左右就打开馆门让人们观看余戏的做法。旧时金华儿童非常热衷于观看开门戏。

②好矇茫：金华方言，“好看得很”的意思。

③熬稍：金华方言，“赶快”的意思。

脂油盐

鸭蛋香，
蛋壳绿，
鸭蛋吃光剩格[①]壳。
剩格壳，
脂油炒盐里面督[②]。
配配粥，
帮[③]书读，
从小苦头吃得落。

①格：金华方言，这里是“个”的意思。
②督：金华方言，这里是“用器具戳实”的意思。
③帮：金华方言，“把”的意思。

喇叭花

喇叭花，
喇叭花，
爬到墙头吹喇叭。
嘟嘟嗒，
嘟嘟嗒，
小猢狲，
到处爬，
“扑通”掉到井里啦！

（程肇荣20世纪60年代创作）

斤米荡[1]

有半斤，
半斤光；
有一斤，
吃光趟[2]；
屁股搒搒[3]，
十足斤米荡。

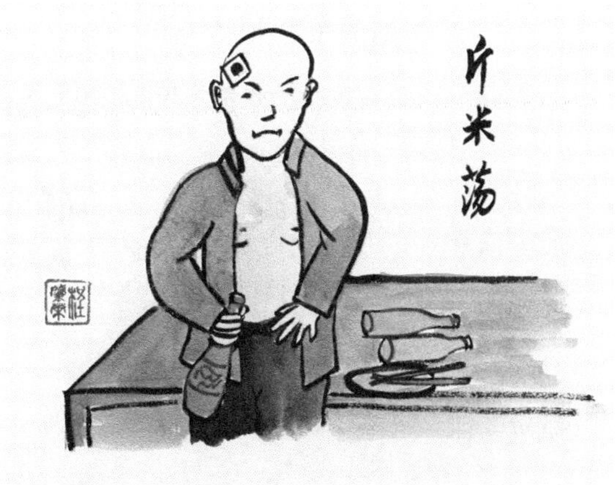

①金华人惯把目光短浅、不讲储备、挥霍浪费的人称为“斤米荡”。成年人用此首儿歌教育孩子从小养成节俭、不贪吃、不乱吃的好习惯。

②吃光趟：金华方言，“吃精光”的意思。

③搒搒：金华方言，“用手掌拍打”的意思。

偷 吃

姆嫚[1]生了小弟弟，
姨娘送来红包包，
又是红糖又是蛋，
还有胡桃木佬佬。
阿侬伸手吃吃起，
姨娘敲阿“杀勒刨”[2]；
“偷吃格样[3]吃末样[4]，
勿是侬在生宝宝”。

（程肇荣20世纪60年代创作）

①姆嫚：金华方言，“妈妈”的意思。
②杀勒刨：金华方言，指“伸出手掌屈起五指，用突出的关节点击打别人头部的动作”。
③格样：金华方言，“这样”的意思。
④末样：金华方言，“那样”的意思。

迎龙灯[1]

迎龙灯，
迎龙灯，
金华城里喷喷兴。
龙头敬一敬，
安安洁洁[2]吭毛病。
龙头拜三拜，
快快活活步步升。

①金华这座历史悠久的城市，自古以来就一直保留着每年春节期间舞龙迎灯的喜庆习俗，此习俗深受民众特别是儿童的喜爱和欢迎。

②安安洁洁：金华方言，“平平安安、干干净净”的意思。

红印馒头

金华人，
花头精，
馒头上面盖红印，
一百馒头一百粽，
送得[1]百岁老寿星。

①送得：金华方言，“送给”的意思。

买气球

阿[1]搞[2]花气球，
弟弟哭着要；
阿讲“卖得侬”[3]，
格[4]往袋里掏；
伸出小手来，
空屁一个当钞票。

（程肇荣20世纪60年代创作）

①第一句和第三句中的“阿”字，金华方言，“我”的意思。

②搞：金华方言，“玩”的意思。

③卖得侬：金华方言，“卖给你”的意思。

④格：金华方言，这里是“他”的意思。

唱道情

吉吉嘭，
吉吉嘭，
弄堂口情筒拍得响。
“眼睛瞎”[1]，
唱新闻，
猫咪钻到瓦背上。

①眼睛瞎：金华方言，“盲人”的意思。

哄小人①

嗷嗷嗷，
嗷嗷嗷，
眼睛乌珠[2]闭闭好。
嗷嗷嗷，
嗷嗷嗷，
侬[3]是阿格[4]好宝宝。

①这是金华女童玩“小小人”游戏时唱的儿歌。
②乌珠：金华方言，“眼球”的意思。
③侬：金华方言，“你”的意思。
④阿格：金华方言，“我的”的意思。

“破”皮匠

一格[1]破皮匠，
放屁都勿响；
两格破皮匠，
有事好商量；
三格破皮匠，
抵过诸葛亮。

①格，金华方言，此处是“个”的意思。

一群“鸭”

叽里呱，
叽里呱，
三格[①]“聚人家”[②]，
埠头上都帮[③]婆婆骂。
叽里呱，
叽里呱，
三格“聚人家”，
抵过一群鸭。

①格：金华方言，此处“个”的意思。

②聚人家：金华方言，“女人家”的意思。

③帮：金华方言，此处是“把”的意思。

剥衣裳[1]

讲话勿算数，
抵过臭屁放；
欠账勿还账，
拖来剥衣裳。

①旧时，金华的成人常常吟唱这首童谣，教育孩子从小要诚实讲信用。所以，当孩子们发现有的孩子借了玩具不肯及时归还等情况时，就会唱起这首童谣。

口蒲碎

口蒲[1]太碎[2]，
帮[3]人得罪；
脾气勿改，
牵牛落海。

①口蒲：金华方言，“嘴巴”的意思。

②碎：金华方言，“口无遮拦、不负责任、不计后果地乱讲乱骂”的意思。

③帮：金华方言，“把”的意思。

省吃用

省吃省用，
人家嘣嘣[①]；
浪吃浪用，
稻秆筒筒[②]；
贼吃贼用，
自[③]葬地洞[④]。

---

①嘣嘣：金华方言，“兴旺发达”的意思。

②筒筒：金华方言，“四周围住绑缚起来”的意思。

③自：金华方言，“自己”的意思。

④地洞：金华方言，“墓穴”的意思。

野囡妮

野茶叶格[①]蓬，
山栀花格蓬；
侬摘满天飞，
阿摘[②]满山砻[③]；
摘归家来包馄饨，
十只馄饨九只空；
姆嫚[④]骂囡妮[⑤]；
大起来拉商[⑥]嫁老公？

①第一、第二句中的“格”均系金华方言，此处是“的”的意思。
②阿摘：金华方言，“我摘”的意思。
③砻：金华方言，“疯狂奔跑”的意思。
④姆嫚：金华方言，“妈妈”的意思。
⑤囡妮：金华方言，“小姑娘”的意思。
⑥拉商：金华方言，“怎么样”的意思。

外甥狗[1]

外甥狗，
外甥狗，
外公外婆勿叫声，
前门吃了后门走。

①此儿歌是长辈善意嘲讽不谙世事的外甥不懂礼貌时所吟唱的儿歌，用来对他们进行启蒙性的礼仪教育。

找朋友①

找呀找呀找呀找，
找到一格②朋友，
敬格礼来鞠格躬，
笑嘻嘻来握握手，
侬是阿格③好朋友，
再会！

①此歌是儿童们在跳“找朋友”的集体舞蹈时所唱的。

②格：金华方言，第二句中的“格”是“个”的意思；第五句中的“格”是“的”的意思。

③阿格：金华方言，“我的”的意思。

狂 徒①

脚手松，
吃心狂；
用铜钱②，
淌③水样；
门口开天上，
家里又勿开银行。

①此儿歌是金华成人对儿童进行勤俭节约启蒙教育时所吟唱的歌谣。
②铜钱：金华方言，“钞票”的意思。
③淌：金华方言，“急速流动”的意思。

抱佛脚

落雪天公翻瓦背[①]，
落雨天公[②]粉墙壁[③]，
临时抱佛脚，
越抱越蹩脚。

①翻瓦背：金华方言，“翻修屋顶瓦片”的意思。
②天公：金华方言，“天气”的意思。
③粉墙壁：金华方言，“修理粉刷外墙”的意思。

背背菜[1]

背背菜，
买买油，
炒炒豆，
快长快大快出头。

①金华的成年人在背孩子时，往往会唱此首儿歌来逗小孩。

空排场

门前龙尾凤竹，
堂前天官赐福，
锅里呒[1]米烧粥，
老嬷[2]门背后希拉希拉[3]哭。

①呒：金华方言，“没有”的意思。

②老嬷：金华方言，“老奶奶”的意思。

③希拉希拉：金华方言，形容哭得很悲伤的样子。

老 壮[1]

老壮，
老壮，
出门打仗，
嘭砰格[2]一枪，
开死老壮。

①这是旧时金华儿童与胖孩子善意地开玩笑时唱的儿歌。胖孩子虽易受到“嘲弄”，但他知道是伙伴们的调侃取乐，所以并不会发火生气，显示出了胖孩子的豁然大度。

②格：金华方言，此处是“的”的意思。

抢大碗[1]

天勿管，
地勿管，
清早五更爬起来抢大碗。

①旧时金华的成年人在儿童早上起来以后不洗手、不洗脸就想捧碗吃早饭时，往往会吟唱此首儿歌，以训导孩子。

野糊头[①]

野糊头，
太贪搞[②]，
一身脂油皮[③]，
一双猪脚爪[④]。

①野糊头：金华方言，指心不宁静过分贪玩的孩子。

②太贪搞："太贪玩"的意思。

③脂油皮：金华方言，脂油即猪油。"脂油皮"指非常肮脏、污垢被摩擦得发亮的衣裤。

④猪脚爪：金华方言，形容非常肮脏的手。

后　生[1]

后生[2]，
后生，
一张口蒲[3]乱白念[4]，
勿晓得拉日[5]清早五更。

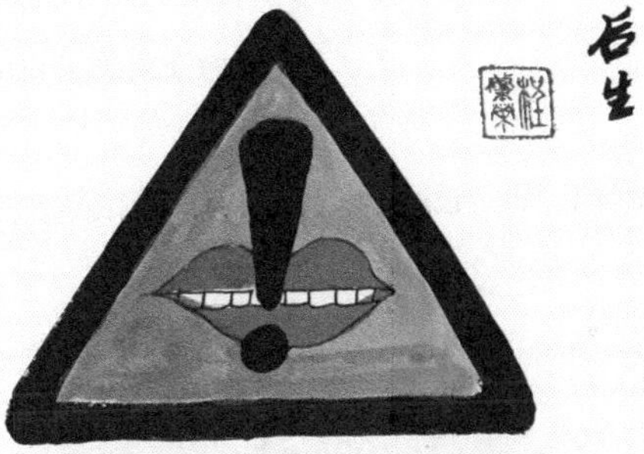

①旧时的金华长辈在年轻人轻率任意诅咒别人时，总要加以劝告，这首儿歌就是在这种情况下创作出来的。
②后生：金华方言，“年轻小伙子”的意思。
③口蒲：金华方言，“嘴巴”的意思。
④乱白念：金华方言，“口无遮拦、信口开河、乱说乱咒”的意思。
⑤拉日：金华方言，“哪天”的意思。此句意为“不知道自己哪天大清早会发生突然死掉等意外”。

癞孵鸡

青菜便勿棒[1]，
拼命吃蹄髈，
癞孵鸡样赖床上；
统身肥浪当[2]，
真当像猪娘，
送格[3]当兵废[4]打仗。

（程肇荣20世纪60年代创作）

①棒：金华方言，“碰”的意思。
②肥浪当：金华方言，指过分肥胖。
③送格：金华方言，此处是“送他”的意思。
④废：金华方言，“不会”的意思。

做豆腐

叽里咕，
磨豆腐，
黄豆磨做浆，
做桶豆腐烫；
伏布一块块，
做出薄千丈；
豆腐切小块，
油豆腐沸[1]得呱呱黄；
豆腐压压扁，
五香干炒肉喷喷香。

（程肇荣20世纪60年代创作）

①沸：金华方言，“炸”的意思。

火萤虫①

火萤虫，
火萤虫，
飞到西来飞到东。
火萤虫，
火萤虫，
屁股色亮②两记拱③。

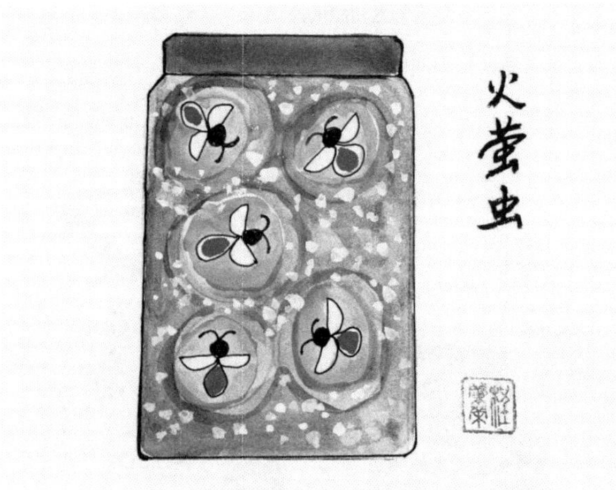

①金华人把萤火虫称为火萤虫。
②色亮：金华方言，“非常明亮”的意思。
③拱：金华方言，“向上耸动”的意思。

小黄狗

小黄狗，
台桌[1]边沿候；
眼睛乌溜溜，
想咬肉骨头。

①台桌：金华方言，指“八仙桌”。

学 样[1]

走到东来跟到东，
走到西来跟到西；
学样放屁，
年鱿[2]做戏。

①旧时，金华儿童在比自己小的孩子模仿自己的行为动作时，总会对学样的孩子唱起这首儿歌。

②年鱿：金华方言。金华人将鲇鱼称为“年鱿”。

烂甘蔗

东赖赖①，
西陔陔②，
背脊骨呒没③生出来，
像根烂甘蔗，
呒人④矇⑤得来。

①赖赖：金华方言，指事物没精打采、依赖物体的样子。
②陔陔：金华方言，“散漫依靠”的意思。
③呒没：金华方言，“没有”的意思。
④呒人：金华方言，“没人”的意思。
⑤矇：金华方言，“看”的意思。

贪吃鬼

毛竹箸[①]，
含口里，
眼睛乌珠脱[②]碗里，
矇着好菜囫囵吞，
矇着粗菜装“白痢”[③]。

①箸：“筷子”的意思。

②脱：金华方言，“掉下”的意思。

③白痢：金华方言，“眼睛瞎”的意思。

矇三相

贼相勿贼相[1]，
归门矇三相：
站相！
坐相！
吃相！

①这里的“贼相”是“不合礼仪规矩、缺乏教养的丑陋样子”的意思。

凶 相

眼睛乌珠铜铃样，
讲话好比天雷打，
面孔横起凶梆梆，
吓人倒相[1]真贼相。

①吓人倒相：金华方言，“非常狰狞、非常吓人”的意思。

四方荡

鼻头朝天上，
手脚四方荡[①]，
格把[②]死戾相[③]，
迟早脱茅坑[④]。

①四方荡：金华方言，形容举止放肆，不顾及其他而孤傲地摆动手脚的样子。
②格把：金华方言，“这把”的意思。
③死戾相：金华方言，指非常让人厌恶并极为看不惯的样子。
④脱茅坑：“掉落茅坑”的意思。

吃 盐[1]

新女婿，
走屋里，
丈母娘对格笑眯眯。
装碗盐，
铺饭米，
递到囡婿双手里。
蛮卜[2]囡婿勿客气，
贼格贼格口里划，
满口粗盐吐勿歇。

①这首儿歌反映出金华的长辈们注重后人“满口话不可讲、满口饭不可吃”等礼仪教育。

②蛮卜：金华方言，“不聪明、不灵敏”的意思。

猫 咪

大猫咪，
小猫咪，
躲在墙壁角落里。
老鼠钻出来，
“喵呜”一声叫，
老鼠吓脱气。

黄 狗

大黄狗，
大黄狗，
汪汪汪汪在桥头。
撮石头，
黄狗溜，
好狗桃阿[①]三记诱[②]。

①桃阿：金华方言，“怕我”的意思。

②三记诱：金华方言，“连做三次蹲下的假动作”的意思。

扇嬷嬷

热猛[1]！
热猛！
嬷嬷坐在门槛上。
麦秆扇，
扇柄长，
阿[2]帮嬷嬷扇两记，
嬷嬷[3]赏阿一粒纸包糖。

（程肇荣20世纪50年代创作）

①热猛：金华方言，“十分炎热”的意思。
②阿：金华方言，“我”的意思。
③嬷嬷：金华方言，“奶奶”的意思。

淌大溪

小鬼王，
起把戏[①]，
冷滚汤[②]，
吃勿歇，
夜里床上淌[③]大溪。

①起把戏：金华方言，“非常用劲地玩弄”的意思。
②冷滚汤：金华方言，“冷开水”的意思。
③淌：金华方言，“流”的意思。此儿歌中“淌大溪”是形容孩子遗尿的情景。

活 葬

烂毛芋，
喷喷香；
烂花芋，
呒[①]人张；
当赖料[②]，
勿吃香；
做强盗，
要活葬[③]。

①呒：金华方言，“无”的意思。
②赖料：金华方言，“无赖”的意思。
③活葬：金华方言，“活埋”的意思。

误时间

日上沿门头[①]，
夜里候灯头[②]，
时间误误掉，
大了呒花头。

①沿门头：金华方言，“在市井街头游走玩耍”的意思。

②候灯头：金华方言，“眼睛近距离地凑着灯具亮光”的意思。

祈 求①

天皇皇，
地皇皇，
阿郎屋里有个小哭郎。
路过君子念几遍，
一夜困到大天亮。

①旧时，金华的长辈发现幼小孩童因受惊悸等迟迟不肯入眠而彻夜吵闹时，会用小红纸抄上这首歌谣，贴在电线杆上或厕所里，表达祈求孩子早日恢复正常的急切愿望。

烂伍兵

日本烂伍兵，
吊儿郎当逃得慌，
破鞋破袜破军装，
牵匹破马背破枪，
举起双手喊投降。

大粒沙

客人还没走，
就往桌上爬，
从小呒教道，
是个“大粒沙”[1]。

①大粒沙：金华方言，“大傻瓜”的意思。

呒坐相

东矇[1]又西相[2]，
统身生虱样，
屁股磨麦磨，
“扑通”跌地上。

①东矇：金华方言，“东张”的意思。

②西相：金华方言，“西望”的意思。

雄黄酒[1]

端午节，
泡雄黄，
面上涂个三横王。
东三西四[2]都喷到，
蚊虫苍蝇死光趟[3]。

①雄黄酒：金华人过端午节的习俗之一。

②东三西四：金华方言，“东西各个方面”的意思。

③死光趟：金华方言，“死精光”的意思。

虾 公

大虾公，
背脊弓，
一拱拱到油锅里，
统身烫得绯绯红；
大虾公，
红彤彤，
爷爷配酒抿两盅，
胡须上面沾满葱。

（程肇荣20世纪60年代创作）

游戏篇

游戏，即娱乐活动。某些非正式比赛项目的体育活动也叫游戏。

玩，是孩子的天性，即使到了上学的年龄，家庭和学校里，也绝对少不了各种各样的嬉闹游戏。

聪明、健康的孩子是玩出来的。会玩的孩子，玩出了勇敢，玩出了创造，玩出了情商，玩出了趣味，玩出了欢乐。某些时候，孩子们玩游戏是需要大人们配合和参与的。事实上，懂得玩的老师和家长，则能玩出寓教于乐，玩出张弛，玩出师生、亲子情谊。

游戏，是孩子日常生活的重要组成部分。他们选择和喜爱精彩有趣的、经典且充满挑战和趣味的游戏。他们在尽情游戏的过程中，从被动接受知识变为积极主动地投入学习，轻松而又快乐地提高观察能力、逻辑思维能力和创新能力，提高自身思维的敏锐性、深刻性和灵活性，提高动手能力，增强体质，增进健康。特别是在开展竞赛性游戏的过程中，孩子们的理智感、道德感等自然形成，能促进他们意志、个性及社会性的发展，并且能帮助他们克服自卑或以自我为中心等不良表现，建立良好的人际关系。这样，必然有利于培养孩子的团结协作精神。在游戏中接近科学和各种环境，在游戏中分享种种不可言状的快乐，能为今后漫长的人生奠定良好的基础。

金华的老游戏，是前人创造、传承下来的宝贵文化遗产，虽然经历了上千年的传承演变，至今仍然有着不可低估的意义，值得后人重视。

麦秆吹豆

豌豆，一年生或两年生草本植物，结荚果。金华人因为豌豆荚果像一条蚕，故把它叫作蚕豆。一粒蚕豆加上一截麦秆，能够开展什么游戏呢？一般成年人一时还真不容易答上来，旧时金华儿童却能展示出如下拿手好戏。

他们先剥出几颗成熟的蚕豆，再截取一段段金黄色的粗壮的麦秆，秆长约10厘米，接着，把麦秆的一头剪成六七根细条，再把这些细条压成45度角倾斜状。然后，把麦秆竖直，将一颗蚕豆放在这些条瓣中间，最后，小心地把麦秆的另一头含在嘴巴里，用一只手扶住麦秆，就可以开始玩了。

当孩子仰头朝麦秆里用力吹气时，细条中间的蚕豆立刻就会随着气流不断地上下翻滚起落，活脱脱一项巧妙的小杂技表演。

这项游戏，可以单独玩，也可聚众玩。

孩子们通过玩这个游戏，开始对地球引力有所感悟和认识。

猜长草

旧时金华儿童在放学途中，或在假日里，都会凑在一起，随时随地玩“猜数”的游戏。

他们会顺手从路边采撷几根粗壮的“千斤拔”“蟋蟀草”等野草，然后择取几段草茎，就开始玩起来了。具体的玩法是：

孩子们通过“竞棕棒”的方式，产生最后的赢者，由赢者拿着若干段长短不一的草茎，在其他孩子无法看见的情况下，把这些草茎不规则地排列在一只手的拳头中间，然后，让其他孩子猜测露出的草头，谁能准确猜测到最长的那根草茎，他就是赢者。赢者可以继续猜，如果又猜着，还可继续猜。如果猜不着，就由其他孩子按照上述程序继续游戏。

在这个游戏中，当孩子猜着时，可以把最长的草茎取出，再猜测剩余草茎中最长的，以此类推，猜完为止。也可在猜测时不取出最长的草茎，重新混杂后藏在拳中再猜。

芸芸野草无处不在，旧时金华儿童的童趣与野草同在且惊喜不断。

猜中指

空空一双小手，也能玩出精彩有趣的游戏来吗？旧时儿童用他们的聪明对此做出了回答。

孩子们在闲暇时，会不约而同地凑在一起，可以两个人，也可以多人来开展游戏。孩子们可以先推选一个孩子，或毛遂自荐，来担当首个“藏指人”。

“藏指人”将一只手的五指缩拢，把中指任意挪位，藏放在另一只手的大拇指和食指之间，再握紧拳头，只露出五个指头的局部。然后，由其他孩子来猜测哪只是中指。猜对就算赢，接当“藏指人”。如果猜错了，就由其他孩子接着猜，反复循环。

孩子们不花一分钱，就能玩得不亦乐乎，不仅培养了细心观察辨别事物的能力，而且能提高巧妙安排布局的本领。

两头飞石

旧时儿童从草台上、戏台上和电影里见到过“水流星”这种杂技节目，一个个跃跃欲试。但是没有专业道具，怎么办？孩子们就开动脑筋，就地取材，照样玩起类似“水流星”般的游戏。

孩子从奶奶或妈妈那里讨来一段长约1.2米的麻线（纳鞋底用的粗麻线），将线对折取准中心点后拎起打个“吐头结”，然后，分别在两头各缚住一个算盘子或小石子、小铜钱等，就可以开始游戏了。

具体玩法是：

用左手或右手的拇指和食指捏紧“吐头结”，再由另一只手拿住邻近缚石的线段处，然后发力将垂挂在面前的另一颗缚石从左至右翻转起来，待它翻转四五圈开始惯性运转后，再将另一只手拿住的缚石使劲儿往下压甩出去，这样，奇怪的现象就出现了，只要捏“吐头结”的双指有节奏地上下运动，就能发现两边的缚石会不停地上下翻飞，奇妙极了。

天真无邪的孩子们具有强烈的模仿能力和表现欲望，通过这种游戏，孩子们能获得成就感和满足感。

竹节鞋

旧时金华有一些削筷子、编风炉扇等日用品的竹艺匠人，他们取完毛竹用料之后，总会剩下一些砍有孔洞的竹头竹脑来，这些剩余的物料或被人买去当柴火，或被执拗的小孩讨些去玩耍。这些留有孔洞的竹头竹脑又能玩出什么花样呢？旧时儿童告诉你。

先把一个个竹头竹脑上下两面锯平，然后在每个竹头竹脑两边用大头钻钻出一个圆洞，接着，各穿进40厘米长的绳子或布条，再双脚各踩一个，然后用两头绳子把脚背缚紧并左右两边各系上两根绳子，然后抓住绳头。这样，就可穿着这双竹节鞋“周游”四方了……当孩子们“吧嗒”“吧嗒”地来回走动时，大人们都禁不住赞叹：“这个像太后！”“那个像娘娘！”……

孩子们穿的这种竹节鞋与清朝皇宫里皇妃们穿的高底旗鞋还真有几分相像呢！

绑足竞走

绑足竞走是一项旧时金华儿童十分喜欢的竞赛游戏。

参加这项游戏的孩子，分为两队，人数可多可少。游戏开始前，需做好相应的准备工作：一是画好起走线和终点线；二是参加游戏的孩子都要先把自己左边或右边的小腿部用手帕缚住，各队列队等候。当“裁判”一声令下，领头的孩子屈身前行，到达终点线后再折返回来，拍一下接力孩子的手，第二个孩子再出发……竞走过程中，任何人都不准松开手帕直身奔走，否则视为犯规。先走完的队获胜。

为照顾年幼体力差的孩童，还可按以下方式进行，即每队孩子分别站在起走线和终点线的后面，开展迎面接力竞走，谁先走完，谁就是胜利者。

这种游戏对培养孩子自觉遵守规则和从小培养毅力、克服困难大有好处。

钉鼻头

金华方言中的“鼻头”，指的就是“鼻子”。

20世纪60年代初期，笔者在市区一所小学任教时，由于受当时办校经费和活动场地所限，学生的活动非常单调枯燥。于是，动脑子，跟孩子们玩“钉鼻头”的游戏。

笔者先在黑板上钉上一张放大的巨型人面图，此图上画有眉毛、眼睛、嘴巴和耳朵，唯独缺少一个鼻子。孩子们一见到此图就哈哈大笑起来。笔者问他们少个鼻子怎么办时，他们异口同声地回答：“补画上去！”这时，笔者取出一个用硬纸板剪成的装有图钉的“大鼻子”，告诉孩子们不是补画上去，而是补钉上去……游戏就这样顺理成章地开始了。

依照规则，孩子们需用手帕蒙上眼睛，轮流从各自的座位上摸索向前到黑板跟前，通过自己的估计和判断，把“大鼻子”往图像上钉。在一阵阵哄堂大笑中，孩子们有的把“大鼻子”钉在额头上，有的钉在眼睛上，有的钉在嘴巴边，有的钉在眉毛或耳朵上……更令人捧腹大笑的是有的甚至把“大鼻头”钉到离开人面图像很远的地方……

这个游戏既有强烈的趣味性，又可帮助孩子提高记忆力和判断力，很受孩子的欢迎。

单板击球

乒乓球是一种双人对攻的竞赛和游戏项目。然而，对于旧时的金华儿童来说，当无法凑齐玩伴时，他们自有办法自己玩拍击乒乓球的游戏。

玩球人选择一堵空墙，站在距墙二三米远的地方，将乒乓球发到墙壁上，待球回弹掉落地上后，接住球再往墙面上击打，如此循环……

还有另一种单人玩法是：将球发到墙上后，在球回弹到地上前，马上用板接球直接往墙面击打，如此循环……

这种击球活动，击球轻重程度、强度以及角度、难度完全由击球人自行掌握控制。

这种击球玩法，也可双人或多人进行，大家站成一排，你一板我一板，交替击打。此外，还可以用双手和小皮球来玩这个游戏，倒也别有一种趣味。

打 “夯”

旧时，金华有一种名叫打“夯”的游戏。

几个孩子趁其中一个不注意时分别抓牢这个孩子的双手双脚，把他的身体抬高后再落下，再抬起再落下，如此循环，像在打夯一样。玩这种游戏一定要注意轻抬轻放。

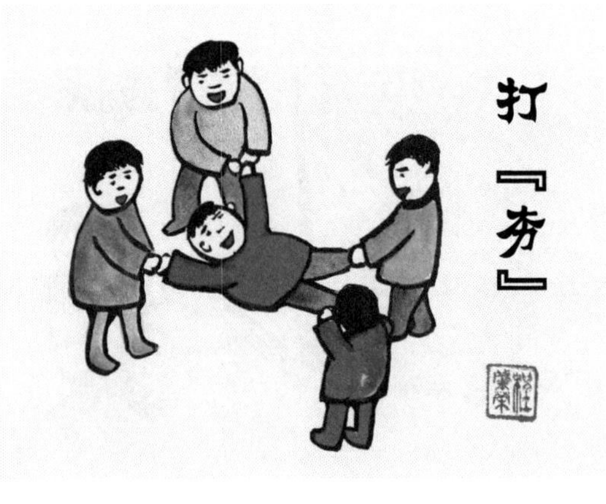

旋小“骆驼”

旧时，金华儿童喜欢用鞭子抽打木质“骆驼”。慢慢地，他们发现可以在桌子上玩这种旋小“骆驼”的游戏。

首先找些算盘珠、山楂果、小铜钱等小物件，也可以将黄瓜、茄子等瓜果切成小圆柱形，再视这些材料的粗细长短，分别找些火柴梗、棒冰棒或筷子等，作为支撑用的小材料，做好准备事宜。制作小“骆驼”其实很简单：把每段适合的筷子和棒、梗，分别插穿上述小物件横剖面的中心处，露出的部分上长下短，经过用手指捻转初步试验，小“骆驼”立刻旋转起来的，则上下长短适宜；如捻转后小“骆驼”马上栽倒，则应对支撑棒、梗和筷子进行调整。

制作好小“骆驼”后，就可以开始玩了。他们把一个个小“骆驼”用手指凌空捻转后立即放在空桌上，让它们飞转起来。这些小“骆驼”有的相互跟随，有的相互追逐，有的相互碰撞，有的独自转动，千姿百态，煞是好看，孩子们也都看得禁不住手舞足蹈起来。

靠背跳

20世纪五六十年代，金师附小有上操场和下操场两块大场地，当时操场是开放式的，附近的孩子们常常把此处当作游戏的理想场地。因为场地平整广阔，很适宜开展“靠背跳”这类竞赛性游戏。

“靠背跳”，顾名思义，就是两个孩子背靠背，同时，将各自的左右手臂交叉挽牢，然后两人蹲下往其中一人面向的方向跳。跳的过程中，两个孩子可以轮换做带头人。

“靠背跳”赛前要画好起跳线和终点线。比赛时，一对对“靠背跳”组合竞争激烈，场面蔚为壮观。

此外，还可以在场地上画上一个大大的圆圈，然后，所有的“靠背跳”组合，在“出发令”发出后，绕着大圆圈蹦跳，跳完约定的圈数后，最快的组合为胜利者，其他名次以此类推。

这种游戏能够从小培养孩子团结友爱、密切合作的意识和不怕困难、努力拼搏的精神。

击砖头

20世纪50年代初期，金华城内残垣断壁随处可见，碎砖、破瓦随手可捡。因此，这些残破的建筑废料成了旧时金华儿童游戏的绝好材料。他们捡来一些半块砖（有的甚至是整块砖），接着将砖头并排竖好，然后，从立砖处朝前步量出十几步远的地方画一道线，击砖游戏就可以开始了。

这时，孩子们一个个按次序，先后手拿击砖的石子或碎砖瞄准竖在地上的砖，谁击倒的砖头最多谁就是第一名。

这种击砖游戏，可以锻炼孩子们的腰部力量以及臂力和腿部肌肉，是一项既简单易行又能锻炼孩子体魄的好游戏。

做竹蜻蜓

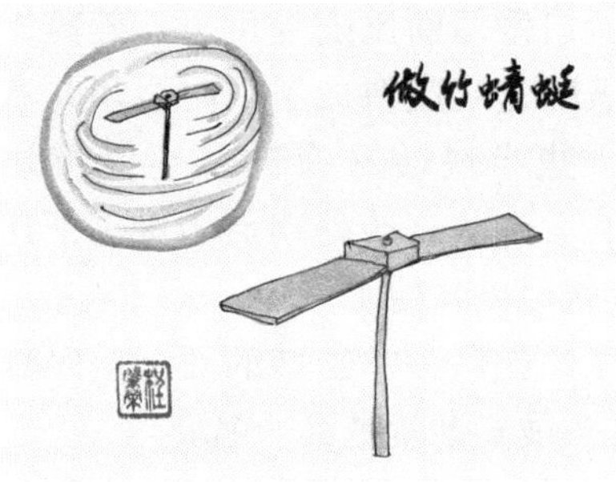

旧时，金华儿童每每看着天上的飞机、鸟儿、蝴蝶和蜜蜂等就非常激动、非常羡慕。于是，他们想方设法要通过自己的努力，实现翱翔蓝天的梦想。随即“竹蜻蜓”这种游戏就应运而生了。

孩子们找来小竹片和小竹筒，找来细麻线，开始制作。先把长约15厘米、宽约2厘米的小竹片剖去竹青和竹黄，中心点处留1.5厘米宽的凸出部分，细心地把两侧削成相反方向的斜状，中心点钻孔安上并固定一根约15厘米长的小竹棒，竹蜻蜓就做好了。竹蜻蜓做好后，有两种玩法：

一是找来一根细小的竹管子，竹管子的中上部位置钻个洞，用细麻绳把竹蜻蜓支撑棒中上部系牢后，再将绳的另一头从洞里往外穿出，待把管中竹棒旋转绕上很多线圈后，只要用力拉动线头，管中的竹蜻蜓就会旋转起来，但不能拉到底，这样一拉一放，控制好力度，竹蜻蜓在管子里就会永不休止地旋转。

二是麻绳不把竹蜻蜓系死，而是一端绳头贴住支撑杆，让它自然缠绕若干绳圈后，放入竹管，用力将另一端穿出孔洞的绳头拉动，待管子里的竹蜻蜓挣脱麻绳约束后，它就会像一架小小直升机突然腾空而起在天空中飞起来……

吹葱笛

旧时，金华的老百姓到菜市场买菜，总会捎带一把香葱回家，作为做菜作料。令人意想不到的是，金华儿童竟然会用葱段做出小玩意儿来。

孩子们不知道哪里来的“灵感”，他们会选择一段比较粗的葱管管壁比较老的葱段（四五厘米长），将葱管的一端轻轻压扁，然后放入嘴中，双唇轻合，然后，平静地开始吹气，直到葱管里发出“嘀、嘀、嘀——”的响声，孩子吹呀、走呀，十分得意。

走浪木

把一副结实的门架矗立在操场上，在门架两边各一米多的地方铆固一个结实的弯钩，然后安上装有铁件的粗绳，再在两根垂下的粗绳的末端距地面50厘米处固定好一块长板浪木就完成了。

儿童们在浪木处于静止状态时，轻轻地踏上浪木，可以一个人上，也可以几个人一起上，走浪木的人站定后，站在浪木上的儿童就可以开始发力，让浪木前后晃动。儿童在晃动的浪木上，可以静立原处，也可以迈步前行，直到走到浪木尽头再折返行走……有的孩子平衡控制不好，就会从浪木上跌落下来，只能重新开始。不过，浪木不断晃动，想要重新踏上浪木，却不是一件容易的事情。但是，浪木走多了，有了一定经验，就能在浪木上行走自如，甚至做出一些连大人都做不到的动作，让大家惊叹不已。

穿项链

金华人说：“男像男，女像女，男女玩法不同路。”此话是有一定道理的。

金华的女孩从小就有爱美之心，突出地表现在她们能用根本不起眼的一些小物品，编穿出一串串美丽的“项链”来，不仅挂在自己脖子上显示自己的漂亮，而且还把自己的“杰作”套在大人的脖子上，以证明自己的本领。

她们可以把豇豆切成不到一厘米长的小段，然后拿针穿线把豇豆段串联起来，成了“豇豆项链”；她们捡来黄金树落下的花朵穿起“黄金花项链”；她们把茉莉花穿起来成了“茉莉花项链”；她们甚至还可以把番薯藤切成小段，穿成绿色的“项链”……

女孩们细心娴熟编穿“项链”的技艺，不仅使她们心中的乐趣得到了极大的满足，而且也赢得了大人们赞许的目光和笑声。

布老鼠

一块普普通通的毛巾(手帕)，在旧时金华儿童的手里，却可以变成一只“老鼠”。

女孩们将手巾平摊，经过斜向对折、横折再居中外掏等动作，就形成圆布筒的形状，其两头各露出尖尖的布条，接着，女童把其中的一条布条打个结，形成两只“鼠耳朵”，剩下的一条布条自然成了“布老鼠”的尾巴。女童把“布老鼠”搁在自己的左上臂或右上臂上，紧接着，用一只手轻轻抚摩，然后将肩膀用力一耸，“布老鼠”忽地一下就蹦出去老远老远……

金华的女童们，常常用这个做“布老鼠”的游戏来逗弟弟妹妹，年幼的弟弟妹妹还以为这“布老鼠”是真的呢！

迎龙灯

从古至今，金华盛行正月里“迎龙灯”的喜庆习俗。旧时，从正月初一到元宵节，乡村里都会组织板凳龙、布袋龙和牡丹灯、鲤鱼灯等灯队，进入城区游行表演，场面真是灯火通明、人山人海，蔚为壮观。金华儿童自然也受到深刻影响，他们经常玩“迎龙灯”的游戏。

他们把“角牌凳”四脚朝天，用草绳把它们串联在一起，再逐个把凳子搁在肩上，然后就在家里和门口游走起来……

他们还有其他的玩法：比如稍大点的孩童会展示他们的聪明才智，先用硬板纸画上龙头、龙身和龙尾，剪下后捆绑在几根小竹竿上，再串联起来，由一个个孩子各执一竿，然后，就开始他们隆重的“迎龙灯”了……

大人们看到孩子们从小喜爱“迎龙灯”，从小传承“迎龙灯”，心中有说不出的高兴。

小风车

旧时，金华的街头上，特别是时逢一些节日，总会有一些手艺人拿一些纸质“小风车”来吆喝推销。金华儿童见担上的“小风车”迎风呼啦啦地转，常常掩饰不住羡慕和想拥有的热切心情。然而，受当时条件限制，金华人又节俭持家，大人们不会轻易地给孩子们买这种玩具。于是，孩子们就自己动手来做。

他们先把废报纸、没用的作业本等找来，裁成一张张小小的四方形纸头，接着将四方形纸头交叉对角，再在四条对角线处逐一细心剪成八开（剪至距离中心点四五厘米为止），接着，捏住一个纸角（A角）再拿起一个纸角（C角），与前面A角角尖粘牢，继而，E角粘住G角……最后，从粘好的四个角的中心点，穿上一条铅丝，前端弯出一个挡环，后端绕扣在小竹竿上，“小风车”就做好了。

孩子们擎着自己亲手做的“小风车”，欢快地奔跑起来，看到“小风车”迎风哗哗飞转，孩子们心里有说不出的高兴，比吃蜜糖还要甜。

做"小人"

金华的女童，从幼年开始，就喜欢做"小人"（布娃娃）当"妈妈"。

在她们的心目中，小枕头、小手巾、小棉袄甚至是捶衣洗涤用的木槌等物件都可以变作"小人"。她们把小枕头或小棉袄细心地折叠成条形状，用小手巾扣起一个头形状，再用另一块小手巾盖在"头部"，"小人"就做好了。

"小人"做好以后，女童们就将它抱在怀里，或到其他邻近小朋友家玩，反正无论走到哪里，都会把"小人"带在身边，并细心地呵护着它……到了夜里，女童将"小人"带到床上，放在自己的枕头边，耐心地哄它睡觉。有时，女童们突然一时兴起，会拎起"小人"来训斥："你不听话，打屁股！"小手就往它的背后轻轻打击……过一会儿，又捧起"小人"说："噢噢噢，舍不得，舍不得……"

父母看到孩子模仿自己照顾、教育孩子那种天真又认真的神态和动作，忍不住笑出声来。

竹箸枪

金华的成年人跟全国各地的成年人一样，用“苍蝇拍”去消灭令人讨厌的苍蝇。可是，金华的儿童脑子灵活，别出心裁，发明了一种“竹箸枪”来击毙这种害虫。

所谓“竹箸枪”，就是用吃饭用的竹箸(筷子)制作而成的“枪”。

先取来三根半截方体半截圆体的竹箸，将它们并排放平，接着将中央这根拉出五六厘米，然后，用棉线按前、中、后三处把它们缚紧，继而在露出一段的这根竹箸头上缚牢由两条连接好的牛皮筋，再把一根牛皮筋环绕在后部两根竹箸上，最后在环绕的牛皮筋中间斜插进一段五六厘米的竹箸段（开关），这就成了一把“竹箸枪”。

这种“枪”做好后，只见孩子左手用两指捏牢“枪”，右手把缚在箸头上的那根牛皮筋拉到“开关”上，然后右手的食指扣住“开关”下部，待发现苍蝇飞着飞着停下来之后，“竹箸枪” 就搁置在与苍蝇相对合理的打击距离处，“噼”的一声，松开“开关”，扣着的牛皮筋会快速反弹出去，把苍蝇击得四脚朝天，一命呜呼。可谓是百发百中，威力无边。

做“桌子”

旧时，金华人将火柴叫作“洋火”，火柴盒自然而然地叫作“洋火盒”，金华儿童把大人们随手扔掉的“洋火盒”视若珍宝，用来制作玩具，“桌子”就是其中之一。

孩子们将火柴盒收集起来，取出四个并排粘好，当作桌面；再分别竖起两组火柴盒（每组三个）并把它们粘好，最后，将这两组火柴盒分别粘在“桌面”左右两端，再用纸头将它包装一下，一张“办公桌”就大功告成。

“办公桌”做好后，为了美观，孩子们会再给它涂上墨汁或者不同的颜料，并涂上菜油上光。然后，孩子们就小心翼翼地把“桌子”放在一旁，一边往一格格“抽屉”里放进一些小物品，一边喜不自禁地欣赏着，心里得到了极大的满足。

“小鬼”推车

猎奇是儿童与生俱来的天性。有时候金华儿童的猎奇心理会得到出其不意、淋漓尽致的发挥，他们自己发明的“小鬼推车”就是一个生动的例证。

这种“小鬼”推车游戏不需要任何辅助的玩具，只需由一个孩子伸出双手，手掌撑在地上，另一个孩子分别抓住扑地孩子的双脚脚踝部往上托起。这时，扑地的孩子用手爬行，抓腿的孩子同步前行，就像是“小鬼”推着独轮车在往前行。若扑地孩子爬行得有点累了，两个人可轮换着玩，游戏继续进行。

“小鬼推车”也可作为竞赛游戏：众多的孩子按两人一组组成两支队伍，画好起跑线和终点线，然后，每队一组接一组地往终点线冲去再折返回来，先完成的自然就是“冠军队”。

猜五官

旧时，金华人一般都是多子女家庭，不可能有很多的玩具供孩子们玩耍，于是，兄弟姐妹之间就会玩“猜五官”的游戏。

年纪小一些的孩子往往喜欢自告奋勇地充当“猜官人”，年纪大一些的孩子自然充当“指令人”。游戏开始，“猜官人”先用右手的食指轻按在自己的鼻尖上，这时，“指令人”可以任意喊出五官中任一器官的名称，“猜官人”在一两秒钟的时间内，迅速正确地把食指按到“指令人”指定的部位。如果猜正确了，继续进行游戏；如果猜错了，调换角色，游戏继续进行……

这种游戏，对于锻炼孩子的反应和身体各方面的协调性很有好处。

夜乌面

金华人把假面具叫作“夜乌面”。

金华的儿童很喜欢自己动手制作“夜乌面”，把它们当作做游戏的辅助玩具。他们将不用的“马粪纸盒”（硬板纸盒）拆开后，剪成一个个脸的形状，挖出两个眼睛孔，然后，模仿金华戏（即婺剧）里形形色色的脸谱，画出猢狲精、猪八戒、天兵天将、大花脸、小花脸等各种图案，然后将安在脸谱左右两边的牛皮筋套在耳朵上，就开始手舞足蹈起来，或各在腰间别上短短的木杆或竹片，当作大刀或宝剑，在操场上激烈“打仗”，俨然一个金华戏的演出团队在演出一出出威武、雄壮的大戏……

特别是夏季的傍晚，孩子们还会在吃过晚饭后，各自赤膊凑在一起，戴上自己最称心的“夜乌面”，身上围着摘来的柳枝条和棕榈条，列队游走在附近街巷，他们敲着破脸盆、举着破扫帚，一路稀里哗啦乱喊乱吼，这种经常出现的原始“走秀”，惹得街巷两边的大人们笑个不停……

打游击

20世纪五六十年代，金华天宁寺的南面是婺江公园，公园的下面，有一片大面积的长满高大柳树和众多灌木的湿地，紧连着平坦广阔的八咏滩，这个原生态地区，成了金华儿童尽情“打游击”的最佳“战场”。

每当傍晚时分，来自金华城四面八方的孩子，自行组织起“游击队”，把编起的“柳叶帽”戴在头上，利用枯死的树枝做成一把把“长枪”“短枪”“匕首”，拔起草团当作“手榴弹”。各队选择好各自的“阵地”，并筑好防御工事，然后，就开始对攻起来，只见“草团”飞来飞去，顿时沙雾弥漫；“对攻”到一定时候，其中一队“士兵”发现对方“枪弹”消耗殆尽，便会突然发起“冲锋”，一边投掷“手榴弹”，一边挥舞“刀枪”，奋力摧毁“敌方”工事，逼迫对方举手投降。激烈的“战斗”结束了，孩子们像真正从战场上打胜仗回来似的，心里有说不出的高兴，他们一齐先在婺江浅水区痛痛快快地洗个澡，再前簇后拥嘻嘻哈哈地回家去……

孩子玩“打游击”，既亲身真切地感受了大自然的无穷魅力，又磨炼了意志，培养了勇敢顽强的精神，难怪孩子们百玩不厌，常玩常新。

放纸船

金华地处丘陵地带，古老的城区建立在高低起伏的红岩层上，因此，金华的很多街巷高低落差，纵横交错。一下起雨来，雨水顺着街巷边的水沟，奔流到城区的四面八方。

孩子们一看到奔流不息的雨水，就会禁不住玩起“放纸船”的游戏来。

孩子们先做好大大小小的纸船，然后抱着纸船跑到地势最高的地方，轻手轻脚地把纸船一只一只放进奔流的沟水中，只见一只只纸船急冲冲地漂行而去，孩子们便一边拍手，一边嘻嘻哈哈地笑个不停……

傍晚，天空慢慢黑暗下来，孩子们会从家中找出一段段燃烧未尽的残烛头，然后点燃放在纸船上，让纸船顺着沟水渐渐远去。20世纪五六十年代，电力路灯还较稀缺，一盏盏漂浮游动的小船灯，闪烁着点点亮光流向四面八方，实在是别有韵味的一道风景！

竹箸飞机

20世纪五六十年代，金华像样点的文具店里都有制作航空模型的材料卖，可是，一般的百姓人家，是不可能买给孩子玩的。

“穷则思变”，买不起上述材料的家长就会与孩子一起用竹箸（即竹筷）动手做“竹箸飞机”，实现腾飞天空的美好愿望。

取来一根长约25厘米的竹筷，将方的这一段横向剖开至距筷头八九厘米处，再将圆的这一段从筷头横向剖进四五厘米，接着用黄板纸（硬板纸）剪出左右两翼相连的机翼，剪出竖立和横向的两片小后翼，然后，把一枚大头针弯个小钩，准备工作至此就告完毕。组装时，先把连体前翼塞进剖开的方段里，接着用棉线把筷段缚紧固定机翼，再将竖式后翼和横式两片后翼装进圆段“⊥”形缝隙里，前后用棉线将筷子后部缚紧固定后翼。最后，将弯曲的大头针用棉线固定在前翼后下部，“竹箸飞机”就完成了最后一道工序。此外，还要备好由十几根牛皮筋串联而成的“驱动带”。

孩子拿着“竹箸飞机”，到比较开阔的场地后，左手拿着它的头部，右手将驱动带套住大头针弯钩，然后拉长“驱动带”，再左右手一起松开，“竹箸飞机”就会脱离“驱动带”飞速射向天空飞翔起来……

鹅管弹橘皮

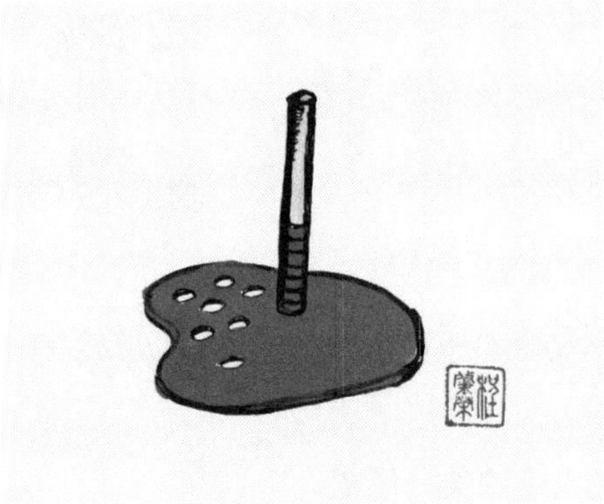

一根大白鹅的翅膀毛，一块鲜橘皮，两者之间没有直接必然的联系，一般人不会想到利用这两样东西，能够玩出饶有趣味的游戏。但是，金华儿童却能够做到。

取来一根粗壮的大白鹅翅膀羽毛。第一步，剪去长着白羽毛的那一段，再剪去尖端部分，只剩下白色的管子；第二步，找来一根直径比管口直径稍微小一点点的圆竹棒，如果找不到合适的，也可用竹筷子细心地削成；第三步，找来几块新鲜的橘子皮；第四步，将鹅毛管的一头管口连续戳向橘皮，管子里就会钻进一粒粒橘皮颗粒，再将另一端管口戳进四五粒橘皮颗粒，再将小竹棒往这一端管口慢慢捅进去，只听“啪”的一声清脆响声，另一头管口里头橘子颗粒一齐飞射了出去……

没有橘皮的季节，也可以用冬瓜、黄瓜等切片代替，同样可以玩这个游戏。

孩子通过玩这个游戏，明白了“压缩产生弹力”的科学道理。

撮石子

金华儿童说的“撮石子”，就是“捡石子”。

孩子们拿着捡来的石子，聚集在宽阔的场地上，在场地上画好起跑线和终点线，在起跑线和终点线之间，再画两排脸盆盆口大的圆圈，在分成人数相同的两队以后，“撮石子”游戏就可以开始了。

开始后，由各队的首个孩子携带与圆圈数目相对应的石子，接到“发令员”的起跑令即奋力开跑，把一块块石子准确地放入一个个圆圈，然后从终点线折返回起跑线，再由其他孩子接力奔跑前去，经终点线折返把石子逐一收回交给下一个接力的孩子，就这样一个放、一个捡，不断接力，直至各队最后一个孩子完成任务为止。

孩子们全力以赴，尽心游戏，玩得不亦乐乎。当然，他们都得自觉遵守规则，不能“撮烂污”。

跳竹竿

金华儿童从小就敢挑战自己，“跳竹竿”就是例证之一。

相邻而居的孩子们，会不约而同地各自拿着一两张家里的小板凳、一两根小竹竿，一齐到操场上把小板凳一对一对向摆好，再把小竹竿一根一根搁上去，形成一道道小障碍。接着，孩子们自觉地由大而小排好队，一个个跑上前去，迈开小腿，跨越一个又一个“横向障碍”，直到全部跳完为止。

有些孩子年纪小，平时缺少独立锻炼的机会，因此，在他们试图跨越这些并没有什么高度的障碍物时，大多要么踢飞小竹竿，要么撞到竹竿止步不前，要么竿子没有跨越过去，人却跌了个“嘴啃泥”。然而，这些孩子从来没有放弃，而是马上重新排队伍后头继续“操练”，直到顺利地跨越一道道前进障碍为止。

孩子们在有趣的游戏中，自我锻炼、自我领悟、自我成长。

玩弹壳

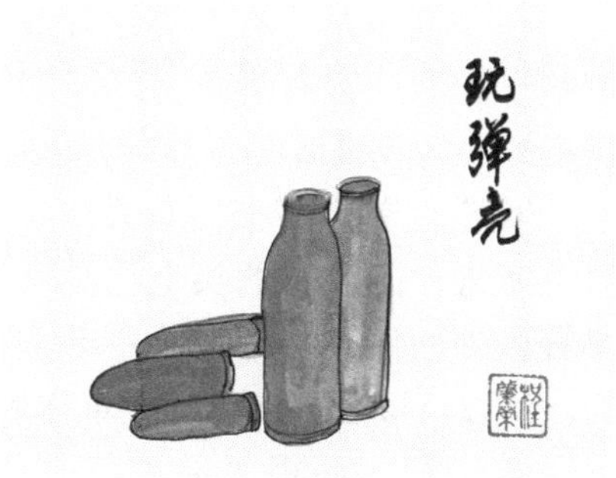

20世纪50年代，金华城东有个义乌门大操场，十分宽阔。因此，一些重要的民众大会都要在此处举行。

这个大操场也是金华儿童尽情嬉闹、玩耍的广阔天地。他们在玩耍、游戏的过程中，会不经意地在大操场边上的土坡、土堆等地方，发现一些弹壳和开了花的子弹头，这是部队进行实弹演习时遗留下来的。孩子们捡到这些子弹壳和子弹头，如获至宝，非常开心。于是，他们就把这些“战利品”拿到操场边的小水塘或水沟里清洗干净，然后跑到大操场进行“子弹壳掷远比赛”，谁掷得最远，谁就是赢家，就有资格将那些掷得不及其远的子弹壳当作“战利品”，统统归己所有。

孩子们玩够了“掷弹壳”的游戏，将弹壳带回家，可以在其他地方继续游戏，还可以用稍长些的弹壳跟小木头组装在一起，当作小手枪玩。此外，将那些用紫铜和铅等金属制造的开了花的子弹头，统统上交给父母，用来央工匠浇铸铜锅、门锁和钥匙等，因此，家长们对孩子跑到离家颇远的地方玩耍的行为，叮咛嘱咐一番后也就睁一只眼闭一只眼了。

玩毛芦芦

金华儿童从小在八婺这片美丽富饶的土地上生活成长，他们脑子聪明，富有想象力，能够利用种种野草，玩出一个个充满童趣的游戏来。

夏秋之交，孩子们会去摘些叫“毛芦芦”（狗尾草）的野草主茎来，因为它的头上这段凝生着一截小芝麻粒似的草籽，草籽段外面还长有细密的白毛，毛茸茸的，轻划脸上顿觉痒痒的。所以，孩子们将这种野草称为“毛芦芦”。

孩子们将两根“毛芦芦”草长毛的这段分别弯曲后打个结，然后将草的下端草茎相互套进并穿过草结，孩子自谓的“二胡”就做好了。孩子们两手各执一根草茎，一边相互推拉，一边咿里哇啦唱起儿歌，好像是在演奏表演……

染指甲

凤仙花，别名指甲花、急性子、凤仙透骨草和女儿花等，属一年生草本花卉。凤仙花有根、茎、叶子、花、果实和种子。凤仙花颜色多样，有粉红、大红、紫色、粉紫等。把凤仙花瓣捣碎包在指甲上，指甲就能染上鲜艳的颜色，非常漂亮，很受金华女童的喜爱。

“爱美之心，人皆有之。”金华女童在凤仙花盛开时节，会细心地挑选采摘自己喜欢的凤仙花，然后放在小碗里，撒点盐，再用小槌轻轻地将花瓣捣成糊状，再一点一点挑在指甲上，用树叶包好。过不了多久，拆掉树叶，拿掉指甲上的糊状物就能看见指甲都染上了鲜艳的红色、紫色、粉红色等颜色，相互观赏之余，都不约而同地笑个不停……

金华的女童呀，从小就是小小美容师！

打水仗

炎夏季节，酷暑难当。金华的大人和儿童都喜欢到婺江里游泳。很多人特别喜欢选择八咏滩这一河段，因为这里地势平坦开阔，加上天蓝水净，又是浅水区，是舒服、安全的宝地。

金华儿童一跳进江水，其天生童性就显现无遗。他们一个个赤身裸体，相互发起攻击，有的用并拢的手掌将江水推射对方，有的用脸盆舀水奋力迎战，有的干脆沉入江水中潜至对方的脚跟前，一把将“敌人”拖到江底，害得毫无防备的被拖者连吃“水辣椒”呛个不停，引得大大小小哄然大笑……

孩子们欢乐地打水仗，大人们在旁一边戏水，一边守护着孩子们的安全，其乐融融。

梅核笛

在金华这个地方，每年过了端午，市区街巷里就会有一些农民挑着担子，叫卖着上市水果，梅子就是其中之一。金华儿童在买了梅子吃完果肉之后，便会把梅核留下来，洗干净以后即可派上用场。

孩子们把一个个梅核两面突出的部位，在石头上轻轻地把它磨平，然后，细心地用剪刀尖在两边磨平处的中心点分别钻两个小孔（直径约为2毫米），再用弯曲的铅丝伸进梅核里，把里面的核仁一点一点地清理干净，最后在清水里清洗一下，这样，他们就做成了一个个“梅核笛”。只见他们将“梅核笛”放在嘴里，用上下嘴唇钳牢，然后向孔里吹气吸气，这样，就会发出“呼呼”的响声，十分有趣。

一个小小的梅核，在孩子的手里竟然变成了一个响声器，变成了一个随身可带的小玩具，这就是他们从小开动脑筋、勤于动手的结果。

捉麻雀

旧时，金华地区学校放寒假的时候，往往都快临近春节了。这时，天气变冷东风急，会下起大雪来。在大地铺满积雪以后，金华儿童会拿着扫帚，在墙脚、窗下和门边等处扫出一块一米左右见方的空地，从家中取来竹筛子或菜罩子，用长长的细绳子吊牢一根筷子或相应长的细竹竿，然后，在空地上撒些米粒或饭粒，用筷子或细竹竿顶住竹筛子或菜罩子，让它们一头高一头低，再把绳子细心地牵拉到门后或窗后，等四处觅食的麻雀飞进竹筛子或菜罩子里啄食时，就赶紧将绳头一拉，系着绳子的筷子或细竹竿会紧随倒地，竹筛子或菜罩子就会把觅食的麻雀扣在里面，孩子们就小心翼翼地擒拿“俘虏”，然后发出阵阵胜利的笑声……

掼 跌

摔跤是中国传统体育项目之一。两个人徒手相搏，以将对方摔倒为胜。金华人也喜欢这种由来已久的运动项目，不同的是，他们不叫摔跤，而是称为“掼跌”。

金华儿童小小年纪，却有一股敢于搏斗、不怕失败的豪气。他们在放学后，或在假日里，都会三五个、七八人凑在一起，或选择在学校跳高跳远的沙池内，或在婺江边的沙滩里，或在不是很坚硬的泥地上，脱去衣服赤着膊，一对一地开展“掼跌”活动。人高马大的儿童有体重又有技巧，当然取胜称王；而那些身材稍微矮小的儿童，如果有爆发力和灵敏性，往往也能取得胜利；唯有那些“小顽童”，总是被别人轻易地掼了一跌又一跌。但是，这些“小顽童”英勇顽强，虽屡战屡败，却不甘示弱，一次又一次地冲上去，想把高大的对手掼倒。有时，“小顽童”被掼得“啃啃泥”、满脸沾满沙子，他们小手一抹毫不计较，大家哄然大笑，尽情地享受“掼跌”带来的快乐。

剪 纸

剪纸是中国传统的民间艺术之一，是用彩纸剪成或刻成各种形象或图案。金华儿童也十分喜欢这项艺术活动。

金华儿童充分发挥他们的艺术想象力和聪明才智，利用手中的剪刀和刻刀，创作出小至兔子、小草、囍字等，大到房屋、树木、龙、虎等较为复杂的形象，然后，或贴在白纸上，或贴在家里的玻璃窗上，不仅有成就感，还获得了家长的夸奖。

2009年，中国剪纸入选联合国教科文组织第四批《人类非物质文化遗产代表作名录》。金华儿童从小受到具有浓郁乡土气息和强烈地方色彩的金华剪纸艺术的影响，在他们的一生中，留下了深刻而美好的印象。

翻滚斗

翻跟斗，也叫翻筋斗，金华人叫作“翻滚斗”。这种体育活动流行地域非常广泛，金华人自然也十分喜爱，金华儿童就更不用说了。

金华儿童“翻滚斗”，主要是以身体向下弯曲而翻转这种运动为表现形式的前滚翻为主，以双手触地而整个身体伸直侧向翻转的侧滚翻也颇为多见；有的儿童心细胆大，训练有素，能够完成“前空翻”甚至“后空翻”这类高难度的“滚斗”动作，让儿童和老师、家长们惊叹不已，一齐鼓掌喝彩。

后 记

2012年上半年编写的《老童戏》（原名《金华儿歌老游戏》）由中国文史出版社于2017年4月出版发行后，受到国内有关专家、学者的关注、肯定和赞誉，也受到广大儿童、家长和教师的欢迎，2017年6月6日的《金华日报》和2017年6月9日的《金华晚报》以及金华新闻网等均做了翔实的报道，产生了良好的社会反响。

基于对金华传统儿童文化的敬畏和眷恋，对自己亦肩负挖掘、保护和传承本土文化遗产的一份责任，应当严肃、认真、持之以恒地完成心中确定的编撰项目和计划，于是，我又集中精力，将原本属于上述《老童戏》中因故未予辑入的部分儿童歌谣和老游戏予以重新编写，由我自己负责亲手绘制全部插图。

在此书脱稿后，我觉得在有生之年，我能为金华的儿童做点有益无害的文化服务而感到十分高兴；也为能弘扬金华的传统文化而尽点微薄之力而感到十分荣幸和欣慰，这算是感恩并对滋养哺育自己的金华人民所做的一点回报。

本书沿袭首集编排体例，亦由儿歌篇、游戏篇两大篇目组成。儿歌篇的大部分儿歌是传统儿歌，我于20世纪五六十年代创作的若干乡土儿歌也一并收入其中。

本书收录的儿歌、游戏以1970年1月1日以前为限，区域为金华主城区。

儿歌中对部分方言字词做了必要的注音和释义。

最后对特意为本书作序的蒋风先生，以及在本书写作中向我提供各种帮助的家人和朋友们致以深切谢意。

程肇荣

2020年12月5日

老金华的记忆

老风俗

金华市政协文化文史和学习委员会 编

中国戏剧出版社
CHINA THEATRE PRESS

图书在版编目（CIP）数据

老风俗 / 金华市政协文化文史和学习委员会编. --
北京 : 中国戏剧出版社, 2024.6
（老金华的记忆）
ISBN 978-7-104-05315-6

Ⅰ. ①老… Ⅱ. ①金… Ⅲ. ①风俗习惯－介绍－金华
Ⅳ. ①K892.455.3

中国国家版本馆CIP数据核字（2023）第006132号

老风俗

责任编辑：赵宇欣
责任印制：冯志强

出版发行：中国戏剧出版社
出 版 人：樊国宾
社　　址：北京市西城区天宁寺前街2号国家音乐产业基地L座
邮　　编：100055
网　　址：www.theatrebook.cn
电　　话：010-63385980（总编室） 010-63381560（发行部）
传　　真：010-63381560

读者服务：010-63381560
邮购地址：北京市西城区天宁寺前街2号国家音乐产业基地L座

印　　刷：北京鑫益晖印刷有限公司
开　　本：880mm×1230mm 1/32
印　　张：31.5
字　　数：853千字
版　　次：2024年6月 北京第1版第1次印刷
书　　号：ISBN 978-7-104-05315-6
定　　价：298.00元（全六册）

金华市政协文化文史和学习委员会
《老金华的记忆》编辑委员会

序

金华，旧时简称“婺”，“金星和婺女两星争华”之地。山清水秀，民风淳朴，人文荟萃，风华物茂，素有“小邹鲁”之称。

韶光流逝，婺城变迁。金华城市越来越大，越来越美，越来越时尚，但古城风貌渐行渐远，正如诗曰：“惟有门前镜湖水，春风不改旧时波。”

然而，“胡马依北风，越鸟巢南枝”。

“人情同于怀土兮，岂穷达而异心。”

人是一种感情动物。无论得志或失意，都需要在环境中体味自己的历史，寻找生活的记忆，抚摩过去的痕迹，抚慰自己的心灵。

金华，是我生于斯、长于斯、老于斯的家乡。我就是在石板小巷里长大，在流水年华中变老。如果说年轻人时常向往未来，那么年老人更易沉浸于回忆。

每当旭日东升，婺城初醒，迈步江畔，轻风习习，流水滔滔；每当月窥蕉窗，一杯清茗，静坐独处，思绪绵绵，缅怀悠悠：古城旧貌，亭台楼阁、旧街老路、粉墙黛瓦、石板小巷、先辈风仪、坊间习俗……不时闯入我的记忆，恍然如昨。思潮澎湃，喜怒哀乐，感念追思，情不能已，轻弹键盘，倾之笔端，一切化为文字，幻化为吉光片羽、婺城碎影，妄想多少留下点儿历史记忆，多少留下些深深浅浅的屐痕。

先人留下的宝贵文化遗产，无论是物质的，还是非物质的，都是历史的珍宝，珍贵的沉淀。

对这些物质或非物质文化遗产的抢救、保护、利用，就是对历史的敬畏、尊重、珍惜。为触摸千年古城的最后一丝体温，聆听先贤达人的教诲，汲取宝贵的文化营养，使金华人，特别是年轻朋友更了解深厚的“小邹鲁”历史文化底蕴，更热爱自己的家乡，我，一个“老金华”，虽已霜染两鬓，眼花手拙，但仍愿操盘码字，记金华，讲金华，为金华讴歌，为金华绘画。数易寒暑，积篇成集，以求心灵滋润和慰藉，聊表对家乡的一片虔诚之心，并自为出绵薄之力耳。

谨将此书《老风俗》献给我的故乡，献给生我、养我、疼我、教我的父亲、母亲，献给爱我、助我、扶我、帮我的妻儿和亲人，也献给我的金华父老乡亲和我所有的朋友们！

胡　丰

目 录

第一章　乡土民风

第二章　生产习俗

第三章 生活习俗

第四章 岁时习俗

第五章 礼仪习俗

第六章　其他风俗

金华府城图

第一章　乡土民风

第一节　民风乡情

“金华诸山蜿蜒起伏，势如游龙，腾空驾云，高为潜岳雄压万峰；左右分支，回峦列巘；连屏排戟，拱卫四维。西南诸峰数重，近者横如几案，远者环如城郭。郭外双溪萦带，众水汇合，弯环流衍，注于瀫水，转浙江。”这是《万历金华府志》对金华的描述。这里说的诸山，即金华北山、南山、九峰山、浦江仙华山、玄鹿山、永康方岩山、东阳双岘山、东白山、武义牛头山、磐安大盘山等。众水，则有婺江、兰江、义乌江、武义江、东阳江、浦阳江…… 群山矗立，曲水环抱，如此美丽之山水，自然孕育了一大批“同生于一时，同出于一郡”的圣人雅士、文人大儒，如黄初平、楼灵灿、傅翕、张志和、方凤、宋濂、黄溍、柳贯、吴师道……宋南渡，金华逐渐成为程朱理学的主要传扬之地，有“东南文献之邦”的美誉。金华“婺学”为当时儒学的主流，相继有婺学大家吕祖谦、唐仲友、陈亮、范浚、何基、王柏、金履祥、许谦……正是“自宋迄元，一郡之中，名儒接踵”。“是以近世言理学者，婺为最盛”，“风声气习，蔼然如邹鲁”。

理学成风，“吾婺为邹鲁之俗，五尺之童，皆知讲明道德性命之学”。“忠孝节义”“礼义廉耻”一直为金华人行事的传统，恪守的情操。义乌骆宾王的《讨武瞾檄》曾轰动朝野，激扬百世；永康胡则“为官一任，造福一方”被民奉为“胡公大帝”；宗泽抗金事迹流芳百世；金华“清潘”潘良贵一直为人们所称颂。此外，浦江梅执礼、东阳滕茂实、金华郑刚中、义乌龚泰和楼挺等爱国忠臣的英名都彪炳史册。

素有“小邹鲁”之称的金华，民风质朴、敦厚。史载，唐时仍保留秦朝的遗风古俗，称“风物是秦余”。宋时，吕祖谦评金华人“负山之民，气俗悫”，意即为人诚实、谨慎。清康熙《金华府志》载：“婺之俗尚礼，敦厚。”

一直以来，金华人“男勤生业，鲜驰狗马；女事纺织，不出闺门”“乐田亩”“民务农田”。故有“千样味道不如盐，千样行业不如田”的谚语。

金华人历来有勤劳、节俭、刻苦、耐劳的美德。明成化《东阳县志》载：“日用、饮食、服饰、器具一以简素为常”，“家家尚俭朴而安质素”。

金华人崇尚耕读，尊师重教，勤奋好学，蔚然成风。历来“文献渊薮，名贤辈出”。诗有骆宾王、贯休、沈约，学有吕祖谦、乔行简，文有宋濂，武有宗泽，医有朱丹溪，曲有李渔。现代名人更是灿若星河，有何炳松、黄宾虹、陈望道、严慈济、冯雪峰、千家驹、曹聚仁、艾青、吴晗、施光南……

金华人热情好客，讲诚信，重人情。坊间有“上门不闸客”“前半夜给自己想想，后半夜替别人想想”之谚。更有“亲戚担对担，邻居碗对碗”“出六归四”礼仪习俗。人们对家乡有深厚的感情，“故土难离”，尤其是春节，再远也要回乡祭祖、团聚。

正如诗人所写：“为什么我的眼里常含泪水？因为我对这土地爱得深沉……”

第二节 宗族聚居

地处浙中盆地丘陵区的金华，南北对峙，一水穿越，中部丘陵平原相间，形成独特的走廊式地形。以金衢盆地为主体，四周镶嵌着武义盆地、永康盆地等山间小盆地，地貌基本特征为“三面环山夹一川，盆地错落涵三江”。

历来金华人多以血缘为纽带聚居一起，形成同一姓氏的自然村落。

先人强调“天人合一”，重视人与自然的和谐，顺应自然，因地制宜。村落多选临水背山的开阔地，沿河流自然伸展，世代相承，繁衍生息。

如武义郭洞，村旁一座浅黛幽绿的龙山与远处的虎山相峙而立。远远望去，烟雾缭绕。山下，龙溪蜿蜒穿村而过，一派曲水萦绕、龙腾虎跃之势。据史载，先祖可溯宋朝宰相何执中。元代后至元三年（1337）后裔何寿之认定郭洞“山不深而饶竹木之富，水不大而尽烟云之态，是万古不败之地”，便迁居郭洞，并仿珍藏北京白云观的《内经图》设计布局，“相阴阳，观清泉，正方位”营造村庄。砌城墙形成水口，建回龙桥

武义郭洞村

聚气藏风，植村周树木善化环境，规划民居、道路，并在村内巧设七星井。正如唐朝孟浩然云："绿树村边合，青山郭外斜。"如今，这古朴小村像一颗璀璨的明珠，镶嵌在山谷中，成为"世外桃源"，江南的第一风水村。

又传，元末胡氏太祖胡以宁（方岩胡公第24代嫡孙）看中金华江东雅湖村"藏风纳气"的好风水，由永康举家迁来。雅湖村北靠卧虎山、狮公岩、凤凰台，南临八仙溪，展一川平原，缀波光粼粼的湖水。按照前朱雀、后玄武、左青龙、右白虎的风水格局，将自然环境和村落整体相结合，体现了先祖踞山择水而居的理念。

又如，东阳白坦村，南临狮山，自北向西南有白溪江环流，东部地势开阔正对芭蕉峰，西部空旷，村民巧妙地把村口设在东部，遥望芭蕉峰，暗含芭蕉扇越扇越旺越红火的寓意，以利家族兴旺发达，子孙繁衍不息。

兰溪诸葛村有"八卦奇村，天下一绝"之称，是全国最大的诸葛亮后裔聚居地，有村民4000余人。村庄按"九宫八卦"设计布局。至今已有600多年的历史。而以村中水塘钟池为中心的半水半陆的阴阳太极图，依然完好无缺。由钟池辐射而出的八条小巷组成了一个内八卦图。许多弄堂小巷交错在一起，似通非通，似连非连，曲折玄妙，犹如一张蜘蛛网，宛若一座迷宫。千门万户的古宅，面面相向，背背相承，结构精巧，高低错落有致。村中的十八座池塘和众多的水井分布有序。而村外又有八座似连非连、似断非断的小山环抱整个村庄，构成外八卦。如此风水宝地，如此精心设计，不能不令人叹为观止！徜

金华江东雅湖村

东阳白坦村

兰溪诸葛村

徉在这纵横交错的古巷中，心中诗人杜甫的两行诗，突然浮现出来："功盖三分国，名成八阵图。江流石不转，遗恨失吞吴。"体会着诗的内涵，想起诸葛亮的迷魂阵，看着眼前这迷宫似的八卦村，钦佩、赞叹之余，只能说谁让他们是这天下神机妙算第一人的后裔呢？！

同样还有武义俞源村、金华山头下村等，都是先祖精选村址，人们通过筑堰引流，挖圹铺桥，在村口、水道植树，建庙宇，造楼阁以镇风水。

宗族建有宗祠，亦称祠堂，一般都是全村规格最高的建筑，为族人供奉神主、祭祖、议事、聚会、扶贫济困、教化娱乐等的活动场所。此外，族人中的私事或族人间的纠纷也在此处置。

武义俞氏宗祠建于1567年，历经多次修缮，占地2753平方米，三进二院，51间。有门厅、戏台、中厅、寝堂、两侧设廊庑、厢房、附房。祠前立旗杆石四对，大门左右置抱鼓石一

武义俞源村

武义俞氏宗祠

武义郭洞何氏宗祠

金华石楠塘徐氏宗祠

对，规模庞大，气势恢宏，功能齐全，有六合社仓、施粥厂、水龙会、义塾、团练、歇栈等。

武义郭洞何氏宗谱中有这样的记述：“安有子孙聚族于斯而祖宗之主茫无所凭耶。”原来，当时他们迁来郭洞，尚未造祠堂，于是，子孙公议建何氏宗祠。武义嘉庆县志卷祠祀篇记载：“郭洞何氏在南十八庄，祠元广东按察司副使何渊，万历己酉（1609）建祠。”自建祠起立下族规：每年农历二月十五日、八月十五日进行祭祖。

金华石楠塘永清徐氏宗祠，为明代建筑（1599），坐北朝南，结构严谨，规模宏大。整个建筑由照壁、门厅、正厅、后堂组成，五开间，三进二天井，呈方形布局。祠内有98根石方柱落地，梁架结构全部采用石材，故能防火防蛀，历经数百年不倒，被誉为“石祠”，2019年10月公布为全国文物保护单位。

诸葛村中的丞相祠堂，是建于明代万历年间的一座阶梯式

兰溪诸葛村丞相祠堂

建筑。肥梁胖柱，雕刻精美，气势恢宏，为诸葛姓氏祭祀、聚会的地方。但令人奇怪的是，如此雄伟建筑却没有正门，而只有两个小边门。据说，祠堂地势形同伏虎，煞气直冲对面王姓住户。为此，诸葛人在祠堂门口特用高墙和水塘围阻以化解。从中可知诸葛姓氏门庭显赫，权势在握，世代与邻和睦，牢记先祖严谨谦逊、以和为贵的教诲。这是十分难能可贵的。进入祠堂可见一“回”字形中庭，供祭祀用。拾级而上，左右有钟鼓楼，层次分明的飞檐翘角，雕刻精美的牛腿，灰瓦的山墙，十分庄重。正堂有四根大柱，选用松、柏、桐、椿树木制成，寓意“松柏同春”。廊檐有44根石柱，阔绰、尊贵、大气。最高处有诸葛亮坐像，两边塑有关公之子关兴、张飞之子张苞、诸葛亮之子诸葛瞻的像。诸葛亮羽扇纶巾，正气凛然，仿佛胸中雄兵百万，运筹帷幄，大有决胜千里之外一代儒将风范。

为维持乡村秩序，每宗族都有管事会，负责族中事务管理，管事人员由族人中推举产生，一般推选族中功名最高、辈分最长、最有权威、德高望重的长者担任族长和管事者，依据族规行使族权。如兰溪诸葛氏管事会由九位长者组成，称为“九思公”，管事会主要组织每年的宗族祭祖仪式，兴办家族书、私塾推行宗族教育，执行保卫乡里，消防治安，维系秩序，抚恤救济，修录宗谱等。

金华江东雅湖胡氏宗祠

第三节　族规家训

“国有国法，家有家规。”宗族立有族规，这是族人必须恪守的行为准则。以“敬宗收族”为目的，维系宗族成员的和睦相处和团结稳定。“敬宗”致力于建立家族血缘关系的尊卑伦序，“收族”则寻求族人间的和睦共处，聚而不散。

金华各地有许多思想深刻、源远流长的族规、家训。如被称为“江南第一家”浦江郑氏义门家族，家规中有：“为官者应以报国为本，体恤百姓，不可一毫妄取。”另外，《郑氏规范》内容十分广泛，包括祠墓祭祀、宗子家长、族务管理、人生礼仪、出仕规定、兴义举及男子和女子平时的行事规范等。永康《芝英应氏家规》有二十条：“一曰建祠宇，二曰守封茔，三曰抚群众，四曰事尊长，五曰端心术，六曰慎言语，七曰养童蒙，八曰行冠礼，九曰议婚姻，十曰严内外，十一曰谨称谓，十二曰崇节俭，十三曰治丧葬，十四曰时祭飨，十五曰贻始业，十六曰黜异端，十七曰厚宗姻，十八曰驭群小，十九曰供赋役，二十曰殖资产。”

浦江郑氏“江南第一家”

浦江郑氏义门家规

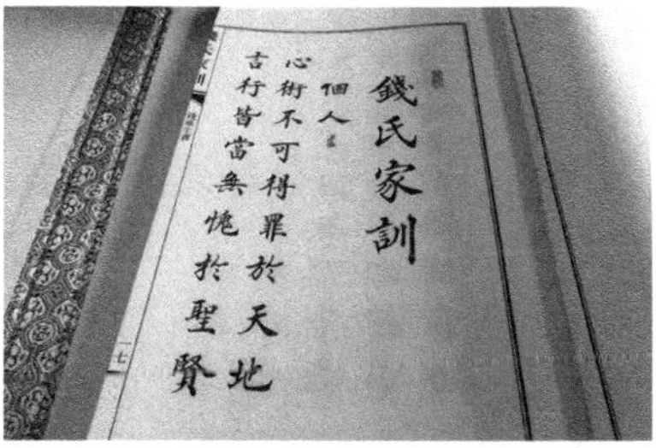

钱氏家训

越王钱镠的后裔，在金华、永康、兰溪、东阳等地都有广泛分布，如金华洋埠五都钱村、兰溪梅江迪塘钱、永康方岩后浅村等，他们都把钱氏家训视为家族之宝。钱氏家训内容较多，如个人篇：“心术不可得罪于天地，言行皆当无愧于圣贤。曾子之三省勿忘，程子之四箴宜佩。持躬不可不谨严，临财不可不廉介。处事不可不决断、存心不可不宽厚。尽前行者地步窄，向后看者眼界宽。花繁柳密处拨得开，方见手段；风狂雨骤时立得定，才是脚跟。能改过则天地不怒，能安分则鬼神无权。读经传则根底深，看史鉴则议论伟；能文章则称述多，蓄道德则福根厚。”家庭篇：“欲造优美之家庭，须立良好之规则，内外门闾整洁，尊卑次序谨严。父母伯叔孝敬欢愉，妯娌弟兄和睦友爱。祖宗虽远，祭祀宜诚；子孙虽愚，诗书须读。娶媳求淑女，勿求妆奁；嫁女择佳婿，勿慕富贵。家富提携宗族，置义塾与公田；岁饥赈济亲朋，筹仁浆与义粟。勤俭为本，自必丰亨；忠厚传家，乃能长久。”社会篇：“信交朋友，惠普乡邻。恤寡矜孤，敬老怀幼。赈灾救急，排难解纷。修桥路，以利人行；造河船，以济众渡。兴启蒙之义塾，设积谷之粮仓。私见尽要铲除，公益概行提倡。不见利而起谋，不见财而生嫉。小人固当远，断不可显为仇敌；君子固可亲，亦不可曲为附和。”国家篇：“执法如山，守身如玉。爱民如子，去蠹如仇。严以驭役，宽以恤民。官肯着意一分，民受十分之惠。上能吃苦一点，民沾万点之恩。利在一身勿谋也，利在天下者必谋之。利在一时固谋也，利在万世者更谋之。大智兴邦，不过集众思；大愚误国，只为好自用。聪明睿智，守之以愚；功被天下，守之以让；勇力振世，守之以怯；富有四海，守之以谦。庙堂之上，以养正气为先；海宇之内，以养元气为本。务本节用则国富，进贤使能则国强，兴学育才则国盛，交邻有道则国安。”

金华郑刚中后裔家训，有宋代十六字家训：“交贵得人，事莫随意。俭约福生，奢淫祸至。”清代八德家训：“泰山嵩岳之身，海阔天高之腹，和风甘雨之色，日照月临之目，旋转乾坤之手，磐石砥柱之足，临浑渡薄之心，玉洁冰清之手。”2010年经整理有“十二项规训”“五发五戒”“三倡三不准”。其中，“十二项规训”：“品行要端正，孝思永勿忘。孝敬父和母，兄弟互谦让。谋生依正道，经营忌奸商。交友应仁义，人困宜相帮。言出必有信，勿取诈和谎。国法需遵守，律己勿违抗。公益宜勇为，慈善乐帮助。己错勿掩饰，莫把别人伤。他善我乐颂，我恶及时改。先祖虽久远，祖德时怀念。慷慨献义款，修祠谱牒纂。后昆能如是，祖灵自能安。”“五发五戒”：“发扬三爱，爱国爱民爱家，以忠为本。不仅尽忠，更要忠诚老实，为戒虚伪。发扬爱族，以孝悌为本。尊祖念宗，孝亲敬长，不以富贱贫，以官贱亲，为戒歧族。发扬上进，以自强不息为本。创宏业，固守业，力戒骄堕。发扬好学，以读书为本。读书不必务做官，修身养性，发展科技，力戒不学。发扬清正，以义为本。学习先祖遗风，力戒贪、赌、嫖、娼。”“三倡三不准”：“提倡学法知法，不准违反国家法律和族规族戒。提倡爱护国家集体，不准有辱国格人格。提倡族内民主议事的方法，不准族外搞宗派主义。”

永康陈亮后裔家训：“毋徇私，以防大义；毋怠情，以荒厥事；毋纵奢侈，以干天刑；毋为横逆，以扰门庭；毋耽曲蘖，以乱厥性。有一于此，既殒尔德，复隳尔允。人家盛衰，皆系积善与积恶而已。何谓积善，居家则孝悌，处事则仁恕，凡所以济人者皆是也。何谓积恶，恃己之势以自强，尅人之财以自富，凡所以欺心者皆是也。积善之家，必有余庆；积不善之家，必有余殃。天理昭然，各宜深戒。”

兰溪金履祥后裔家训：“凡为臣者，必忠于君；凡为子者，必孝于亲；为人兄者，须爱其弟；为人弟者，须敬其兄；夫妇有别，朋友有信；宗族宣和，子孙宜训。毋徇私以害公，毋怠惰以荒事，毋纵奢侈以干典型，毋听妇言以伤和气，毋生横事以玷门庭，毋行奸邪以败名义，毋拖税粮以受官刑，毋作穿窬以害性命，毋好勇斗狠以及亲，毋酗酒兴讼以迷性。”

在兰溪诸葛大公堂三进大厅正堂壁上挂有《诫子书》，这

兰溪诸葛大公堂

是诸葛亮写给儿子瞻的。“非淡泊无以明志，非宁静无以致远”体现了诸葛亮的高洁品质，这早成了中国文人的修身格言和毕生追求的终极境界。据说在诸葛村几乎每个村民都会背诵《诫子书》。历代诸葛人遵循先祖教导，读书成风，人才辈出，民风淳朴厚实。《诫子书》为诸葛亮给后人的宝贵精神财富，诸葛的传家之宝。当地人一提起，脸上无不露出对先祖的敬意和自豪之色。

金华江东雅湖胡氏家族自古遵循胡公家训：“读书志在圣贤，为官心存君国。穷则独善其身，如是黄金，纵有发光之时，达则兼济天下，为民造福”“为官当以家国为重，以忠孝仁义为上”“先忧后乐，鞠躬尽瘁”“家道盛衰，皆系于积善与积恶而已”“人有喜庆不可生妒忌心，人有祸患不可生侥幸心”“为人者至乐莫如读书，至要莫如教子”“子孙虽愚，经书不可不读，即使冥顽，纵有开悟之时”。正是这样的谆谆教导，成就了胡氏后人寒窗苦读的传统。因此，为官，清廉、立德、立功、立言；为民，朴实、勤俭、积德、行善。

2016年3月15日，中纪委网站推出“浙江金华胡则：为官一任　造福一方　读书至乐　教子至要”专题，从为官、做人、家训多个方面展示胡公精神。

第四节　宗族祭祖

宗族有族产和族田，由家族管事会管理。族田、族产收入是祠堂的主要经济来源。族田，也称为“常主田”，由族人轮种，不许出卖。按其用途，分为墓田、祭田、学田等。族中一些富裕的族人也常有捐款或捐义田的。各种收入用于宗族公共事务的各种开支，供奉和祭祀先祖、扶贫救济、修祠堂、兴办族人义学、支付塾师和助学奖励等。

祭祀是人们为追念祖先，不忘哺育鞠养之恩，普遍采用的祭奠形式。所以，祭祖是最隆重的家族活动。宗族管事会每年要组织举行数次宗族祭祖仪式。参加祭祖的人员，明清时必须有监生、秀才以上身份的绅耆（俗称读书人）和80岁以上的男性老人。民国时为高小毕业以上并已入过祠的男丁和70岁以上的男性老人。女人、小孩及其他人不可参加，以祭田收入作为活动主要开支。

活动前，管事会有专人负责仪式的准备工作，置办祭品、准备“金银元宝”、商定仪程、核定参祭人员等一系列事务。祭祖典礼要推举一位德高望重的耆老担任主祭。这位耆老必须是由众望所归，夫妇（原配）双全，两代子孙齐全，仪态庄重的地方长者担任。另外还要选两位襄祭和通晓祭祖典礼的通赞（司仪），然后还要选熟悉祭祀过程的引赞二人，负责引导主祭祭奠祖先。还要选择侍立在供桌两侧的执事六人。还要有司鼓、司锣、司钹的数人小乐队负责奏乐并指定数名鸣炮者。接下来，由当年轮值的那房人家准备牲祭品，主要有全猪、全羊、鸡、鸭等家禽牲畜。需提前宰杀，烹煮备用。另外备有馒头、酒、茶、米饭、糕点、水果等。准备祭祀用具，五字台即由锡制成的五个蜡台和鲜花台。扛箱，即木质的五层方箱，用于放置祭品。此外，用锡纸折成元宝状称“金银元宝”，用黄表纸及各色彩纸做成“纸衣”“纸屋”，用以焚烧，意为给先人送去钱财、衣服、房屋等。祭祀前两天，全面清扫祠堂，保证四周整洁卫生，参与祭礼人员要沐浴。

各项工作准备完毕，在后祠祖先牌位正中设“如在”香案，两侧依“左昭”“右穆”序分设香案。香案上分设一炉二烛台。按祖先士大夫官阶供全猪以及三牲、豆谷、麦黍、糕点、四时鲜果、酒饭等，即古之俎、豆、笾、胙。

祭品摆放好，在祭祀仪式开始之前，专人向族人进行“读谱”，讲述祖先艰难创业的历史，定时读家法族规，宣讲劝诫训勉之词和先贤语录。向族人宣讲传统的伦理道德、纲常伦理，使族人了解家谱的内容，知道自己同其他族人的血缘关系。加强家族团结，按照家法、族规要求去规范族人的思想和行为。对于扬名立万，堪为楷模的族人，也会在此时加以褒奖，树立榜样，激励教化族人。

良辰一到，祭祖大典开始，主祭、襄祭身着长袍马褂，主祭立中，襄祭二人立于左右。通赞歌赞：众向前走三步，揖、跪。呼：叩首、再叩首、三叩首。襄祭持酒爵给主祭，主祭放于案，立于左右。通赞呼：起、平身、复位，众起立退三步立于原处。反复三次。第二次称亚献爵，第三次称三献爵。此为三跪九叩首之大礼。读祭文：按例每次祭祀，都要读祭文（祝文），三献礼，辞神礼，焚帛、祝文，鼓乐齐鸣，鸣炮，礼祭祀结束。最后，宗族在祠堂中设宴，这叫享胙或饮胙，入座时不能颠倒尊卑长幼之序。年高德昭或有功于族的族男子，以及守节的寡妇等，能得到“增胙”的奖励，而违反了家法族规者则会受到暂时的直至永远的“革胙”之罚。

传统礼仪“三拜九叩”有严格规定：双手行礼，两手紧贴，左手贴前，左手抱右手，与胸同高，掌面向前，掌心向自己。同时，抬到眉位，然后，先是一鞠躬长揖，手下垂，再跪下，再以拱手的手形，将手下至地，左手压在右手上，呈十字形，投放到手和身体的中间地方，磕三下，稍停，起身，再重复两次。

一年祭祖几次各地不同，有的一两次，有的多至四次，一般最隆重的是冬祭(冬至）。

兰溪诸葛村诸葛氏，春秋二祭。明嘉靖七年（1528），明世宗给南阳郡的忠武侯庙颁布一道《敕赐忠武侯庙规祭文祭品》的敕文，规定忠武侯庙行二祭。“春祭用次丁日，秋祭用八月二十八日。”诸葛村遵照这个规定，春祭为农历四月十四日，是先祖诸葛亮的生日；秋祭为农历八月二十八日，是先祖诸葛亮的忌日。祭品遵敕用“一品物”，即“猪一口，羊一腔，鱼醢、肉醢、菹菜共五品；米面食共五品；果子共五品；香一炷，烛一对，帛一段，酒两瓶。行三献礼如仪”。祭礼由孟、仲、季各三位首事共同主持。春祭在大公堂举行，每逢春祭，大公堂里演戏三天。秋祭在丞相祠堂举行，也叫“祭冬”。丞相祠堂的祭祖是依照诸葛亮的丞相身份规格的，是诸葛村最为隆重，最高层次的仪式。仪式中有击鼓三通，鸣金三转，箫管齐下，三揖三跪三叩，降神献礼，宣读祭文，献歌献乐，三献辞神，鼓乐齐奏，气氛庄严、肃穆、神圣。

浦江郑宅郑氏祠堂每年也要举行几次隆重的祭祖大典。2013年的春祭（农历二月初八），有来自淳安、诸暨、厦门、宁德等八支宗亲共357人，其中最引人瞩目的是来自韩国瑞山的60余位郑氏宗亲。这也是他们第六次参加郑宅祭祖大典。武义俞源村俞氏宗族一年要举行四次祭祖活动，分别为农历二月十五日、清明、中秋、冬至，亦以冬祭最为隆重，祭典要“三献礼”，凡16岁以上男丁参加。

兰溪诸葛村祭祖大典

浦江郑宅郑氏祠堂祭祖大典

第五节　修录宗谱

宗谱是一种通过记传、论志、图表等形式，将宗族的血缘亲疏、辈分、家规、家法等情况和谱系等记载下来，以为本姓宗亲们掌握、遵照的特殊史籍。宗谱是一个家族的档案，它对本家族的族产、人口等情况都有完整的记录。宗谱又是家族的成文法律，它为处理家族内部事务提供依据。宗谱也是族人身份和辈分的凭证，族人可凭借宗谱“明世次，序长幼”，确定自己在宗族中的地位，并获得相应的权利。对一个家族来说，宗谱有教化、敬贤、理政、信史等功用。有些族务如祭祖、扫墓、认亲等，也需要依据宗谱来决定，因此宗谱也成为家族的行事指南。正因为宗谱对一个宗族来说具有如此特别的意义，所以宗族注重宗谱。谱阅十年或二十年以上必一修(又称续谱)。按照惯例，十年一小修，二十或三十年一大修。这个任务在祠堂里完成。在族长的主持下，组织有一定声望的族内文人进行修谱，以弘扬先辈祖德。

在封建社会，女儿不记入本姓族宗谱，而只在出嫁后，以附庸的形式记入丈夫姓族的宗谱中，并只记姓，没有名。江浙一带女儿出生，只记谁家几个女儿，何时出生，长女、次女、三女……长大则记嫁到何处何家，如“次女适后山村陈”，即二女儿嫁到后山村陈家。

也有特殊情况，如独女、入赘、过继、义子能否入族谱？族中亦有规定。

独女、入赘、过继、义子想要入族谱的关键是，是否为家族的传承人。当一户人家只有女儿为后代的时候，也有作为传承人进入族谱的。在女儿的记录中载明女婿的相关信息，再载入所生子女的姓名、性别等信息，并在凡例中加以说明，在族中作为一条制度规定下来。入赘是男嫁到女家，子女随女方姓氏。义子是指再嫁带入或领养的子女，均属异姓义子，在入谱时必须注明，所谓有义子无义孙，皆应视为传承人。无论是女儿、过继、义子、入赘等情况，切入宗谱原则需在凡例中明确注明，一视同仁。

宗谱修成后，先请名人作序，送官府审查后再行刻印。宗谱刻印完成，这是全家族的一件大事，通常要在祠堂里举行祭潜仪式，即将一份宗谱供在祠堂。其余按编号分给族人领谱保藏。宗谱一般是一房一部，不得多印，掌谱人由房长充任，或推本房之贤能者为领谱人。

在家法、族规中，对宗谱的收藏有严格的要求，如必须将宗谱装进特制的木匣（一般用樟木制成），供于神龛之上，或藏于书室之中，防止霉烂，不能遗失，不得随意乱放、亵渎宗谱，定期交族长检查，严厉查处造成宗谱损害的族人。宗谱更不准私自誊录或借给外姓人观看，如果有人敢以此谋利，鬻谱卖宗，出卖宗谱者，则视为不孝，从重惩治不贷，新谱修成后，旧谱要依数缴回销毁。

金华江东雅湖村胡氏宗谱

第六节 耕读传家

金华人尚文重学，尊崇邹鲁遗风，明招书院、丽泽书院、丽正书院等闻名遐迩。不少村族都订有学规、学约，设置“贤田”“贤山”，奖励读书。《俞氏宗谱·祠规族例》中就有：“为兴文风，资助鼓励学子，祠内设有赆仪田15.4亩，凡举考文武童生佾生赴试，每人给卷钱一千文；文武生员贡监南北乡试，每人给赆仪钱两千文；京都贡举赴试，每人给赆仪钱三千文。”金华江东雅湖松溪胡氏家族亦有：“凡族内有清贫学子可造者，应予募捐补助其学费，或由本会拨款伸资鼓励其父兄而便栽培其人才。”祠堂公田或族人所捐赠的义田的收益都用于本族子弟助学、奖学或开设义学、义塾之用。通过读书，光耀门庭、荣宗耀祖，提高了整个家族声望。宗族出资或有实力的族人兴建学堂、家塾，教育族中子弟，勤耕苦读、忠义孝悌等德行代代相传。

明清及民国时期，金华不少地方兴办私塾、学堂。一般儿童5岁学礼，8岁进家塾读书，12岁外出求学。浦江郑宅东明书院的前身就是东明精舍私塾，族中规定满16岁必须就读，并聘请名师执教，逐渐成为宗族化书院。书院不但承担教育儿童之职，还特设聆听男女训诫。成年族人，每日清晨要到“有序堂”听诵训诫词，每月初一、十五聆听《训诫歌》。其内容，男训主要是孝悌仁恕、积善济人，女训主要是孝顺恭敬、温和慈爱。晚清民初，金华著名的长山书院、蓉峰书院、永康芝英书院、兰溪云山书院、东阳东白书院等都先后改为普及小学教育的学堂。

金华士人自古勤奋好学，悉心著作，鲜入仕途。故有“文献渊薮，名贤辈出”之说。自古有南朝学者徐伯珍，唐代著名诗人骆宾王、张志和宋代胡则、潘良贵。南宋以来，创建“婺学”的吕祖谦、唐仲友、陈亮，中兴“婺学”代表人物何基、王柏、金履祥、许谦等皆以课徒著述为主，有的一生不入仕途，直至近现代如李渔、黄人望、王廷扬、黄宾虹、徐东藩、何炳松、严济慈、方豪、胡步蟾、金祖孟、金国章等，莫不如是。

耕田以立性命，读书以立高德。这是金华乡村社会一直以来的耕读传家的教育理念。崇尚耕读，民风敦厚俭朴。旧《汤溪县志》云：“士好礼让，农务力耕，不喜牵车服贾，以走四方，且里不朝歌，巷不夜游，依然有古之遗风。”旧《金华县志》也有“民淳而朴”之说。

耕读传家

第七节　治安卫民

族中凡遇到重大兴革事宜，如推选族长、兴建祠堂、修桥铺路、购置大片族产、同邻族打官司等，都由族长召集全体成年人在祠堂开会讨论。族人可以各述所见，但族权至上，最后由管事会商讨，决定权在族长手中。

《族规》一般都附有奖惩条例，族人在犯规时，管事会将依据族规、家法，以“开大宗祠”的办法对其实行惩罚。如果说家法、族规是家族的法律，那么家法也是封建国法的补充。所谓“开大宗祠”，即开祠堂大门，总管事端坐正堂，违反家规者罚跪堂前，管事会召集族人在堂前旁听，借以教育族人。族人犯法违规，小则治以家法，大则送公庭治以官刑。家法处之，即在祠堂里宣布执行，如杖责、罚金、罚苦役、公革出祠等。族人之间若发生矛盾纠纷，先由房长调解，仍无法解决，则提请族长，由管事会秉公进行商调处理。

对于族中遵守家法族规、守孝持节的族人，管事会将进行褒扬奖励，突出者建祠立坊以示表彰。

宗族管事会还肩负保护族群、守卫乡里的责任。在战乱或应急突发事件时，祠堂也就成了本族应急指挥中心。一些宗族自筹资金组织族人抗击匪盗，维护地方安宁。宗族管事会还组织水龙会，购置救火设施，负责消防救火。选拔族中壮汉为会员，平时进行演练，并负责时时提醒族人小心火烛。一旦发生火灾，则立即出动，压龙、掌龙头、拉水带、断火路，各自分工明确，相互配合。人们对防火消灾历来十分重视，新建房屋时，必砌筑高于屋顶的防火墙，防止火势在房屋之间蔓延。屋内天井置蓄水缸，村中挖池塘，以备灭火用水。对于乱砍山林，管事会必将严惩。如武义《俞氏宗谱·祠规族例》中就明文规定："凡偷砍乱伐，轻者罚植树，重者罚演戏，严重者报官处理。"

族中管事会用族产济贫赈灾，包括对族中孤儿、老人提供帮助。

每逢年节或族内重大的喜庆活动，管事会组织欢庆活动，祠堂又是全族欢庆或娱乐的场所。通常祠堂内有戏台建筑，好戏连台，既是唱给先祖们听，更是演给宗族内男女老少们看的。金华各地盛演婺剧，出于尊敬祖先，不少地方的村子禁演有辱祖先的戏，如陈姓禁演《铡美案》、曹姓禁演《击鼓骂曹》、潘姓禁演《潘杨讼》等。

金华江东雅湖戏台

第二章 生产习俗

第一节 事农为乐

金华下辖婺城、金东两区，义乌、东阳、永康、兰溪四市和浦江、武义、磐安三县。各地民风民情基本一致，但因环境、条件不同，亦略有差异。

婺城、金东相对其他市、县有较多的土地资源，自然条件较优越，素有“浙江第二粮仓”之称。人均耕地较多，明成化八年（1472）人均耕地7.28亩，清康熙六年（1667）8.78亩，1947年3.79亩，1950年2.09亩，至1985年仅有0.99亩。

金华人崇尚农业，民谚云：“衙门钱一蓬烟，生意钱几十年，田地钱万万年。”更有安土重迁之风。婺城、金东各地素有“看不见尖峰山要哭”“看不见积道山要哭”“看不见毛竹尖要哭”之俗语。故一直以来外出谋生者较少。而义乌、东阳、永康等地，因人多地少，外出经商、做工者甚多。如义乌人的“鸡毛换糖”游走四方，东阳人从事建筑，多泥水木匠，永康人打铁补锅，兰溪人经营药材、布料等生意。

金华农民钟情土地，一贯崇尚精耕细作，敬畏土地，感恩土地。他们一年要祭拜“土地公婆”四次，分别是清明后下谷种前、第二次开秧门前、第三次夏至日、第四次开镰前。水稻田耕三耖二后播种、插秧。俗话“吃过清明馃，一百二十天无晴落”，意为自清明后，无论晴天雨天，天天要忙于田间。农户在清明日要宴请耕田手，让耕田手吃金华大块焐肉和金华馒头，喝大碗黄酒。家家户户做秧田，浸谷种。一些农村，浸谷种时，在容器内插上一发芽的柳枝，以兆谷种能快发芽。谷种抽出白芽，拜过田公、田婆后再撒播到秧田，并在秧田里插上红绿纸条小旗或稻草人，以驱鸟雀。

旧时，立夏左右为插秧期，有“立夏前，种半田”之说。第一天插秧称为“开秧门”，最后一天叫“关秧门”。插秧人手最多的一天称“种田大日”。是日，插秧手们自发开展竞赛，看谁插得又快又好，工效最高，主人招待特别好，酒、肉、烟、茶相待，一天吃五餐。晚餐尤为丰盛，俗称“吃种田饭”。“种田肉”越大越显得体面。以前，田间管理，一季稻子要耘田四次，俗称“一道耘，二道刮，三道刮田毛，四道赶青蛙”。除了耘田、除草、施肥、排灌外，防治病虫害主要祈求神灵保佑。由民间保稻会于“保稻节”率众祭拜“五谷神”。各地“保稻节”日期和朝拜情况不尽相同。金华曹宅一带农民于夏至日到山桥乡东紫岩殿膜拜“邢公大帝”，向庙祝买回“保稻旗”，每丘田插上一面。汤溪、琅玡一带有的以农历五月二十五，有的以六月初一为“保稻节”。农家杀鸡置酒迎接“五谷神”，虔诚祭祀，祷祝丰收。

种水稻少不了水。过去水塘有公私之分。公塘塘中筑有界塍，塍上之水属公用，塍下之水归塘边田户专用。私塘内设有标高界石，标高以上之水，附近农田可共用，标高以下之水属塘主专用。村边和村中的公塘，储水到一定界线，不准再放水，以供村民洗涤和防火，叫“太平水”。久旱无雨，作物受害，族中管事会就商议“接龙”求雨事宜。迎龙求神拜佛祈雨仪式十分隆重。烈日当头，全族老少出动，去龙王庙焚香跪拜，仰天跪地祈求老天爷庇佑。如果真龙王爷显灵，大雨倾盆，人们奔走相告，感激涕零，跪拜天地，杀鸡宰羊上龙王庙谢神还愿。以前，金华早中稻一般在立秋左右收割，有“秋前

耕田

插秧

三天没稻割，秋后三天割勿及”之俗谚。农忙抢收，有不少从台州、缙云、丽水来金华打工的帮工，统称为“割稻客”。他们聚集在　济桥附近，需要帮工的，就到桥上来雇工，这些“割稻客”非常勤劳肯干，受到金华田主的款待。收割的第一天叫“开镰”，最后一天称“封闸”。收割当中任何人忌坐稻闸，忌瞎估产，若估产只能估高，不得估低，以求吉利。

金华多山林，树种多样，林木生长茂盛。山农都有开山祭山神习俗。旧时，永康用雄鸡血绕山回淋，请道士巡山驱邪，宰三牲敬山神。东阳叠石为坛，奉为山神，压以香、纸，以祭拜。浦江有山皇殿，七月十五日祭拜山神。武义用素食祭山神，点香烛，烧利市。

农历正月二十日为“百花生日”，是当地传统的植树节，有“黄檀木也能插得活”之说。民国时曾定3月12日为植树节，但农民仍沿旧俗。1982年，国家又规定3月12日为植树节，开展全民植树造林。旧时，各地民间有护林会或禁山会的组织。往往以宗族的名义每年要演一次“禁山戏”，或分一次“禁山馒头”，以宣传护林，警示乱砍滥伐和注意防范山林火灾。为解决烧柴问题，一般规定农历八月为传统的砍柴月，俗称“八月柴”。其时，农户结伴上山砍柴。在上山砍柴的路上和山上都忌说蛇、虎、伤、死等不吉利的话。树不能砍光，每山要留一些“土地树”。种在村口的树叫“水口树”，也叫“风景林”，不准砍伐。旧俗还常认村口大樟树、大银杏为“树娘娘”，每逢过年过节必进行烧香祭拜。

以前，金华地区农户普遍养猪，一来可增加收入，二来为了积肥。每到过年，杀年猪，以供自用。金华两头乌猪，是闻名全国的优良品种，皮薄肉嫩味美，除新鲜食用外，一般腌渍火腿、猪头，做成腊肉、香肠。农家习惯将猪圈养。旧俗建栏必选“天赦日”，每年有4个天赦日，一个季度一个(春戊寅、夏甲午、秋戊申、冬甲子)，有“春逢戊寅夏甲午,秋值戊申天赦露，冬月甲子最为良,百事达之多吉助”的谚语。猪栏建成，栏门头钉上五彩布条，贴上红方联，栏里撒茶叶和米，膜拜栏神，以祈吉祥。买卖小猪，卖方要给买方一些垫篓稻草，叫“娘家草”。猪长大宰杀后，先祭拜天地及栏神。猪之　肺，馈赠岳父、岳母，猪血烧熟分赠邻里。

牛为农家之宝，旧时，买牛的买卖成交后，卖方可再向买主讨“牛绳钱”。农户对耕牛倍加爱护，冬天防冻防潮，夏天通风驱蚊。常修理牛栏，防牛栏漏水。每年清明日大清早，争相抢先牵牛放牧，以最早者为最吉利，谓之“抢青”。农耕大忙时，给耕牛饮黄酒、喂黑豆之类以增加营养。坊间，杀牛时，牛主回避。有些老妇忌食牛肉，所谓“牛忠人义”。

农村家家户户养鸡，一般都是自孵、自养、自用。祭祀、供奉一定要用公鸡，以用阉公鸡为最诚意。新草鸡(母鸡)下的第一个蛋特别珍贵，给将出嫁的女儿或新媳妇吃，说可早生贵子。宰杀后，鸡心一定给小孩吃，以兆读书能用心。小孩不能吃鸡爪，认为吃了鸡爪写不好字。鸡翅则留给女孩吃，说可早早学会梳头。

婺城、金东等地过去副业较少，罗店及附近村庄，有种花种佛手之习俗。花以茉莉、白兰花为多。兰溪素有养兰花之风，自20世纪80年代开始，花木生产发展很快，本级除罗店外，澧浦、雅畈、安地等地都有大面积种植山茶、香樟、桂花等，并形成较大规模的花木市场。金华的市花为山茶花，市树为樟树。金华被誉为“中国茶花之乡”“中国佛手之乡”，兰溪为“中国兰花之乡”，花木成了致富的摇钱树，花木生产使更多的人走上了小康之路。

北山石灰岩蕴藏丰富，烧石灰为沿山农民的传统。过去，石灰窑俗叫石灰灶，建灶要选属火的日子时辰。建灶、叠灶、出灶，都要祭拜灶神。烧灶时，灶门顶悬挂米筛、剪刀、尺，以祈烧灶吉利，从叠灶到出灶，禁止妇女进入窑区，忌说生、跌、倒灶等不吉利的话。

农村集镇有市日传统，有五日一市、隔日而市，大多乃十日三市(或一、四、七，或二、五、八，或三、六、九)。每逢市日，赶集者少则几百人，多则数千人，早晨开市，日中散集，百物云集。市日有专门的竹木市场、小猪市场和牛交易市场，都在金华通济桥畔的南市街附近。

牲畜交易市场在南市街的最西面。除本地农民外，不少来自衢州、江山、龙游一带，甚至闽、赣的农民也来这里的牛市进行买卖。在牛市里，被称为“牛华郎”的中间人是核心权威式人物。“牛华郎”是非常有眼光的人，牵着牛在大家面前走几圈，看眼睛，看皮毛，再把手伸进牛嘴，看它的牙齿，就能查验出牛的健康状况和年龄，马上报出一个基本价格，再由买卖双方协商。“牛华郎”一般的打扮，手上拿一根细细的竹棒，头戴一顶小笠帽，腰间围一条青色“围裙”或白色的“汤布”。嘴上叼一支香烟，耳边常常还夹一支香烟。当然，香烟是买卖双方给的。毕竟牛耕时代，牛是农家宝，买卖耕牛是大事。不过，合作社化后，买卖双方都是集体生产队，能代表集体来牛市场做买卖，当然多数是生产队的“当家人”。在牛市场边上还有小猪市场，农家养猪都到这里交易。

金华佛手

第二节　百工之乡

金华以盆地和山地丘陵为主，有相当多的红壤和黄壤，约占整体的三分之一，在义乌、东阳、永康等地高达二分之一，其特点为“酸、廋、黏”。金华的土壤pH值小于7，营养成分低，普遍缺氮、磷、钾、钙，排水性差，不适宜种植水稻、小麦等粮食作物。因此，一直以来人们设法改造土壤，利用石灰来调节土壤酸碱度，用生物绿肥提高土壤肥力。因此就有“石灰肥田”一说，有栽种草籽绿肥的习俗。后来金华逐步引进许多适合种植的经济作物，如棉花、茶叶、油桐、香榧树、糖蔗、苎麻等。

从明代到清代，金华地区的人口增加了近一倍。人口不断增长，而开山改地，扩大耕地面积却极为有限，粮食生产水平与以往差不多。人均粮食占有量大幅减少，人和地矛盾越来越突出。据史料记载，金华人均耕地数量逐年减少，如明嘉靖年间平均为2.5亩，清雍正至乾隆年间为1.66亩，到清嘉庆年间仅1.4亩，尤其是在东阳、义乌、永康一带，人均可耕面积更少，人们不得不开始寻求新的生存之道。

石匠

木匠工具

木雕

裁缝

婺学创始人吕祖谦说：“利者义之和也。益义之和处，即是利也。”陈亮也说：“商籍农而立，农赖商而行，求以相辅，而非求以相病。”正是义利并举，工商皆本的事功理念，使金华人在耕读求仕之外，农商并举，勤业维生，在人与地的矛盾中，闯出了“做手艺”“做生意”的谋生之路。在赢得生存的同时，开创了独特的工商文化。

金华的手工业包括各行各业，除传统的石匠、泥匠、木匠、裁缝外，有制火腿、酿酒、修锁、打铁、做篾、修缸、补瓷、箍桶、编席、修伞、钉秤、陶瓷、雕刻、制砖、烧炭等。尤其是永康、东阳、义乌等地成了闻名的百工之乡。其中，石匠、泥匠、木三匠同奉鲁班祖师，量具均用鲁班尺。裁缝奉轩辕为祖师，用“轩尺”，也叫三元尺，其余工匠信胡公。诸匠地位从高至低的顺序为石匠、泥匠、木匠、裁缝，建房宴席，石匠必坐首位。

裁缝店

第三节　火腿　酿酒

一提起金华，很多外地人就会说，哦，出火腿的地方！确实，火腿是金华的一张名片、一块金字招牌。

金华火腿，以金华特产两头乌猪的后腿为原料制作加工而成。金华火腿形似琵琶，肉色鲜红，皮薄黄亮，香浓味郁而闻名遐迩，誉满全球。

相传，宋朝抗金名将宗泽是火腿业的祖师爷。过去，一些火腿行开业，都要在店内供奉、祭拜宗泽公的画像。据传，当年宗泽回家乡，常买些猪肉请人腌制，带到前线作为菜肴和赠送亲友部属，并曾带进皇宫献给皇上。皇帝看到火腿肉绯红似火，其色、香、味、形俱全，让人叫绝，即命名为“金华火腿”。当然，这些都是坊间传说，金华火腿源远流长，究竟始于何时，创自何人已无从查考。

腌制火腿最早应该是金华农村流传的一种保存肉食的方法。唐开元年间《本草拾遗》中就已有文字记载：“火骽，产金华者佳。”（“骽”，《康熙字典》释：“与腿同”）相传北宋成贡品，17世纪已有出口。1905年和1915年曾先后获莱比锡国际博览会和巴拿马万国博览会金奖。据1932年的《中国实业志》统计，1931年金华火腿的生产规模已十分可观，产量达81400只。

“金华火腿出东阳，东阳火腿出上蒋，上蒋珍品雪舫蒋”，在火腿业中，　是流传很广的话。上蒋是东阳的一个小村，一直以来，从事火腿腌制的人众多。蒋梦昌，字雪舫，就是最出名的一个。他14岁父母双　，即师从　父腌制火腿。18岁自建火腿作坊，所产火腿命名“雪舫”。蒋雪舫艰苦创

金华火腿

业，执着探索，既继承祖辈技艺，又有突破创新。“雪舫蒋”品　始创于清咸丰十年（1860），是火腿行业中的百年老品牌。“雪舫蒋”火腿皮薄脚细、腿心饱满、精肉细嫩、亮若水晶、不咸不淡、香味清醇，堪称金华火腿之极品，畅销杭州、上海、香港等地。如今，“雪舫蒋”火腿生产企业——浙江雪舫工贸有限公司是一家集养殖、加工、销售于一身的公司，是全国最大的火腿生产基地。

金华火腿厂的前身是永昌火腿栈，创办于1947年。老板金士辉也是东阳人，他于1930年在杭州初创永昌火腿行，从事火腿批发、零售业务。后因战乱等原因，于1947年将火腿行迁至金华，改名永昌火腿栈，并很快执行业　耳。20　纪50年代，永昌火腿栈联合元生、金泰、元隆、恒丰等私营火腿栈，组成了金联火腿产销合营处，年产火腿24000余只。地址在中山路铁岭头。1952年发生了一场意外火灾，损失巨大，企业陷入困境。1954年，火腿产量仅8000只，后实行公私合营，更名为金华火腿厂。1956年，该厂在解放西路河畔桥建起了新车间。1960年，并入国有金华肉类联合加工厂。

自古以来，金华人无论是祭祀先祖，还是过年过节招待客人，都少不了喝酒。六七百年前，金华酒就是赫赫有名的老酒。《金瓶梅》里面西门庆、潘金莲、李瓶儿喝的就是金华酒。如第二十回中，李瓶儿叫迎春：“昨日剩的银壶里金华酒筛来”；第二十一回中，西门庆道：“金华酒是哪来的？”玳安道：“是三娘与小的银子买的”；第三十四回：“西门庆看见桌子底下放着一坛金华酒便问：‘是哪里的？’李瓶儿不好说是书童买进来的”；第三十五回写到吃螃蟹，月娘吩咐小玉：“屋里还有些葡萄酒，筛来与你娘们吃。”金莲快嘴说道：“吃螃蟹得些金华酒吃才好”……有人做了粗略统计，《金瓶梅》中直接提及“金华酒”的，有16处21次之多。金华酒风靡明朝，这话该不假吧？

早在春秋末期，金华酒就已问世。它是一种以精白糯米做原料，兼用红曲、麦曲为糖化发酵剂，采用分缸酿造而成的半干型黄酒。其色泽金黄鲜亮，味香醇厚，过口爽适，既有红曲酒 色、味，又有麦曲酒之鲜、醇，不亚于绍兴加饭酒，同列为中国酒文化之萃。1915年在巴拿马万国商品博览会上就荣获金质奖。1963年在全国第二届评酒会上被评为全国优质酒。1988年又在北京首届食品博览会上获金奖。因其品质超群，自成一派，成为历代酒中珍品。

唐代诗人李白的名篇《客中作》有：“兰陵美酒郁金香，玉碗盛来琥珀光。但使主人能醉客，不知何处是他乡！”兰陵美酒是什么酒？明代名医李时珍在《本草纲目》中的解释是：“东阳酒即金华酒，古兰陵也。”明、清两代许多名著中，都曾经多次出现金华酒的记述，有的称它为浙酒、南酒、金华府酒，也有的称东阳酒、寿生酒、白字酒，等等。

袁枚在《随园食单》中曾有这样的描述：“金华酒，有绍兴酒之清，无其涩；有女贞之甜，无其俗，也以陈者为佳，盖一路金华水清之故也。”袁枚不仅是清代著名的文学家，还是一位烹饪家和美食家，他把金华酒与绍兴酒、女贞酒相比后给予了很高的赞誉。

晒红曲

酿酒

金华酒

明代弘治末年还流传这样一副对联："杜诗颜字金华酒，海味围棋左传文。"金华酒与流风遗韵的杜甫的诗、颜真卿的字、左氏的文章这些中国文化的精粹相提并论，可见饮金华酒是当时上层社会及文人雅士非常风雅的行为。

俗话说："好酒不怕巷子深。"

金华酒就是从小巷里走出来的。在金华城东有条酒坊巷，巷内有口井，名曰酒泉井。史料记载，今日的酒坊巷在古代酒坊如林。用酒泉井中的水酿制的金华酒，经码头，从婺江上，源源不断地运往各地销售。

近些年，金华酒因种种原因日渐衰落。为抢救这一古老的地方文化遗产，经国务院批准现已将"金华酒酿造技艺"列入非物质文化遗产名录。

一直以来，金华坊间酿酒成风，每当立冬后，农户家家自酿，过年、祭祀、待客必备。逢年过节，亲朋相聚，斟上满满的酒，主客相对而坐，频频举杯，香喷喷，味浓浓，情殷殷，乐融融，喝金华酒确是一种高雅享受。

第四节　打铜　打铁

“打铜打铁走四方，府府县县不离康。” 永康素有金属冶炼、锻造与加工的传统。

清道光《永康县志》卷一《风俗》载：“土石竹木金银铜铁锡皆有匠，然朴拙不能为精巧。邑皆瓦屋，故砖埴陶瓬为多，织布裁衣锢露多鬻技于他乡。”永康人吃苦耐劳，炼铜、打铁、修锁、补锅、打银、铸锡等，他们走南闯北，串村走巷，上门服务，足迹踏遍全国。

据记载，早在五代吴越钱武肃王时，永康人已开始在铜山采矿。据宋乾道二年（1166）铸钱司统计，永康是当时胆水制铜的产地之一。有关胆水取铜的最早描述见于西汉成书的《淮南万毕术》，其中就有“曾青得铁则化为铜”的话。曾青，又名空青、白青、石胆和胆矾等，指天然硫酸铜或其他可溶性铜矿物。这说明我国在西汉时期就已观察到并记载了“曾青化铁为铜”的现象。 到了宋代，我国已把胆铜法应用于生产上，并使之成为大量生产铜的主要方法之一，永康就已有一批掌　铜手艺的工人。永康打

打铜

打铁

永康手艺人

铁匠更早出现，很早就掌握冶炼、锻造、浇铸、淬火等工艺，他们以打造农具、生活用品为主。另外，明清时期永康的金、银器制作发展起来，主要以银戒指、银手镯、银脚镯、银　、银锁为多。

买卖交易需要衡器，永康早在宋代就有制秤业。随着社会发展和生活的变化，手艺分工也越来越细，同样是做木匠，盖房子是大木，做家具是小木，专门制作各种木桶的是圆木。如水桶、浴盆、吊桶、马桶、尿桶等为圆木，坊间称专门制作圆木的为箍桶匠。箍桶匠不仅开作坊店，还挑着工具和材料，一路吆喝，凭着一副铁肩和一双硬脚板奔走四方。而如此这样走街串巷的永康手艺人很多，如修锁、补锅、磨剪刀、修篾席、钉碗、补缸、修伞，等等，他们用自己的辛苦汗水求得了生计，也给人们带来了很多便利。

往日，大街小巷“磨剪刀、铲薄刀——”“箍桶哦！”“修钢精锅、补锅！”熟悉的吆喝声现已远去……

第五节　木雕 竹编

东阳人脚踏实地，勇于挑战，讲究务实。懂得婺学的事功哲学，士农工商“此四者皆百姓之本业”。面对人多地少，平均耕地不足半亩的现实状况，孩子自出生之日起，摆在面前就有两条路：勤学苦读，走出大山，走上仕途之道；读书不成，功名无望，就想方设法学做手艺。茂密山林，东阳人因地制宜，师徒传艺，从事各种手艺，成为独特的百工之乡，如塑像、刻板、印花、染织、造纸、竹编等，其中尤以建筑业的石、泥、木、雕、编和火腿加工最为突出。

东阳建筑名扬海内外。一直以来，所谓“东阳帮”就是以石匠、泥水匠、木匠、雕花匠、塑像匠为主体组成的古建筑群体。他们的手艺祖辈相传，技艺高超。最早以泥水匠、木匠等组成老师班，为首的称为“包头”，包头以下便是师傅、半作、学徒、蛮工，他们走出大山，承包工程，齐心协力一起干。

东阳古建筑中最引人　目的是木雕。开始木雕以雕像为主，从出土文物中可知，最早可追溯到1000多年前的五代木雕罗汉像。这尊雕像是现存最早、最完整的东阳木雕。到了明代，东阳木雕应用于建筑和家具装饰中，形成了较完整的独特手法和艺术风格，并逐步遍布浙西及邻近的安徽屯溪、江西婺源和杭州、上海。清代，东阳木雕进入全盛时期，远及新加坡、泰国等东南亚国家，享誉海内外。清嘉庆、道光年间，数百名木雕工匠应征进京，从事皇宫雕饰。

明代，东阳木雕以浅浮雕、深浮雕、镂空雕为主，卢宅肃雍堂是明代木雕的代表，梁头雕刻简洁粗犷，斗拱、杆顶结严谨轻

东阳木雕

巧，琴枋、牛腿古朴大方。到清代，东阳木雕达到鼎盛时期，不但在各地有许多精雕细刻的建筑，在北京故宫更有不少美轮美奂的精品。

1915年在巴拿马万国博览会上，东阳木雕箱架、书箱获大奖，室内陈设木雕工艺品获金牌奖。东阳木雕始自唐、五代，传承至今已逾千载。严济慈先生称为“国之瑰宝”。

清末民初，东阳形成了以杜云松为“皇帝”、黄紫金为“宰相”、楼水明为“状元”、刘明火为“榜眼”的东阳木雕王国。

杜云松（1887—1960），东阳后山店人，能画善雕，技法全面，无论是浮雕还是深雕，无一不精。他的木雕题材广泛，山水、人物、花卉、鸟兽等样样在行，技艺如此全面的木雕艺人并不多见，故有“木雕皇帝”之称。20世纪50年代，他在组织东阳木雕艺人继承和弘扬东阳传统木雕技艺方面，做出了很大的努力，还曾去国外传授木雕技艺。其子杜复贤，子承父业，亦颇有造诣和成绩，享有“木雕太子”之誉。

黄紫金（1894—1981），东阳市湖溪镇黄大户村人。13岁起学画，细心揣摩古今名人之画谱，并将戏文和国画艺术运用于木雕之中，又在反复实践的基础上脱颖而出，创独具风格的木雕设计技巧。黄紫金为人和善，通晓当地风俗和民间传说，一生勤于写生，对四季花鸟善于观察，设计中运用得恰到好处，是个近乎全能的木雕高手。在技艺上，人称“通才”。他的作品和画稿，是近代东阳木雕艺人中最多的，设计创作的图稿占全东阳木雕厂产品的70%以上，给东阳木雕事业留下了一份珍贵的艺术遗产，被同行被誉为“木雕宰相”。1956年，黄氏被荣荐为浙江省政协委员。1957年被浙江省人民政府授予“东阳木雕名艺人”称号，他也是东阳木雕集团木雕厂的主创人之一。

楼水明（1898—1983），东阳横店人。16岁从师学木雕，20岁满师即技艺超群。至萧山、湖州、杭州雕花数年后，在上海开设木雕厂。 1948年，离乡去香港谋生，先后被华安家具公司、双鸿泰木器行聘为把作师傅。同年承接港府赠送英皇伊丽莎白二世结婚礼箱的设计制作，获得成功，誉满全港。在香港的八年中，楼水明在家具造型和总体装饰设计上积累了丰富的经验，达到较高的艺术造诣，制作的家具深受西方市场的欢迎。1960年，楼水明出席全国手工业联社会议，受到党和国家领导人刘少奇、周恩来的亲切接见。1961年、1963年，分别被选为浙江省第二届、第三届人大代表。1962年，被浙江省人民政府命名为“名艺人”。1978年，当选为全国第五届人大代表，被国家轻工业部命名为“工艺美术家”，浙江省人民政府授予他“劳动模范”称号。

刘明火（1888—1941），东阳市南溪梨坑村人。所雕门窗、屋架、牛腿、挂落等，无不精工异常，画面饱满，满色生辉，留下了一座为后人所赞誉的“纪念碑”。他上过六年私塾，14岁拜师学艺，习艺木雕，立志求精。三年为徒期间，随师四处奔波，既勤快又刻苦，赢得了师傅的欢喜，使之把雕花的基本要领毫无保留地传授给他，以至于满师之时已经小有名气。随后，他辗转于昌化、富阳等县的乡村揽活，并能按照雇主的要求，苦心构思出各种画面，精雕细刻，一丝不苟。

东阳竹编与东阳木雕并称为东阳地方传统工艺美术的两朵奇葩。竹编在殷商时代就已问世，东阳竹编距今已有1200多年的历史。明代万历年间的《金华府志》记载：东阳有毛竹、笙竹、雷竹、石竹、斑竹、紫竹、水竹、苦竹、淡竹、箭竹、方竹、佛面竹、桃丝竹、山竹、凤凰竹、花竹、凤尾竹、花节竹等18个种类，可以作为生活和生产的原料。丰富的竹资源，为东阳竹编行业的发展提供了有利的条件。

东阳素有“竹编之乡”的称号。宋代东阳竹编尤以制作龙灯、花灯、走马灯最为著名。清康熙《东阳县志》记载：“笙竹质软可作细　器，旧以充贡。”可见东阳竹编在清朝以前就被选为贡品而闻名于世。到了清末民初，东阳竹编进入全盛时期。东阳竹编工艺历经千余年的洗炼，其作品已达到炉火纯青、美妙绝伦的境地。

据不完全统计，东阳竹编的编织技法有150多种。竹编工艺品可分为人物、动物、器皿、仿古品、陈设品、家具、灯具、文具、浴具、花具、装饰品、竹丝镶嵌(竹木结合)、竹编书画艺术品、竹艺园林建筑、竹艺室内外装饰、竹编墙纸、竹根雕、留青雕等25大类3000多个花色品种。

经历代东阳竹编艺人的努力，竹编工艺现还突破传统理念的束缚，巧妙地与园林建筑、室内装饰有机结合起来，在西湖阮公墩、杭州花港公园、德国汉堡市“新北京酒家”等处，留下了许多不朽佳作。以富丽中显淡雅，清幽中含华贵的独特风格，为世人所称颂。

清末民初，东阳竹艺的杰出代表当数著名匠师马富进。

马富进（1860—1933），浙江省东阳市谷岱人，善融百艺入竹编。17岁自开作坊，出售篾丝书箱（考篮），常年供不应求。擅长劈篾，被同行誉为“天下头把篾刀”。

他曾为咸丰皇帝的老师李品芳家制作了一对托篮，花了三年半时间，上千余工，仅漆工就耗费一年三个月。其编织、镶嵌、雕刻、髹漆、绘画、装潢，精美绝伦，篮边编有人物花鸟，栩栩如生，精致非凡，现珍藏于故宫博物院。他制作的竹编工艺品在1915年美国旧金山巴拿马万国商品博览会中获奖。他制作的另一作品《魁星点斗》，分头、躯、两手、双足六个部分，可装可卸，形象逼真，在1929年西湖博览会展出时，轰动一时，独占鳌头。博览会总报称：“一魁星独足立于鳌头上，做活跃点斗之势，头部，耳、口、鼻俱全。四肢部，手指、脚趾一一分清，上身袒露，下身着盔甲。胸部背部，均表

东阳竹编

现肌肉凸凹之状，飘带飞舞，骨立筋张，全身皆是竹丝编成，不假他材……竹编人物妙到如此，诚所未见，竹制品中绝无可伦比者。”马富进在该届西湖博览会上被授予“竹编状元”奖匾。同时，该总报告称：“东阳许美辉所制的细篾篮，非常精致，亦是能人。”由此可见，东阳竹编工艺早在清末民初就达到了当时国内乃至国际的一流水平，为时人所赞美。

当代，东阳竹编工艺大师辈出。

徐经彬（1939—　），浙江省民间艺术家、高级工艺美术师。东阳市大联镇文祥村人。14岁从父学艺，1954年进入中央美术学院华东分院深造。他潜心于东阳木雕与东阳竹编的造型设计，足迹遍布欧、美、亚、非众多国家和地区，阅历丰富、才思敏捷。1998年被浙江省人民政府授予“浙江省工艺美术大师”称号。

徐经彬独具慧眼，对家乡山清水秀、稻谷飘香的江南美景和犁、耙、耕情有独钟，创作出较多江南民俗风情的系列作品，匠心独运，返璞归真，启示后代，熔东阳木雕与竹编工艺于一炉，具有震撼人心的艺术魅力和回味无穷的意境内涵。他先后设计创作的《锦绣江南》《江南农家》《耕作图》等作品，参加国家级和省级展览时分别获得金奖、银奖和铜奖。2003年，他设计创作的浅浮雕作品四条屏《琴、棋、书、画》荣获第五届“中国工艺美术大师精品博览会”金奖。

何福礼（1944—　），中国竹工艺大师、高级工艺美术师。大师业精于勤，功底深厚，经验丰富。1982年，他受邀去澳大利亚墨尔本等地表演，受到广泛赞誉，被称为“把竹子变成大象的魔术师”。1983年，何福礼主持了长6.19米、高2.68米的大型竹编精品《九龙壁》的编织工作。作品采用了150多种编织手法，其中独创了“鳞形编织撮花”“双条丝串藤细花龙”“人字花纹分色龙”等多种编织技法，荣获中国工艺美术百花奖金杯奖，并被列为国家工艺美术珍品。专家们称该作品为“中国民间竹编艺术一绝”，是中华民族当代竹编艺术的经典之作。

1997年，何福礼为香港回归献礼，精心制作了一条长2465米、龙身163节的竹编巨龙，在香港展出时，引起了社会轰动。时任中国香港特别行政区行政长官董建华先生，怀着十分激动的心情亲自为巨龙开眼点睛。这一作品被列入吉尼斯世界之最。此后，他成功创作的《香炉鼎》《渔翁》《海鸥》《咏鹅图》《大象》《哪吒闹海》《八仙竹丝花篮》等精品，无不引起全国工艺美术界的轰动，先后荣获中国国家级工艺美术大师精品展金奖等国家级大奖。

卢光华（1948— ），中国竹工艺大师、高级工艺美术师，出身于竹编世家，系雅溪卢氏竹编传人。“光华似竹，其容貌清瘦如竹秀于外；诚信若金，其性格坚毅如竹刚于内。”他在竹编艺术领域孜孜以求，从事开发、创作、研究三十余年，艺海泛舟，甘苦备尝，终有所成。作品《兰亭序》《八骏图》被评为浙江省工艺美术精品。

另外，东阳竹编艺人马宣华编制的大型作品《香炉阁》，运用了三十多种编织技法，并辅以竹刻、镂雕、烫金等手法，工艺精湛，曾陈列于人民大会堂浙江厅，后又在美国、日本等国家和中国香港地区展出。

东阳竹编工艺，以其高超的技艺、独特的风格、优美的造型、精致的编织、典雅的色彩、欣赏与实用相结合，驰名海内外。

第六节　鸡毛换糖

“鸡毛换糖”，这是义乌人在农闲时挑起糖担，手摇拨浪鼓，走街串巷吆喝的生意。用自产的糖做成块状的“敲敲糖”，金华话“敲”为“拷”，所以多叫“拷拷糖”。以糖换取鸡毛，将鸡毛用来沤肥，改良土壤 。

“咚卜、咚卜、咚卜……”

拨浪鼓一响，“鸡毛换糖了”！小巷里的孩子们欢呼起来，一个个飞快地往自家的厨房里跑。鸡毛、鸭毛、鸡肫皮、龟壳板……凡是能换的，全都拿出来换“拷拷糖”吃。

生意人用小锤和平口的刀，将糖一块块敲开来与孩子们调换鸡毛。正是因为有了“鸡毛换糖”，激发了孩子们的积极性。平时只顾玩耍的孩童，什么事都不会干，但一旦家里杀鸡杀鸭，就跑进厨房里帮母亲忙，又是端水，又是拔毛，还要关心鸡肫皮的下落。嘿，嘿，这是一大块糖呢！

吃“拷拷糖”是孩提时的乐事。一块糖，吃半天，吃得小孩手上、脸上、衣服上都是黏糊糊的。

据记载，明代义乌引种糖蔗。糖蔗非常适合在酸性的红、黄土壤上生长，尤其是青皮糖蔗，至清朝就广泛种植开来。清嘉庆《义乌县志》有记载：“蔗糖，俗呼沙糖。其蔗似黍，杆可啖，俗呼糖梗。”青皮糖蔗熬制成的糖被称为“义乌青”。

入冬为糖蔗收割季节。将糖蔗砍下，送榨。榨糖开始用牛拉的如石磨般的绞机，后清顺治年间（1644—1661），贾维承从闽越地区仿制了木糖车榨糖，虽仍用牛力，但设计不同，效率更高些。榨好的糖汁直接进入支成一排的连环铁锅内煎熬。由制糖人将第一锅的糖汁煎熬变稠水，用大勺舀到第二口锅，又转到第三口

20世纪60年代义乌人“鸡毛换糖”

锅……直至熬透，水分蒸干，渐固化成块状或粉状。随着生产发展，蔗糖种植和红糖加工生产规模不断扩大，义乌佛堂凭着水路方便成为红糖主要集散地。制糖成了义乌主要的副业生产。

何时开始出现“鸡毛换糖”这一营生？据说是明清时即开始。明朝抗倭名将戚继光招用义乌兵万人，平倭后，这些义乌兵返乡。由于长时间脱离农事，他们喜走四方，渐用“义乌青”糖块做起了“鸡毛换糖”生意。此生意在清乾隆年间（1736—1796）达到极盛。义乌号称有“糖担”万副。“敲糖帮”以廿三里、苏溪两镇为最多。义乌人凸显团队精神，即使做这小生意的，也分成了由东乡人组成的，以廿三里为中心的“东帮”，以北乡人组成，以苏溪为中心点的“北帮”。随着时代变迁，义乌人从货郎担转化为提篮叫卖、沿街设摊，并聚集成小商品集市。改革开放后，又建起了专业市场，不断发展成为全国最大的小商品流通中心和国际性商贸城。

如今，“鸡毛换糖”的义乌人富起来了，“鸡毛换糖”成了一个时代的记忆。

第七节　布店 药铺

兰溪素有“小上海”之称，地处水陆交通要道，做生意的人较多，善经营，尤以绸缎布匹和中药材店堂称著。

当年，“祝裕隆”三个字是响当当的金字招牌，闻名遐迩。祝裕隆布店，“老金华”人无人不知，无人不晓。

咸丰末年（1861），祝湘岩在兰溪创立建记祝裕隆，经营各色绸缎布匹。正如其名，丰裕、兴隆。祝裕隆开业后，生意兴旺，财源滚滚。后又分设游埠成记祝裕隆、金华泰记祝裕隆。到1915年，兰溪、游埠、金华三处资金达30多万银圆。仅金华泰记祝裕隆营业额就高达50万银圆，居金华商业之霸首，名扬省内外。

金华泰记祝裕隆绸布店开业于清光绪元年（1875），位于金华西市街中部东侧。祝裕隆店面很独特，它不是一般敞开一排的店面，而是由一石库门进入，里面是天井大厅，屋顶是玻璃天窗。走进大厅，最引人瞩目的，是中间摆设的八张精制的红木方桌式玻璃台面，内放各式绫罗绸缎，五彩缤纷，琳琅满目。大厅四周靠墙壁的橱窗和玻璃台桌上，陈列着各种各样五颜六色的棉布，楼上楼下两层，场面十分气派。20世纪30年代，为祝裕隆全盛时期，店员达100多人。抗战时期，金华沦陷，布店遭日寇洗劫一空，逃难中又多遭不幸，损失无数，元气大伤。抗战胜利后，回金复业，重整旗鼓。1956年公私合营，1958年转国有。20世纪80年代拆建，为金华第一百货地址。

百年老店的祝裕隆，虽早已消失，但至今仍留下一些掌故和口头语。

“祝裕隆”自创始，几代店主都重用“徽骆驼”。“徽骆

20世纪30年代的宣传单

20世纪50年代祝裕隆员工

驼”是商界对徽州商人的誉称。徽州商人吃苦耐劳，诚实守信，热情负责，善经营，会管理。所以“祝裕隆”每个重要岗位上，正副职都是交叉使用歙县人和绩溪人，既放手给权，又相互制约。“祝裕隆”在经营制度上很有特色，做到日日清账，十日旬报，月底总报，年终盘点。无论日报、旬报、月报、年报，每笔账、每批货都要有两人以上复核，层层把关，严防漏洞。每年正月初三，三店经理赴兰溪交账。盈利最高的经理坐首席，老板为各店经理斟酒。正月初六，老板到各店迎新贺喜，听取人事及业务安排。“祝裕隆”店规严格，凡姓祝的本家人不得到店借钱、借物，更不得私自安插人到店工作。凡祝姓本家人因事来店最多只能一宿两餐。店内不用本族人，个别进店，即使是小老板也得从学徒开始，三年期满，考核合格才能转为店员。本族中有个叫祝修华的，经全族人同意才破例进店当学徒。他先在游埠成记店学徒三年，后又经十多年普通店员生活磨炼，最后经考核才来金华泰记店当襄理（相当于副经理），足见用人的规范严格。

“顾客是养身父母”这是“祝裕隆”对进店学徒教育的第一条。无论生意大小，要求对顾客态度热情，服务周到，老少无欺。若顾客对服务有意见，必定认真对待，妥善处理。对顾客不满意的店员，几经教育不改的，调动岗位，或责令辞退。学徒要三年出师后才能上柜台做生意。上柜要懂得各种布料的规格、性能、用途，要会帮顾客选料、估料、量、剪、包、算，熟练操作，正确无误。店里十分注重培养学徒，除拜师学艺外，晚上要学文化、书法、珠算、记账……使各岗位后继有人。

“进了祝裕隆，一世都不穷”是当年流传坊间的口头语。“祝裕隆”对员工要求很严，但同时很注重职工福利和待遇。店经理工资每月10银圆（当时米价100市斤3.20元），正月红包100银圆。一般店员工资每月7～8银圆，年终有“小伙”（奖金）。当时素有“耳朵大过猪头”（工资外收入高于工资）之说。店供膳宿，每天除素菜外，肉4两（16两制），不吃肉可发肉票。职工假期三年两归（回徽州老家），回家当年假期有185天，如提前回店另发工资。对优秀及亡故员工子侄，年满14岁可进店当学徒，有的三四代接班、顶职。员工因无后顾之忧，懂得“一荣俱荣，一损俱损”，和店家融为一体，真正以店为家，尽心尽力。

如今，曾闻名遐迩的“祝裕隆”，已成过眼云烟，只在“老金华”的记忆中……

有道是：“徽州人识宝，诸葛人识草。”诸葛亮后裔从事中医和经营中药材买卖的人特别多，遍布海内外。“诸葛行军散”“卧龙丹”等著名中药一直畅销市场，名扬四海。原来这里一直有“不为良相，便为良医”的祖训。从中亦显示出诸葛亮后裔匡世济人的高尚情操。天一堂、大经堂都是有百年历史的中草药店。

据传，仁寿堂创始人为兰溪张氏，为金华最老的国药号，它创办于何年何月，尚难定论。按早年店内自印药方单所述，始建于清康熙年间（1662—1722），但没有确凿证据。清道光《金华县志》中曾有如下记载：道光二十三年（1843）兴建药王庙的募捐石碑上刻有“兰邑弟子仁寿堂包月冬、张望辉、戴莲圻同助”字样。以此推算，至今至少已有170多年。

店名“仁寿”， 意为仁德而长寿；语出《论语·雍也》：“知者动，仁者静，知者乐，仁者寿。”

“仁义为本，寿民为先”一直是仁寿堂的经营宗旨。其中，“不怕价格高，但求货地道”的采购标准，严格按工艺炮制药材的生产原则，“公平交易以信于民”的行为准则，认真传授学徒真本领的育人方式，使它成为金华国药店的金字招牌。

仁寿堂原址位于市区解放东路莲花井畔。店门面对法院街（现解放东路）。店为石库门，石鼓门面，走进店就是天井，店堂高柜台，木地板，靠墙壁立有许多药柜抽屉。正中有红木

20世纪70年代的仁寿堂

20世纪80年代的九德堂

大圆桌，左右有一副楹联：“仁心炮炙遵先法，寿制丹丸在至诚”，并有许多匾额，如关东人参鹿茸、枷南沈地沉香、各省地道药材、精制丸散膏丹……店堂五进，后有药库、药材加工场、养鹿场和店主住房。抗战时期，药店曾被日寇强占，抗战胜利后迁回复业，1995年被列为市重点文物保护单位。

原位于金华西市街闹市区的九德堂药店、一元堂，原在四牌楼的天福堂等都是金华知名的老字号中药店。其中多数创始人、老板为兰溪人，员工更有不少诸葛姓氏。

九德堂创始于清代同治年间（1862—1874），最早由金华二仙桥名中医姜志麟、兰溪药商诸葛芳松、金华马鞍山巨富金凤纪等人合资经营，后又有华铨寅、诸葛学标等人投资入股。姜志麟为首任经理。后有诸葛芳松、金锡庠、吴庆文、诸葛荣贵、金寿源等继任。抗战期间，药店曾惨遭日机轰炸，损失惨重，后重新修复惨淡经营至今。

九德堂历经百余年，迄今不衰，许多方面也是值得我们深思和借鉴的。九德堂自开创之日起就有一整套先进的内部管理制度，实行股份制、股东决策制、经理负责制、全员聘任制、严格的奖惩制等，并规定凡投资股东不得在店内工作。全店从经理到学徒以店为家，热情礼貌待客，个个工作兢兢业业，每天工作12个小时以上。人人遵守店规，如不许赌博、不得深夜外出不归等。店方也十分重视妥善处理劳资关系，善待店员，每年按14个月计发工资，员工可得到年利润红利15%，人人有份，并享有两个月的假期，若提前回店可增发工资以作为奖励。

“质量第一，信誉为上”是九德堂严守的诚信经营理念。每次进货都有严格的采购、验收制度，由专人负责，严格把关，防止差错，凡不合规格的，或立即退货，或降级减价，绝不含糊。药材进库后，分类由专人保管。储藏中严防虫蛀霉变，经常翻晒、烘焙，保证药品质量。柜前配药，品种齐全，货真价实，霉蛀药材一律不用，并细称分包，分厘不差，细心服务。店内聘有技艺高超的老药工加工生产各种丸、散、膏、露等，选材认真，炮制精良，产品信誉好，颇受顾客欢迎。如煎制驴皮胶，严格按工艺要求，前后需费时三年，做到胶陈质佳，方可上柜出售。其中人参再造丸、行军散、六神丸、纯阳正气丸等，不但行销全国各地，还远销南洋等地。

九德堂设有一养鹿场，雇用专人养有梅花鹿数十头，以供药用。夏秋以鲜草为饲料，冬春以番薯、胡萝卜、豆类为主。每年宰鹿配制全鹿丸是一件盛事。宰杀前先发告示，广告顾客，届时在西市街搭台，将雄鹿绞死，而后当场煎制全鹿丸，观者如潮，盛况空前。

九德堂，百年的金字招牌。

何谓“九德”？

《逸周书·常训》：“九德：忠、信、敬、刚、柔、和、固、贞、顺。”

春秋齐国国相管仲曰玉有“九德”：“温润以泽，仁也；邻以理者，智也；坚而不蹙，义也；廉而不刿，行也；鲜而不垢，洁也；折而不挠，勇也；瑕适皆见，精也；茂华光泽并能而不相凌，容也；叩之，其声清团彻远，纯而不杀，辞也。”

玉有“九德”是上好的玉，店有“九德”当然百年不衰，生意兴隆。

第三章　生活习俗

第一节　饮食习俗

金华农村的饮食，过去平原一带以吃大米为主，面食、杂粮为辅；山区以吃玉米、番薯为主，大米、面粉为辅。农闲时，有的农家在干、稀饭中掺以番薯、萝卜、青菜。平时一日三餐，农忙时一日吃四餐，有的地方甚至吃五餐，即上午、下午各加一餐点心。

每年收割后，农家欢庆丰收，第一餐吃新麦食、新米饭，必先供奉天地神祇，这一餐新麦食或新米饭不得吃光，不准吃锅巴，以示有吃有余。随着生活水平的不断提高，20世纪80年代后，无论平原、山区均以吃大米、面粉为主。20世纪四五十年代，吃玉米、番薯等被视为贫穷。如今早已将兼吃杂粮视为保健之道。

人们没有忘记番薯、玉米。

番薯浑身是泥，外表土红，就像冬天冻得发紫的人的脸蛋。过去，富人不屑吃，进富家的门，只能进到猪的肠胃。但它实实在在地可填饱肚子，是穷人的救星。只要插上了番薯，穷人就有了半年的粮食。冬天正是农闲时节，太阳迟迟才爬上山坡，地上厚厚的一层白霜，床上的破棉絮更没热乎气。才起床的农民，手脚冰冷，端着一大碗热气腾腾的番薯稀粥站在门口，一边晒太阳，一边慢悠悠地吃起来。一碗下肚，寒气全消，浑身热乎乎的。两碗、三碗，不但肚子吃得圆鼓鼓的，而且脸红红的，手脚都暖和了，破棉袄里都冒出了热气。太阳、番薯是穷人冬天的两大宝贝。

番薯的命很贱，就像穷人的命，再苦都会咬着牙活下去。

在五月天，只要有一锄墒的湿土，随便剪一段带芽的番薯藤，无论插在田头、地角还是河谷、山冈上，都能成活。它枝叶繁茂，不会长虫，不会得病，除了锄两遍草、培点土外，不要什么管理，也不需施肥，秋后每亩地就能收上一两千斤。

秋冬收番薯是农村大忙季节，男女老少齐上阵。在黄泥山坡上的地里，大块头的番薯硬是将黄土地拱起，挤出一条条的裂缝。大地像咧开嘴在笑，又好像疼得怒目张牙。掘上一锄头，就能挖出大大小小一大串番薯。男人用锄头掘，女人用手摘……到傍晚山冈上到处是一堆堆番薯。有的装箩筐，有的挑担，有的推独轮车，把番薯搬回家。

将番薯加工成粉，再用来制作粉丝之类是一项不错的副业。这一工作的主力军就是各家妇女。在月光下，她们洗番薯、磨番薯，用大块的纱布将磨好的番薯碎末放清水中浸、泡、挤、压，过滤出的汁水，放置一夜，水底就沉淀出一层厚厚的淀粉来。家家户户都为洗番薯粉搞到半夜三更。此时男人都已呼呼大睡了，而女人还在拼命干。等完工，才上床合上眼，天亮了，她们又赶紧起床，抢晒场去……

玉米，金华人叫“苞萝”。过去，也一直都是进鸡、鸭、牛、猪肠胃的贱东西，富人不屑吃，可它也是穷人的救命粮。特别是山区农民，就是靠喝苞萝糊，吃苞萝饼，度过一个又一个寒冷的冬天。上山干活，烙两张苞萝饼，带一竹筒开水，就是山里人一天的干粮。这东西一冷，吃起来硬、干，不太好咽，可是耐饥。乡亲们说，世世代代的山里人都是这样吃过来的。

番薯

苞萝饼

如今，番薯片、番薯干、玉米饼、玉米糕成了人们爱吃的健康食品，玉米、番薯已是各大宾馆、酒楼必不可少的食物。

金华一般人家早餐最多是吃泡饭，泡饭由剩饭加水煮成。一碗泡饭加一点咸菜或酱萝卜，吃得津津有味。如果有一碟花生米或一个咸鸭蛋，那是很好的了。烧饼、油条、豆浆是城镇平民最喜欢的早餐。20世纪五六十年代，一块烧饼三分钱，一根油条也三分钱，再来一碗三分钱的咸豆浆，就是一顿美美的早餐。

金华人崇尚俭朴，尤其是在农家，咸菜、霉干菜、萝卜（咸萝卜条干）、豆瓣酱等为传统常年菜，俗称“土地菜”。鲜蔬菜、水豆腐以自种自制为主。城镇居民多现买现烧。荤素搭配随家境而异。

咸菜金华人叫“松菜”。入冬后，乡下家家户户都要腌咸菜。其貌不扬的咸菜，一身土色，没有一点生气，就像为生活四处奔波，疲惫不堪，一脸倦容的小老百姓。但是在过去，穷人就是靠它度过漫长的冬天。

咸菜是用雪里蕻、三月青、九头芥等蔬菜腌成的。其做法是将刚收获的蔬菜堆放两三天，等叶干瘪，色泽稍黄，洗净晾干，再放入缸、瓮里，用盐腌制。量少，多将菜切碎后再腌，过六七天即可食用。量多，就整棵菜腌制，时间要长些，一般十天半月才能慢慢入味，一直可吃到来年开春。乡下人都要用大缸腌上百斤雪里蕻、萝卜。腌菜少不了鹅卵石，石头越大越好，到时压在菜上面，防止菜浮起来。菜浮起来就不好吃，并容易变坏。菜洗净晾干后，去河边捡鹅卵石，洗刷干净后，抬回家。因为菜多，不是用手腌而是用脚踩，金华人叫“踏松菜萝卜”。缸里铺上一层菜和萝卜，撒上盐，用脚踩实，接着又铺上一层……就这样一层又一层，撒上盐，踏实，最后压上鹅卵石。半个月后，空气中弥漫着一股菜香，腌菜就大功告成。青菜、萝卜都是穷人的好朋友，谁也不嫌弃谁，谁也离不开谁。因此，腌菜时常常加入萝卜一起腌。菜腌好了，萝卜也腌透了。因为有咸菜，萝卜更鲜；因为有萝卜，咸菜更香。普普通通的青菜、萝卜变得松脆、鲜嫩、清香、味美，令人百吃不厌。不但帮穷人度过了艰难的日子，而且增添了许多生活的情趣，咸菜炖豆腐、咸菜烧笋、咸菜饼、菜卤豆都是很好吃的。这也许是上苍对穷人的恩赐吧！咸菜加少许油炒了成家常菜。吃不完，晒干就是霉干菜。

以前金华穷，读书人上学为省钱就带霉干菜佐餐。但是，穷学生学习努力刻苦，不少日后成了大博士。金华以“博士之乡”驰名。也不知从什么时候开始，聪明的商家给霉干菜也戴上一顶博士帽，叫“博士菜”。有了这么个响亮的名字，更受人们喜爱。所谓“博士菜”，就是霉干菜烧肉。其实当年根本不可能有肉，只是霉干菜而已。如今，在金华各大饭店都有这道地方特色菜。家庭聚餐、同学聚会、师生毕业宴，必点这道“博士菜”。“博士菜”香而不腻，味道鲜美，令人垂涎欲滴。

豆腐是餐桌上常见的一种食品，它不但好吃，而且符合现代营养学，是顶呱呱的营养食品。正如瞿秋白在《多余的话》中说的：“中国的豆腐也是很好吃的东西，世界第一。”金华人做豆腐，先把大豆浸水，泡涨，在石磨盘里磨成豆浆，再滤去豆渣，煮开，点卤。点卤用盐卤或石膏，盐卤的主要成分是氯化镁，石膏是硫酸钙，它们能使分散的蛋白质团粒很快地聚集到一起，最后挤出水分，就做成了豆腐。

豆腐虽各地都有，但金华豆腐做得最好，没有豆腥味，也没有火烟味，干干净净。白白嫩嫩的豆腐，清清爽爽，加上酱油，再浇上点麻油，是早上吃泡饭最好的菜。豆腐的吃法很多，煎、炒、炖、炸，样样都可。红烧豆腐也是一道可口的好菜。把豆腐切成一块块薄片，放油锅中煎得两面像虎皮，黄黄的，香香的，最后加上料酒、葱花、蒜末、酱油，再添些许水，加盖焖透，起锅，趁热吃，色香味好极了。冻豆腐更是一绝，冬天金华人将豆腐切成方块状，放露天冷冻。天寒地冻，豆腐内的水分结成了冰，变得硬邦邦的如同石头，内部却产生很多孔隙。腌菜卤汁炖冻豆腐，鲜美无比，别有一番风味。

家庭自制豆瓣酱也是金华的习俗。一颗颗大豆，做成一块块不规则的饼样，上面慢慢长起了长长的绿黄色的毛。闻一闻，一股浓浓刺鼻的霉味。如此这般的东西，的确让人不敢恭维。但在农家主妇的巧手下，只经十几天，又魔术般变成了香喷喷、鲜渍渍的佳肴。

制作豆瓣酱确实是一门学问。

做豆瓣酱，一般大豆7份、面粉3份、食盐1.5份、水10份。选取优质大豆，剔除杂质，用水洗净，浸泡一天后取出，放入锅内煮熟，焖透。然后起锅、摊凉。等大豆温度降至37℃左右，与面粉搅拌均匀，压成饼状。并用干净的布和棉絮盖上，保持较高温度，让其发酵。这一过程金华人叫“掷酱旺”，以夏日黄梅天气最好。待过几天，伸手到棉絮底下一摸，“酱旺”发烫。一周左右就可见长出一层长长的绿黄色毛，怪吓人的。“这东西都长毛了，还能吃？”当然能吃！“掷”好“酱旺”，做酱已成功一半。将“酱旺”捣成小块，放入瓮或缸内，并加入食盐和水。然后用箬叶或纱布封好口，放在太阳下晒。

晒酱是做酱的最后一个步骤。酱越晒颜色越深，也越来越香。但要注意防蝇虫、雨水。搬酱缸，要轻些、慢些，不能摇晃。如果震动多了，酱容易变酸、变坏。十天半月后，豆瓣酱已做好，即可食用。

豆瓣酱，色微红，香气扑鼻，味鲜美，是很好的调味品，无论拌面还是佐餐，色、香、味俱佳，并耐储藏。炸酱面，别具一格。酱爆螺蛳、酱爆茄子……更是金华家庭主妇的拿手好菜。

萝卜是最普通不过的蔬菜，不管白萝卜还是胡萝卜，如同小老百姓，多得很，贱得很。从地里拔起，一身泥巴，走进千家万户，平平常常，普普通通。

萝卜有多种吃法。但无论炖萝卜、炒萝卜、腌萝卜、酱萝卜……不管如何变，萝卜，总是萝卜，只能用粗瓷大碗盛，难登大雅之堂。

可在普通人眼中，萝卜是个宝，可充粮熬饥，又是可口的过饭菜蔬。俗话说：“北风呼呼吹，萝卜日日大。穷人过冬，就指望多收些萝卜。”

咸萝卜晒成咸萝卜干，切成丁，加上一株大蒜叶，加点油一炒，又香又脆，好吃又不容易变坏。这也是上学、下乡常带的菜。做萝卜肉圆，这是萝卜受到的最高礼遇。将萝卜切开放水中煮软，捞起，去水，切成粒丁，加入生粉，拌匀，搓成圆形，上面加少许几粒肉丁。上笼，蒸熟，装盘，上桌。因为有一丁半点肉，沾了肉的光，就叫萝卜肉圆。当然，萝卜贱，萝卜肉圆还是上不了筵席的台面。

臭豆腐干，其貌丑陋，黑乎乎的，闻着臭烘烘，真让人不敢恭维。但平中见奇的东西往往更胜一筹，臭豆腐干就是如此。吃起来香喷喷，尤其是经过油炸，外焦松脆，内软嫩酥，香气扑鼻，令人垂涎欲滴。蘸上辣椒酱、蒜汁，咬一口，啧、啧，味道鲜美极了！

油炸金华馒头中间夹着一块油炸臭豆腐干，众人品尝后，都竖起大拇指称赞，味道不错。

过去贫穷的年代，没有派不上用场的东西。物尽其用是平民百姓的无奈天性，同时也显现出劳动人民的睿智。

咸菜吃完了，留下不少菜卤。别看这东西，看上去好像脏兮兮的，其实味道很鲜美。用它炖豆腐、烧笋等，不但省了盐，而且味道极佳。对小孩子来说，最难忘的还是用它做成的菜卤豆。

把黄豆在菜卤中煮熟，加入茴香、桂皮等，晒干就成了菜卤豆。菜卤豆因菜卤而得名，更因菜卤而独具风味，醇美无比。菜卤豆色泽淡黄，外观皱皱巴巴，乡下老婆婆常用一把菜卤豆哄孩子，而放在餐桌上，则是一盘美味的菜肴，吃着它可津津有味地喝上半天老酒。

过去，孩童如果兜里有几把菜卤豆、“米胖”（炒米），就是很富足的了。“多乎者，不多也”，但一把“米胖”，几颗菜卤豆，就勾起大家的馋虫。不管谁家有“米胖”、菜卤豆，大家都一起分享，既可以自己解馋，还可以招引小伙伴们一起玩滚铁环，赢洋片，放风筝，抽陀螺，当然也可借本小人书看看，换把木头枪玩玩……

金华有一句古话叫“上塘鱼，落山笋”，意思是说，刚刚打上来的鱼和刚采下山的笋，味道特别好——鲜！

苏轼一生爱竹，自题“宁可食无肉，不可居无竹”“长江绕郭知鱼美，好竹连山觉笋香”。兰溪清代戏剧家李笠翁更是把竹笋提到“蔬食第一品”的高度。他在《闲情偶集》中说：“凡食中无论荤素，皆用竹调味，菜中之笋与药中之甘草，同是必要之物，有此则诸味皆鲜。”他认为肥羊嫩家也比不上它。

我国以笋入馔的历史悠久，早在《诗经》中就有“其蔌伊何？唯笋即蒲”的诗句，可见在周代时，竹笋已是人们餐桌上的美味佳肴了。

竹笋的种类繁多，一般可分为冬笋、春笋、鞭笋三类。金华一年中，冬、春、夏均可吃到鲜笋，因而北宋诗人黄庭坚赞赏道：“韭黄照春盘，菰白媚秋菜，唯此苍竹苗，市上三时卖。”金华人最爱吃三道笋菜——咸菜炒冬笋肉丝、油焖笋、笋干烧肉。腌菜炒冬笋肉丝，味特鲜，无论喝粥、吃面，还是配米饭都是一流的菜肴，令人百吃不厌。油焖笋，吃的是春笋，一般用小竹笋，压扁，切成小段，在油中煎炒。高温除掉笋的涩味，另加作料后，焖透才入味。笋干烧肉，当然是在“三时”之外的秋天，春笋、夏季鞭笋都已过场，冬笋没上来，但仍想吃笋，就来一碗笋干烧肉，金华人真可谓“不可一日无笋”！

金华也有各种名菜、名点，尤其是以火腿系列菜最为有名，如火腿金丝蜜枣、锦绣火腿丁、火茸虾球汤、火腿海参羹，等等。当年著名的菜馆有清和园、清香楼、乾元酒家等。清和园最早在雅堂街和桂林巷的路口，是一座两层的楼房。门面不算大，但张灯结彩，装饰典雅，为金华最高档的酒店。有钱人节庆宴请或平时家中来客，也常常到清和园点上几道菜。点菜，到时即由店家派伙计送上门。送菜要有点硬功夫，伙计一手提一个大篮子，一手托一大“敞盘”。菜、汤、盘、碗放在上面，不翻倒，不打破。“敞盘”木质，篮子俗称曲篮，用竹编制，十分精致，内分几层，每层都像是一只大托盘，可以盛放一盘盘菜和点心。

金华汤包是清和园的名点之一。其实就是小包子，但做得十分精巧，刚好一口一个，与普通的小包子不同的是，金华汤包皮薄，里面没有什么馅，而是一汪汤汁，有一点点葱花碎肉。那汤原是肉冻，在肉汤里打进肉皮煮成，凝结成包子馅。过去没有冰箱，所以只有冬天才有这种小吃。其他如清香楼、乾元酒家也各有特色。

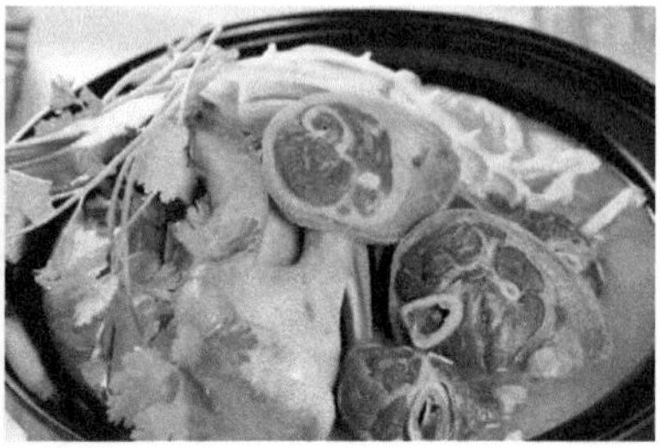

金华火腿名菜

过去，金华人最普通的面食是“麦结”和“麦鳅”。所谓“麦结”，就是北方人说的“面疙瘩”。“麦鳅”类似拉面，但比较短像泥鳅。至于面条，以前也都是手工制作，后来有了手摇的机器，抽出的面条一束一束，相互连着，在太阳底下晾晒干了，才能存放，所以金华人就叫“束面”。其中以东阳束面最为有名。过去坊间，有“抽束面”的比喻，指的是哭鼻子。孩童们一起玩时常唱：“‘哭着猫’，屁股上白毛，‘抽束面’，倒霉死，呒日头，晒勿燥。”而大人也总对爱哭的孩子说“抽束面”，倒霉、倒霉，快点把眼泪揩了！呵呵，“抽束面”成了金华人一个形象的词汇，比哭鼻子生动多啦！

吃面，除了饮食习惯外，金华人历来有吃寿面的习俗。为什么过生日要吃面？宋人马永卿在《懒真子》中说：“必食汤饼者，则世欲所谓‘长寿’面也。”“因势赋形”，因面的形状“长瘦”，谐音“长寿”，面条也就成为讨口彩的最佳食品。还有一种说法是：汉武帝时，人们认为寿命长短与人中长短有关，人中长短取决于面孔长短，而面条正暗含“面长”，长寿面由此而来。长长的面意味着长寿、吉祥，长命百岁。

“石崇作馄饨”这是明人张岱在《夜航船》上的记述。石

金华汤包

金华麦结

崇为西晋人。其实，更早的汉代扬雄在《方言》中就有“饼谓之，或谓之，饨”的说法。所以馄饨就是“汤饼”“煮饼”，最迟应不晚于汉朝。而到南北朝时北齐颜之推云：“今之馄饨，形如偃月，天下通食也。”

唐宋后，民间更有“冬至馄饨夏至面”的食俗。用馄饨祭祖，相传是取“混沌”之音。因为古人认为开天辟地之前，世界是处于混沌状态的，而馄饨“颇似天地混沌之象”，人们为纪念祖先开天辟地之功，便在冬至以馄饨祭祖，以后又按汉字造字之常规，把“混沌”二字改写为食字旁的“馄饨”。清代后，虽然仍保留“一年二节半，清明、冬至、七月半”的“鬼节”，但祭祖烧羹饭，已不再用馄饨。而金华人却又有“节日”，即夏至吃馄饨的习俗。这是因为有“夏至吃馄饨，落水人不沉”的说法。

旧时，除了饭馆里卖馄饨外，傍晚金华街头巷尾也常可见馄饨摊，有的地方也叫骆驼担，如今是看不到了。卖馄饨的担在肩上，一边是架在炉子上的小锅、碗盆、汤匙、酱油壶之类，一边是一层层抽屉，里面放着馅料、馄饨皮、各种作料，下面还有劈好的木柴，一小桶水。卖馄饨的边包、边煮、边卖，还不时地敲打挂在担子上的竹筒，发出“笃、笃、笃……”的声响，走街串巷招揽生意。

金华有一种叫“米筛瓦”的小吃。

“米筛瓦”，听起来有些奇特，说白了其实是一种很普通的农家面食。和做饼一样，和好面，取一小块面团，用手指在筛子上轻轻一按，面团就变成了一片像雕有美丽花纹的“瓦”。“米筛瓦”的制作就如此简单。可别看这轻轻地一按，却创造了一种美丽。不一会儿，在农妇的手下，就翻起一片片“花瓣”，一片片“瓦”。

给“米筛瓦”取名，大概并没有特别地费心，只是把米筛和瓦片两样互不关联的东西的名字叠加而组成。可在金华人心目中，这是一种不可多得的美丽。米筛是农家普通工具，在这里起到了雕刻师的作用；而瓦片，自然不是农家寻常的瓦了，而是想象中的琉璃瓦，雕上花纹的官窑精品。

做好的“米筛瓦”，可根据自己的口味加青菜、萝卜或花生、芝麻放进水中烧煮，添上盐、糖，做成甜的或咸的，即可食用。

在物质极其匮乏的年代，勤劳、质朴的农妇，仍不是简单地把吃看成填饱肚子，而是尽量把它做得精致，把心中对美的渴求，对生活的希望都融入这小小的食品中。

“米筛瓦”如同一曲小山歌、一首田园诗，令人回味无穷……

“索粉干”也叫“粉干”，是一种以米粉为原料制成的食品。如同面粉，只是原料不同。金华江东横店粉干很出名。

先将大米磨成粉，蒸熟，由机器挤压成线状，晒干，即成。为了储藏保管方便，一般在未完全干透时，盘成一团团，用一根干净的稻草扎好，待完全干透后才能收藏。

金华人爱吃粉干，一般作为早餐，或招待客人。粉干有煮和炒两种加工方法。煮和下面条一样，放沸水中烧熟。可用冬笋、肉丝、雪菜、香菇、番茄等作料。味美，可口。炒粉干，别有一番风味。先将粉干放入沸水中煮软即捞起，沥干，加油，翻炒。要注意火要旺，多油，以炒干，“粉干”呈焦黄色为好。起锅前可加入作料及调味品。炒粉干，香味扑鼻、口感脆，味道好，令人喜爱。吃时，再来一碗番茄蛋汤、蘑菇汤或紫菜汤，一定十分惬意！

“冷淘”生产的原料和方法与“索粉干”大同小异，只是它的外形比较粗，并呈细圆柱形，金华人叫它“冷淘”，是因为金华人很少吃热的，而以冷食为主。

“冷淘”多在夏天食用。先在沸水中煮透，捞起，放洗米筐内，用冷开水清洗，晾干。吃时，加作料冷拌即可食用。吃“冷淘”讲究作料。一般要用事先准备好的豆瓣酱、蒜泥、姜末、麻油、酱油、辣椒等，根据自己的口味爱好添加。

鸡蛋饼有各种各样，金华街头的兰溪鸡子馃颇有特色。它选料讲究，做工精细，用上等面粉、猪肉、葱、油、盐制成。

将面粉和好，擀成薄皮，摊上一层剁碎的肉馅，包上事先切好的青翠小葱，压扁成圆饼，擀平，放入平底油锅煎烤。把鸡蛋打破，倒入碗内，再加入少许料酒、调味品，搅拌打匀。待饼两面煎成淡黄色，用筷子将饼打开一个口子，把已拌匀的鸡蛋顺着筷子慢慢倒入饼内。文火继续油煎片刻，等饼两面通体金黄即可起锅。鸡子馃，皮薄金黄，酥脆可口，内馅鲜嫩味美，香气扑鼻，是久负盛名的小吃。为什么叫鸡子馃不叫鸡蛋饼，这是因为此饼是兰溪的地方小吃，兰溪人称鸡蛋为鸡子，饼叫馃，叠加起来就有了鸡子馃的名称了。

名点小吃往往与名人相连，鸡子馃也一样。据传，它与兰溪明清大戏剧家、美食家李渔相关。李渔居兰荫山麓，一生从事戏剧创作和理论研究。他又是个美食家，但一直认为葱、蒜、韭菜“秽人齿颊及肠胃”，因而有“一生绝三物不食”之戒。一年新春，李渔因受风寒，鼻塞涕流，头痛咳嗽，卧床难起。家人按民间偏方，熬了一碗葱白汤给他喝，以散风祛寒，可他却嫌葱味重，坚持拒服。结果病了三天，病情毫无转好，急得一家人团团转。家中有一小女子叫乔姬，生性聪慧，善唱李渔戏曲。她想李渔平时喜欢每天吃一餐面食，又有爱吃鸡蛋的习惯，就如此这般做蛋馅馃，并填入许多葱花。谁知阵阵香味很快吊起李渔的胃口，乔姬就一口一口地喂他吃。睡眼惺忪的李渔，只觉得越吃越入味，开胃又通鼻，竟未察觉其馅中的葱末。一觉醒来，风寒尽散，病很快就好了。这时乔姬才将如何用葱散风祛寒的事说出来。李渔从此改变了对葱的看法。在《闲情偶寄》中写下了“然亦听作调料”的话语。从此鸡子馃流传了下来。吃着香喷喷的鸡子馃，听着这样可信亦可不信的故事，也是一种闲适的享受吧！

油葱饼、千层饼、油炸饼、烙饼……五花八门，但各不相同。在饼的家族中，金华的永康饼、义乌东河饼也是很有特色的。

永康饼是一种馅饼，用料主要是上等面粉、猪肉、雪里蕻霉干菜等。将猪肉剁碎，拌入霉干菜，加料酒、味精、胡椒粉等做馅，备用。面粉用热水调和，将面皮擀薄，如同包包子一样将馅包进，皱褶收口，擀平。放入平锅内，慢火烤，不断翻动，等外皮呈淡黄，熟透即可起锅，装盘。掌握好火候，始终用慢火。锅内不要加油，可适当添少许水。这样烤出来的饼，外形饱满，饼皮黄带软，香气扑鼻，令人垂涎欲滴。永康农家，每当麦熟季节，都要制作麦饼以欢庆丰收。据传，北宋兵部侍郎胡则就很喜欢吃肉麦饼，每次回故里总要吃上几个。

东河肉饼是义乌传统小吃，始于清朝嘉庆年间，用猪肉等食材制成，鲜香、油而不腻，色泽光亮。它由两层麦饼粘连，中间夹着肥肉与韭菜，却薄如宣纸。煎熟肉饼，色如琥珀，犹如一轮飘忽的圆月，色泽光亮，是义乌小吃的一绝。

过去上山砍柴或出远门，往往要自带干粮。一般农家带各种饼、米糕、玉米、番薯、“米胖”、“米胖粉”等。其中的永康饼、武义“高干”（一种烘制的米糕）、磐安玉米饼等都是不错的干粮。一般市民外出，带得最多的就是金华酥饼。

金华酥饼，以酥取胜。它看上去像一个茶杯盖，又像是只蟹壳，是用上等的白面粉、雪里蕻干菜、肥猪肉、菜油、饴糖等做原料制成的。上面芝麻点点，两面金黄油亮。咬一口，上下十余层，每层都薄如纸，香、脆、酥、松。吃酥饼时，要把手呈凹状，托住酥饼，以免碎末飘落。细嚼慢咽，味道好极了！吃完了，那鲜美的味道、浓浓的香味仍令人回味无穷。酥饼虽难登所谓的大雅之堂，也上不了酒席盛宴，但可以充饥、可以做茶点，并且久藏不坏，携带方便。因此，自古金华人外出赴考、经商、探亲都要带几筒酥饼作为点心或馈赠人的礼物。酥饼，就像是一个村姑，没有浓妆艳抹的妖娆，没有花枝招展的故作姿态，是实实在在、清清丽丽，举手投足，一颦一笑，都是真诚的流露，让人久久难以忘怀。

金华坊间有关酥饼的故事、传说很多。据传，唐朝开国名将程咬金，曾落难在金华，开过酥饼店，所以金华人称他为酥饼行业的祖师爷。当年大诗仙李白来金华，他吟咏：“径出梅花桥，双溪纳归潮。”路过一家酥饼店，远远就被店里烘烤酥饼的浓烈香味所吸引，禁不住下马进店品尝，这就是民间流传

金华酥饼

金华酥饼

的李白“闻香下马”的故事。据说，明代朱元璋攻克金华城后，曾与军师刘伯温在城内明月楼上品尝酥饼。此外，还有太平天国侍王李世贤以酥饼犒劳将士，抗击清兵的传说。可见，金华酥饼，虽其貌不扬，但却是名点小吃中源远流长的佼佼者。至于现代的金华名人中的黄宾虹、严济慈、吴晗、千家驹等都无一不爱吃酥饼，其中最喜吃酥饼的大概要数诗人艾青了。他的侄儿说：“只要家里有，每天必吃。”“有一次我去北京，见面第一句话他就问酥饼带来了吗？”由此可见诗人对家乡酥饼情有独钟。

连环糕和“红回回”早先是金华最流行的糕点，每家点心店都有，但以五味和、启源两家店的最有名。

金华人少不了连环糕和“红回回”，是因为它是坊间过年、办喜事必用的点心。

连环糕是米糕，是用粳米粉掺入糯米粉加白糖制成的。外形两个圈圈相交，组成双环，这小小的创意，却让人联想泛泛，比喻携手联姻，百年好合之意。于是，生意兴隆，长年不衰，是坊间过年、订婚、结婚办喜事必用的点心。

“红回回”，是个怪名字。红，好理解，糕点上面一层染成红色的。回回是什么意思呢？我想，这糕点是用面粉加白糖、猪油做成的，一块块，又切成相连的一条条。汉语中，回，可以做量词，意为一段段。这样一想，故称为“红回回”就不足为怪了。金华自古是“小邹鲁”之地，文化底蕴深厚。金华话，听起来平常，但考证起来往往都十分有道理。当然这只是猜想，姑且作为一说吧！旧日，逢年过节，喜庆日子，金华人亲友之间馈赠就少不了“红回回”，甜甜的，红红的，以示吉祥美好。

“油金枣”是一种用面粉加工的点心，外形如枣，经油炸，一颗颗黄黄的，表面粘上一层糖粉，甜脆适中、可口。取名“油金枣”，三个字就把它的外形、色泽、加工方法都诗化了。

雪白的米糕中，加入核桃仁，切成薄片，冠上“云片糕”的名字，给人留下不少遐想。这也是非诗人不可得的。

“寸金糖”，其颜色淡黄，外表附有白芝麻，味甜而香，

金华连环糕

金华“红回回”

长约一寸，棍棒状，如金条，故称寸金糖。它有酥、甜、松、香、脆等特点，香而味醇，甜而不腻，脆而不硬，爽食可口，以优质糯米、白糖、麦芽糖、芝麻等原料制成，营养丰富，精致爽口。“油金枣”“寸金糖”等都是当年城乡最好的拜年礼品。“寸金糖”还有一个故事。传说，古时，母亲为开导儿子珍惜光阴，千里迢迢给儿子捎去这象征寸金的糖，寓意“一寸光阴一寸金，寸金难买寸光阴”。儿子吃着这糖，想着“寸金糖”三字，得到启发，从而更珍惜光阴，发奋努力。

“开口笑”又是非常形象的点心。一颗颗松松脆脆的糕点上，刚好开了一个口，像笑着张开的小嘴巴，甜甜的微笑，令人喜爱。

五味和店还有爱司酥、桃酥、杏仁酥、酥糖、擦酥……各有特点，风味独特。

过去金华点心的包装，虽简陋，但也有一些特色。

将连环糕、“红回回”之类糕点装进一个长方形的纸盒，每层糕点之间，则由一张薄纸隔开。纸盒盖好，外加上一张长条形印有商号如启源、五味和的大红纸，用席草四周扎好。还有一种即用一张质地较硬的草纸，垫上一张稍软的黄纸，包成有棱有角的“点心包”，外面也用席草扎好。扎前当然也要加上印有黑字商号的大红纸。这种“点心包”包得好并非易事，生手要学好些日子才能得心应手，包得妥帖。选用草纸，看似欠雅，但是细想也有道理。糕点都含油、糖，用它包裹以免渗油。

“五味和”三个字，作为商店招牌是很雅的，寓意酸、甜、苦、辣、咸五味调和。我国传统哲学有五行配五音、五色、五味，而统于五行的说法。五味，可泛指味觉的各种快美之感，归宿于我国传统所追求的最高境界“和”。五味和其词微，其旨宏；三字之及，真乃经天纬地之大文章也。食品有五味，经营有五味，人生也有五味，能做到调和，就是最大的成功。

知堂先生说：“我们看夕阳，看秋河，看花，听雨，闻香，喝不求解渴的酒，吃不求饱的点心都是生活上必要的——虽然是无用的装点，但是越精练越好。”其实金华的先人早就懂得，吃，不仅是填饱肚子，更是艺术，是艺术的享受、艺术的生活。金华糕点的制作、造型、取名都有讲究，是极致的艺术。

泡一杯清茶，再来一盘“不求吃饱的点心”，品茶、品美食、品八婺文化、品人生、品五味，求五味和，自然就怀念起逝去的“五味和”。

金华水果很多，源东大白桃、义乌炒花梨、兰溪里山杨梅、蒋堂西瓜、江东草莓，等等，都很出名。

20世纪70年代前，金华种桃的地方不多，最大的桃园就在出上浮桥一二里的地方，叫上浮桥桃园。一到夏日，累累果实满枝头。红艳艳的水蜜桃，硕大丰满，毛茸茸，水灵灵，皮薄核小，果甜多汁，让人垂涎欲滴。上好的一角钱一斤，价格虽说不贵，但那时舍得吃的人并不多。

20世纪七八十年代，金华种桃子的人家多了起来，当时的主要品种是黄桃。这种桃较硬、脆、多肉，专门用来加工出口的罐头。但是，随着市场变化，现在黄桃已渐少见。现在最多的是白桃，尤以源东乡为最出名。满山遍野，桃树成林。春日赏花踏青，夏日摘桃尝果，不亦乐乎。

梅雨季节，正是梅子熟了的时候。兰溪一带出产杨梅。

“千林红绽火含珠，熟到杨梅夏至初。”

满山遍野的杨梅树，绿叶凝碧流翠，红果乌亮烁紫。那一颗颗红玛瑙、紫水晶、黛宝玉，令人惊艳、让人心醉。面对杨梅，仿佛面对的是江南美女，那浑圆，就像那多情的眸子，那红润，就像那艳艳的红唇，那酸甜，就像那吴侬软语，那柔软多汁，就像一个个迷人的香吻。坐对杨梅，望着，看着，想着，拈着，虽舍不得吃，却早已满嘴口水……此时，想起“望梅止渴”之典，令人哑然失笑。

杨梅品种颇多，金华兰溪马涧的里山杨梅最佳。这种杨梅颗粒大，核小，浑圆，色紫黛红，味鲜甜，一般在夏至后一周成熟采摘。可谓“夏至杨梅满山红”。

杨梅泡酒入药，是坊间的习俗。只一两天酒已绯红绛紫，芳香醇厚，久存不坏。祛寒除湿，止吐止泻，吃上一两颗，是很有效果的。

20世纪50年代，金华三文塘的西瓜是很有名气的。三文塘是一个村名，在金华城东南面，种瓜甚多，出产的西瓜品种特甜。不过，后来“以粮为纲”，当地不种瓜了，三文塘的瓜名也就慢慢销声匿迹了。如今金华街头一年四季都有西瓜，多来自海南、安徽及本省温岭、台州等地，本地则以蒋堂的瓜为多。

香榧是一种很好吃的坚果。金华的磐安、东阳都是出香榧的地方。古时有记载“婺州榧子冠于江浙”，唐朝时就被钦定为“婺州贡品”。

公元500年前后的《名医别录》中就有“榧实，出东阳诸郡”的记录。清朝诗人周显岱在《玉山竹枝词》中就有“蹬是金蒙历道场，杜家岭外已斜阳；秋风落叶黄连路，一带蜂儿榧子香”的诗句。蜂儿香榧，形似蜂体，是磐安特产香榧，古代盛产于瑞山、玉山等乡，《剡录》载其名为玉山果。诗人苏东坡诗曰：“彼美玉山果，粲为金盘实。”在北宋的《艺苑雌黄》中，也有“在婺之东阳县，所产榧子，香脆与他处迥殊”的记载。

香榧树干高大，挺拔直立，树姿优美，枝叶葱绿，细叶婆

兰溪杨梅

东阳香榧

娑，四季常青，很像杉树。不过，香榧树和杉树不同，它的叶子又硬又尖，侧枝发达，一般散落山间，远远望去矗立山腰特显雄秀夺目。

香榧树结籽十分有趣。每年四五月香榧树开出许多小白花，不久，便结出了像米粒大小的香榧子，它们长到第二年也只有黄豆粒人小。这时候，又有一些小花开了，又结了一些米粒大小的香榧子。直到第三年，原来黄豆般大小的香榧子才一下子长得像橄榄一样大。这样，一棵树上结着三种大小不同的香榧子——前年的像橄榄大小的香榧子，到秋天就可以收获了；去年结的香榧子像黄豆一样，到明年秋天才成熟；今年结的香榧子只有米粒般大，到后年才能摘。整整三年，真可谓“三代同堂”。 所以香榧子又有一个有趣的名字——三代果。

将成熟的香榧采摘下来，经炒制即可食用，清香浓郁，松脆香酥。吃香榧有讲究，每颗香榧上有两只“眼睛”，吃时无须用牙咬开果壳，只要用拇指和食指对着“眼睛”一摁，硬壳便会开裂。打开外面的一层硬壳，再刮掉里面的一层黑色细纱般的外衣，就露出黄色的香榧仁了，吃起来又脆又香。

一杯香茗，一个酥饼，几颗香榧，边吃边品是一种很好的享受，金华人喜欢。

第二节 服饰习俗

清末民初，金华农民穿大襟或对襟短衫、长裤，富户和知识阶层穿长衫、马褂。妇女大襟齐腰中长衫、长裤，时髦妇女有的穿旗袍、裙子。民国时期，学生流行中山装、衬衫、西装。西装只有少数城市富有者和高级知识分子穿着。衣料以棉布为主，少数达官显贵“夏穿绸缎冬穿皮毛”。1949年后仍以中山装为主，流行过列宁装、军便服、青年装、夹克衫等，妇女穿春秋衣、香港衫。20世纪50年代初流行过苏联花布。后来，色彩多以蓝、白、黑为主，20世纪六七十年代年轻人流行穿绿黄色军装。20世纪80年代后，西装、滑雪衫、风衣、喇叭裤相继应市，妇女、儿童服装式样多变，衣料讲究，有棉、麻、丝、皮、绸、化纤、的确良、尼龙等新名目。现在夏天更风行T恤衫、超短裙、休闲衫，不少妇女又喜穿旗袍、汉服。冬天穿皮裘风衣、羽绒衣……

一直以来，妇女喜戴耳环、戒指、项链、项圈、手镯，有的还嵌上玛瑙、翡翠、珍珠、宝石。儿童多佩项环、天官锁。所谓出生戴“落地圈”，一至五岁戴“天官锁”“长命锁”。独生子要戴一只耳环，独生女要戴一只脚镯。1949年后，佩戴首饰者基本消失。80年代又时兴戒指、耳环、项链、珠花。少数男子也戴上了金戒指、金项链。订婚，更是多以钻石戒指为定情物。

1949年前，男人多穿手工圆口平帮布底鞋，冬天穿“二块头”棉鞋。夏天穿布鞋、木拖鞋、蒲鞋。农民劳动时，多穿草鞋或赤脚。雨雪天气有人穿牛皮钉鞋、钉靴。城乡妇女多穿绣花布鞋。小孩穿虎头鞋、云头鞋。有些80岁以上老翁穿红帮布鞋，老妇鞋上绣花，意为返老还童，祈求增福增寿。民国时期，球鞋、力士鞋、圆口胶鞋面市，少数人穿皮鞋，妇女穿高跟皮鞋。20世纪五六十年代，流行解放鞋、松紧鞋。雨天有元宝套鞋、半筒胶鞋和高筒胶靴等。草鞋、蒲鞋已属罕见。80年代后，中青年大多穿皮鞋、塑料鞋、旅游鞋，不少年轻女子喜穿各色高跟鞋。老人开始流行穿较轻松且防滑的老人鞋。

民国时，中老年男子冬天多戴毡帽，少数老翁戴披肩棉风帽。青少年戴小毡帽、瓜皮帽、猢狲帽、毛线帽。知识分子戴瓜皮帽或呢礼帽，童子军学生统一衣帽。夏天人们多戴礼帽、太阳帽、各式草帽。农民戴各式笠帽。童帽种类较多，工艺也精巧。50年代成年男人流行戴八角帽、工人帽、军便帽、鸭舌帽等。六七十年代男女流行戴军帽。80年代，男人和妇女儿童的帽子花色品种越来越多，不胜枚举。

清代，人们"前剃后辫"，与长袍、马褂一起成为当时中国景观之一。女孩独辫，额前齐眉披发，订婚后不留披发，结婚后梳头。辛亥革命后，政府明令剪辫，中老年多剃光头，青少年理平头或西发，儿童满月后三块头或四块头，上学后改披发头，俗称"刘海头"。民国期间，男人渐渐流行光头、平头、西洋发，女青年剪短发较多，烫发开始出现。摩登女郎穿旗袍、高跟皮鞋，以烫波浪式头发为时尚。1949年后，直至20世纪五六十年代，少女多齐耳的学生发或留两条短辫子居多，妇女多剪短发。一度留平头、剪短发是最流行的革命形象，而理西洋发、烫秀发那是小资情调。"文化大革命"中，对头发更有创造。革命小将，男的一律平头，女的一律两"刷子"，这是革命造反派的标志。而"牛鬼蛇神"则被剃成"阴阳头"，以示反动，打入另册。

改革开放后，国家面貌日新月异，人们的发型有很多变化，什么波浪式、爆炸式、高髻式……有的男青年也标新立异，喜蓄长发，盖耳垂肩，也有烫发的。有的还把头发染成红色、黄色、棕色，等等，造型各异，令人瞠目结舌。但见多了，也就见怪不怪了。

第三节　家居习俗

金华住宅一向以砖木结构的楼房为主，格局多为凹字形、回字形或一字形。有五间头、七间头、九间头，最阔气的为十八间头的四合院。贫苦之家多住泥木结构平屋或茅铺，少数人借住凉亭、殿角。农村独门独户，城镇一家一户多带院子或天井，但多数人无房，往往是租房居住。1949年后，城内不少人都是租住公私房，而且多为一房间一户人家，一个大院内有几户或十几户人家挤在一起，并公用厨房，无卫生间，使用街边公厕。

1979年以后，不少地方出现了混凝土结构的多层楼房，茅草铺基本消失，住房格局向城市化发展。20世纪80年代，不少单位开始分配住房。一般每户多为40～50平方米，技术人员、有高级职称和相当级别的干部，他们的住房面积相对大一些，并有独立卫生间和厨房。随着改革开放的深入，经济发展，住房私有化，金华各地兴建了许多高楼大厦，住房条件不断改善，现在多为多层楼房或高楼、小高层电梯房，富裕人家住进了排屋、别墅。进入21世纪后，逐步出现居住小区，每一小区成为独立单元，由专业物业管理。

农村居住条件也有很大改变，一般新盖的多为四五层楼房并有院子。村内绿树成荫，鸟语花香，小桥流水，荷花池塘，环境优美，村庄面貌大大改变。

家庭摆设一直贫富各异。自古，金华人的家具摆设朝向有定，俗叫“东南床，西北柜”，堂屋中多有条案、四方桌或圆桌、太师椅、茶几，挂有条幅字画。卧室多置雕花床、樟木箱、立柜、梳妆台。实木质地不同，讲究的人家多用花梨、紫

家具摆设

檀、黄檀等红木雕花精制。一般平民则用平常普通木料，制作也简单，条凳、四方桌、靠背椅、床架。80年代开始，不少人家有沙发、席梦思及组合家具，如大衣柜、五斗柜、床头柜、书柜、梳妆台。电风扇、电视机已普遍进入大众家庭。21世纪后，居住条件提高，住房宽敞，室内设施更讲究。不少人家进门大客厅有大沙发、大电视机、大茶几、空调机、壁柜，有的还有酒柜、博古架……有三四间卧室，室内大席梦思床，有立壁大书柜、开放式衣帽间、餐厅、厨房、双卫生间，还装了中央空调、地暖、太阳能。不少人家前有花园，后有车库。

旧时，人们出行多步行，运输则靠肩挑、推车、撑船、撑筏。村落道路多以鹅卵石铺砌，城镇街巷多用长青石板铺成。大路多泥沙路。村路上一般五里一凉亭，供步行或挑担的人歇脚。村边桥梁多石拱桥、石墩木桥、平板石桥等。修桥铺路、建凉亭多为附近村庄祠堂或乡绅贤士私人捐资修建。一直以来，人们都认为捐钱修桥铺路、建造凉亭是造福积德。

第四节　婚姻习俗

古时，婚姻凭“父母之命，媒妁之言”。清末民初，金华社会上纳妾、典妻、童养媳等现象仍时有发生。旧时的一些婚姻习俗主要有续弦、典妻、纳妾、招赘等。

续弦　旧时，妻死后再娶叫续弦，金华人称填房。一般带有轻蔑之意。若前妻有子女，则被称为孩子的后娘或后妈。

纳妾　旧时，富裕人家多买穷人女子做妾，俗称“讨小老婆”。妾在家中地位低贱，与婢女同等，常被大老婆欺负。妾所生子女称为“庶出”，常被人轻视。1949年中华人民共和国成立后，不准纳妾。

寡妇　旧时，歧视寡妇，十分看重寡妇的“守节”。夫死，终身不再嫁，被视为美德，以建坊旌表。牌坊有三种：订婚后，未婚夫死而不再嫁叫“贞节”；夫死，妻自尽殉夫叫“烈节”；夫死不改嫁，侍奉公婆终老叫“节孝”。对寡妇的“守节”，虽建坊旌表，但牌坊不能骑街跨路，只能立于路边，并加一矮墙阻挡，以示慎重。家道贫困，为生计，夫死改嫁叫“再醮”，金华人俗称“二婚亲”。再嫁时，不能坐大红花轿。另外，要先借住别家，不准从娘家出嫁，婚礼简单，尽量不张扬。

典妻　旧时男子如妻不育无嗣，可租赁他人之妻生育。双方签订好典妻契约，包括典妻时间、代价、生育孩子归属等。1949年中华人民共和国成立后，取消此习俗。

招赘　旧时，招赘也叫“招女婿”，多因女方家庭无儿子，无人继嗣，又缺少劳动力，或男方家贫，娶不起老婆，去女方家入住。招赘后，后代一般改用女方姓氏，并入女方家谱。

童养媳 旧时，男女双方家庭为节省嫁娶费用，或因子女多，无力抚养，经双方同意，将女孩从小送男方家养，长大为媳，俗称“童养媳”。金华有句俗谚：“有钿讨个老婆大，无钿讨个老婆平腰包。”这“平腰包”就是指小小童养媳。童养媳一般小时候多受虐待，成亲后亦多不睦。1949年以后此婚俗已消除。

金华石楠塘贞节牌坊

第五节　娱乐习俗

自古，坊间的娱乐习俗多种多样，不仅让人们消遣娱乐，也可以健身益智，如钓鱼、打拳、赛马、射箭、赛龙舟、荡秋千、下棋、斗鸡、赏花、斗蟋蟀、吟诗、弹琴、猜灯谜、演戏、舞龙、舞狮、旅游等。

在古诗词中，丰富多彩的娱乐活动多有描写。吟咏这些作品，我们可了解先人的娱乐生活。

唐代张志和的《渔歌子》："西塞山前白鹭飞，桃花流水鳜鱼肥。青箬笠，绿蓑衣，斜风细雨不须归。"宋代黄公绍有《看龙舟》："看龙舟，看龙舟，两堤未斗水悠悠。一片笙歌催闹晚，忽然鼓棹起中流。"汉代刘桢的《斗鸡》："丹鸡被华采，双距如锋芒。愿一扬炎威，会战此中唐。"宋代王令《纸鸢》："谁作轻鸢壮远观，似嫌飞鸟未多端。才乘一线凭风去，便有愚儿仰面看。"宋词中描写女性生活的词常言及秋千，如欧阳修《蝶恋花》："雨横风狂三月暮，门掩黄昏，无计留春住，泪眼问花花不语，乱红飞过秋千去。"宋代李清照《点绛唇·蹴罢秋千》也有描写秋千之句："蹴罢秋千，起来慵整纤纤手。露浓花瘦，薄汗轻衣透。见客入来，袜刬金钗溜。和羞走，倚门回首，却把青梅嗅。"王安石有诗《棋》："莫将戏事扰真情，且可随缘道我赢。战罢两奁分黑白，一枰何处有亏成。"苏东坡有《观棋》谓："不闻人声，时闻落子。纹枰坐对，谁究此味？"唐代贯休："琴弹溪月侧，棋次砌云残。"明朝卢光晋："遥听隔坛云幕处，依稀声似有棋琴。"清代李德举："一声短笛起沙鸥，岸插青帘见酒楼。"宋代金履祥："有时笙箫响青云，犹疑幢节迎仙杖。"赏花诗更多，不胜枚举，宋代陈亮《梅花》名句颇有深意："疏枝横玉瘦，小萼点珠光，一朵忽先变，百花皆后香。"

兰溪的大戏剧家李渔更有："生平锢疾，注在烟霞竹石间。"他把大自然称为"古今第一才人"，"才情者，人心之山水；山水者，天地之才情"。还说："不受行路之苦，不知居家之乐。"康熙十年（1671），李渔的《闲情偶寄》问世。书分为词曲、演习、声容、居室、器玩、饮馔、种植、颐养八部，共有234个小题，堪称生活艺术大全、休闲百科全书，是中国第一部倡导休闲文化的专著。《闲情偶寄》除戏曲理论外，还有饮食、营造、园艺等方面的内容。后六部主要谈娱乐养生之道和美化生活，内容丰富，切合实用，同时也为我们全景式地展现了17世纪人们的日常生活和世俗风情的图景：从亭台楼阁、池沼门窗的布局，界壁的分隔，到花草虫鱼，鼎铛玉石的摆设；从妇女的妆奁、修容、首饰、脂粉点染到穷人与富人的颐养之方；等等，无不涉猎，表现了作者广泛的艺术领悟力和无限的生活情趣。这六部的写法，和一般生活知识读物不同，往往结合抒情和说理。他希望人们读了他的书，对美好生活有新的认识，让生活更加丰富多彩。李渔在给礼部尚书龚芝麓的信中说："庙堂智虑，百无一能；泉石经纶，则绰有余裕。……托之空言，稍舒蓄积。"可见此书足能反映他的文学修养和生活情趣。林语堂在谈到《闲情偶寄》这本书时说："李笠翁的著作中，有一个重要部分，是专门研究生活乐趣，是中国人生活艺术的袖珍指南，从住室与庭院、室内装饰、界壁分隔到妇女梳妆、美容、烹调的艺术和美食的系列。富人穷人寻求乐趣的方法，一年四季消愁解闷的途径、疾病的防治……"

民国时期，金华民间流行许多娱乐习俗，如麻将、游胡、豁拳、婺剧、唱道情等，其中，尤以麻将和婺剧表演为最。

麻将是用竹子、骨头或塑料制成的小长方块，上面刻有花纹或字样，每副136张。四人骨牌博戏，流行于华人文化圈中。不同地区的游戏规则稍有不同。麻将的牌式主要有"饼或称筒（文钱）""条（索子）""万（万贯）"等。在古代，麻将大多以骨面竹背做成。它的基本打法简单，容易上手，但其中变化又极多，搭配组合因人而异，因此成为中国历史上一种最能吸引人的博戏形式之一。有人称麻将为中国的“国粹”，不但具有独特的游戏特点，而且集益智性、趣味性、博弈性于一体，在中国广大的城乡十分普及，流行范围涉及社会各个阶层、各个领域，进入千家万户。正因为如此，有人认为麻将堪称国之瑰宝；也有人深恶痛绝，认为麻将是赌博之首，有人痴迷难以自拔，有人唾弃远避。其实，赌博和麻将没有必然联系，完全取决于人。孙安生有不少麻将诗颇有深意：“搓麻直到鸡鸣天，人去屋空独自闲。麻将满桌慵不拣，盒子作枕好入眠。”“麻将一场应看空，大运来时分西东。输赢本是同林鸟，只是肥瘦不相同。”“今天赢来明天送，前赢后输去无踪。云来雨来都是空，云雨人生浮梦中。”

游胡是一种纸牌，在许多地方也曾很盛行，基本玩法与麻将相同。

听戏看戏，金华最盛为婺剧表演和听道情。

婺剧，俗称“金华戏”，是浙江地方戏曲剧种之一。它以金华地区为中心，流行于金华、丽水、临海、建德、淳安以及江西东北部的玉山、上饶、贵溪、鄱阳、景德镇等地，是高腔、昆腔、乱弹、徽戏、滩簧、时调六种声腔的合班。因金华古称婺州，1950年正名为婺剧。当年金华长乐戏院、金城戏院、金华剧院日夜满场。农闲季节集市或节庆，农村有更多民间戏班表演。

自明清以来，金华一带是盐、丝入赣和漆、瓷入浙的商业贸易通道，加之物产丰饶，故历来是各种戏曲争胜斗奇之地。明中叶流行的义乌腔形成于金华府（治今浙江金华），属义乌县。明末的高腔、昆腔，清初的乱弹腔，清中叶的徽戏，均曾在金华流行。角色行当分老生、老外、副末、小生、大花面（净）、二花面（副）、小花面（丑）、四花面（武净）、花旦、作旦、正旦、老旦、武小旦、三梁旦（第三位花旦）、杂（扮演神仙、老虎、狗，由管“三箱”的兼）共十五行。婺剧拥有六大声腔，音乐丰富，旋律优美，涌现出许多具有相当造诣的艺术家与名艺人，分别在生、旦、净、末、丑诸行当上，根据各自的嗓音条件，摸索出其优势所在，去发展、去争取自

婺剧表演

己的观众群。婺剧脸谱是在“古老彩绘图腾”的基础上形成和发展的。一般讲脸谱，总是指大花和小花，而婺剧除此以外，还有四花、小生、老生、老外、副末，甚至连个别花旦、作旦、武旦等角色也有脸谱。这表明婺剧脸谱的古老和丰富。《僧尼会》《断桥》《杨延昭怒斩子》《骑虎难下》《三请梨花》《辕门斩子》《貂蝉》《火烧子都》《水擒庞德》《三打王英》《相梁刺梁》等都是传统剧目。

长乐戏院是金华最早的戏院，据县志载，长乐戏院建于1925年，位于金师附属小学对面婺江畔的城墙背上。戏院内有人提壶泡茶、送茶水，还有提篮卖香烟、花生、瓜子的小贩。场内人声嘈杂，烟雾弥漫，台上锣鼓喧天，旦、净、生、丑，演、唱、打、斗，轮番上场，台下气氛热烈，欢叫的，拍手的，交谈的，喝彩的，抽烟的，喝茶的，众相纷呈……

金华戏的特点就是“闹”，开场前必“闹花台”，先锋一吹，鼓乐齐鸣，如万马奔腾，热闹非凡。演出中多用大锣大鼓、梨花、吉子，演技夸张，特技、武功均有特色，是金华一朵绚丽多彩的艺术之花，深受人们的喜爱。

2008年6月7日，婺剧经国务院批准被列入第二批国家级非物质文化遗产名录。

金华道情，又叫唱新闻、劝世文。它与杭州小锣书、温州鼓词、宁波走书、绍兴莲花落合称为浙江省五大地方曲种。自

金华道情

明朝起一直是金华民间喜闻乐见的文娱活动。它是一人多角色坐唱式单档说唱艺术。唱一段加几句说表，配上简单的动作，即所谓“艺人一台戏，演文演武我自己”。伴奏乐器极为简单，仅一个情筒和两块竹板。金华道情是最受金华民众欢迎的一种民间曲艺形式。道情在金华流传可考的历史已有三百多年。

金华道情是旧时代盲艺人艰难生存状况的写照。在信息闭塞的年代，走村串户的曲艺艺人充当着传递信息的媒介，成为旧时代农工士商接受教化、享受艺术的主要来源。在渔鼓和简板“吉嘭吉嘭吉吉嘭”的热闹声里，金华道情谴责邪恶，劝人为善。金华道情始终以大团圆结局，给生活在社会底层的民众一种生活的信心和期盼。经过几代人甚至几十代人的传承与创新，金华道情的艺术宝库异常丰富，有几百个曲目，其故事都源于金华民众的生活经历，取材于发生在金华的社会新闻。

道情最早源于唐代宫廷音乐，南宋时始制作情筒简板作为演唱的伴奏。于明末传入金华后，在婺地生根演化并定型，其后流传金华八县和衢州、丽水及赣东、闽西北一些山乡。

清代初年，金华已有艺人将明崇祯三年（1630）发生在竹马馆向家园的一桩传奇命案编成《悔亲记》传唱。自清道光至光绪年间，金华道情较为兴旺，如金华城区名艺人玉栋唱的《悔亲记》《钓鱼记》《七头记》《双珠花》《皇凉伞》等，久唱不衰。光绪后期，玉栋徒弟邢兆兰曾在金华县衙做过代理师爷，熟悉衙门升堂理案及刑案案例，他学唱道情后，就把发生在当地的传奇公案编成《尼姑记》《金镯记》《胡牌记》

《柯柳记》《贩士记》等传唱。在这前后，金华不少艺人以衙门案件、社会新闻、民间重大事件编成道情演唱，如发生在金华城里默相坊的《阴阳堂》、发生在金华城南五里牌楼的《双情义》、府上街的《七头记》、莲花井的《双狮子》、游宅街的《尼姑记》、汤溪的《烧山记》，以及明代发生在罗埠的《金凤冠》等。金华道情仅金华城区及周边乡村的就有40多本，包括金华八县的有近100个曲目。这些道情曲目经过一代又一代民间艺人的不断加工、完善，故事情节曲折、起伏跌宕，人物个性鲜明，语言丰富多彩。如《双珠花》中形容女主人公王彩英的漂亮，王彩英走过金华大街，引得两边店铺中人翘首观看："剃头师傅看到王彩英，手拿剃刀无定准，沙啦啦，沙啦啦，把个公郎（男人）两边眉毛刮得秃秃平。打铁师傅看到王彩英，手拿铁锤无定准，打啥铁器弄不清，菜刀打成棺材钉。箍桶师傅看到王彩英，尿桶的两只'耳朵'全截平，只好把尿桶改饭甑。裁缝师傅看到王彩英，手拿剪刀无定准，截起长裤变围裙，衣衫领口开到背脊心。"可谓别具一格，颇具艺术性。

从全省30多个曲种以至全国数百个民间曲艺种类看，像金华道情这样在一个地区范围，有那么多以发生在当地故事编唱的曲目，实属罕见。这些口头文学作品是金华八婺宝贵的文化遗产。

20世纪50年代，说大书也是很受欢迎的一种民间艺术形式。说书人多在茶馆说书，众人一边喝茶，一边听书。晚上，商店一般都早早打烊。除了昏暗的路灯外，街头黑黑的，但在四牌楼、西市街等路口，却常常挂起汽油灯，照得通明雪亮，围着一大圈人，说大书的到点开讲《岳飞传》《唐伯虎点秋香》《杨家将》《聊斋志异》……说书的人有板有眼，活灵活现，听书的人津津有味，如痴如醉，忽"啪"的一声，"且听下回分解！"，小锣"噹噹"一响，开卖梨膏糖。小小方方的梨膏糖止咳化痰，当年，三分、五分作为回报说书人的生意。

糖卖了，灯熄了，书听了，带着一脸的兴奋，人们渐渐散去。

街头又一片幽暗。夜深了，传来“笃、笃、笃……”馄饨担敲击竹筒招揽生意的声响，时时有“糖粽、肉粽、火腿粽”的叫卖声越过寂静的夜空……

每逢春节、元宵节、节庆庙会，金华各地都有舞龙和舞狮的活动，表达人们恭贺新春、喜庆吉祥的心情及追求美好生活的愿望。金华舞龙种类很多，如纸龙、布龙、竹节龙、吊吊龙、板凳龙、断头龙等。金东含香马头方纸龙的“群龙起舞”“五龙抢珠”、兰溪水亭断头龙的“青龙壳”“青龙上天庭”、浦江板龙灯“铁索箍”“青蛇溜”“荷花旋”、婺城后溪河竹节龙等表演都十分精彩。金华村民同样也喜舞狮。有两个人各戴狮头，披狮衣表演的“落地狮子”；有两个人各持狮棍舞蹈的“手迎狮”；有搭起架子用线牵拉的“拉线狮子”等。如兰溪水亭下方泉的《双狮吉庆》属“落地狮子”，它始于清光绪三十四年（1908），已有130多年的历史；“手迎狮”中的《灯狮》是金华洋埠的特色表演，也有百余年历史；永康的“拉线狮子”《九狮图》始于宋代，先后参加中国北京国际旅游文化节等多次表演，热闹、喜庆、壮观，被称为“东方一绝”。

豁拳，是饮酒时的习俗。两个人对坐，同时伸出几个手指，并立即由各人口中喊出双方手指加起来的数目，猜中者为胜。开场词为“全福寿，福寿全”，接着就猜数字，所猜的数字一、二、三、四……都有雅致的代表名词和极好的寓意。如“一定恭喜”“五梅花”“七巧”“十全十美”等。猜拳的声音洪亮有力，加上快速有韵，十分热闹有趣。几个回合，甚至十几个回合，有节奏地接下去，直至其中一人猜中，输者喝下预先约定的杯酒时，方暂时停下。这种豁拳习俗，在金华城乡都十分流行，尤其是在农村更盛。但是，妇女酒宴上不豁拳，用转调羹的方式罚酒：将调羹放在一个空盘内，同桌人轮流用手指拨动调羹柄使之转动。待调羹停止转动，调羹柄指向谁，就罚谁喝酒。

大人有大人的玩法，小孩有小孩的游戏。斗百草，又叫斗草，为我国儿童喜爱的一种传统游戏。春夏草长的时候，各取草若干种，以吉利草名相赌斗。儿童最简单的玩法是用草相拉

打玻璃弹珠

跳绳

扯斗输赢，以让对方折断为胜利，也有的用草来卜卦等。宋代斗草风气很盛，宋词中有反映斗草的词，最著名的如晏殊《破阵子》：“疑怪昨宵春梦好，原是今朝斗草赢，笑从双脸生。”而20世纪50年代金华小孩也玩这个。另外，当年还有劈三角形（纸片）、玩香烟片、抓金龟子、捕蝉、打玻璃弹珠、摔跤、斗蟋蟀、滚铁环、抽陀螺、抓沙袋（金华土话“扒子”）、玩跳棋、走军棋、放纸鹞、跳房子、踢毽子、跳绳等都让孩子们乐在其中。到六七十年代又流行跳牛皮筋等游戏。

斗草图

第六节 拜师习俗

拜师学艺，是古老的传统，也是一种民俗。中国拜师习俗的形成主要受儒家传统学术的规制影响，最早可追溯至孔子收徒的做法并由其演化而来。

在中医药、演艺界、武术界及各种手工业，诸如石匠、泥匠、木匠、铁匠、雕刻、裁缝等行业，“拜师学艺”十分普遍。

通常，拜师者要有引荐人和担保人。师徒双方签订相应的契约，明确双方的责任和义务，以保证师傅教有依据，学徒学有所成。双方的责任和义务，一般由各行业的行规及特定的契约加以规范、限定。如一般不准各门师傅争带投师学艺者，亦不准学生在从师学习过程中另投他师。有的行业规定，出徒一个才能再招一个，不得同时招收两个徒弟。师傅有管教权，甚至学徒父母都无法干涉。在学艺中学徒若生病或发生意外，师傅不负任何责任。契约对学徒有许多规定，如三年为满师，学徒期没有工资，只管吃饭或鞋袜钱，除学手艺外，学徒平时负责师傅家打扫卫生、洗衣、倒便桶、倒尿壶等杂务，并不得随意外出等，违规者要受相应的惩罚。

传统的师徒关系仅次于父子关系，即俗谚所谓“生我者父母，教我者师傅”“投师如投胎”。有的行业，一入师门，全由师傅管教，父母无权干预，甚至不能见面。建立如此重大的关系，自然需要隆重的风俗礼仪加以确认和保护。

因此，签约后需举行拜师仪式。各行各业的拜师礼仪程序大同小异，但也各具行业特点，甚至有入行拜师的行规。

一般拜师礼仪分三道程序，全程有相关的见证人：先祭拜

拜师

祖师和行业保护神，如石匠、木匠、泥匠拜鲁班为祖师；纺织、缝纫、制衣敬轩辕圣帝为保护神；中医药拜华佗、孙思邈，中药拜李时珍为祖；金华火腿业拜宗泽为祖师爷；金华唱道情艺人拜张果老；金华酥饼业拜程咬金为祖师爷。祭拜祖师爷和保护神，表示对本行业敬重，对从业的虔诚，同时也是祈求祖师爷保佑，使自己学业有成。

接着，行拜师礼。一般是师傅、师母坐上座，学徒行三叩首之礼，然后，跪献红包和投师帖子，并斟茶拜师。

而后，师父宣读收徒帖，宣布门规及赐艺名等，并训话，训话一般是教育徒弟尊祖守规，勉励徒弟做人要清白，学艺要刻苦等。最后，师傅送给徒弟一件信物。学徒家长为表示谢意，常设宴恭请师傅、师母、引荐人、担保人、见证人及师兄弟等。

这种仪式的礼节是非常严肃、庄重的。首先，拜师的整个仪式是由祖师传承下来的，规矩和程序很严，不能有半点轻慢，否则，就会被视为没有诚意，也会亵渎祖师，违背祖训。其次，通过磕头跪拜，目的就是树立一种长幼辈分，相互尊重，师傅要像父母一样对待徒弟，徒弟要像儿女一样尊重师傅。所以，古代有“师者，父母也”的说法。

至现代，中国的中医药、传统艺术等行当仍采取拜师从业、传授技能的方式。

第四章　岁时习俗

第一节　除夕春节

我国的传统节日甚多，其中最隆重的数春节。

除夕和春节统称为“过年”。旧俗过年从除夕开始到正月十六日结束。所谓“十五、十六咚咚锵(锣鼓声)，十七、十八各人刨”就是这个意思。

年，是一个时间的仪式。过一个年，意味着孩子长大了一岁，大人老去了一岁，这个“仪式”是一种过渡，在生命的节点里留下痕迹。

年，在传统的生活方式中，是最集中、最火爆、最典型、最隆重的表现。没有哪一个庆典可以像“年”这样有如此大的认同和凝聚力。

“年”究竟是怎么样来的呢？民间主要有两种说法。一种说法是，古时候，有一种叫作“年”的怪兽，头长尖角，圆眼獠牙，凶猛异常。每到腊月三十，便串村挨户，残害生灵。后来，人们摸准了“年”有怕响、怕红、怕光的弱点，便想到许多把“年”兽撵走的方法，如放鞭炮、门上贴大红纸、屋内烛火通明等。于是，逐渐演化成今天过年的风俗。另一种说法是，我国古代的字书把“年”字放禾部，以示风调雨顺、五谷丰登。由于谷物一般都是一年一熟。“日出日落三百六，周而复始从头来。草木枯荣分四时，一岁月有十二圆。”所以“年”便被引申为岁名了。这风俗越传越广，成了中国民间最隆重的传统节日。

乡下的年味总比城里浓。一到腊月，金华家家户户就开始准备过年，筹办年货，掸灰尘、舂年糕、酿红酒、做米糖、包粽子、杀年猪……腊月初三要“祭天”，腊月二十三为小年夜，要“祭祖”，二十四夜要“请灶王爷”，祭灶神，俗称“谢灶”。二十八或二十九盛供“三牲”“五谷”祝福，又叫“谢年”。

旧时，金华农村各地宗族在各自祠堂都要集体“谢年”。各家端出供奉的祭品，举行祭拜天地的仪式。感谢上天带来风调雨顺、五谷丰登和人丁兴旺，并祈求来年生活更美好。

“谢年”仪式由宗族管事会安排，农历十二月二十三祠堂外贴出告示，并派人挨家挨户上门转告。同时，由专人布置厅堂，张贴新楹联，准备案桌。一些族人即准备“金元宝”，宰杀烹煮猪、羊、鸡、鸭、鹅，购置香烛、鞭炮。一切准备好，二十八或二十九举行“谢年”大典。族人在族长的带领下，聚集于祠堂，由司仪主持，先迎天地神灵。在司仪的口令下，众人点香，先向南方三拜，将神灵从天上请到厅堂，再向祭案三拜，感谢神灵一年来的护佑。接着请族长站在祭案前方正中央，宣读“谢年”祝福词，宣读“谢年”子弟名单和本房全部子孙名单。接着由本房最年长的男性老人敬酒，将祭案上三杯装满的黄酒洒在地上，然后焚烧“金元宝”、祝福词和仪程手稿。此时，锣鼓唢呐齐鸣，燃放鞭炮礼花。接着，执香送神灵，族人依次从祭案香炉上拿下香来，先朝祭案三拜，再朝南方三拜，并将香插在厅堂院子各处，意味送神。“谢年”仪式结束，分发祭品和香烛。族人各自带回祭品，寓意将神灵的保佑和吉祥迎回家。一路上，要保持火烛不灭，领福回家，供奉龛中神灵。

春年糕是农家过年的开场大戏。在金华，一到腊月，浸米、磨粉、蒸糕……村里挨家挨户就忙开了。随着袅袅炊烟的

谢年

升起，热气腾腾的米团出笼，“嘿、嘿”舂年糕声音的飘荡，人人脸上漾起笑容，喜气洋洋。笑声从河埠头、厨房到厅堂飘荡开来，过年的气氛也一天天浓起来……

舂年糕是很热闹的。将蒸熟的米团倒入石臼内，由两个壮汉轮流挥动大木锤舂，另有一个人将石臼内的米团上下不停翻动。不管天多冷，无论多壮的男人，只要舂几下年糕，很快就汗流浃背，气喘吁吁，不得不换人继续。手工年糕舂得越透、越韧，就越好吃。舂好的年糕从石臼里拿出来，即压制成各种形状。有的做成块状，有的做成条形，象征着金砖、银砖，金条、银条。新年财宝滚滚而来，想的都是发财梦。但金华人却是将年糕做成圆形的，像一面大铜锣。什么意思呢？就是意味着大吉大利、大团圆。金华人最相信的不是发财，而是团圆。盼的就是一家人和和睦睦、亲亲热热、平平安安、团团圆圆。年糕作为礼物送人，也要在圆圆的“大铜锣”中间贴上一张小红纸，以示吉祥如意。

新舂好的年糕，热气腾腾，主人总要请大家趁热尝尝。这时，尽管吃，大人小孩你一块我一条，蘸上红糖吃起来，又香又甜。手巧的男女一边吃一边用年糕做成猪、狗、牛、虎等栩栩如生的动物造型，当然也有金元宝、金銮殿、孙悟空……

提起准备过年，就又想起那冻米糖。

腊月里，随风飘来一缕缕香甜的气味，接着传来阵阵“噔、噔、噔……”的木板敲击声，而后就是均匀的“嚓、嚓、嚓……”的刀切声，不用问就知道，一定是谁家在切糖了。这香味，这声音，在空中荡漾开来，一直漾进人们的心里，是那么温馨、香甜。过年的气氛也变得越来越浓。

切糖，最高兴的自然是孩子，切糖时，小孩子蹦蹦跳跳，又喊又叫。“嘘！”大人连忙摇着手不让出声，不许乱跑，不准串门。据说，这时候要是“糖鬼”撞进来，做好的米糖就会倒塌，糖汁也会“走”掉。这样米糖就切不成薄片，吃起来也不香甜。所以切糖，都是关上大门，悄悄地做。不管信不信“糖鬼”，但是祖上就是这么说的，谁也不敢不听。

冻米糖，白花花的米粒，胖鼓鼓、油亮亮的，上面撒上红丝、绿丝，甚是好看。咬一口，香香、甜甜、松松、脆脆，很诱

春年糕

冻米糖

人。在金华农村，每逢过年，几乎家家户户都有这个传统食品。

吃，若不仅仅是为了填饱肚子，就是一种文化了。冻米糖，不是简单的米饭加糖。人们发现冻过的食品就是有一种特殊的风味，像冻豆腐就特别好吃。选上好糯米加水，蒸烧成饭摊开，在天寒地冻的夜里，放露天冻。而后，晒干，搓成一颗颗。然后，放锅内炒或放油锅炸，最后加糖汁拌和，并切成片。其中熬糖汁是关键，白糖内加饴糖的配比要恰当，时间也要掌握合适，老了不行，嫩了也不行。所谓“糖鬼”的秘密大概就在这里了。

农家过年还有一种用糯米、大麦芽等加工出来的食品。将外形做成一条条叫白糖条，做成菱形叫白糖饼。这在义乌一带更多。

白糖条如村姑，白糖饼像胖娃娃，雪白，甜美，香脆而软，令人喜爱。通常作为茶点用来招待客人，馈赠亲友。民间有“拜年，拜年，白糖甜甜”的戏说。

白糖条、白糖饼见风易融化，不但变形，而且发黏。农家储藏的方法十分独特。将砻糠洗净，晒干，放入木桶里作为干燥剂。白糖条和白糖饼舒舒服服地躺在干干净净、松松软软的砻糠里，盖紧木桶，就万事大吉了。

过年必有馒头，金华馒头，独具一格。一般馒头像一个长枕头，而金华馒头却是扁圆的，上面还加上一颗红红的仙桃，或是一个大大的“寿”字。白白胖胖，宛如小孩红通通的小脸蛋儿，又像是十五的满月。热气腾腾的金华馒头一端上宴席，就有一种喜气洋洋、热烈吉庆的气氛。所以每逢过年，喜庆馒

金华馒头

金华白切鸡

头是不能少的。

金华馒头特别软，一般都是夹上红烧扣肉吃。做红烧扣肉的猪肉要选上等的金华著名特产“两头乌”的三层肉，加水和少许料酒，用文火煮熟，切成片，有精，有肥，有皮，再加入酱油、老酒、红糖，回锅烧酥。这样的扣肉装盘，色泽光亮，香气扑鼻，令人垂涎欲滴。夹在馒头中吃起来，肥肉嫩，精肉香，肉皮黏，味道好极了！

在金华乡下，过去每逢过年过节，凡是上了家谱的男丁都可以从祖祠里领到一份食品——两个馒头夹一大块红烧肉（金华人叫焐肉）。金华人把馒头看成利市、吉祥物，是和平、友好的象征。每逢喜事宴请必不可少。要是碰上什么不好事，赔礼道歉除放鞭炮外，也一定送上一篮馒头，以解晦气。

肉圆是金华人过年一定要做的菜。在除夕的年夜饭上它占有重要的地位，就好像是金华戏（婺剧）里的大花脸，没有它，不热闹，也唱不了戏。大花脸一出场，锣鼓喧天，笙箫齐鸣，热闹非凡。一盘肉圆端上桌，香气扑鼻，热气腾腾。小孩子欢叫，大人喜滋滋地忙用箸夹起，放到孩子们的碗里并嘱咐道：“小心，烫！”

做肉圆的主要原料是猪肉。一般选猪的后腿肉，将肉剔除皮、骨头，剁碎，加少许精盐、酱油、味精、料酒、葱花等，与适量生粉调匀，并手工捏成圆形，放锅内慢火蒸，蒸熟后置盘内上桌。

旧时，除了春节，结婚喜庆及清明、冬至祭祀都要做肉圆。肉圆的大小、肉的含量可反映富裕程度，因此，猪肉越多，生粉越少，做得越大就越体面。而一般每位客人只吃一个，多吃也是有失体面的。

金华人过年不能没有白切鸡，而且一定要有头有颈、有爪有翅的全鸡。席上一盘白切鸡，栩栩如生，平添了节日的喜庆。制作白切鸡一般不用母鸡，而是选用当年的阉鸡或大公鸡。这样的鸡肉蘸上酱油、米醋，吃起来嫩、肥、香、酥。

金华人过年，每家每户都少不了一道“三和菜”。

“三和菜”是素菜。顾名思义，是三样菜“和”在一起。一般用咸菜、豆芽、豆腐干。实际上，会“和”进更多的菜，如千张丝、白萝卜丝、红萝卜丝，等等。但都是素的，没有荤腥，用的油也是素油。各自炒好，最后放锅内“和”在一起炒，就成了素什锦。

过去物质匮乏，难得吃到荤腥，所以逢年过节，筷子像长着眼睛，尽在鸡鸭鱼肉的碗盘子中转，因此放在桌上的“三和菜”很少有筷子光顾。面对风风光光的“红烧肉”“白切鸡”“卤板鸭”“狮子头”，“三和菜”孤孤单单、冷冷清清，无人搭理。就这样，一次次端出来，又一次次端进厨房里，直到过年的菜全吃光了，人们才想起它，而此时年味早就没有了，生活就像平时一样，青菜、萝卜已成了当家菜。

细想想，先祖给我们留下的这道菜，其实是非常理性的。它讲究的就是营养的均衡。节日里在吃了大鱼大肉后，感到有些“腻”，换换口味，吃上一点“三和菜”就特别清新、爽口。如果胃口不开，来一碗泡饭，添上几箸“三和菜”，胃口顿开，好吃！

“三和菜”又是一道富有哲理的菜。它用的都是咸菜、豆芽之类最平常不过的素菜，大家都是普普通通的，谁也不嫌弃谁，谁也不嫉妒谁，谁也不压制谁，平等相处，互相包容，因而其味独特且多样，各显其色，各尽其能。这不正是古人“以和为贵”中庸思想的体现吗？

“三和菜”是百姓菜，弹奏的正是和谐之音。吃着它，给我们无穷的遐想……

豆腐包是金华人过年过节，尤其是祭祖烧羹饭供奉必备的菜肴。它的主要原料是豆腐皮、豆腐、萝卜，也有的用香菜或荠菜等。豆腐皮，以浦江生产的最好，薄、软，不但可包豆腐包，也可做汤。

八宝饭，如同漂亮的公主，最后才登台，是宴席上的压轴饭。“公主”的出台亮相，让人惊艳叫绝！远远看去，红、绿、黄、白，色彩缤纷，无比艳丽。近看更是晶莹剔透，像一件精雕细琢的玉器，精致、高雅，精美绝伦，简直让人不忍下箸！

制作八宝饭的主要原料是糯米、赤豆、红枣、桂圆、莲子、核桃仁、葡萄干、山楂糕、青梅、红绿丝、猪板油、白糖等。各地口味和习惯不同，选料亦略有不同。在金华人的眼中，红枣没有蜜枣好吃，尤以兰溪的金丝蜜枣为上品，所以多用金丝蜜枣代替红枣。莲子，自然选用著名的武义宣莲。

除夕夜，先焚香接天地神，祭拜先祖，再全家聚餐，叫“吃年夜饭”。席间，除肉、鸡等外，必有酒（永久保平安）、鱼（有吃有余）、猪肠（幸福日子长）、年糕（生活年年高）、馒头（团圆）、饭（万事如意）。全家人按长幼辈分入座，外出未归者，要留座位摆碗筷。吃菜有序，先吃“三和菜”以示合家和睦，再吃豆腐包叫“背地垫”，预兆来年五谷丰收。酒、菜、饭不得吃光，尤其是鱼，只能看，不能吃，表示有吃有余。全桌人吃好才能散席，不可提前离去。以前散席前，为防小孩子说不吉利的话，大人会用纸揩小孩子的嘴巴，叫“擦屁股”，以示“童言无忌”。

除夕是亲情的大汇集，孝心的大凝聚，更是孩子们尽情玩耍的时候。吃完年夜饭，做游戏、放鞭炮、猜谜语……当夜，大人、孩子都不出门，待在家里。灯火通明，全家聚一起喝茶，一边嗑瓜子、吃花生，一边听大人谈古论今、对春联、听故事。临睡，长辈给晚辈发红纸包，叫“压岁钱”。一般父母将红纸包悄悄地放在儿女枕头底下，为“压岁”。年夜关门要放鞭炮以娱乐。有些人守岁至深夜，甚至到天明，俗叫“醒长寿夜”。

年初一，在震天响的爆竹声中，家家户户喜气洋洋地打开大门。新年伊始，接着以“五谷”、清茶等敬神。上坟向先祖拜年，摘回冬青、竹枝插于门首、灶头，以兆四季吉祥。有的地方则在先祖遗像前陈设素斋，顶礼膜拜，谓之“拜真”。

春联也叫门对、春贴、对联、对子、桃符等，它以工整、对偶、简洁、精巧的文字描绘时代背景，抒发美好愿望，是我国特有的文学形式。每逢春节，金华无论城市还是农村，家家户户都要精选一副大红春联贴于门上，为节日增加喜庆气氛。这一习俗起于宋代，在明代开始盛行。春联的种类比较多，依其使用场所，可分为门心、框对、横批、春条、斗斤等。“门心”贴于门板上端中心部位；“框对”贴于左右两个门框上；“横批”贴于门楣的横木上；“春条”根据不同的内容，贴于相应的地方；“斗斤”也叫“门叶”，为正方菱形，多贴在家具、影壁中。春节挂贴年画在金华城乡也很普遍，浓墨重彩的年画给千家万户平添了许多兴旺欢乐的喜庆气氛。年画，也和春联一样，起源于“门神”。

大年初一，人们见面就像久别重逢，互敬香烟，互相祝福：“新年大吉大利”“恭喜发财”“步步高升”“年年高”“年年有余”……过年讲吉利话，如孩子跌倒了要说“滚元宝”；打碎了碗就说“岁岁（碎）平安”。更有的把两根红甘蔗用红绳扎起来，放在果盘里图个甜甜蜜蜜、好事成双、节节高升……

“捧元宝”——大年初一第一件事就是吃茶叶蛋，这是金华的一个风俗。水煮茶叶蛋除了用茶叶还要加进茴香、桂皮、老酒、酱油、食盐等作料，用文火慢慢烧煮，烧得越透越好吃。捧着滚滚圆的茶叶蛋，人们仿佛捧起了金元宝，吃着香喷喷的茶叶蛋，心中祈求新的一年财源滚滚。而新年里孩子不小心摔倒在地叫滚元宝，茶叶蛋是元宝，满地都是元宝，新年开门大吉大利，遍地元宝滚进来！

按金华的风俗，大年初一早餐都要吃年糕，讨个利市。但是，大年初一不能动菜刀、砧板，不能扫地、擦桌子。据说这天是菜刀、砧板、扫帚、畚箕、抹布的休息日。所以，家庭主妇总是在除夕晚上就将年糕、肉丝、冬笋先切好，桂花、白糖等备齐。在新年的阵阵鞭炮声中，人们一起床，黄澄澄、香喷喷的炒年糕就端上来了。“吃年糕哦！”“哦，吃年糕，年年高！”……

正如清末诗云："人心多好高，谐声制食品，义取年胜年，借以祈岁谂。"

拜年，是春节里最重要的礼节活动。古时有拜年和贺年之分：拜年是向长辈叩岁；贺年是平辈相互道贺。拜年一般从家里开始。初一早晨，晚辈起床后，要先向长辈拜年，祝福长辈健康长寿，万事如意。在给家中长辈拜完年以后，人们外出相遇时也要笑容满面地恭贺新年，互道"恭喜发财""四季如意""新年快乐"等吉祥的话语。按金华习俗，初一不外出拜年，初二开始外出拜年，次序有定，"初二拜娘舅，初三拜大舅"，也说"初一拜太公，初二拜外公"。拜年礼节以前小辈见长辈要跪拜，后多改为鞠躬。抱拳的礼节是平辈之间拜年的一种形式。标准的男子姿势是右手成拳，左手包住，因为右手在概念上是攻击手，包住以示善意；女子则相反，但不抱拳，只压手。从仪式上看，拜年的"拜法"各地各有不同，较常见的有以下五种：一是叩拜，即跪拜磕头，现在已少见，但在农村一些地方，晚辈给长辈，尤其是未成年人给辈分较高的长辈拜年时，也还有行这种礼仪的。二是躬身作揖，作揖的姿势是先双手抱拳前举。如前所述，男子尚左，用左手握右手，这称作"吉拜"，切记，如右手握左手，则是"凶拜"，绝不允许！行礼时，不分尊卑，拱手齐眉，上下加重摇动几下，重礼可作揖后鞠躬。这种礼仪一般是晚辈向长辈，或下级向上级拜年时所用。三是抱拳拱手，是以左手抱右手，自然抱合，松紧适度，拱手，自然于胸前微微晃动，不宜过烈、过高。这种礼仪多见于平辈间的拜年。四是万福，古代妇女礼仪的一种，右手覆左手，半握拳附于右侧腰肋间，上下微晃数下，双膝微微下蹲，有时，边行礼边口称万福。这礼仪如今已经鲜有人袭用。五是鞠躬，现代通用礼仪，多用于晚辈对长辈、下级对上级拜年，亦可用于平辈间，男女皆行。

拜年，小孩子最喜欢，穿上新衣服，屁颠屁颠跟在大人后面，不管城里乡下，三姑四姨，叔叔舅舅，走一家又一家，鸡鸭鱼肉、糕点糖果尽管吃。大人此时或泡上一杯酽酽的茶，或斟满红红的酒，主客相对而坐，边吃边聊，叙亲情，聊年景，谈丰收，说打算……和和气气、亲亲热热，平日里的一点龃龉在祥和的春节里荡然无存。这种谦和温情是正月里最让人感动、让人神往的一幕。孩子当然最记挂的还是临走给的那个大红纸包……

“新年到，男孩要鞭炮，女孩要花袄，老头要新毡帽。”这是20世纪四五十年代的写照。1949年后，机关、单位春节放假三天，节前搞卫生、除夕聚餐、春节贺年等习俗不变。新增拥军优属、拥政爱民、慰问老人及新春茶话会等活动。五六十年代，不少农村放电影、演戏，城镇举办一些丰富多彩的文娱活动。

“唉，又过年了！”这是上年纪的人的感慨。如今，“芝麻开花节节高”，更多的人喜笑颜开地说：“越活越有滋味，一年比一年好！”由于物质比过去大大丰富，对过年的在意程度淡了，“年”似乎渐行渐远了，但它的内涵并没有被消解。过年，对大多数人来说，远远超出了物质享受的范畴，已经升华到了精神层面，不是珍馐的美味，而是享受“年”味，这种“年”是一种精神、一种文化。在“年”这个传统节日里，把不同层次、不同文化、不同性别、不同年龄的人全部沟通，产生了精神共鸣。这就是——过年了！

爆竹声声、祝福声声、欢歌声声、笑语声声，“福”红红的、灯红红的、酒红红的、脸红红的，大家一起高举酒杯为全家的幸福、为大家的平安、为火红的日子、为火红的年代、为更火红的明天，干杯、干杯、再干杯！

第二节　元宵灯节

正月十五，家家户户庆元宵，晚宴丰盛并兴吃汤圆。元宵节又叫“灯节”，城乡盛行迎灯舞龙，处处张灯结彩，热闹非凡。

吃汤圆、迎花灯、闹元宵是过年的“压轴大戏”。圆圆的汤圆，就如同过年的句号。

宋代诗人周必大曾写有一首《元宵煮浮圆子诗》：

今夕知何夕？团圆事事同。
汤官寻旧味，灶婢诧新功。
星灿乌云里，珠浮浊水中。
岁时编杂咏，附此说家风。

以吃来表达感情是中国饮食文化的特点。元宵节吃汤圆，亲人相聚，庆团圆，是由来已久的习俗。这不仅仅是一种物质意义上的大饱口福，更是一种精神的享受和追求。直至如今的广告词也仍在说：“一碗汤圆满又满，吃了汤圆好团圆。”“人间团圆，碗中汤圆”“美好生活，尝尝思念”……

汤圆，一种普通食品，一经渲染，就带上了浓浓的感情色彩。

元宵节吃汤圆的来历有传说是从汉代开始的。汤圆用糯米粉搓成。品种繁多，琳琅满目，如内馅有黑芝麻、豆沙、花生蓉、桂花、鲜肉、笋尖丝等。

俗话说：“十五、十六咚咚锵，十七、十八各人创。”元宵节闹花灯，把春节的喜庆推向了新的高潮。

自古，过年叫“过”，过了就完了。而元宵节却叫“闹”，闹元宵。一个“闹”字就把节日的气氛渲染得淋漓尽致，点炮仗、放烟火、赏花灯、猜灯谜、舞狮子、迎龙灯……从山野乡村到京城故都，老老少少、男男女女，一个个都“闹”了起来。元宵节是中国人的“狂欢节”。

“东风夜放花千树，更吹落、星如雨。宝马雕车香满路。凤箫声动，玉壶光转，一夜鱼龙舞。”辛弃疾的这首《元夕》，把宋代闹元宵的盛况全描绘出来了。元宵节也是中国的情人节。欧阳修的“去年元夜时，花市灯如昼。月到柳梢头，人约黄昏后”更是脍炙人口。月上柳梢，情人相约足够浪漫。又如，“谁教岁岁红莲夜，两处沉吟各自知”。元宵之夜，诗人姜尧章不能与心上人相会，只能吟咏抒发对恋人的思念之情了。

那些生动的牡丹灯、兔子灯、莲花灯、鲤鱼灯……天一黑，就闪烁着橘黄的烛光，“游”上了街头小巷。这灯光曾照亮了多少代人的希望和期待？灯光人影里，看见了艰辛生活里透出的温情。哪怕是夜色似海，人们的心里依然闪烁着暖暖的灯火，回响着唱不败的迎春之歌。这是一个春天的聚会，无数的灯像火树银花，汇成了灯的海洋、欢乐的海洋。

元宵节，万人空巷，观灯的男男女女扶老携幼，冒着严寒早早站在街头，唇齿间还留着汤圆的甜味、黄酒的醇香，脸上写满了幸福的笑容。在喧天的锣鼓声和鞭炮声中，小孩骑坐在大人的肩膀上拍手欢叫，女人打扮得漂漂亮亮嬉笑个不停，老人品评着谁家的花灯扎得最好……

“龙灯来了，龙灯来了！”小孩最起劲儿，又是叫喊，又是跑跳，可高兴啦！如果说城里的灯会是百花齐放、精致玲珑，人们可靠近好好观赏，那乡下的龙灯则是火龙一条，粗犷而刚劲，雄伟又壮丽，远远看去给人一种力的阳刚之美。尤其是金华农村的板龙灯气派非凡，绝不是一般的板龙灯可比的。

金华板龙灯，由板凳连接而成，上面安装彩色灯笼。板凳龙以规定尺寸的松木凳板做基底，两头用硬木棍插入圆形孔相连接，形成可长可短的龙身。

金华板龙灯

板龙灯那高高的龙头，挂满琉璃红灯，那龙眼、龙须、龙角、龙舌、龙鳞都活灵活现、栩栩如生，由十几个彪形大汉抬着。前面锣鼓开道，唢呐吹打，笙箫齐鸣，铳声震天。后面是一节节板灯，每一节叫一桥，有几十桥，有上百桥，甚至上千桥。2006年，浦江桥板龙灯被列入首批国家级非物质文化遗产保护名录。

迎灯队伍有一定的序列。村中老人提着灯笼走在队伍的最前面，紧随其后的是村、族的堂牌，再往后是火铳、铜锣、龙虎旗、执事和灯队，最后由什锦班压阵。

在黑色的夜幕下，数百人将板龙灯扛在肩膀上、举在手上。龙灯一会儿如满天星斗，一会儿拉直如桥，一会儿弯曲似弓，一会儿团团盘旋成火球，一会儿腾空而起，一会儿就地翻滚，一会儿前进，一会儿后退……祥龙飞舞，如火似金，伴随着舞龙者震天的吼声、锣鼓声、爆竹声，气势恢宏，惊心动魄。纯朴的金华农民世世代代用这种方式庆贺过去一年获得的五谷丰登，祝愿新的一年风调雨顺。

随着时代的变迁，岁月的变化，移风易俗，破“四旧”，20世纪50年代，迎灯舞龙曾一度消失，直至1979年，才开始恢复迎灯舞龙等传统活动。

自古人们把龙视为能呼风唤雨、降福消灾的神，所以迎龙灯是村里的头等大事，有很多规矩。迎灯前要举行“洗龙头”“开龙眼”等仪式；迎龙灯要先抬龙头“看田水”，意为保佑风调雨顺、丰衣足食；要到胡公殿祭拜，祈求五谷丰登、国泰民安；迎龙灯也讲公共关系，要到四周邻村“走亲戚”。如果两条龙灯在路上相遇，双方立马齐声呼喊，把龙灯龙身高举，称为“赛高”，谁举得越高，意味着新年运气越好。谈到迎龙灯的阵式，年轻人更是眉飞色舞、摩拳擦掌，什么“铁索箍”“青蛇溜”“荷花旋”“双开门”，等等，花样不少，门道繁多。

“龙狮狂舞闹元宵，鼓乐齐鸣迎盛世。”

“春早人勤百姓致富，社会和谐齐奔小康。”

一年一度元宵节，如今又是欢天喜地闹元宵。锣鼓喧天，鞭炮齐鸣，金龙飞舞、雄狮欢跃在这个元宵月夜，花好月圆，春潮涌动。焰火在天空中，灿然展开斑斓绚丽的色彩，地上掀起一片片欢腾，绽放一张张笑脸。仰望天空，一朵朵、一簇簇、一团团、一串串，五彩缤纷，流光溢彩，这不正象征着我们更加美好的未来吗？

元宵灯节

第三节　清明寒食

清明和寒食原来是两个节日。

清明节大约始于周代，已有两千五百多年的历史，是一个很重要的节气。

清明时节，人们迎着春风，去野外踏青。女人、小孩插花戴柳，以应“戴葱头能聪明，戴豆花可明目，戴黄杨有爷娘，戴杨柳有娘舅，戴香荠有哥弟”之金华谚语。不少农家喜欢门口插柳枝，挂柳球。此时正是春耕春种的大好时节，故有“清明前后，种瓜种豆”“植树造林，莫过清明”的农谚。

寒食节的来历，与“寒食三日”的传说有关。春秋时，晋国公子重耳流亡国外19年，臣子介子推一直护驾照料。在极端困境中，介子推甚至割下自己的股肉给重耳充饥。后来，重耳回国登上了王位，即历史上的晋文公。他想好好回报介子推，但介子推却携母亲隐居山中，不愿下山。重耳下令放火烧山，想逼介子推下山。谁知介子推母子却被活活烧死。重耳悲痛不已，万分悔恨，遂下令全国禁火，即“寒食三天”以纪念介子推。这就是寒食节，而时间是离冬至105日，也就是清明的前一两天。随着时间的推移，寒食节与清明节慢慢相融合，祭祖上坟、踏青春游、禁烟火、吃冷食等习俗一直传了下来。

据史书记载，秦汉时，清明墓祭已成为不可缺少的礼俗活动。《汉书·严延年传》载：严氏即使离京千里也要在清明“还归东海扫墓地”。随着祖先崇拜和亲族意识的增强，远古时代没有纳入规范的墓祭也归入了“五礼”中：“士庶之家，宜许上墓，编入五礼，永为常式。”朝廷的推崇也使墓祭活动更为盛行。

古人有许多描写清明扫墓的诗："南北山头多墓田，清明祭扫各纷然；纸灰飞作白蝴蝶，泪血染成红杜鹃。"民间广为流传的孟姜女寻夫小曲也有"三月里来是清明，桃红柳绿百草青；别家坟上飘白纸，我家坟上冷清清"。唐代杜牧的名句："清明时节雨纷纷，路上行人欲断魂……"这些诗句都十分真切地反映了当时清明扫墓时的情景。

祭扫，燃香点烛，供上祭品，先祭拜天地神，再祭逝者，在墓顶或墓碑上及左右柱上，各放上一沓黄表纸条，奠酒，烧纸钱"金银元宝"、黄纸、纸衣、纸被、冥币……举行简单的祭祀仪式，以表示对逝者的怀念。一般还给坟添土，除草整理墓地，最后燃放鞭炮离开。至于祭扫的日期，各地风俗不同，有的在清明节的前三天或后三天，称"前三后三"。金华人的风俗是"前三后四"，即在清明前三天或后四天内，都可上坟祭扫。

清明节吃清明粿，这成了金华又一传统习俗。

清明粿，金华人又叫苦粿，谚语："吃了清明粿，一百二十天无晴落。"意思就是从清明节开始田地的农活忙了，无论下雨还是晴天都得出工干活。所以清明粿是带苦味的，吃起来并不可口，但充满着播种的希望。

做清明粿，先要采摘青蓬。青蓬是像菊类的野生植物，生长在田埂、河岸、渠边。将采摘来的青蓬叶子洗净，浸泡后，捞出捣烂，并挤出青汁，与糯米粉和粳米粉掺和在一起，拌匀、揉和。清明粿的馅有甜的，如白糖豆沙、芝麻、花生；有咸的，如咸菜、肉、笋、豆腐干等。包好后放入刻有各种花纹

清明粿

图案的木模中印制，最后上笼蒸熟即可。刚出笼的清明粿，天然的青色，葱绿如碧玉，油亮似翡翠，清香扑鼻。甜的，吃起来甜而不腻；咸的，鲜美可口，人见人爱。

介子推和“寒食三日”的故事告诉我们：做事不图回报，这是义；知恩图报，这是德。做人要讲义，要有德。但义、德都必须从天理，顺乎心。

又是清明雨纷纷。桃红柳绿，草长莺飞。人们吃着清明粿祭祀先人，播种着希望……

第四节　端午祭祀

农历五月初五为端午节，又叫端阳节。

“粽子香，香厨房。艾叶香，香满堂。桃枝插在大门上，出门一望麦儿黄。这儿端阳，那儿端阳，处处都端阳。”这首童谣唱的便是我国的传统节日端午节。

关于端午节的来历有很多说法，有的说纪念屈原，有的说纪念伍子胥，也有的说纪念曹娥等。无论哪个说法，端午都是祭祀的日子。

“端午数日间，更约同解粽。”这是宋代大诗人陆游吟咏粽子的诗句。端午节吃粽子是已相传两千多年的习俗。南朝梁吴均在《续齐谐记》中写道：“屈原五月五日投汨罗而死，楚人哀之。每至此日，竹筒贮米，投水祭之。”宋代孟元老《东京梦华录》中也记载：“今世人五月五日作粽，汨罗之遗风也。”

一个小小的粽子，与一个大写的诗人联系在一起，原本非常物化的饮食，一下子就上升到精神层面了。中国人最懂得，吃不仅仅是为了填饱肚子，还可以表达情感。

小小粽子，品其色、香、味，也品个中文化韵味。粽子花式品种很多，因馅不同，有肉粽、火腿粽、栗子粽、豆沙粽、松仁粽，因外形不同，又分尖角小脚粽、长形枕头粽、方粽、菱粽，等等。

“绵绵粽子缘，溢满人间情。”当端午节悄悄临近时，金华人就早早忙开了。将采摘的新鲜箬叶压在木盆的水里，把上好的糯米浸泡起来。把大蒲扇似的棕榈叶撕成细细的绳子，把箬叶一张张洗刷干净，把烧熟的赤豆放进石捣臼内捣成豆

金华粽子

金华绿豆糕

沙……一家人围坐一起包粽子。

将箬叶折卷成一个尖角形，放入白花花的糯米，中间加进经酱油浸渍的鲜肉和栗子、青豆、佛豆等，再加满糯米，将箬叶包起，外面用棕榈绳子扎好。如若包甜粽，内馅就用豆沙。豆沙团里面先放入一条生猪板油。粽子的绳子不能捆扎得太紧，也不能太松。紧了，粽子容易夹生；松了，煮时锅里水渗入容易造成稀烂，影响口感。金华人包的粽子大小适中，松紧有度，有棱有角，精巧美观。

端午节清晨，随着袅袅的炊烟升起，屋里荡漾着粽子的清香，令人垂涎三尺。从锅里捞出一个热乎乎的粽子，咸粽，吃起来香、糯、鲜、嫩，油而不腻。甜粽，咬一口，慢慢品味，细、润、滑、糯，味道好极了！

过去，金华小孩常唱："摇啊摇，摇到外婆桥，外婆叫我好宝宝，糖一块，饼一包，还有豆儿，还有糕。"

外婆给的是什么糕呢？当然，人家不同，时令不同，糕也不同。但如果是端午时节一定是块绿豆糕。

金华人端午节吃粽子，吃"五黄"（黄瓜、黄鱼、黄酒、蛋黄、雄黄），也少不了要吃绿豆糕。中医认为，绿豆清热解毒，护肝益肾，有除痱治疮之效。因此，坊间一直有夏日煮绿豆粥、绿豆汤，吃绿豆糕的习俗。至于过节的礼尚往来，包括年轻人订婚后、逢年过节送礼（俗称"送时节"）、端午节也要有绿豆糕，就像中秋节送月饼一样。

绿豆糕是用绿豆粉、豌豆粉、白糖、桂花、植物油做成的。将经筛选的绿豆粉和豌豆粉，加植物油揉匀，放入各式模子中，中间再嵌入豆沙等馅料，揿实。脱模后，置笼屉内蒸熟，冷却，装盒。

绿豆糕，色泽嫩绿或浅黄，口感细腻紧密，清香绵软，甜而不腻，软而不黏，可口，味美。

正如古诗云："疏疏数点黄梅雨，殊方又逢重五角黍包金，菖蒲泛玉，风物依然荆楚。衫裁艾虎，更钗袅朱符，臂缠红缕，扑粉香绵，唤风绫扇小窗午。"

端午节，家家户户悬挂钟馗捉鬼画像，门楣上插上菖蒲、艾叶，菖蒲作剑，艾叶为虎，能驱邪避灾。小孩佩戴五颜六色的香囊，额头涂上雄黄以驱邪避瘴。除了吃粽子、吃绿豆糕之外，金华人还饮雄黄酒，吃"五黄"，有的地方还举行赛龙舟活动。

金华赛龙舟

第五节　中秋赏月

中秋节是我国重要的传统佳节，起源于我国古代秋祀、拜月之俗。

《礼记》中载："天子春朝日，秋夕月。朝日以朝，夕月以夕。"这里的"夕月"就是拜月的意思。两汉时已具雏形，唐时中秋赏月之俗始盛行。因农历七、八、九三个月，八月居中，而八月的三十天中，又是十五居中，所以称八月十五为中秋。又因秋夜，皓月当空，民间合家团圆，故又称团圆节。

宋代《东京梦华录》中记载："中秋夜，贵家结饰台榭，民间争占酒楼玩月。"自明清以来，民间更重视中秋节。《西湖游览志余·熙朝乐事》云："民间以月饼相遗，取团圆之义。是夕，人家有赏月之宴。苏堤之上，联袂踏歌，无异白日。"

由于中秋节来源于拜月，与"嫦娥奔月""吴刚伐桂""玉兔捣药"等神话传说有着密切的关系，故民间习俗赏月、拜月、吃月饼、赏桂花等，均源于此。

金华山、赤松宫、九峰岩、八咏楼、一览亭、明月楼，一听名字就知道都是赏月的好地方。

"今人不见古时月，今月曾经照古人。"

在浩瀚的诗歌海洋中，打捞古时月，我们可以闻到金华的一身墨香，可以感受到前人深邃的思想、优雅的情致、闲适的生活。

"有月有月兮秋更明，清明相涵兮璀璨光晶……既无欲以掩其刚兮仁必有勇，饮兰露而餐菊英兮岂富贵之能拥……鸢鱼同一天兮各适其情，人生聚散兮如太空之浮云……人合有离兮月圆有缺……处处冰壶兮贮秋月。”这是宋代金华诗人王柏在《冰壶秋月赋》中的吟咏，不但写出了冰壶洞的月色，而且富有深刻的人生哲理，令人回味无穷。

唐代兰溪诗人贯休在赤松山有“云敛石泉飞险窦，月明山鼠下枯藤”“琴弹溪月侧，棋次砌云残”等诗句。元代金华诗人叶颙游北山时写道：“百尺岩前玩月辉，九龙山上看云飞”“楼殿势穿云影里，笙箫尽断月明中”“酒边半醉弄明月，月光忽落杯酒中”。诗人金涓云：“夜深鸾鹤群仙过，人在青松月下看。”张可久吟咏：“数枝黄菊勾诗兴，一川红叶迷仙径。四山白月共秋声，诗翁醉醒。”宋人于石写出：“月涵古井一泓碧，云护空山半粒丹。”明朝赵志皋也有“月明夜卧崖之巅，手折松枝嚼琼液”的诗句。

赏月、看云、听泉、吹箫、弹琴、品茗、弈棋、饮酒、画画……古人在大自然的怀抱中，天人合一，野趣悠然，闲情逸致，自得其乐。

沿历史长河，追溯诗源，开辟金华诗苑的还是应首推南朝太守沈约。一千五百多年前，这位太守登上了金华城东南隅的“江南第一楼”。举目远眺，蜿蜒流淌而来的两条江，在眼前汇成一条大江，宛如系在古城腰间的飘带向天边飘去。皓月当空，秋晖如水。临风把酒，举杯畅饮，抚琴弹唱，吟咏作画，不亦乐乎。一时兴起，太守挥毫写出：“登台望秋月，会圃临春风。岁暮愍衰草，霜来悲落桐。夕行闻夜鹤，晨征听晓鸿。解佩去朝市，被褐守山东。”谁知诗兴大发，竟一发不可收。他又以该诗中的每一句为题，一气呵成，共写出八首计1803个字的组诗，后人即称《八咏诗》。从此，人们就将这原名为“玄畅楼”的楼改称为“八咏楼”。于是，诗仙太白拾级登上高楼就有“沈约八咏楼，城西孤岧峣。岧峣四荒外，旷望群川会”的诗句。“笔卷烟波万顷”的易安居士更有“千古风流八咏楼，江山留与后人愁。水通南国三千里，气压江城十四州”的诗篇。骆宾王、张志和、贯休、方凤、李渔等一代又一代的大诗人在双溪水的哺育下成长。更有崔颢、苏轼、孟浩然、王安石、陆游、温庭筠怀揣着诗的种子在这里萌发，在这里吟诵。而如今，这位太守诗人手拿着一卷诗稿，又反复斟酌着平

金华月饼

金华明月楼

平仄仄，从八咏楼上走了下来，立在婺江畔与江水一起日夜吟唱……

在双溪畔，还有建于宋朝的明月楼和明代的一览亭，都是赏月的好去处。“一簇楼台表郡城，月淤此处最光明”“芙蓉峰前旧时月，夜夜长照溪上楼”，都是赞美明月楼的诗句。一览亭，玲珑秀丽，在八咏楼西面的高坡上，登高远眺，全城一览无余。亭内石柱刻有清知县曹砺成题的对联：“寒山片石可共语，明月双溪最为佳。”

一直以来，人们总是把桂花与中秋的皓月自然地联想在一起。月中有桂，桂树旁有玉兔、蟾蜍，月宫中有翩翩起舞的嫦娥，有伐桂的吴刚……中秋之夜赏月、赏桂，一代又一代的人们津津乐道地讲述着“嫦娥奔月”“吴刚伐桂”“蟾宫折桂”等美丽而古老的神话。仰望空中的月亮，让人浮想联翩……

桂花树也一直被视为吉祥物。古时，孩子赴考，长辈常以七片桂叶相赠，以表示祝福。金榜题名，这是历代读书人梦寐以求的事。自唐以来，考中举人被喻为折桂。桂花树四季常绿，不畏严寒酷暑，永葆青春。它小小的花朵排满绿叶之间，互相簇拥，相互扶持。它从不妖艳，从不张扬，没有争奇斗艳，只是默默地吐露幽雅浓郁的芬芳。静思细想，桂花一片，九里香；心香一瓣，将一生一世飘香。

金华坊间，自古中秋节有家邻挚友互相馈赠月饼、粽子，晚上合家围坐赏月之习俗，许多地方有演戏、斗牛和迎神赛会。据记载，规模最大的要数山口冯等地的“迎神游村”活动，一支数百人队伍高举长旗、执事，敲锣打鼓，鸣铳放炮，簇拥着“邢公大帝”等七尊神像，游历山桥、小黄村、官田曹宅等乡的几十个村庄。

抬头望长空，今月如盘、如镜。吃着香甜月饼，诵读吟咏古城的诗文，犹觉古城青春焕发，魅力四射。

中秋

第六节　重阳登高

农历九月初九，二九相重，称为“重九”。汉代儒家阴阳观，有六阴九阳之说。九是阳数，重九亦叫“重阳”，故称重阳节。

南朝梁人吴均之《续齐谐记》中记载重阳节来历：东汉时，汝南县里有一个叫桓景的人，到东南山拜师学艺，遇仙人费长房，仙人得知人间发瘟疫一事，当即给桓景一把降妖青龙剑，并且给了他许多茱萸叶和菊花酒，让他回乡让家乡父老乡亲九月九日佩茱萸，喝菊花酒，登高以避瘟疫之祸。桓景按照仙人吩咐行事，并用青龙剑与瘟魔展开搏斗，最后杀死了瘟魔。汝河两岸的百姓，就把九月九登高避祸、桓景降妖伏魔的故事一直传到现在。自此，就有了重阳节。唐代的《初学记》和宋代的《太平御览》等书都转述了这个故事，并认为九月九日登高喝菊花酒，妇女在胳膊上系茱萸囊，辟邪去灾的习俗由此而来。

唐代，“重阳”被正式定为民间节日，此后历朝历代沿袭至今。重阳节习俗主要有出游赏景、登高远眺、观赏菊花、遍插茱萸、吃重阳糕、饮菊花酒等活动。又因九九重阳，与“久久”同音，九在数字中又是最大数，有长久长寿的含义，所以常在此日祭祖与推行敬老活动。况且秋季也是一年收获的黄金季节，重阳佳节，寓意深远，历来人们有着特殊的感情，唐诗宋词中有不少贺重阳、咏菊花的诗词佳作。

古人对山既敬畏又充满崇拜，“登山祈福”的习俗早在春秋战国时期就已流行开来。登高“辟青”的说法则源于大自然中的节气。重阳为秋节，节后天气渐凉，草木开始凋零，重阳节登山“辞青”与古人在阳春三月春游“踏青”相对应。古代还风行九九插茱萸的习俗，所以又叫作茱萸节。茱萸可入药，也可制酒养身祛病。插茱萸和赏菊花在唐代就已经很普遍了。人们喜欢佩戴茱萸以辟邪求吉。茱萸因此还被人们称为“辟邪翁”。与登高相联系的有吃重阳糕的风俗。登高吃糕，取步步登高的吉祥之意。

重阳日历来就有赏菊花的风俗，所以自古以来又称菊花节。农历九月俗称菊月，节日举办菊花大会，倾城的人潮赴会赏菊。重阳聚会饮酒、赏菊赋诗已成时尚。菊花象征长寿。重阳佳节，金华有的地方还有饮菊花酒的传统习俗。

秋游、登高、赏菊、祝寿、茶话会，是现在重阳节老年节活动的主要内容。

第七节　时令节日

立春　春为岁首，民谚有“新春大如年”之说。家家户户贴《春牛图》和“迎春接福”的红条幅。交春时辰，设香案，置祭品，放爆竹，举行迎春仪式。是日，只说吉利话，兆全年吉利。

立春，吃春饼，这是各地的习俗。《通俗篇·四时宝鉴》中有：“立春日，唐人作春饼生菜，号春盘。”可见这一习俗，由来已久。

春寒料峭，春饼的生意却十分红火。只见卖春饼的人把面团抓在手上，在加热的锅上轻轻一甩，又轻轻一提，即可在锅内揭起一张薄薄的饼。其手法十分娴熟，不一会儿就烙出一沓沓的春饼来。制作春饼除了一个平底锅、一个炉子之外，不需要什么。据说，关键的一步就是和面。用热水将面粉调和，为增加韧性，并加少许盐。至于手法那就全靠熟能生巧了。

春饼本身没有什么特别滋味，是要卷菜吃的。金华人一般用肉丝炒豆腐干、韭芽或肉丝炒豆芽菜加煎蛋丝、甜酱等，而最好吃的是肉丝炒“三月青”和千张丝。“三月青”一定要挑金华本地的小叶品种，大叶的就不及小叶的好吃。肉丝、千张色白，味鲜美，“三月青”碧绿，略带苦味，十分清口。取一两张春饼放在面前的盘子里，用筷子将菜夹在饼上，卷起来即可吃。有时因菜太多，卷得不好，春饼破了，菜汁流出，手上、衣服上都沾上，吃相就狼狈了！

春饼，薄如纸。它如同春天的信使，给我们捎来春天的信息。

在立春的爆竹声中，春天来了！家家户户老老小小围着吃春饼，心中充满了对春天、对新一年的期望。

惊蛰 惊蛰作为二十四节气的第三个节气，一般在公历3月6日前后。《月令七十二候集解》有："二月节……万物出乎震，震为雷，故曰惊蛰，是蛰虫惊而出走矣。"俗称："惊蛰过，暖和和，蛤蟆老角唱山歌。""春雷响，万物长"，雨水渐多，虽乍寒乍暖，但春雷一响，很多的动物都会从沉睡中醒来，作物生长加快。老农有听雷声以卜一年丰歉之俗。此时，竹笋破土而出，肉质鲜嫩，美味爽口，金华人喜欢吃春笋及荠菜、马兰头等野菜。

春分 春分是春季九十天的中分点。二十四节气之一，每年农历二月十五日前后。《月令七十二候集解》："二月中，分者半也，此当九十日之半，故谓之分。"另《春秋繁露·阴阳出入上下篇》说："春分者，阴阳相半也，故昼夜均而寒暑平。"金华民间一般有踏青、放风筝、野外剜野菜等活动。古时，朱淑真《春日杂书十首》中有"写字弹琴无意绪，踏青挑菜没心情"之句。农家有炒豆、炒"米胖"习俗。

四月八 农历四月初八吃乌饭是金华人的风俗。其实，在江南有此习俗的地方不少。

为何有此风俗？说法很多。有一种说法，这是起源于佛门。据《神隐》记载："西域有神名曰佛，佛生日以黑黍饭不落角祀之，中国奉教者，率相效仿。"因农历四月初八传为佛祖释迦牟尼生日，故把吃乌饭的日子定在这一天。也有民间故事传说，有一孝女为入狱的继母送牢饭，但白米饭总是遭狱中"牢头"（金华人俗称狱卒为牢头）的克扣。为了让继母能吃

金华春饼

金华乌饭

饱饭，无意中她发现山中有一种树叶汁，色泽虽乌黑但清香可口，于是将它混入饭中，“牢头”以为是下等饭，就顺利送进，避过了克扣。后来此事传出，人们盛赞孝女聪明机智，并效仿吃起了乌饭。类似的故事，如宋代《目莲救母》的戏曲，都可佐证吃乌饭的习俗已有悠久历史。唐诗中就有“乌饭新炊芼臛香香，道家斋日以为常”之诗句；宋代诗人陆游也有“道士青精饭，先生乌角巾”的吟咏。

做乌饭先要采摘俗称“乌饭树”的叶子，这种树又称“南烛树”或“青精树”，是一种属杜鹃花科常绿的灌木植物。叶子形状椭圆，色呈紫红，生长在山坡、路旁或灌木丛中。将叶榨汁浸泡糯米，待糯米染黑，即可烧饭。乌饭出锅后，平铺在荷叶或菜叶上，压成方块形，摊一层红糖，即可食。乌黑晶亮的米饭，黄黄的红糖，翠绿的叶片，相互辉映，甚是好看。吃一口，黏糯甜美，清香可口，别有一番风味。李时珍在《本草纲目》中说“此饭乃仙家服食之法”。

四月八，吃乌饭。以前在金华常见农妇肩挑手提、走街串巷叫卖乌饭，如今已少见。

立夏　夏季的第一个节气是立夏，表示孟夏时节正式开始。兴吃鸡蛋、桂圆、红枣及青梅、青枇杷。金华人有吃竹笋之习，俗称“接长脚骨”。也有烹食嫩蚕豆的习俗，认为吃蚕豆可明目。有的地方还要吃大饼，传说可防“疰夏”。

立夏图

七夕图

古时，因大好的明媚春光过去了，人们未免有惜春的伤感，备酒食为欢，好像送人远去，名为饯春。古诗曰：“迎夏之首，末春之垂。”也有《立夏》诗云：“无可奈何春去也，且将樱笋饯春归。”

在民间，立夏日人们常喝冷饮来消暑。立夏，金华还有称体重的习俗。人们在村口或台门里挂起一杆大秤，秤钩悬一箩筐，大家轮流坐到箩筐里面称。司秤人一面打秤花，一面讲着吉利话。秤老人要说“秤花八十七，活到九十一”，秤姑娘要说“一百零五斤，员外人家找上门。勿肯勿肯偏勿肯，状元公子有缘分”，秤小孩则说“秤花一打二十三，小官人长大会出山。七品县官勿犯难，三公九卿也好攀”。称时，秤砣只能从内向外移，不得由外向里移，以示越长越重。

夏至　夏至即炎热的夏天来临，金华俗称“节日”或“夏节”。古诗有云“昼晷已云极，宵漏自此长。……绿筠尚含粉，圆荷始散芳”，说的是到了夏至时节，白昼渐渐拉长，此时翠绿的鲜竹尚且含粉，池塘里的荷花已经开始散发阵阵的清香了。夏至这天，太阳直射地面的位置到达一年的最北端，几乎直射北回归线，此时，北半球的白昼达到最长。

夏至日，金华人城乡兴吃馄饨，有“夏节吃馄饨，落水人不沉”的说法。另外，也可喝绿豆汤、莲子汤、白木耳汤，吃西瓜、苦瓜等时令蔬果。

六月六　农历六月初六，男女老幼都要沐浴解暑，还给牲畜洗澡，俗语说“六月六，猪狗猫也洗浴”。又传“六月六，不吃肉，要生毒”，故有吃肉习俗。还有翻晒衣物之习，家家户户翻晒衣被、箱笼、书，以防霉蛀。所谓“六月六，晒红绿”。

七夕　农历七月初七为“七夕节”。七夕节又名乞巧节，来自牛郎与织女的传说。最早的内涵主要是乞巧，姑娘们摆出供品和女红等，焚香祈祷向织女乞讨智巧。

七夕节也是中国的情人节，是男女相亲的节日，同时也表达已婚男女之间不离不弃、白头偕老的情感，恪守的是双方对爱的承诺。这一天，金华农村一些地方有接仙女仪式，有赛女红评巧女，放莲花灯、孔明灯等活动。

中元 农历七月十五，俗称七月半，旧时为“鬼节”，有“一年两节半，清明、冬至，七月半”的说法。金华民间盛行烧羹饭、祭祖。在路边焚烧纸钱、纸衣，祭祀野鬼。传说，这一天，地府放出全部鬼魂，所以人们一般夜晚不出门。各地有的兴吃汤圆、饼，有的吃千层糕，也有的吃米粉糕。至今这种祭祖习俗仍在一些乡村沿袭。

霜降 二十四节气之一，天气渐冷，开始有霜。霜降一般是在每年公历的10月23日或24日。《月令七十二候集解》说：“气肃而凝，露结为霜矣。”

南宋诗人吕本中在《南歌子·驿内侵科目》中写道：“驿内侵斜月，溪桥度晚霜。”陆游在《霜月》中写道：“枯草霜花白，寒窗月影新。”说明寒霜出现于秋天晴朗的月夜。秋晚温度骤然下降到0℃以下，靠地面不多的水汽就会凝结在溪畔、桥上、树叶和泥土间，形成细微的冰针或为六角形的霜花。霜，只能在晴天形成，俗有“霜重见晴天”之说。

冬至 冬至是一个重要的节气，也是传统节日，俗称“冬节”“亚岁”等。俗有“冬至大如年”的说法。

冬至是北半球全年中白天最短、黑夜最长的一天。古人说：阴极之至，阳气始生，日南至，日短之至，日影长之至，故曰“冬至”。

冬至日家家户户祭祀祖先，媳妇不得在娘家过夜。金华乡间多有吃馄饨、汤圆、长线面、糯米团、冬至肉等习俗。也有兴吃“豆黄雷”（糯米粉馅加糖，做成圆形，蒸熟后滚上炒豆粉），吃麻雷（即麻球）、麻糍等风俗。

第五章　礼仪习俗

第一节　交往礼仪

人际交往时，金华有许多习俗，稍不注意就容易失礼。

旧时，来客，必先送帖或送名片，经通报求见。切不可随意闯入人家。经允许，由仆人引进，主人此时即起身迎客，双方抱拳拱手表示敬意。

主人热情招待，请坐，敬烟、泡茶，送茶时必用双手端上。交谈中，态度谦逊，和蔼可亲。其间，亦穿插敬水果、茶点。客人起身，主人相送至门口，临别称："宽慢可！"（金华话，意思即慢走）

招待客人，尤其是在农村常请吃氽蛋，俗叫"卵汤"。金华以两个氽蛋表示敬意，三个氽蛋表示十分敬意，四个氽蛋却有轻侮之意。而汤溪一带则是氽蛋越多越含敬意。

请客吃饭，素有"请客容易，请人难"之说。首先要列出客人名单，提前几天，甚至半月发出请帖。切不可当天才通知人家。同样，客人若确不能赴宴，也应及时告诉主人原因，并致歉意，求得主人原谅。请客当天，还需差人上门邀请，重要客人更由主人自己亲自出面登门恭请。

来客一般不空手，视情况随身带礼物。礼物需经精心挑选，要合适、合理、合情。

吃饭是有很多规矩的。平时，全家人要到齐了才能开饭，座位按辈分安排，长辈居中（金华人把桌子上位称为"上王头"，为最年长的或最重要的客人坐），不能乱坐，小孩不让上桌。坐"上王头"的长辈或客人没动筷前，其他人不能先动筷；吃菜就近，不能挑食和乱翻菜肴；轻言轻语不准吵闹；不能随便站立，坐着尽量少动。碗筷轻拿轻放，不能将筷子竖立在碗中，也不能将筷子放在碗上，更不可敲击碗筷。吃完退席要与大家点头示意，并要说“请各位慢用”等。

请客自然更重视礼仪。主人一定要请最尊贵的客人坐“上王头”。开席前，主人要对各位宾客的到来表示感谢。请坐“上王头”的客人先动筷，大家随意赏用。开宴，及时敬酒、添酒，给客人夹菜。敬酒不可勉强，喝酒主客均应量力而行，不可喝醉，切忌失态。宴会中途不可随便离席。宴请结束，主人要相送至门口，客人要表示感谢主人的热情款待。

金华人对礼尚往来一直奉行“出六归四”。意思是客人送来的礼物是“四”，回礼要“六”，切不可只进不出，或亏欠、怠慢了人家。

茶和酒是招待宾客必需之饮料，素有“浅茶满酒”之俗。农家多以饮自家酿酒和自制绿茶为主。本地产的名酒、名茶甚多，如寿生酒、金华府酒、白字酒，婺州举岩茶、武阳春雨、兰溪毛峰、武义有机茶、方岩绿毫等。主人要将最好的敬给客人，以表达诚心。

第二节 婚嫁礼仪

“三书六礼”是中国的传统婚姻习俗礼仪,包括从谈婚、订婚到结婚等过程中的文书和礼仪。这一礼仪习俗历史悠久，可以追溯到西周。

“三书”指在“六礼”过程中所用的文书，包括聘书、礼书和迎书。聘书即定亲之书，是男女双方正式缔结婚约，纳吉时用。礼书，即过礼之书，是礼物清单，当中详列礼物种类及数量，纳征（过大礼）时用。迎书即迎娶新娘之书，结婚当日（亲迎）接新娘过门时用。

“六礼”是指由求婚至完婚的整个结婚过程，包括纳采、问名、纳吉、纳征、请期和亲迎。

纳采：古时婚礼之首，属意女方时，延请媒人做媒，谓之纳采，今称“提亲”。

问名：男方探问女方之姓名及生日时辰，以吉兆，谓之问名，今称“合八字”。

纳吉：问名若属吉兆，遣媒人致赠薄礼，谓之纳吉，亦称“过文定”或“小定”，相当于现在的订婚。

纳征：奉送礼金、礼饼、礼物及祭品等，即正式送聘礼，谓纳征，今称“过大礼”。

请期：由男家请算命先生择日，谓之请期，又称“乞日”，今称“择日”。

亲迎：新郎乘礼车，赴女家迎接新娘，谓之亲迎。

古代男女的婚嫁过程，一般具体包含以下七个步骤：

第一，说媒。在古代，男女双方必须经过媒人的说合才能喜结连理。有一句俗语叫“父母之命，媒妁之言”，说的就是这个道理。在传统的婚姻中，媒人在男女婚嫁中起重要作用。“天上无云不下雨，地上无媒不成亲。”媒人可以主动揽活，为男女双方牵线搭桥，也可以是受人之托，成人之美。

第二，批八字与推生肖。古人十分讲究婚配，若男家要娶媳妇，先向女家取得女子的八字，然后便交给算命先生推算，看与儿子合不合，俗称“夹吾夹”。如果女子与儿子的八字相冲，两家便不能结成姻亲了。也可以将写有女子生辰八字的帖子置于男方家的神龛前暨祖先案上，卜吉。三日内，如家中平安无事，则男女双方能成为亲家。关于推生肖，民间有许多俗谣，相合的有：青兔黄狗古来有，红马黄羊寿命长，黑鼠黄牛两兴旺，青牛黑猪喜洋洋，龙鸡更久长，　盘兔，必定富等。不合拍的有：白马怕青牛，羊鼠一担挑，蛇虎如刀锉，龙兔怕交流，金鸡怕玉犬，猪猴不到头等。

第三，定聘。定即定议，聘又称小聘，相当于现在的订婚礼。定聘时必须用一种大帖，故乡人称定日为回大帖或者是压大帖。帖之外又有聘书，俗称婚书。聘书一般都由男家备办。定聘之前一切礼金都已定列成礼单。男家先付礼金的一小半，俗称上半礼。定聘时也可以以金戒指为定聘礼的。定聘的那一天男女两家皆设宴席，宴请亲朋好友，参加者只凑热闹，并不送礼。

第四，送礼。送礼在婚娶前二十日或一两个月内进行，送礼最重要的是送礼金。由于定聘时已拿上半礼，这时全部付完俗称下半礼。其他的礼物列成礼单，夹在礼书之内。礼单上面必须有布帛、绸缎、纱罗之类，这些布料是为新婚缝制衣服的。女家也要回些礼物，缮好礼书交来人带回。送礼之后，距婚期就不太远了。

第五，迎亲。迎娶的当日，男家鸣炮奏乐，发轿迎亲。媒人先导，接着新郎、伴娘、花轿、乐队、盒队，浩浩荡荡、鱼贯而至。花轿一到，女家奏乐鸣炮相迎。不少地方，此时故意大门紧闭，有讨要“开门包”之习俗。迎亲的队伍进入女家堂屋后，花轿落地，新郎叩拜岳父岳母大人，并在媒人的引导下向新娘的祖先牌位和长辈们行过礼后，伴娘就挽着新娘上花轿了。上轿时，新娘一般要“哭嫁”，表示对父母的依恋。娶亲

金华婚礼

的归路，必须走另一条路，也叫不走回头路。

第六，拜堂。迎娶之日，新郎新娘举行拜堂仪式。傧相二人分别以“引赞”和“通赞”的身份出现。拜堂仪式：新郎新娘至花堂前，新郎新娘就位。进香。跪，献香。跪，叩首，再叩首，三叩首。然后就是常见的三拜：一拜天地，二拜高堂，夫妻对拜。最后才进洞房。

第七，闹洞房。民间还流传着洞房越闹越喜，不闹不发，越闹越发以及新婚三日无大小的说法。

中国人的婚礼离不开大红色，习惯以鲜艳的颜色来烘托气氛。因此，历朝女式婚服颜色多为大红色，以示喜庆，衬托新人，预示未来生活蒸蒸日上，幸福美满。古时，新郎头上戴着束发嵌宝紫金冠，身穿一袭苏绣红色锦袍，腰系五彩蚕丝白玉带，足蹬青缎白底小朝靴。新娘礼服为广袖对襟翟衣，头戴珠凤冠。需说明的是，翟衣上面的图案很有讲究。对襟本身就有完整的对称感，且在中国文化里代表合称、合美的意思，而上面密布的左右对称且成双成对的锦鸡图案，则象征着中国传统文化里夫妻生活的和美、和乐。20世 初，传统的中式婚礼服，男装还是长袍马褂，新娘装是凤冠霞帔。凤冠霞帔原属清代诰命夫人的规定着装，是权势和地位的象征，对普通平民百姓来说是可望而不可即的。因为其上布满了珠宝锦绣，雍容华美至极，表达了民间对权贵的仰慕，因而逐渐演变成豪门闺秀的婚礼服。而普通人家之女成婚时，通常只穿一身大红袄裙，外加大红盖头和绣花鞋，并用大红花轿抬进婆家门，讲究的就是个“红”字。新娘的头饰都要经过精心打扮，给新娘梳头的人都是亲朋好友中生活幸福美满的，被称为“利市人”的女人。她一边梳一边说一些祝福的话，这一礼仪据说能给新郎新娘带来和谐、财富以及多子多福。新娘在婚礼当天高绾发髻，区别于未婚女子。新娘以红色头盖蒙面，象征着童贞、年轻、纯　。婚礼后由新郎亲手揭开。哭嫁是一种特殊风俗。以前，新娘出嫁就意味着永远离别家人和家乡，因此新娘都要在婚前哭上一场。

古代婚嫁有许多禁忌：忌吃喜饼，过大礼时男方送来的喜饼，新娘切记不能吃，喜饼比喻新娘的福气，吃掉自己的福气是不吉利的；忌再插香柱，如祭拜的香柱在香炉中插歪了，切勿将香拿出再插一次，意忌再婚；忌扇扇子，不管天气再热，在场所有亲友都不可以扇扇子，因为扇子有谐音“散”，在讲究百年好合的大婚日，是不吉利的；忌说“再见”，当男方亲友离去时，女方送客时不可以说“再见”，这样会有再婚的意思，所以仅以点头示意；举行订婚仪式时，家姑必须回避，以免造成新娘与家姑日后相处不和；嫂不相送，成亲之日，嫂嫂不能相送，因“嫂”与扫帚星的“扫”同音，不吉利；新娘上轿，须由长辈如伯父、叔父抱负而行，至少也得哥哥背出大门，不能由自己走出；送新娘出嫁时，寡妇、孕妇要避忌送亲；迎娶新娘时，必须用红伞遮道，还要一边撒米，一边讲些吉利的话语，直至新娘上了花轿（车）为止；新娘初至夫家，伴娘等要陪她吃饭，别人大吃大喝，而她却只能干看着，束手端坐，谓之“看席”；婚后三日，新郎陪新娘一起回娘家，这叫“回门”。回门当天必须在日落之前赶回夫家，不能留宿。

结婚新房布置，亦有讲究。新婚的大床，要择定良辰吉日安装。需放一些吉利好兆头的物品在床上，如百合、红枣、莲子等，意谓一对新人百年好合，早生贵子，并将一把尺子、镜子、剪刀、利市（红包）及嫁娶吉符，放在梳妆桌上，意谓辟邪驱煞，百无禁忌。

金华旧式婚姻与上述大同小异，多凭父母之命、媒妁之言，讲究门当户对、年龄属相和生辰八字。缔结婚姻礼仪烦琐，一般有说媒、订婚、迎娶、拜堂、拜三朝、回门等程序。

说媒，男方委托媒人向女方求婚，女方收下“定包”，请吃汆蛋或吃汤圆，表示允婚，否则就是拒婚。

订婚，又叫行聘，订婚礼中有桂圆、枣、衣料、首饰和聘金。

迎娶，吉日前十天左右向女方送“羹饭礼”，有“四鹅八鸡留头猪”，还有糕、馃、馒头等，女方回赠新郎衣冠鞋袜。结婚前三四天，男方再送“上轿礼”，女方向男方送嫁妆，俗称“移陪嫁”。迎新娘要用花轿、乐队，富户还有彩旗、高照等仪仗。贫寒之家用“篾舆”抬新娘，二婚娘子只能坐青衣轿。

婚礼，俗叫拜堂，仪式隆重。新郎戴礼帽，穿长衫马褂，新娘戴凤冠，穿彩衣霞帔，在鼓乐声中行三跪九叩礼，再由“利市人”送入洞房。

拜三朝，俗叫“拜大小”，受拜者需赠红包。

回门，即新郎陪新娘回家看望父母，必须当天双双返回。

至此，婚礼结束。

民国时期，金华城区和知识界中，开始兴起自由恋爱，文明结婚，礼仪大为简化。城内曾举行过集体婚礼。

金华婚宴菜肴，过去不少市民或农家都请厨师在家自办，多是10～16碗，且配以点心2～4种。富户还用上金华火腿和海参、鱼肚、鱼翅等珍品。民国时期金华最高档的酒家就数“清和园”，这是金华的老字号菜馆，在这里办婚宴是最有面子的了。

20世纪七八十年代，请客一般以有甲鱼、蹄筋为敬。而现在无论请客或各种庆典、婚宴多由宾馆、大酒店代为筹办，而且越来越追求所谓的场面、气派。尤其是婚宴多由婚庆公司筹办。海参、鲍鱼、鱼翅等应有尽有。

第三节　殡葬礼仪

中国的传统丧葬文化非常讲究寿终正寝。殡葬习俗、礼仪烦琐，有的在时代发展进程中早已废弃。

停尸仪式　在病人生命垂危时，家属必须要给他沐浴更衣。这实际上是给死者进行一次化妆整容。给死者穿戴好内外新衣。否则，就是“光着身子走了”，亲属会感到十分内疚。寿衣一般是比较传统的式样，忌穿黑色。整套服装不能有扣子，而且要全部用带子系紧，这样做是表示“带子”，就是后继有人的意思。如果死者是男性的话，脚上要穿黑色的布鞋，如果是女性的话，要穿蓝色的布鞋。

家里人还要在死者的嘴里放上一枚铜钱或珠宝，这叫“含口钱”。还流行给死人烧纸锭、锡箔之类的信物，就是“烧落地纸”。按照旧时的规矩，在沐浴更衣的仪式结束之后，还要举行饭含仪式。饭含是指在死者的口中放入米饭之类的东西。这是为了不让死者张着空嘴、饿着肚子到阴间去受罪，而成为饿死鬼。

病人弥留之际，儿孙必守候在床前送终。在咽下最后一口气前，把他移到正屋明间的灵床上，守护他度过生命的最后时刻，这叫作“挺丧”。

报丧仪式　报丧仪式早在周代的时候就已经形成了，是用发信号的方式把有人去世的消息告诉亲友和村人，即使已经知道消息的亲友家，也要照例过去报丧。有的拿白纸扎成旗子立在门前，或大门上贴上白纸条作为报丧的信号。报丧的孝男孝女必须头上裹白布、戴斗笠，手上拿一条白布巾，跪在地上哭报丧事。哭报完之后马上回家。另外也有报丧是用伞来暗示的。报丧的人带着一把伞去，把伞头朝上柄朝下，放在门外，来表示凶信。主人便要请报丧的人吃点心。然后，问清楚入殓日期。最后，把报丧人用过的碗扔到门外，表示驱邪避祸。在外地的亲人如果收到一封“焦头信”（信封的一角被烧焦），就知道这是报丧信。

当亲朋派人来奔丧，走到村头的时候，孝男孝女必须跪在村边路口哭迎，哭着述说丧亲的悲痛，感谢奔丧亲人的一路辛劳，并给每人递上一条白布，这种白条叫作“孝布”。

在一些地方，死者的家属身穿孝服，准备好菜肴酒饭等在门外，烧一些银锭、草鞋等，这叫作“送无常”。“无常”就是民间传说的勾魂的鬼。说是“无常”吃了菜肴酒饭，拿了银锭，又有草鞋可穿，就不会来打扰死者了。

报丧不仅是一种形式上的礼仪，更是一种和亲属家人一起分担悲痛的做法。

招魂、送魂仪式 客死在他乡的魂魄，找不到归途，所以他的家人要替他“招魂”，使他听到那 着他的声音，才能够循着声音归来。

举行招魂仪式，必须选择一个相当的日子。到了那天，丧家就在门前竖起招魂幡，或者挂上魂帛。有的地方亲属还要登上屋顶呼喊招魂，让死者的灵魂回家来。幡旗迎风飘飘，取其缠绵的意思，魂魄就能够循着这飘扬的幡盖归来。幡旗一般立在大门的外面。去世的如果是男人，立在门的左边，如果是女人，就立在门的右边。

客死外地者，尸体不能进村，只能在村外搭铺举办丧事活动。

做“七”仪式 古人认为，人死后七天才知道自己已经死了，所以要举行“做七”，金华人称为“烧羹饭”。每七天一祭，七七四十九天才结束。这主要是受佛教和道教的影响。人死之后七个七期中，家属、亲友如果能请僧人、道士来为他做些佛事，亡者即可因此而投生到更好的去处。佛教主张超度亡灵最好是在七七期中。道家也认为超度亡灵最好是在他“七魄”没有散尽之前。

富户乡绅，还要举行堂祭、路祭和墓祭。烧七，从死者断气之日起，每七天举行一次祭奠，共七次，俗叫烧七。第一个七天、第三个七天、第五个七天和第七个七天，叫作“大七”。但不少人家只烧单数，烧大七。按丧事习俗，烧一七、七七以死者儿子为主，称有头，有尾；三七以死者儿媳为主；五七以死者女儿为主。

到了第四十九天，便要做“断七”。断七过后就出了孝期，丧家都很看重，并请亲朋好友参加“断七”礼仪活动。“断七”这一天，请道士来做道场，美其名曰“保太平”。因为这一次是为活人祈祷。念经拜忏之后子女们便脱下丧服，换上常服。七七之内，孝子不理发，不修面，称为“囚七”。每“七”均需上坟为死者烧纸钱，尤以“三七”“五七”“七七”最重要。

吊唁仪式　在“做七”的同时要举行吊唁仪式。唁是指亲友接到讣告后来吊丧，并慰问死者家属。死者家属要哭尸于室，对前来吊唁的人跪拜答谢并迎送如礼。一般吊唁者都携带赠送死者的衣被，并在上面用别针挂上用毛笔书写的“某某致”字样的纸条。

吊唁首先要布置灵堂。灵前安放一张桌子，悬挂白桌衣，桌上摆着供品、香炉、蜡台和长明灯等。在没有收殓之前，这盏长明灯不管白天晚上都要有人看守，不能让它熄灭。据说，这盏灯就是死者的灵魂。尸体和灵柩都忌讳停放在光天化日之下，怕受所谓“日精月华”，更怕冲犯上天过往的神灵。因此只要是举行简单的祭奠仪式，就必须要搭灵棚。在有的地方丧家要在大门口设置一面“报丧鼓”。吊唁的人一进门就击鼓两下，亲属听见鼓声就号哭迎接。来吊唁的人向死者遗像行礼哀悼，然后垂泪痛哭。有的地方只在灵案上放一个铜磬，由一个人专门负责敲击，隔一会儿敲一记，说是铜磬响一声，黄泉路上就光亮一闪，灵魂可借着照明前行，但又不可以连着敲，不然死者亡魂就会踉踉跄跄。灵堂上女眷们的悲泣哭声，充斥着整个灵堂。孝子孝媳自始至终都披麻戴孝跪在灵案边陪祭。来吊唁者都要在哀乐声中向死者跪拜。俗称“死者为大”，除了长辈不必下跪，其他人，包括平辈都得跪拜。有的地方把吊唁称为“拜祭”，一般送的祭礼是香、烛、鞭炮、纸钱、利布，而女婿家和娘家亲属除了香、纸外，必须备猪头、鹅为祭礼，当送祭礼前来吊唁的人到来时，有些还哭唱出生前与死者的友好关系，嘱咐亡魂应保佑他如何等。煮熟的猪头、鹅两样供奉灵前，然后从上辈到小辈按顺序拜祭。死者的子孙全体跪于灵前，拜祭痛哭。吊唁开始，爆竹齐鸣，吊祭的人穿着素服，以亲疏尊卑为顺序，一家一堂，本家先祭，外客后祭，一律跪拜行礼，长者在前，晚辈在后，专门设一赞礼生手持焚香一束，立在东面。另外设一个赞礼生立在西面。最后，要燃放爆竹，以标志祭拜礼仪的结束。

现在吊唁仪式已经大大简化了，主要是遗体告别和开追悼会。前来吊唁的人身着素装，佩戴白花和黑纱，在哀乐声中，一一向遗体鞠躬致哀，而后再绕遗体一周瞻仰遗容。吊唁的人可以向死者的主要亲属说些简短的劝慰的话，劝慰丧家节哀顺变，保重身体。

入殓仪式　吊唁举行完毕之后，就要进行入殓仪式。入殓有“大殓”和“小殓”之分。“小殓”是指为死者穿衣服，“大殓”是指收尸入棺，俗称为“归大屋”。

在民间的习俗里，入殓的衣服和被子忌讳用缎子，因为“缎子”谐音“断子”，唯恐因为这个原因遭到断子绝孙的恶报。人们一般用绸子，“绸子”谐音是“求子”，可以福佑后代多子多孙。

收尸盛殓的棺材，是以松柏制作的，忌讳用柳木。松柏象征长寿。柳树不结籽，或以为导致绝嗣。棺木有八仙、十圆、十二花、十四刈，即用八块、十块、十二块和十四块木板制成，板子越少棺木越好。有的地方用柏木做棺材要掺一些杉木。棺材做好后，停在那里不能移动，俗说随便移动，对本人不利。棺材外面一般漆成朱红色，写上金字，也有画上花鸟人物的。

按照民间习俗，“大殓”要在棺底铺上一层谷草，然后再铺一层黄纸，意思是死者的灵魂能够高高地升入天堂。而七星板则是求寿之意。在七星板上铺黄绫子绣花的棉褥子，俗叫铺金，褥子上绣海上江牙、八仙过海等图案，意思是超度死者的灵魂升天成仙。要盖上儿孙和亲友送的寿被，放进亡人生前心爱之物。逝者双脚忌悬空，头忌顶板，要用衣物相隔。主人“奉尸殓于棺”的时候，是最能表现子女们的孝心的时候，是亲人孝思形式化的最佳场合。所以，家人们都要捶胸顿足号啕大哭。

在合上棺材之前还要往棺内放些陪葬物。民间的讲究是让死者左手执金，右手握银。多是让亡人左手拿一个一两重的小金元宝，右手拿一个一两重的小银元宝；而穷苦人家就只好放些铜钱，或当时社会上通用的硬币，如大铜子、小钢板之类；最不济也得给亡人手里放一块手绢。所以，历代的陵墓都有过盗掘的现象。尤其是帝王陵墓，随葬品都是稀世珍品，更引来无数觊觎者。

为了保证亡人能够落个尸首完整的结局，据说，凡是亡人生前从身上脱落下来的东西，都应殓入棺内。比如老年人，脱落的牙齿，以及小殓沐浴时所剪下来的指甲，家属必须把它们都放入棺内。

尸体、殉葬物放妥后，接着要钉棺盖，民间称为“镇钉”。镇钉，一般要用七根钉子，俗称“子孙钉”，据说这样能够使后代子孙兴旺发达。入殓前后，停棺在堂，直至出殡。

丧服仪式　在丧礼中，穿孝主要是为了表示哀悼。每个家族成员根据自己与死者的血缘关系和当时社会所公认的形式来穿孝、戴孝，称为“遵礼成服”。

两千年来，汉族的孝服虽然有变异，但仍然保留了原有的定制，基本上分为五等，即斩缞、齐缞、大功、小功、缌麻。

第一等叫“斩缞”，是五服中最重要的一种。“缞”是指丧服中披于胸前的上衣，下衣则叫作裳。斩缞上衣下裳都用最粗的生麻布制成，左右衣旁和下边下缝，使断处外露，以表示未经修饰，所以叫作斩缞。对“缞”的解释，就是指不缝缉的意思。凡诸侯为天子、臣为君、男子及未嫁女为父母、媳对公婆、重孙对祖父母、妻对夫，都要穿斩缞。

次重孝服叫作“齐缞”，用本色粗生麻布制成。自此制以下的孝衣，凡剪断处均可以收边；下摆贴边都在砸边际。孙子、孙女为其祖父、祖母穿孝服；重子、重女为其曾祖父、曾祖母穿孝服；为高祖父、高祖母穿孝服均遵“齐缞”的礼制。孙子孝帽子上钉红棉球，长孙钉一个，次孙钉两个，余者类推。孙子媳妇戴三花包头，插一小红福字。未出嫁且未梳头的孙女用长孝带，在头上围一宽缞，结于头后，余头下垂脊背，头上亦插一小红福字。孙子、孙女的孝袍子肩上钉有红布一块，有的剪成蝙蝠图案，有的剪成其他图案。按亡人性别，男左女右，谓之“钉红儿”。重孙子孝帽子上钉粉红棉球，亦长孙钉一个，次孙钉两个，余者类推。孝袍子肩上钉有红布两块，亦男左女右，谓之“钉双补丁儿”。元孙肩上钉三个“钉丁儿”。

“大功”是轻于“齐缞”的丧服，用熟麻布制作，质料比“齐缞”用料稍细。为伯叔父母，为堂兄弟、未嫁的堂姐妹，已嫁的姑、姐妹，以及已嫁女为母亲、伯叔父、兄弟服丧都要穿这种“大功”丧服。

“小功”是轻于“大功”的丧服，用较细的熟麻布制作。这种丧服是为从祖父母、堂伯叔父母、未嫁祖姑、堂姑、已嫁堂姐妹、兄弟之妻、从堂兄弟、未嫁从堂姐妹，和为外祖父母、母舅、母姨等服丧而穿的。

最轻的孝服是“缌麻”，用稍细的熟布做成。现在大多用漂白的布做成，称为“漂孝”。凡为曾祖父母、族伯父母、族兄弟姐妹、未嫁族姐妹和外姓中为表兄弟、岳父母穿孝都用这个档次。

可见传统礼仪是根据丧服的质料和穿丧服的时间长短来区分尊与卑、亲与疏的差异的。

五服之外，古代还有一种更轻的服丧方式，叫“袒免”。有史籍记载：朋友之间，如果亲自前去奔丧，在灵堂或殡葬时也要披麻；如果在他乡，那么“袒免”就可以了。袒，是袒露左肩；免，指不戴冠，用布带缚髻。

到了近现代的时候，中国的丧葬习俗受到西方的影响，丧服有了很大改变。如今，金华人除农村尚披麻戴孝外，通常多是在告别死者、悼念亡魂时，左胸别一朵小白花，左臂戴黑纱，有些妇女在发际插一朵白绒花。这些象征志哀的方式，比起古代丧服，要大大简化了。

出丧择日仪式 把灵柩送到埋葬的地方下葬，叫作出丧，又叫“出殡”，俗称为“送葬”。停尸祭祀活动后就可以出丧安葬，但对出丧日期都要慎重选择。出丧择日仪式甚是简单，有时只需翻翻皇历或问问“阴阳先生”即可。然而，此仪式所涉及的内容、牵扯的面极广，稍一不慎，便可能犯忌，所以必须慎重。

哭丧仪式 哭丧是中国丧葬礼俗的一大特色。哭丧仪式贯穿丧仪的始终，大的场面多达数次。而出殡时的哭丧仪式是最受重视的，所以有些地方有请人帮哭的习俗。

出殡的时候必须由全体后代，尤其是男人们“唱哭”，否则被视为不孝。另外，哭的音量大小也非常重要，没有响彻天地的哭声相伴，其子孙后代也要被人们视为不孝。为了求得孝的美名，孝子贤孙们花钱请人来哭丧，便是历代孝子贤孙们的惯用做法。有些地方甚至出现了职业性的哭丧夫或哭丧　，收入不菲。

下葬仪式 经过初丧、哭丧、做“七”、送葬等仪式之后，最后的环节就是下葬了。送葬时子女披麻戴孝，亲友人人穿着素装，以旗、锣鼓伴引，孝子手执哭丧棒、招魂幡引路。一路上要放鞭炮、撒纸，送棺至墓地。这是死者停留在世间的最后时刻了，一般都非常郑重。

实行土葬，入土为安。墓地是死者的最终归宿，所以墓地的选择是头等大事。墓地要选在地势宽广、山清水秀的地方，一般要请风水先生看风水，找出生气凝结的吉穴，从而可以使死者安息地下，庇佑子孙。

修墓穴之前还要祭祀土地山神，孝子要烧香点烛行开山礼。有的地方要请地仙，还要画太岁，开山的时候要避开太岁的方向，不然就是“太岁头上动土”，做好之后再把太岁的画像烧掉。这种墓穴，是把灵柩推进去的。在墓穴的底部铺垫着两根竹子或者去了树皮的光滑的小杉树。放的时候，把灵柩的上首搁在上面，再用撬棍往里面推，推进去之后再抽掉垫底。灵柩必须放正，请风水先生校正方向，不可偏侧。否则，认为对各房子孙后代的佑护有偏心。同时由风水先生和道士把壶筛酒，高声“呼龙”。在灵柩放进墓穴和封墓的时候，都必须放鞭炮，说是为死者饯行去阴间。下葬时要请风水先生赠地契，这样亡人可得到阴府保护，不受游魂野鬼打扰。

按照旧时的规矩，下葬的时间也是有讲究的，必须是太阳落山灵柩也落土。下葬后亲人必须绕墓转三圈，回家的路上禁回头探视，可摘树枝带回家，意“柴”为发财。不要从墓地直接到家，应绕圈子。进家门前应从燃烧的稻草堆上越过，俗称“过火”，用火驱除阴气，保平安。进门后，人们必须洗手，有的还要用酒来洗，表示驱除晦气。

办丧事菜肴简单，金华人煎豆腐、豆腐包不可少，俗称“豆腐饭”，死者亲属禁吃荤腥。安葬毕，请所有参加出殡的亲朋好友及帮工一起吃饭，俗叫“吃罢餐”。宴席上忌行令猜拳，忌言谢，不挽留。金华人还有分吃“长寿豆”的习俗。就是说，70岁以上的老人去世之后，在出丧的那天丧家要煮黄灿灿的豆，就是“长寿豆”。送丧的人回来都要随意吃一些长寿豆，意思就是“添福添寿”。还要把长寿豆分给邻里左右的小孩吃，意思是，吃了长寿豆，日后长又寿。

亡人去世一周年，请道士做超度，并将名字写入祖先牌。有俗称三年内魂祭，三年后神祭之说。丧家第一年贴对联用白纸，第二年用黄纸，第三年才恢复用红纸。

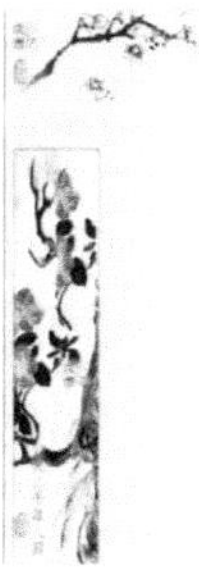

龟虽寿

曹操

神龟虽寿，犹有竟时。
腾蛇乘雾，终为土灰。
老骥伏枥，志在千里。
烈士暮年，壮心不已。
盈缩之期，不但在天。
养怡之福，可得永年。
幸甚至哉，歌以咏志。

第四节　贺生礼仪

按金华人的风俗，贺生有许多礼仪。

催生礼　产前月许，娘家即准备送“催生礼”。主要是送去婴儿衣帽、尿布，产妇吃的红糖、胡桃、鸡蛋、生菱和宴请接生婆等的“催生饭”。

报生　婴儿一旦降生，立即遣人去产妇娘家及亲友乡邻“报生”，属头胎男婴还要担去“红男酒”(肉丸、黄酒)。娘家和亲邻闻讯后要回送礼物，一般多红鸡蛋、小孩衣服、鞋袜、银项链、手镯、脚链等，以示祝贺，即“贺喜”。

在许多农村若生男婴，还要燃放鞭炮表示庆贺。有的还要去祠堂和祖坟放鞭炮，甚至放火铳，向祖先报喜。

三朝酒　婴儿降生后第三天称“三旦”，请接生婆或有经验的妇人给婴儿洗浴，称“洗三旦”，换上新衣（多为外婆家送来），并设“三朝酒”。祭祖后，宴请帮忙者与亲邻，俗叫“谢情”。

满月　婴儿满月，外婆家再送“满月礼”(馒头、粽子、衣服、笔墨、玩具等)。婴儿第一次剃头，称剃“满月头”。

百日　婴儿出生满一百天，称“百日”。家中举行百日庆典。

周岁　婴儿周岁时，外婆家还要送“周岁礼”。很多家庭置办宴席庆贺，宴请亲友。周岁要行剃发礼、认舅礼、命乳名礼、抓周礼等。所谓“抓周礼”，即做周岁时摆上书、笔、秤、算盘、玩具、脂粉等物，将小儿放在物品中间，看第一个抓的是什么，便预示孩子长大的志趣。以上许多习俗，至今仍普遍流行。

贺生抓周

第五节　祝寿礼仪

庆生日，有大小之分。每年一次是“小生日”，逢十为“大生日”，50岁以上的大生日称“寿诞”。

金华人过“小生日”比较简单，一般只吃两个“生日蛋”和一碗“生日面”。10岁、20岁、30岁的“大生日”，亲友要送生日礼。40岁因“四”与“死”谐音，忌过生日。还有祝“九”不祝“十”的俗规，故寿诞要提前一年庆贺。

祝寿礼节隆重，要设寿堂、办寿宴。晚辈拜寿，受拜者赐赠“红纸包”，名曰“长寿包”。宴请贺客必吃“长寿面”。

中国人祝寿一般从60岁或66岁开始，逢十如70岁、80岁、90岁为大寿，要大庆，不但要设宴待客，还要唱大戏，或请唢呐班子演奏助兴。给老人贺寿的人有儿女孙辈、子侄辈亲属、徒弟、学生、亲戚中的晚辈及朋友等，70岁以上的高寿老人过生日时，街坊邻居也常备礼庆贺。

给老人祝寿，儿孙们要提前做好各项准备工作，预备招待宾朋的馒头、菜肴和酒水，准备寿面、寿桃、寿糕等。寿面多为细长挂面，叫长寿面。寿桃是用白面做成桃形的面食，蒸熟后涂上红绿食色。寿糕是用白面或米粉加枣、各种果脯蒸制的，现在一般多买生日蛋糕代替。

寿堂一般在堂屋正厅，屋内张灯结彩，正面墙壁中间悬挂中堂图画。男寿多为南极仙翁，女寿多为瑶池王母，或八仙庆寿，或百寿图，或红纸书一大金色寿字。中堂两边多为“福如东海长流水，寿比南山不老松”等祝福对联。礼桌摆上寿桃、寿糕、寿酒等，两边两支红蜡烛。桌前地上铺设红毡或花席，以备后辈人行礼。

寿辰之日，先把祖先牌位请于神案之上，点燃香烛，鸣放鞭炮，寿诞老人穿戴一新，率全家拜祭。然后，老寿星端坐寿堂椅上，晚辈们衣冠整齐，恭恭敬敬依次磕头祝寿，并献上贺寿礼品。祝寿磕头称为“寿头”，“寿头”越多福气越大。寿星把红纸包分送给大家。

祝寿完毕，寿宴开始。众人给寿星敬酒，寿星把寿糕、寿果等食物分给众人，菜肴丰盛，杯觥交错，祝福声声，喜气洋洋。长寿面是寿宴上必有的食物，吃面时，儿女们要把自己碗中的面条拨向老人碗中一些，谓之给老人“添寿”。

祝寿图

第六节　祭拜礼数

在我国，祭祀的对象有天神、地祇、人鬼。其中，天神和地祇古时只能由天子祭祀，诸侯大夫可以祭祀山川，一般平民百姓只能祭祀自己的祖先和灶神之类。

祭天是国家的头等大事。历代帝王，无论他有多么勤政，都不敢懈怠祭祀上天，每年都要在特定的日子率领群臣虔诚焚香，祷告国泰民安，帝位千秋。据记载，中国早在周朝时就形成了完善的祭天仪式。每年冬至，周天子都要在国都南郊的圜丘举行盛大的祭天仪式，后人称为“郊祀”。清朝时，清朝皇族扩大了祭天的范围，除去传统的在重大节日进行祭祀外，大的政治事件也要去天坛祭天，如皇帝登基、册立太子、册立皇后、皇帝出征等。祭天仪式里，最隆重的莫过于封禅。封禅一般在泰山举行，古人认为五岳之中泰山最高，在此祭天，才称得上是真正的受命于天。所以，从这点看，封禅就是古代帝王强调“君权神授”的手段。

封，为“祭天”；禅，为“祭地”。

在古代，祭地与祭天是同时举行的。早在远古时期，人们就有了对土地的崇拜，认为大地养育着万物，就像慈爱的母亲一样，正所谓“父天而母地”。祭地一般来说包括两种：一是祭祀“大地”，规格与祭天基本相当；二是祭祀“地祇”，包括社神、山神、水神、火神等所有地界上的神灵，规格比祭天稍低，不再是皇家的专权。其中香火最旺的是社神。“社”即土地，与农民的生产生活息息相关，自然各家各户都不敢懈怠。

古人在氏族社会时期就有了对祖先的祭拜。人们相信人死之后有灵魂，而祖先的灵魂具有强大的力量，可以护佑子孙世代永昌，所以要举行盛大的祭祖活动。祭祖仪式也是于周朝时形成定制的。同时制定了一系列的祭祀礼节，如上香、读祝文、奉献饭羹、奉茶、献帛、献酒等。此时，人们对祖先更多的是骄傲和敬畏。而后，又加入了追思先祖恩德、怀念亲人等感情。

祭孔，始于西周时期。汉、宋后拜孔子，成了读书人常规。每年农历八月二十七日孔子诞辰时，举行祭祀大成至圣先师孔子的典礼，为炎黄子孙世代隆重的祭祀活动，称为“奠礼”，是专门的祭祀大型庙堂乐舞活动，亦称“丁祭乐舞”或“大成乐舞”，是集乐、歌、舞、礼于一体的综合性艺术表演形式。在祭典中，陈设音乐、舞蹈，并且呈献牲、酒等祭品，对孔子表示崇敬之意。

2006年5月20日，山东省曲阜市的祭孔大典经国务院批准被列入第一批国家级非物质文化遗产名录。

除了祭祀以外，人们还到寺院对佛像虔诚跪拜。

每当到了寺院，都能感受到一份超尘的清净与安详，令人自然而然地想进入大殿，礼佛三拜，表达对诸佛菩萨的礼敬、感恩，而从柔软、徐缓的弯腰礼佛动作里，感受到礼佛者的安定与谦卑。

拜佛时，静心凝神，应当要慢慢拜下，慢慢起立，每个动作都要缓慢一些，轻松一些，柔软一些，轻松缓慢地体验拜的每一个动作，不要把拜佛的动作弄得急促、紧张。否则拜得太快，会慌、忙、急、乱，反而失去了宁静、安定之感。拜佛时，前额着地，背部保持平直，身体是柔软的，甚至接触的地面也是柔软的、清凉的。如果拜佛的时候，只有动作而没有用心，那只能算是磕头如捣蒜的拜佛。

进寺庙应注意许多礼数，不可违规。

寺庙建筑有许多道门，从哪一道门进入都是有讲究的。只有开了光的寺庙才有资格修十三道门。正中间的三道门，才是供人出入的。普通游客，进门只能走右边的那道门，中间那道门叫空门，只有出家人才可以出入。进门时，女客先迈右脚，男客先迈左脚，要注意，一定不能踩在门槛上，而且步子迈得越大越好。

烧香的话，香不能叫“买”而应该叫“请”。自己请自己的香，不能由别人付香火钱。注意应该用左手燃香，因为右手杀生，左手相对来说要平和，要用自己的火点燃香。点燃香后，千万不能用嘴去吹灭，只需轻轻猛地向上方一提，燃烧的火焰随即会熄灭。烧香时，注意安全，小心别烫伤路人。香点三支即可，三支清香，一支敬佛，一支敬法，一支敬僧，不需要大把地烧。一般认为，三支为自己祈福，六支为两辈人祈福，九支为三代人祈福。而十三是一个极致，十三支香就是功德圆满的高香了。

点好香，面朝大殿的大门，双手轻握三支清香（男士左手在上，右手在下，女士反之），握住香，高举过头顶作揖。作揖后，把香插入香灰中。

上香后礼拜，拜的顺序在庙堂里按顺时针方向行走。庙堂

金华智者寺

里的垫子中间那个是给出家人拜佛用的，在家人男人跪拜用左边的，女人用右边的。寺庙内有很多佛像，如果你愿意，可以一尊一尊地拜过去。如果时间不允许，只需在大雄宝殿前燃香就可以了。很多人抓着一大把燃着的香到处拜，他们以为香越高、越多，心越诚。其实，三支香就够了，敬在一个炉中即可，即所谓“万佛一炉”。佛教根本没有诸多讲究，最主要你有没有清净自心，心诚则灵。

自东汉时期佛教传入金华后，寺院兴建络绎不绝。最早有西晋时的武义明招寺、东晋浦江香岩寺、金华法幢寺、兰溪安禅寺等。唐宋时，更有金华永福寺、智者寺，永康普济寺。至清，金华境内有720多座寺院。1925年《东阳县志稿》记载，仅东阳一县即有大小寺院115座，庵堂211座。至1948年，金华境内有神庙429座，其中供奉关帝的有56座，供奉胡公的有55座，供奉观音的有45座，供奉其他神主的有273座。

第七节　建房习俗

旧时，买田地、建房子是人生大事。金华俗称“买田竖屋”，这不仅是生活之必需，更表示立业之成功。

民间建房的程序大致包括选址、立中柱、上梁、立门、竣工等几个步骤。

首先，须请风水先生看地脉，定朝向。人们把未来命运、子孙后代的祸福与环境紧密联系起来。在相地时进行卜吉活动，大都按《黄帝内经》中的“以形势为身体，以泉水为血脉，以土地为皮肤，以草木为毛发，以舍屋为衣服，以门户为冠带，若如斯，是事严雅，乃由上吉”的风水整体系统原则办事。住宅多选坐北朝南，以避风向阳，免受风雨的侵扰。人们重视“坐北朝南屋，住着好享福”“坐北朝南，冬暖夏凉”“屋朝南，人向阳”的原则。

人们十分重视时辰八字凶吉，从破土起，挖墙脚、定磉盘、竖屋架、上梁挂栋，都要选择与家庭成员生辰八字相合的吉日良辰。

破土前要祭告土地，备酒菜请工匠及帮手吃喝。奠基民间俗称“下屋基”，一般要在墙基上砌一块青色的奠基石，上刻“泰山石敢当”五个大字作为镇宅符，寓意所向无敌、百鬼可镇、灾祸敢当。立中柱，搭屋架，其中“上梁”被人们视为建房过程中最重要的一步。梁是建筑中架在立柱上面的横跨构件，是上架木构件中最重要的部分。民间认为，上梁是否顺利，不仅关系到房屋的结构是否牢固，还关系到家庭的兴旺发达。过去农村有句俗语：“房顶有梁，家中有粮，房顶无梁，六畜不旺。”可见梁在老百姓心目中的重要性，所以每逢“上梁”都要举行隆重的仪式。

上梁前要精心选梁木和制梁。梁木制作完成之后，主人便请风水先生选定吉日良辰上梁。按传统习俗，上梁这一天不能和房主一家任何一个人的生辰八字相冲。另外，其他人的生肖如果与上梁的时辰相冲、相克，也要回避。

尽管各地的习俗有所不同，但上梁仪式都十分隆重，整个过程可分为“祭梁、上梁、接包、抛梁、待匠”等几个程序。

“祭梁”是上梁前必不可少的一道程序。人们将贴上红纸或包着红绸的正梁抬进新屋堂前，在供桌上摆上猪、鱼、鸡、鹅、蛋、豆腐、香烛等祭品，由泥瓦匠、木匠等边说“利市话”边敬酒祭拜。

“祭梁”结束后，便由匠人把正梁抬上屋顶，或用绳子将正梁拉上去。起梁时辰大多选择在正午时分。石、瓦、木、锯四匠齐集，左邻右舍都来捧场凑热闹。在掌墨师傅的口令下，由四个木工小伙用新绳索将房梁向上提升到位，在场的人们齐声欢呼，鞭炮齐鸣。上梁师傅要唱上梁歌，高喊：“上啊!大吉大利!”

在上梁的过程中，待正梁放平稳后，主人要将亲朋好友送来的“五谷彩袋”搬到屋顶，放在梁的正中，并挂些五谷之类的物品，以祈求岁岁五谷丰登；有的在大梁两端压进铜钱或其他硬币，以求财旺；有的将梁上红绸布的底端缝上一双布鞋垫，寓意给新房主人铺垫家底；也有的在正梁中间挂上装有红枣、花生、米、麦、万年青等的红布袋，寓意“福、禄、寿、喜，万古长青”。此后，匠人将果品、食品等用红布包好，边说吉利话边将布包抛入由主人双手捧起的箩筐中，这个程序称为“接包”，寓意接住财宝。

上梁仪式最热闹的程序是“抛梁”。当主人“接包”后，匠人便将糖果、花生、鸡蛋、馒头、铜钱、“金元宝”等从梁上抛向四周，让前来看热闹的男女老幼争抢。人越多，主人越高兴。此举俗称为“抛梁”，意为“财源滚滚来”。在“抛梁”时，匠人还要说吉利话，他们常说：“抛梁抛到东，东方

上梁

日出满堂红；抛梁抛到西，麒麟送子挂双喜；抛梁抛到南，子孙代代做状元；抛梁抛到北，囤囤白米年年满。”

抛梁结束后，众人退出新屋，让太阳晒一下屋梁，这叫作“晒梁”。最后，主人设宴款待匠人、帮工和亲朋好友，并分发红包。

立柱上梁后，要挂灯结彩，张贴“紫微拱照”等横幅、对联，悬挂米筛、剪刀、尺，燃放鞭炮，以示招福祛邪。

新房屋建灶，也要选日择时。因旧灶已拆，新灶未成，邻里送熟面、熟蛋供工匠及东家用餐，俗称“接藏”。灶建成后，先由主妇拜过“灶君神”点火烧灶，称为“吐烟”。

房屋全面竣工，主人要设宴款待全体工匠。

最隆重的庆贺仪式是迁进新居。择定吉日，亲友邻居纷纷送鞭炮、对联、红包及红灯笼等礼品。主人在新屋的厅堂上设祭，先祭祀土地神、厝神，后祭列祖列宗。当晚大摆宴席，宴请前来贺喜的宾客。

第六章　其他风俗

第一节　庙会习俗

庙会，初为百姓奉祀神灵、先贤等固定的朝拜节日。正如《辞海》中解释："庙会亦称'庙市'，中国的市集形式之一。唐代已经存在。在寺庙节日或规定日期举行。一般设在寺庙内或其附近，故称庙会。"

每逢会日，四方善男信女云集寺庙、道观焚香朝拜，进行宗教活动。除了在庙内举行祭神仪式外，还有"行像"活动，就是把神佛塑像装上彩车，在城乡巡行的一种宗教仪式，所以又称"行城""巡城"。同时，有演戏、迎灯、舞狮等以娱神。随着时间的变化，游客、商贩也接踵介入，热闹非凡。庙会把寺庙的节日变成了地方性的节日，把宗教的节日变成了世俗的节日。所以，那些独特的地方性求神活动、非宗教性的娱乐休闲活动及集市活动慢慢融入庙会。

清末与民国时，金华县有庙会点30多处，规模较大的有：二月初二孝顺镇和潘村张氏宗祠；二月十九城内西华寺；四月初八鞋塘东林庙和罗埠隆兴殿；四月十六汤溪城隍庙；五月初五洋埠正沙殿；五月十三南市街关帝庙；六月初一曹宅太祖殿；八月二十三源东乡洞殿；九月初九塘雅村和洋埠镇；九月十三琅那白沙殿；九月十六山桥乡东紫岩殿；九月二十二乾西乡湖头村寺西殿等。

1949年后，庙会基本消失。1953年，商业、供销部门开始利用庙会形式，在寺西殿召开物资交流大会，之后各地相继利用庙会节市举办物资交流大会。

城隍庙供奉的是城隍老爷。在古代人们造城，为了防护，修筑了高墙、城楼、城门、护城河、护城壕等，同时，把这一切都加以神化，认为是神在保护城市，保护人们的安宁。因此，对隍（即没有水的城壕）、城（墉）、高墙进行祭祀，城和隍被神化为城市的保护神，列为《周宫》八神之一。道教且把它纳入自己的神系，称它是剪除凶恶、保国护邦之神，并管领阴间的亡魂。而后，人们又把神和人合一，塑造出城隍老爷并建庙宇供奉起来，就此有了城隍庙。如上海、广州、郑州、西安等地都有。古时金华是府，因此称金华府城隍庙或城隍庙，金华人也叫府城隍。

城隍庙位于金华市区明月巷。史载，创建于北宋治平元年（1064），明清两代曾多次修建，同治年间重建。庙宇坐北朝南，布局为院落式建筑群。共三进，依次为门厅、戏台和正厅。左、右两旁有廊房和厢房，数十间，规模宏大，雕梁画栋。群梁、枋、柱、窗和牛腿等木构件雕刻精美。尤其是穹窿藻井，以百余朵雕刻牡丹的枫栱盘旋至顶。中间厅堂内，城隍老爷塑像端坐于大厅中央。与其相对的则是一座吊脚戏台，古色古香。戏台顶部有镶嵌于其中的大量圆雕和浮雕，雕刻工艺精湛，人物栩栩如生，动物鸟兽形态各异，花纹装饰华丽脱俗，完美地体现了清代建筑的风格特点。戏台两边立柱上分别题有“能道俗情勿遗聪听，急须猛省莫太认真”的对联，富有哲理，引人深思。

古时，每到逢年过节，城隍庙都要举行庙会，说唱的、演

金华城隍庙

金华西华寺

戏的、杂耍的、摆摊的一应俱有，逛庙会的人流连忘返，十分热闹。到了晚上，点亮庙内两百多盏宫灯，烛光摇曳，光彩照人，更显得富丽堂皇。这里常有钱、米、衣服、棉被、医药等慈善施舍活动。每年农历十二月二十五日为最大的一次施舍捐助，每月初一和十五亦有小规模的施舍。平时，还有为人主持公道、排解纠纷的活动。在旧社会，每年除夕之夜，府城隍庙戏台上列有通宵戏，婺剧、越剧、木偶戏……不少穷人年三十晚上因躲债有家难归，无路可走，只得躲进城隍庙看“戏”当“守岁”。有乐善好施者，派人捎带红包，悄悄地分别送给那些穷苦人。而待天明，已是大年初一，按民间习俗，不能在新年讨债。穷人算是躲过了债，过了年。

20世纪50年代，城隍庙内的城隍老爷早已消失不见，不知去向哪里，这里成为金华师范学校的校址。直到1958年，金华一中由酒坊巷迁至蒋堂，师范学校和建国路小学搬到了一中的位置。城隍庙一度成了展览馆，而后一直又被空置。1997年金华府城隍庙被公布为省级重点文物保护单位。为发掘和弘扬古婺文化，2003年对府城隍庙进行了全面修缮，并尽可能地恢复原貌。近年来，城隍庙已经成为金华旅游、观光和娱乐的一个景点，也为金华市民增添了一处文化休闲的好去处。

此外，金华城内的东岳殿、火神殿、西华寺、三清宫等，先后成为重要的庙会场所。

东岳殿，顾名思义，是祭祀东岳大帝的地方。相传，东岳大帝管地曹十八层地狱及世人生死贵贱。正所谓掌“人间贵贱高下之分，禄科长短之事，十八地狱六案簿籍，七十五司生死

金华庙会

金华庙会

之期”。因此，古时各地都有东岳殿，且常年香火不断，信众祭拜虔诚。金华的东岳殿在将军路（原电子仪器厂位置），20世纪四五十年代即已作他用。出于对火神的敬畏，各地多有供奉火神的火神殿（庙）。金华当年也有火神殿，20世纪30年代办成了女子中学，女中搬去四眼井，此地后为四牌楼小学。

西华寺位于雅堂街，原名三元庵。据光绪《金华县志》载，西华寺始建于北宋宣和二年（1120），明天启元年（1621），随庵右旁西岳宫改名魏忠贤庙，而改名为西华寺。清同治初废。宣统元年（1909），由恒通住持重修，历史悠久，一直香火甚旺。相传，出生于金华雅堂街的南宋丞相王淮（1126—1189），幼时读书经过庵门口，因神灵显异，其母劝其绕道驻谒巷。后王淮考中进士，做了皇太子的老师，又升任丞相，驻谒巷遂改名为避圣巷。至于驻谒巷还是避圣巷，早已销声匿迹。西华寺，前后有天王殿、圆通宝殿及西厢房。寺庙不大，却处于市中心，是滚滚红尘之中的佛教净地。门口的古樟郁郁葱葱，圆通宝殿有联曰：“翠竹黄花皆佛性，白云流水是禅心。”东门出口，理想之中的愿望：“辉煌梵宇千秋旺，锦绣江山万年长。”西华寺为祈子寺庙，前来朝拜的多为求子妇人，尤以农历二月十九最为热闹。

每当庙会，人山人海，热闹非凡，金华人多观看婺剧、越剧、木偶戏，耍猴、杂技、斗牛、舞狮、迎灯、说书、唱道情、剪纸、卖梨膏糖、吹糖人，卖馄饨、鸡蛋饼、油煎馃、发糕、汤圆等，应有尽有。

第二节 斗牛习俗

金华斗牛风俗始于何时？清末进士、名人王廷扬曾作《斗牛歌》，其小序云："斗牛始于赵宋明道年间（1032—1033）""越俗信鬼好佞佛，金华赛神乃斗牛。胡公邢公辖南北，一保一庙如山丘。"

斗牛与娱神、庙会相结合。金华、兰溪、永康、武义等地每年春秋庙会期间，都盛行斗牛。正如清人陈其元在《庸闲斋笔记》中说："每逢春秋佳日，农民祈报祭赛之时，辄有斗牛之会。"此俗遂绵延不衰。永康斗牛是祭祀"胡公大帝"，兰溪白沙镇斗牛是纪念"白沙大帝"，金华斗牛则是"邢公大帝"庙会的一部分。

古今文人，咏吟金华斗牛的诗文不少，鲁迅早期为金华斗牛写过文章。作家曹聚仁在《万里行记》一文中语："金华斗牛历史可能比西班牙早，却是牛斗牛，其热闹刺激不在西班牙之下。"台湾女作家林黎也写过"斗牛风光炽金华"的文章。

斗牛，金华土话叫"牛相操"。一般以庙会或镇村为组

金华斗牛

金华斗牛

织，经费从“戏田”中支出。多在春秋两季举行。除农忙外，每隔十天或半月一次。每年第一次角斗叫“开角”，最后一次称“封角”，从“开角”至“封角”为“一案”。斗牛场设于周有小山之水田，面积四五亩。斗牛场之两旁扎有彩门，披红挂绿，壮丽夺目。

参斗前几天，斗牛就盛装游街，主人并备好三牲福礼，牵牛到神庙，参拜神像，意为感谢神明，祈求保佑。

斗牛当天，牛头扎彩牌（上书牛之艺名）、戴金花、背披红绸、插彩旗，锣鼓开道，爆竹轰鸣，在牛主与族人簇拥下，向斗牛场进发。开斗前卸去盛装，额束皮褡以护头。号炮一响，预先约定的相斗两牛，由牛主及壮士护送，从对角两座旌门入场，让两牛相互对视。霎时，斗牛眼红耳竖，牛性大发，低头夹尾，四角交架，奋力角斗，相斗招数甚多，有撞、挂、顶、抽、落头等。斗得难解难分时，“拆手”上场将牛分开，稍作休息，再令相斗。双方亲友、观众呐喊助威，牧童猛拍牛后腿，为其加劲。胜负分明时，“拆手”一拥而上，将牛拆开。也有双方牛主事先商定，未待胜负大显，即令拆开。有时，弱者血肉淋漓，惶恐逃命，强者飞起四蹄，奋力追击。此时，全场观众，喊声震天，高呼“×××逃了”(不呼牛名，只喊牛主姓名)，牛主及其帮手面红耳赤，十分难堪。正如叶锡衡的斗牛诗曰：“败者奔逃胜者追，千家哗笑一家哭。”

获胜之牛，身价百倍，重整艳装，锣鼓喧天，众人护送，凯旋。牛主办宴设席，宴请亲朋，庆祝胜利。斗败之牛主，垂

金华斗牛

头丧气，将斗牛贬为耕牛或卖去宰杀。

选养斗牛十分讲究，要选颈短、峰高、后身短小、生性凶悍的“黄牯牛”。平时教以斗法，经常训练，使之善斗。根据牛体特征和斗法给牛命名，如“黄双牙”“铁头”“乌龙挂”“英雄挂”等。旧时，塘雅乡有头斗牛叫“壁山”，屡斗屡胜，名震金华各县，价值千金。对斗牛护理精细，粪尿随拉随扫，热天牧童为其打扇，驱蚊降温，甚至挂以蚊帐，饲以优质草料，另加麦、豆等精粮。角斗前喂以鸡蛋、桂圆酒、人参汤。

买卖斗牛，俨若结亲。买主、卖主互称“牛亲家”，称卖方牧童为“牛大舅”。买卖仪式隆重，酷似嫁娶新娘。

1949年后，斗牛活动无形消失。1985年，一些热心人士在有关领导的支持下，筹款集资于湖海塘附近兴建了一座面积8667平方米的斗牛场，恢复斗牛活动。如今，金华各地常有斗牛活动。

第三节　消灾馒头

正月初八到十五期间，金华、武义、永康等地农村有做消灾馒头的习俗。

这些馒头与一般馒头不同，它用酒酿发面，糯米饭做馅。在面上印上“春”“福”“寿”等祈福吉祥文字，用来供奉神佛，以祈求风调雨顺，消灾避祸。

消灾馒头各地做法略有不同，武义俞源、郭洞一带多用粳米粉做皮，以蒸熟的糯米饭为馅，包成普通馒头大小，放到特制的模具中压制而成。

金华有的地方还有一种祈求早生贵子的馒头。馒头做法与消灾馒头相同，只是由三个大小不同的馒头，以下大上小叠加在一起，周边绘上彩画，再用四个馒头做脚，形似白胖娃娃，俗叫“大囡”。两个一对供奉到佛像前。迎佛结束，领回家祭祖一至二日，意为保佑家人早生贵子。

金华雅畈镇芳田村一带农民，有在南灶庙举行叠馒头习俗。相传汉代，南灶太祖（陶瓷工匠）做了一张冬暖夏凉的床，通过水运进贡皇上。他自己则经陆路先行到达京城。在见

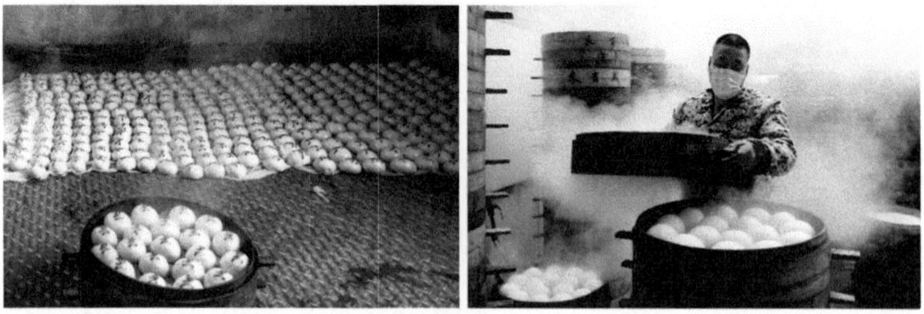

消灾馒头

到皇上时，因皇帝听信谗言，定他欺君之罪，将他斩首。谁知床运到后，果真有冬暖夏凉之功效，皇帝心生悔意，追封他为三十三太尉，并下令在他家乡建南灶庙以祭奠。

南灶庙呈“回”字形布局，有三开二进二廊一天井。每年正月十三，当地人以叠馒头的独特形式祭奠太祖。这一传说虽然无从考证，但是考古发现，南灶庙附近的石楠塘、王村、上岭殿、汉灶、南干、下塘西等村，存有许多唐代婺州窑址，证明了南灶庙一带是唐代婺州窑的集散地，在此地建窑神庙也是符合情理的。

南灶庙建成后，附近村民纷纷前来祭拜，并献上供品——馒头。由于祭拜的人多，供桌上堆积不下，人们不得不将馒头叠加在南灶太祖的神像前。于是，形成了南灶庙叠馒头的习俗。

这种馒头用面粉做皮，以糯米为馅，盖着“南灶庙消灾馒头”红印。南灶太祖神像前现存的石供桌，桌面长近3米，宽约1米，上面有“大清乾隆戊寅”（1758）年款，神像前的馒头柱有8米高，馒头一个叠一个，直至高达堂屋顶梁，馒头柱由1200多个馒头叠成。顶端有两个直径约70厘米的压顶馒头，还有数十个红红绿绿的桃形馒头。馒头柱上挂有一幅“馒头画”，长7米多，上有“罚恶赏善”四个大字，寓意后人要永做好人好事。祭拜结束后，各家各户自领馒头带福回家，祈求太祖神灵佑护。

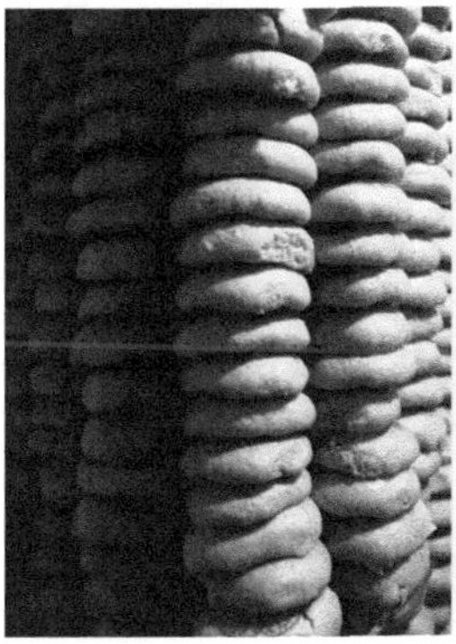

消灾馒头

第四节　抬阁迎会

永康、浦江、武义、东阳、兰溪一带，在纪念胡公或李冰时，常常会举行擎抬阁与迎会活动。

抬阁迎会始创于南宋，明清至鼎盛。清二石生《十洲春语·攟馀》中记述："郡城于四月望赛元帅会……更以行院姣女，饰之绣绦画茧，绿绝红兜，扮演故事，谓之抬阁。"

抬阁迎会有"人会""纸会"之分。"纸会"是用竹篾做成人形，裱糊后绘画、装饰成戏剧人物或动物，一人用细线牵引进行表演。"人会"是将村里3～5岁孩童打扮成传统戏曲人物，在特制的会桌上按需安置铁架，小演员在铁架上扮演各种人物，由壮汉抬着会桌巡游。

迎会讲究队伍的排列，一般前以火铳开道，后有堂名灯、高灯、铜锣、龙虎旗、执事，总称为仪仗队。再是由4个或8个甚至16个身穿民族服装的壮汉抬着会桌行走。会桌上或站或坐或蹲的小演员，各自扮成不同的戏剧中的人物，展现某一戏剧的片段，有凌空摇晃之感，扣人心弦。最后是什锦班跟随，吹打着这一戏剧的乐曲。扮演者按戏曲情景演唱表演，千姿百态，神采各异，尽显奇、巧、险之特色。同时，还组织迎花灯、走马灯等民俗活动。

每年正月十三，浦江檀溪镇寺前村、前吴乡寿溪村、岩头镇六社和黄宅镇钟村一带都要举办迎会。迎会保留了戏剧、杂技等民间艺术的原生形态，内容主要选取古装戏剧的精彩场面，配以什锦班演奏曲调，而每台戏的选择又以利市、吉祥、威虎、俏丽为本，以示政通人和、国泰民安、风调雨顺，并满

《回龙阁》

《许仙借伞》

《八仙过海》

足观众的审美情趣。一台会桌就是一个完整的故事，并通常以戏剧名命名，如《姜太公钓鱼》《许仙借伞》《八仙过海》《回龙阁》等，配以什锦班演奏这一本戏的调曲。其中，尤以《蟠桃盛会》最壮观，整个会桌长2.4米，宽2米，有18名活泼可爱的小朋友参与表演，凌空而立，造型独特，高达4米。抬会展现了王母娘娘在瑶池举行蟠桃盛会，神态各异的八仙和福禄寿喜各仙人贺寿的盛大场面。表演时，由孩子们装扮的各种角色坐在台桌上，神态万千，造型奇异。吕洞宾肩背宝剑，神态潇洒，汉钟离摇着芭蕉扇，韩湘子弄玉吹箫，金童玉女手捧仙桃，王母娘娘更是仪态万方，整台会桌像一幅其乐融融的图画，让人大饱眼福。

浦江抬阁迎会游走时是流动的戏曲，静止时是造型凌空的杂技雕塑，以惊、险、奇、巧为特色，堪称中国民间艺术的一朵奇葩，2008年被国务院批准入选第二批国家级非物质文化遗产名录。

迎会，兰溪梅溪一带俗称“花会”，五年一小会，十年一大会。自宋朝至民国以来，青山岩迎会长盛不衰，已有千年的

浦江抬阁迎会

兰溪梅溪抬阁迎会

历史。台阁迎会的兴起，源于洪水。民间传说，元末明初，多山多壑的梅溪上游，经常山洪暴发，冲毁良田，冲垮楼房，百姓遭殃。村民认为必须借助神去征服洪魔，于是选择了胡公大帝，并在青山岩上建起了胡公庙。青山岩地处梅溪上游要冲，像一座天然的镇魔石，建了胡公庙镇魔的效力更强大，降伏洪水，护佑百姓。

每年农历十月十三，梅溪抬阁迎会的队伍先从各村出发，聚集青山岩胡公殿，然后抬阁按故事发生的时间先后排列。以婺剧为原型，每张会桌由多名儿童分别扮演其中的故事人物。抬阁则由4人、8人或16人抬起，形成队伍，火铳鞭炮震天，笙箫齐鸣，锣鼓开道，旗幡飘扬，热闹非凡。

正月十三和六月二十六是武义俞源的“圆梦节”。白天村里要举行数百人的“擎抬阁”，以消灾灭祸，祈求五谷丰登，六畜兴旺。晚上善男信女纷纷到洞主庙“清幽谷”席地而卧，期望做一个美梦，并梦想成真。

方岩庙会是永康民众赴方岩朝拜“胡公大帝”而形成的民间娱人敬神活动，也称为“迎案”。相传，北宋时兵部侍郎胡

武义俞源擎抬阁

方岩庙会“打罗汉”

方岩庙会“十八蝴蝶”

则是方岩附近胡库村人。他为官宽刑薄赋，深得人心。尤其是在北宋明道元年（1032），衢州、婺州两地久旱无雨,庄稼颗粒无收,胡则直言上谏，请求朝廷免除衢、婺两州百姓身丁钱，获准。百姓感恩，遂于胡则小时读书之地方岩山顶建庙以纪念。胡则成了百姓心目中“有求必应”的神，人们尊称他为“胡公”“胡公大帝”。

方岩庙会每年在农历八月初至重阳节前后举办，其中八月十三（胡公生日）和重阳最为热闹隆重。早期当地72个区域抬72个胡公神像一同上方岩，拥挤不堪。故有“八月十三，七十二个胡公上方岩”之说，后采取各村轮流，轮到即为“坐胡公”。“坐胡公”就是把胡公神龛供奉起来，每天要在胡公神座前换水上香烛，摆放水果、点心等供品。届时，村民们举行各种活动，有打罗汉、三十六行、打莲花、十八狐狸、十八蝴蝶、十八鲤鱼、大面姑娘、哑口背疯、蚌壳舞、九串珠、走马灯，等等。

方岩迎案的传统节目“打罗汉”，为方岩庙会的主要形式。相传，胡则从政期间，倡导农闲习武,主张练武强身,抵抗外敌入侵。永康后人谨记遗训，遂有了以村为单位进行的“打罗汉”演出活动，用“打罗汉”的形式祭祀胡公，代代相传。“打罗汉”有团梅花阵、三角阵等，有舞刀、舞叉、舞牌、舞棍、打拳、叠牌坊、布仙桥等不同演出。村民们观赏之余免不了津津乐道一番，给大家带来了吉祥、快乐。

第五节　磐安三绝

磐安三绝：迎灯、迎旗、炼火。

每年元宵节，磐安家家户户制灯，村村举办迎龙灯活动。“迎”是金华土话，即“举”的意思。

磐安的龙灯形式五花八门，种类繁多，有人物灯、十二生肖灯及“竹节龙”等多种。特别是玉山镇岭口村的亭阁花灯，风格迥异，别具特色，制作工艺十分精细。每桥花灯都制成围长1.5米、高1.6米的三层小亭阁，雕刻精美，龙飞凤舞，并绘上戏剧、神话人物肖像，四角飞檐还镶金贴花，悬挂彩旗和彩球。每桥灯点上12支蜡烛，上百桥花灯连接成一条长龙，绚丽多姿、精妙绝伦。2007年，磐安龙门被列入浙江省非物质文化遗产保护名录。

磐安迎龙灯兴盛，与其舞龙故乡的传说不无关系。

在磐安县玉山镇佳村，相传，1800多年前的东汉时期，金华县曾出过一位秉性善良、心系百姓的县令王太爷。一日，王太爷来到玉山奇灵山下的灵溪边察访民情，买了一条大蛇，带回家中饲养。是年夏天，天气特别炎热，灵溪干涸。县太爷向

磐安岭口亭阁花灯

磐安龙灯

上苍祈祷早降甘霖。一天夜里，县太爷梦到土地公公要他把大蛇放入灵溪，就会有雨水降临。县太爷派人照办，果然下起雨来，解了百姓的干旱之苦。人们为了答谢大蛇，不但烧香祭拜，还将米丢进溪里。但就在人们用米祭拜大蛇时，天气突变，又烈日当空，农田干裂。县太爷正为此忧心如焚，又梦见大蛇回来了，并对县太爷说，它原本是奇灵山灵溪的巨龙，也是掌管米粮的天神，因不慎犯了天规，被玉帝贬到人间来。后来由于县太爷的善心感动了玉帝，才让土地公公放了它。但是，大家用米粮丢进溪中祭拜，糟蹋粮食，玉帝大怒，因此又将大旱。大蛇告诉县太爷今后祭祀，只用清水。但是还是有人沿用原来的祭拜方式。玉帝知道后，更加震怒，便把灵溪巨龙斩了。巨龙被斩后，龙身从天上落下，分散在灵溪两岸。龙头落在佳村的会堂边，两颗龙眼嵌进土里，形成左右对称的水井，泉水不断；龙鼻子、龙球就在两眼正前方，化作了岩石；龙脖子落在百米远的土岗上，龙血把泥土染成了红色；龙身落在灵溪东岸的“三脚蹬步”处；龙尾落在了前门山南。人们知道后十分后悔，便在每年的正月十五元宵节，用一节节板龙灯连接起来，象征“还龙全身”。

佳村的龙灯世代以来都沿袭分三处圣地祭祀，然后接成整条龙灯的习俗。出场程序为：迎龙灯队伍，一分为四，龙头附龙珠，牌灯、鼓乐、司仪在龙鼻子，龙眼所在地即龙头圣地施行祭礼；龙灯的龙脖子几节在红色土岗尽头处的古松下串联起来；龙灯的龙身部分，在“三脚蹬步”化龙岩圣地前串联起来；龙灯的龙尾几节，在山南下觉庵圣地串联起来。而后，龙灯的龙头受祭后，带香灯、鼓乐、牌灯到三处圣地将龙脖子、龙身、龙尾几部分，领到奇灵山前灵溪边的“龙头丘”交接成一体。完整的龙灯由司仪主持朝拜过奇灵山龙王庙后，就开始遨游灵溪，即从“龙头丘”出发，沿着灵溪两岸三州古道，再经灵溪古桥入村布施太平，然后经放生潭回“龙头丘”狂舞，这个习俗也一直流传至今。

“十月十六日迎大旗”是磐安县玉山地区各村习俗。

这一天，村民云集茶场庙，为纪念真君大帝许逊，祈求来年五谷丰登，百业兴旺，举行盛大的祭祀和“迎大旗”庙会。

许逊，晋道士。玉山，是唐代贡茶“婺州东白”茶叶的主产地之一。赵基《瑾山先生传》云：“茶场者，故宋所催茶地也，自东晋始。”《浙江乡村旅游志》载：“玉山茶场初建于晋……据传，许逊者，以传播道教文化游历于此……派道徒带名茶样品回去施茶。许逊逝后，立坛纪念。”宋代封他为神功妙济真君，即神话中的四大天师之一。玉山“婺州东白”因许逊畅销四方，磐安人奉其为“真君大帝”。茶场殿前曾有一碑记载其恩德。

迎竖大旗系为道教之仪，源于战国，始于东晋而盛于元明，至今有八百多年的历史。《磐安县志》载:“农历十月十六日，从各村来的大旗均竖于茶场庙前田畈中，主杆1根，撑杆60根，放松索8条。主杆分上下两段，下段为一根大杉木做成，套在下段之梢，衔接处用9个铁环紧扣。60根杆头系于套接之处，似伞架。主杆顶旗头，旗头高2.5米，直径1米，形如葫

磐安迎竖大旗

磐安迎竖大旗

芦，饰以流苏。旗头下系麻绳8根，为旗索，以备竖旗时用。旗面套在主杆上段，用绸300丈做成，上绘龙虎凤花鸟，边饰翠布。旗杆下端有井字形脚架，供迎竖时扛抬。参加迎竖者称旗脚，每面需120个壮汉。”一般的大旗长17米，宽16米，计270多平方米，大约用绸360米，大的有600多平方米。中间彩绘巨大龙虎凤，故称龙虎大旗。最多的年份一次曾迎竖40面大旗。

“迎大旗”场面十分壮观，人山人海，三声龙炮响过，锣鼓齐鸣。一声号令，众人一齐用力，大旗缓缓竖起。旗一竖正，一时龙炮震天，锣鼓声动地，群情激昂，人们欢呼雀跃。竖起后，由众人扛抬徐徐绕场一周，而后固定于场上，高高屹立，迎风飘扬。

祭祀大典，虔诚隆重，“迎龙凤旗”壮观热烈，同时举行庙会活动，有迎龙灯、舞狮、婺剧、道情表演等和热闹的集市。

被称为天下一奇的磐安炼火，原始、粗犷、刚烈、彪悍，蔚为壮观，惊心动魄！

炼火，也叫踩火。最早起源于先民对火的敬畏、崇拜，用以娱神祭神，其场景与狩猎归来围着篝火庆祝狂欢极为相似。春秋时期，磐安炼火民俗已粗具雏形。唐代以后此俗固定在每年的重阳节晚上举行，以庆祝五谷丰登，祈盼来年取得更大的丰收。到了宋代，炼火又与“方岩胡公”等地方民间信仰相结合，进入了鼎盛时期。到永康方岩炼火，意为胡公“跑炼乌

磐安炼火

金”。以火烧炼，达到祛邪祈福、庆丰收、除疾病、保平安的目的。该习俗被誉为古代传统民俗的“活化石”，现已入选浙江省非物质文化遗产名录。

炼火表演由五个阶段构成，分别是择地定方位、烧火、试火、踩火和谢火。参与者在炼火前7天每日都要沐浴净身，并戒斋吃素，以示虔诚。踩火表演是整场活动中最为惊心动魄的部分。踩火样式多种多样，最典型的是“踏火山”和“闹火海”两种。“踏火山”即把烧红了的木炭堆成1米高的火山，炼火者手执钢刀冲上火山，奋力撩拨，将通红的木炭拨得火星四溅，人从火炭中踏过，如此循环往复，直至把火山踏平，称为“踏火山炼平安火”。“闹火海”则需要表演者挥动钢叉，在穿过火坛时表演“十字插花”“双龙出水”等高难度动作。表演者绕东、南、西、北四道水火门巡行一周，先从北门冲进火坛，踏着烈火从南门杀出；再绕到西门冲入火坛，从东门杀出。这样反复穿梭，在烈火上踩过，一刻钟为一坛，一般表演三坛。

旌旗猎猎，锣鼓喧天，长号齐鸣，吼声震天。祭拜天地之神后，炼火者一个个冲进火坛，炭火四溅，火光满天。有人在火上疾步如飞，有人踩火狂吼狂叫，有人绕火高歌狂舞……每当炼火者冲进火坛时，锣鼓四起，观众纷纷呐喊助威，全场振奋，气氛热烈，震撼人心。

磐安炼火，天下一奇。

第六节 迎祖摆胜

浦江岩头有一个迎太祖活动，称为“火炮节”。相传六百多年前，陈氏十一代先祖于正月十四宣旨封侯，陈氏族人鸣铳接旨。自此，每年这一天，陈氏后人都用震天动地的大铳和数以百计的小铳一起鸣放，燃放鞭炮，烧香叩拜迎接太公，祈求风调雨顺，五谷丰登，六畜兴旺，平安吉祥。

汤溪城隍庙摆胜，是汤溪一带的老百姓以献供的形式感谢城隍庙神巡禾祛瘟，祈保丰收，具有地方特色的祭祀酬神礼仪。

古时，每年农历正月初一，都要在祖先画像前供奉一桶米饭、一坛芋羹、一碟豆腐、一碟煎饼、一碟芥茶，这叫“摆珍”。正月初五撤去供品，叫“收珍”。城隍庙“摆胜”源于民间“摆珍”，始于明，盛于清，是祭祀中最为隆重的礼仪。

汤溪城隍庙建于明成化八年（1472），其规模在以后修建中逐步扩大。现保留的城隍庙为清同治五年（1866）知县王日新倡捐重建。1989年，被批准为浙江省重点文物保护单位。

古人建城隍庙为的是“御灾捍患，福禄民生”。明代汤溪首任县令宋约，为官清廉，造福一方，去世后被百姓奉为“城隍老爷”。于是，从明成化年间开始，每逢农历子、辰、申年的四月十六（宋约的诞辰），汤溪城隍庙都要举行隆重的“摆胜”活动以示尊崇。

1949年后，汤溪城隍庙一度停止祭祀活动，直到20世纪90年代，城隍庙重修以后，才得以重现往日风采。历史上“摆胜”是按十二生肖排期的，凡逢鼠年、龙年和猴年的农历四月

汤溪城隍庙“摆胜”

十六都要举行一次。

“摆胜”设于城隍庙正殿，排场豪华，气势浩大。供品有天上飞的、山中跑的、地上爬的、水里游的。另外，文物、古董字画、民间编织、雕刻、刺绣和剪纸等，花色品种有数百件之多。每件供品都要按照吉祥如意的理念命名，并请民间最有权威的行家制作，其制作工艺品精妙新奇，富有艺术感染力。如用数万颗瓜子仁砌成的七层玲珑宝塔，内有烛光透亮，外有风铃叮当。在制作中赋予许多的祝福和祈愿，用以酬谢城隍爷，保佑一方风调雨顺、五谷丰登、安居乐业。

史料中对汤溪城隍庙“摆胜”祭祀多有记载。据乾隆《汤溪县志》载：“每见汤地之民，谋以四月既望日为神诞辰。先罗珍异于庭，至期迎神，周巡四关。主者纠群，沿途设奠。昼则演戏欢呶，夜则峥嵘鳌彩。箫鼓之声腾于郊，逾旬不绝。”又据民国《汤溪县志》载：“在城居民，分班联会，轮年值事。届期庙中悬灯结彩，设供演剧，务极华美。又盛陈仪卫，舁神像出游街坊，谓之出巡。城外农民插秧甫毕，争先入城游览，骈肩错趾，填塞通衢，商肆利市三倍。此为邑中赛会之最。”庙祭之热闹，由此可见一斑。

2016年汤溪城隍庙“摆胜”，被列入第五批浙江省非物质文化遗产保护名录。

第七节　罗汉牌坊

叠罗汉是一种集体育、武术、舞蹈、器乐于一体的传统民间表演艺术。这项活动主要分布在义乌华溪、王店、何宅、如甫、大元、西山下、八里桥头等地。

叠罗汉源于明朝嘉靖年间，是跟随戚继光平倭的义乌兵，在平患作战、练兵之余，根据武术套路、战时阵法和杂耍技艺演练而成的一种练武取乐的游戏。

当时义乌民情“俗近秦风，喜习戈矛”，百姓平素喜练南少林派的罗汉拳，俗称“义乌拳头”。十里八乡常以传说中的十八罗汉皈依成佛故事为题材，组成罗汉班，每班几十人。在每年重阳庙会迎神时作护卫队，于路过村落择地表演叠罗汉、滚狮子、练拳、棍、刀、枪等，春节、元宵时也在本村或附近村落进行表演。因而这种习武娱人的游戏很快就在义乌一带流传，久而久之，逐渐形成一套较完整、规范的表演内容和形式。

罗汉班自明至清，同治年间最为盛行，至今已有450多年的历史。叠罗汉大多由一个村或一个族组班表演。逢年过节，寺庙开光，丰年庆岁，为求热闹，渲染喜庆气氛，同时，为显示本村（族）团结齐心，炫耀力量使外人不敢欺侮，故常有三代同阵、四代同班的现象。规模较大的罗汉班，在义乌当时就有十多个。每年重阳节都要举行赛事，类似戏班斗台，一比高低。

叠罗汉表演分三部分进行，前一部分以走阵为主，几十人或上百人统一着装，各持不同兵器旗幡，在宽阔空地上，随着领队吹起口哨，配上紧锣密鼓和唢呐，队伍穿插启动摆出“长蛇阵”“蜈蚣阵”“龙门阵”“梅花阵”“盾牌阵”“叉盾阵”等。中间部分以舞枪弄棒、拳术、刀棍、滚叉为主。有罗汉拳、手拳、棍、枪、大刀、双刀、双锏、钢叉、盾牌、单手

义乌叠罗汉

滚、双手滚、甩高滚等三十余个套路。后一部分以突出叠罗汉为主，少则数十人，多则上百人赤膊上阵，自下而上，层层叠叠，高五六层，顶端坐一稚童，扮成观音菩萨或小罗汉。有“立牌坊”“叠塔”“叠十殿”“叠荷花”“过人桥”“五马跑槽”“慈航普度”等。

叠罗汉体现了集体的力量。众人表演必须团结协调，思想高度统一，行动必须一致。如走阵，须按不同阵图，服从指挥循序渐进，才能演变阵式，否则就有走不出阵式的可能。表演过程都有先锋、锣鼓、唢呐等器乐伴奏。走阵、滚叉时，人们手舞足蹈、穿插跳跃、循环滚动，整个场面奔放与严谨、粗犷与细腻巧妙地融为一体。尤其是滚叉表演，把滚叉抛到几丈高的空中，不偏不倚地落到身上还能滚动自如，令人叫绝！叠罗汉人叠人，层层叠叠，最上层的观音或小罗汉由6～8岁儿童扮演，众人手持道具做出多种花样动作，十分惊险，精彩绝伦，令人惊叹！

义乌大陈镇八里桥头村罗汉班始建于清末，当时政局动乱，八里桥头人为了防匪强身，由蒋小洪（1911年）、蒋朱洪（1917年）、葛世财（1938年6月）领头创办了罗汉班，取名“迎春会”。抗战期间曾间断，抗战胜利后重新恢复。1949年后间断，1981年农历正月，村里为丰富群众文化生活，在蒋小洪等人的倡导下，重新组建了罗汉班，整理恢复了传统的表演形式，并在服装、道具、表演程式上进行修改，使原来较为散乱的形式程式化，保护和继承了这一群众性文化娱乐活动。

第八节　迎大蜡烛

东阳、武义、永康等地农村，自古就有迎蜡烛的习俗。

明朝永乐年间（1403—1424），东阳郭宅兴起了迎大蜡烛娱乐活动。自此每年正月十八庙会时迎大蜡烛便成为当地的习俗。迎大蜡烛队伍，前有清道族旗8面，大行灯8盏，大鼓1面，先锋8支，火刀8把，大铙16把，执事兵器36件，蜈蚣旗36面，盾牌、大刀各24件，神大锣40面，灯门8个，民乐吹打3班；后有高5米、直径50厘米、重500多公斤的大蜡烛两根，每根大蜡烛由32个壮汉擎抬。左边大蜡烛上有一条金灿灿的盘龙，右边大蜡烛上有一只展翅欲飞的彩凤。锣鼓喧天，笙箫齐鸣，鞭炮震天，烛光摇曳，有的舞刀，有的耍棍，有的举旗，有的迎烛……浩浩荡荡，人们沉浸在欢乐中。

迎大蜡烛也流行于武义桃溪镇东垅村。东垅村每年元宵节前后举行，至今已延续400多年。大蜡烛由全村人每人献出一支红蜡烛，集中融化后，融入一只形似大蜡烛的木桶中浇制而成。迎大蜡烛时有游行、祭拜、占卜等仪式。

东阳郭宅迎大蜡烛

武义桃溪迎大蜡烛

永康迎花烛

永康人为纪念北宋名臣、婺学永康学派创始人陈亮，有举行“迎花烛”的民间传统习俗，永祥镇的“迎花烛”就是其中之一。相传，先前的永祥舒宅、刘宅、马岭下等自然村有舒、朱、刘、陈、杨五姓，村民按姓氏轮流主办春节、元宵活动，其中包括正月十三至十五纪念陈亮的“迎花烛”活动。花烛底座用樟木制作，整个造型分四个部分，底盘脚似虎爪伏地，四平八稳，上端略为缩小，圆周装有四个铁环，盘面周围翘起六只角，盘面中心竖立一支直径约25厘米、高约3米的大红花烛。环绕花烛雕有腾飞的双龙，花烛顶端向外斜伸着6面彩色小旗。“迎花烛”时，前有唢呐、锣鼓、大钹、小镲等开道，四个年轻力壮的青年抬着花烛随后，后面是数十位年逾花甲、德高望重的长者，最后跟着罗汉班成员。队伍庄严肃穆又欢快热烈，沿着预先确定的路线游历各村，别具一格。

第九节　畲族风俗

畲族，自称“山客”，古称“畲人”或“畲民”。畲族多从福建、广东、浙南等地迁入，居于武义、金华、磐安、兰溪等山区，有蓝、雷、钟三姓。

畲族语言不同于汉族金华方言，无本族文字，通用汉文。

畲族有许多富有特色的风俗。女性服装的衣领、衣襟、裤管镶有花边，鞋面绣花，帽子呈鸡头状，不戴帽时缠头巾。男子穿对襟衫、大管直筒裤。新娘身穿彩色图案大襟衫，腰束红头绳，头戴鸡状头角冠，头冠外扎四条用数百颗白矾珠缀成的珠带，下披条尺长寸宽的绫带，鲜艳夺目。额下一圆形“契牌”，上缠三块小银牌，谓之“龙髻”。旧时，婚嫁吉日有新郎与新娘沿途唱歌步行至婆家成亲之风俗。

畲族日常主食以米为主，除米饭外，还有以稻米制作成的各种食品，番薯也是畲族农家主食之一。畲族大多喜食热菜，一般家家都备有火锅，以便边煮边吃。除常见蔬菜外，豆腐也经常食用，农家招待客人最常见的佳肴是“豆腐酿”。肉食最多的是猪肉，一般多用来炒菜。竹笋差不多是畲家四季不断的蔬菜。有这样的说法：一年十二月中只有八月无笋，用茭白替代。竹笋除鲜吃外，还可制成干笋长期保存。饮茶是畲家日常必不可少的，大部分以自产的烘青茶为主。畲族的酒多以白酒和自家酿制的糯米酒为主。典型食品有卤姜、咸菜，畲族风味菜，常用辣椒、姜、萝卜等腌制而成，称为糟辣椒、糟姜等。端午粽子，民间称牯角。乌饭，是三月三的节令食品。

畲族男女爱唱山歌，有“歌族”之称。喜庆场合要唱歌，生产劳动、日常生活、招待宾客也常以歌当话，互相对答。谈

畲族

恋爱常用对唱形式。迎亲时，聘请善唱的歌手“赤郎”前往、女方也请歌手与之对唱。办丧事则伴唱悲歌，元宵节是赛歌日，往往通宵达旦。

畲族传统舞蹈主要有祭祀、丧礼和生产劳动等方面的舞蹈。舞蹈者口吹龙角，手舞灵刀，在锣鼓敲打声中，边唱（或念）边舞，有独人、双人、四人或集体舞，舞姿舞步多为务农或狩猎动作。

祭祀舞。盘瓠是畲族传统的始祖，从唐代开始畲民就有祭祀盘瓠的习俗。而每逢祭祀盘瓠都要跳《日月舞》《龙头舞》《龙伞舞》《迎祖舞》等。表演盘古开天辟地、造日月照人间的神话等，表示对祖先的怀念和无限敬仰的心情。

丧礼舞。据史书记载，畲族“人死刳木纳尸其中，少长群相击中，主丧者盘旋四舞”“击铙吹角，跳舞达旦”。畲族丧礼舞多姿多彩，仅为死者超度变魂，法师就要跳《造水洗坛》《造坛》《造井》等十多种舞蹈，多表现对亲人的追思和告慰死者的亡灵，或驱除邪气，祈祷子孙平安。

畲族人民在生产劳动中，还创作了许多反映生产劳动的传统舞蹈，比较著名的有《猎步舞》和《栽竹舞》，舞蹈反映了畲民劳动的艰辛和战胜困难的喜悦心情。

畲族敬老爱幼，热情好客。一家来了本族陌生客人，先要用“秘语”考察，以辨明是否同族。如问“一行毛竹打几来（一根毛竹剖几爿）?”，蓝姓应答“六来”，雷姓、钟姓则应“五来”，答对了就奉为“上宾”盛情招待，村上畲家也都争相馈赠食品或邀客到家热情款待。畲族酷爱劳动，崇尚男女平等，即使在旧社会，妇女也不缠足，和男人同样参加生产劳动。畲族崇敬家犬，养而不宰，传说狗对畲族祖先有过救命之恩。畲族有一些禁忌：正月初五、初九忌在露天旷地上晒衣服；正月二十忌作田事；三月初三忌下田；“封龙日”忌执铁器；四月初八忌水牛下地犁田；“立秋日”忌巡田；炉灶忌炖狗肉、蛇肉；忌以手帕赠人，忌拾路遗毛巾；赠送礼物忌单数；忌单手捧茶迎宾；忌用筷子打猫；正月初七出门，初八忌归来；新娘第一次回娘家住宿天数忌单数。除以上禁忌外，祭祀时禁忌女性代表家庭在坛前烧香秉烛与朝拜，忌以鸭子为供品。

畲族保留着古朴的婚俗。多在本民族内部的盘、蓝、雷、钟四姓中自相婚配，亦可与本族内同姓不同支者通婚，现在与汉族联姻的逐渐增多。畲家有“女有十八难，男有二十难”之说，即女性18岁忌出嫁，男性20岁忌娶亲，一般畲家男女结婚都避开这个年龄。

娶新娘，畲语俗称“扛布娘”“讨亲”。礼仪烦琐，主要仪程有相亲、看人家、定亲、送日子、送糯米、谢媒人、送礼担、脱草鞋礼、借锅礼、送红轿、祭祖、请女儿、盘歌、辞程礼、姐妹饭、点姐妹火、拜堂、请大舅、回门请新郎等。

相亲　畲语谓“睇（看）布娘”。畲族一般由男人做媒。媒公陪同青年去女家看姑娘。事先与女方打招呼，无论肯否，女方都会以礼相待。

看人家　姑娘对青年有好感，即由母亲陪同去男方家了解家庭、住房、生产、环境等情况。如不愿缔结这门亲事，就不去“看人家”。也有“看人家”后，如不满意，则可婉言谢绝。

武义畲族婚礼

武义畲族婚礼

定亲　“睇布娘”“看人家”后，如双方满意，则择日定亲。畲家习俗，单月单日不定亲，必须双月双日，如农历二、六、八、十、十二，另因“四”与“死”谐音，逢四不定亲。定亲礼有橘饼、糖霜（白糖）各两包，白鲞二条，俗称“饼鱼礼”一副，用于祭祖。此外，还需线面二斤、鸡蛋八个、新娘首饰的银器及喜庆的红烛、鞭炮等。

在定亲吉日的早晨由媒公和本家伯（叔）将礼品装入两只深红色篾丝篮（俗称“祖公篮”，更早不用篮而用蓝布袋），一人提一只，在中午饭前送到女方家。中午女方请本族人和内亲吃定亲酒。开席前，要先祭祖，媒人放鞭炮，宣布姑娘已名花有主。

送日子　男方请风水先生择定结婚日子，由媒公带着线面及糖等礼物，把选定的日子送到女方。女方请风水先生核定后，压在香火厅的香炉底下七天七夜，此间若家中人畜有病痛或意外，则所选日子为“犯冲”，男方须重新另选日子。若在此期间家中一切平安无恙，且双方生肖时辰与成婚日子均相合，就请人送回原定日子，表示同意，请男方准备婚事。

送糯米　早先是送酒，现已改为在一个月前，由媒公和男青年两人，将酿酒的糯米和黄豆送到女方家。送到后，姑娘泡一碗甜茶用藤盘端到青年面前，请他喝茶。青年此时送姑娘一“相见包”，姑娘把自己织的一条彩带回赠青年。

送礼担　娶亲前三天，男方把女方所列礼单上的物品，如数送到女方家。挑礼担者俗称“赤郎”，旧时，赤郎头包蓝帕，腰系红巾，脚穿草鞋。人数一般逢双，需8～10人，由亲家伯（叔）和媒公领队，一路欢歌。到了女方村口，女方要行

武义畲族婚礼送红轿

"接担礼"。是日当夜，举行盘歌会，赤郎与女方请来的女歌手赛歌到天明。此后，赤郎搬嫁妆回男方。媒公留下喝酒。

送红轿 旧时，畲族迎亲由新郎去接新娘，双方同撑一把红伞，足穿草鞋。草鞋必须由父母双全或八字好的人代做。草鞋带要用红色细绳搓制，鞋四耳缀以古铜钱各一枚，走起来一路"叮当"伴歌行，古称"行嫁"。此俗现已失传，改为坐轿。

畲族花轿称"红轿"，红轿以大小不一的毛竹编织而成。四角有竹柱连接顶棚和底盘，为长方形。左右有方孔为窗，前面开一门，后面以竹条密编遮蔽，内设靠椅。以蓝色麻仔布作篷，轿顶横披一块2尺宽、8尺长的红布。轿门用红布遮挡，左右各挂一对灯笼，称"轿灯"。轿后绑一米筛，筛上挂一面镜子、一把剪刀、一把尺，外加三根桃枝，传说可驱魔镇邪。红轿由两人抬，抬轿人称为"行郎"，亦是歌手。由亲家伯（叔）提着"祖公篮"领路，必须在傍晚"请女儿宴"前赶到女方家。红轿至女方家大门前，女方大门紧闭，行郎抬着轿不能落地，必须耐心等亲家伯（叔）和女方放够鞭炮，同时，塞进红包，方可进门。红轿停在厅堂中，轿底以一圆形竹编托盘作垫。亲家伯（叔）守轿灯，此灯须长明。亲家伯(叔)还要趁人不注意时拿一只火笼到厨房偷火以作火种放红轿内，意为能使夫家子孙大发，家业兴旺。若要新娘以步代轿，新娘可要一份数目不少的轿钱，俗称"行路包"。

借锅礼 畲族的嫁女酒有两餐，中餐叫"落脚酒"，请迎亲队伍人坐首席。晚餐叫"请女儿"，是男方用挑来的东西宴请女方客人，女方至亲坐首席。故午餐后要举行"借锅"仪式，意为借对方厨师、炊具办酒席。

赤郎端来一个放有一对点燃的红烛、两块豆腐、一刀肉、一个厨师红包、一对绑腿布的米筛，向灶神作揖后，开始念开场白："郎儿住山头，多见柴林，少上书堂，古礼难全，念错莫怪，请阿姨舅姆多多原谅。""借锅"词第一段是对女方美景赞扬："今日来到太公乡，太公住的好寮场，门前麒麟对狮子，寮后金鸡对凤凰，龙马相会在寮场，观音坐落在中央，金字寮门八字开，郎儿借锅上门来。"接着是念炊具的谜语词，姑嫂们先把能藏的炊具都藏起来，等念到一样，拿出一样。念不到不拿出，要从头再来一遍。谜语是顺口编的："借你阿姨四四方方一堵墙（灶台），中央开个龙潭（铁锅），借你阿姨铜镜双双对月光（锅盖），借你阿姨金鸡洗浴一对（木杓）……"有三四十样，"借"齐后，拿菜刀口对自己向厨师作揖，厨师接过反转刀口作揖，算是仪式完成。红包和肉给厨师，绑腿布给烧火的女子。

杀鸡罚酒　"借锅"后是赤郎杀鸡，鸡血不许滴到碗外，滴出一滴要罚一碗酒。为了耍赤郎，姑嫂们故意来碰撞，使血滴到碗外去，就提酒壶拿碗来罚酒，不喝就抓牢捏住鼻子灌，甚至把锅烟灰抹到赤郎脸上，以此嬉耍热闹。

盘歌　女儿宴进行到上线面时，行郎和女歌手就开始对歌。开头必唱《劝酒歌》《擒蛙歌》，然后可以随意发挥以助酒兴。宴毕搬走厅前的桌子，摆上凳子，让更多的人来听歌。对歌者男左女右，中间摆两张方桌，桌上点两支红烛，设茶水、水果、点心等。男女歌手各两人（以一人为主），彻夜对

武义畲族盘歌

歌。歌的内容多以喜庆吉祥为主，如《度亲歌》《成双歌》《红轿歌》《嫁女歌》等，其间亦有传统史歌，如《盘古开天地》《高皇歌》《封金山》，还有大量的情歌、谜语歌、学字歌、戏曲歌等。既有歌本上的，也有即时编唱的。双方斗歌，直至午夜。午夜主人还设点心款待。

夜行嫁 畲家风俗规定，新娘要卯时进夫家门，故新娘要按路程算好，在后半夜就开始起行，以往多为步行，少数坐轿。

牛开路 畲族有一个风俗，新娘出嫁走的路，必须是当天别的新娘没有走过的。如有两位以上新娘同日出嫁，后走的路意为旧路，就要牵牛去踏过，牛踏过的路又是新路了。所以为了保证是新路，就不管前面是否有新娘走过，都索性牵牛踏过。家境好的人家则以牛作嫁妆，在前面开路。

带种出嫁 畲族姑娘的嫁妆中要放有稻谷、花生、玉米等种子，让新娘带到夫家去，意为到夫家落地生根、开花结果。

上轿前，要用茶叶拌米谷贮在樟木八角红漆茶盘中，边唱“分酸”歌，边向厅堂撒茶米，意为娘家播下茶种谷种，日后能添丁发财。有的地方在姑娘花轿出门时，以一碗茶叶拌米谷撒向轿顶祝福他们一路平安。有的地方新娘花轿到达夫家时，由新郎的姑母手执托盘安上两杯清茶向轿里晃一晃，新娘立起递上红包，并把随带的花生、米花等“茶泡果子”抛出，让小孩们争抢，然后下轿。

拜堂 接回新娘，在午宴进行拜堂仪式，一般不用司仪，其余与汉族相同。午宴十分丰盛。席间，新娘手端藤盘，上摆酒壶、酒杯，由利市嬷嬷陪同给长辈一一敬酒。敬酒时唱《敬

武义畲族婚礼牛开路

武义畲族婚礼

武义畲族婚礼拜堂

酒歌》，此时，坐在首席的每一位宾客都需往盘中扔红包，俗称“打邀”。

请大舅 晚宴请大舅。自晚宴开始青年男女可尽情捉弄大舅。夜幕降临，人们可以对新郎、新娘开玩笑，打逗，类似汉族“闹新房”。所谓：“新人三天无大小。”

转回门 婚后七天（也有的为第三天），新郎、新娘带着橘饼、糖霜（白糖）各两包回娘家，称“回门”。路上凡遇熟人，必以喜糖和烟相敬。回娘家住两夜即回。回门三天后，新娘即下厨或上山下地干活。

畲族子女婚后便分居独立生活。一般“娶一门媳妇，分一个家”，父母都与幼子同住。在畲族社会里，无儿的家庭多行招赘。不少有儿子的家庭也让儿子去入赘，而让女儿留“招儿子”（即招女婿）。一般入赘者的子女要随母姓。

畲族村寨多以血缘相近的同姓聚族同居，部分由不同姓氏的地缘组织为基础的异姓聚居。畲村有祠堂和房的组织。祠堂即宗祠，房即宗祠内子孙派系分支。畲家重修谱，有“五世不修谱，乃祖宗之罪人”的说法。宗谱一般20年修一次。同姓畲族不管血缘亲疏都以叔伯相称。畲谚云：“山哈，山哈，不是同宗就是叔伯。”至于“祠—房—家庭”的结构形式和当地汉族宗族结构基本相同。宗族领袖由年龄辈分大、年事高、威望重的人担任。

畲族除与汉族一样有春节、清明、端午、中秋等节日外，还有一些独特的民族节日。

“二月二” 又称会亲节，是畲族仅次于春节的传统节日。所谓“会亲”，系指原由福鼎双华、福安坂中分炉至浙南、闽东各地的畲族于每年农历二月初二回祖地相聚，举行会亲活动。

“会亲节”这一天，畲家门前都升起白底红边的三角形族旗和颇似古时“华盖”的圆伞，分支出去的各地族人都盛装打扮回到祖地会亲。人群熙熙攘攘，歌声笑声不绝于耳，宁静的山村顿时成欢乐的海洋。特别是夕阳西下，夜幕降临，松明火照耀得如同白昼，增添了节日的热烈气氛。人们引吭高歌，嘹亮的歌声在山野回荡，越唱兴致越浓，歌会进入了高潮，通宵达旦，热闹非凡。

“三月三”　农历三月初三又称“乌饭节”，是畲族人民纪念本民族英雄的节日。相传唐高宗总章年间，畲族英雄雷万兴领导义军反抗唐王朝，被官兵围困在大山里，粮断援绝，处境十分艰难，眼看有全军覆灭的危险。时值隆冬季节，天寒地冻，山里各种植物都已脱叶落果，唯有一种叫乌稔的野生植物，枝条上还挂有串串的甜果。雷万兴便传令全军四出采集，以充军粮，解了饥荒。雷万兴并率军于三月初三杀出重围，取得了反围剿的胜利。

又是一年的三月初三，雷万兴想吃当年的乌稔果，让畲军入山采摘，可是这时乌稔刚吐芽抽叶，士兵只采回叶子，加入糯米蒸制，饭呈蓝黑色，同样香喷可口，后来畲民为分享雷万兴抗击官兵胜利的喜悦，每年三月初三出门“踏青”，采集乌稔叶，蒸制乌米饭，馈赠亲友，合家共餐，并举办舞会，集体对歌，欢度节日，世代相沿成风俗。

牛歇节　农历四月初八为畲族的牛歇节。是日凌晨，人们要把牛赶到山上吃露水草，梳洗牛身，打扫牛栏卫生，还以泥鳅鸡蛋泡酒，或用米粥等精饲料喂牛。畲家平时就严禁对

武义畲族乌饭节

武义畲族三月三

牛棍打鞭甩，修有“牛王庙”的村庄在这一天要进行供祭。

封龙节　也称“分龙节”，是畲族的传统节日，日期为每年的农历五月夏至后的辰日。相传这一天，天上的玉皇大帝给畲山“封龙”，畲族人视为“集福建醮保禾丰收”最好的祭祀日。

这一天，畲族人民禁用铁器，禁挑粪桶，不事劳动。各聚居地的畲族群众都要采取各种形式祈求风调雨顺、国泰民安、五谷丰登。人们穿上节日盛装，兴高采烈地赴舞会，在山坪、田垄对“打”山歌。歌词多歌颂劳动、喜庆丰收和表达爱情等。节日还举行登山比赛，既是锻炼身体、培养毅力的一项有益运动，也是青年“山恋”的极好机会。青年男女通过这一盛会对唱山歌、寻觅情侣。

尝新节　农历七、八月水稻收割后过尝新节，又为“食新节”。按畲族传统，开镰收割必须先择吉日，把头一次割下的稻谷碾成米，煮成白米饭，供祭地方神、祖公神、灶神。

祭毕，请亲邻一起品尝新饭。桌上要请本家长辈先“动箸”，以示尊敬老人，祝贺老人健康长寿。是日，客人越多越好，据说“多一人尝，多一人粮”。各人饭罢，还要盛一碗米饭放在桌上，称为“剩仓”。

圆冬节　立冬日是畲族农户的圆冬节。这一天，户户砻糯谷、舂米做糍粑或做汤圆，先供祖先，接着全家共餐，庆祝一年辛勤劳动取得的好收成。有的人家还要杀鸡宰鸭烹食，俗称“理园埕”。

附录：谚语辑录

长期以来，金华民间流行着许多谚语、歇后语，生动、活泼，内涵丰富，富有哲理，同时也反映了本地的一些风俗，现辑录部分如下。

谚语：

吃人家的嘴软，拿人家的手短。

翻漏趁天晴，读书趁年轻。

酒肉朋友勿可交，患难朋友不可抛。

害人一千，自损八百。

远亲不如近邻。

冷在风里，穷在债里。

荷叶包不住铁钉，纸包不了火。

种田要好秧，生儿要好娘。

豆腐水做，阎龙王鬼做。

若要好，大做小。

晴带伞，饱带饭，暖带衣。

一只碗不响，两只碗叮当。

吃侬的酒，打侬的狗。

自肉自痛，别人的肉好焐冻。

宁可生败子，勿可生呆陀。

新造茅坑三日香。

只可借钱过六月，不可六月赚狂钱。

一个吹箫，一个捏孔。

只可给好汉背刀，不可给呆陀把脉。

各人各法，各殿各菩萨。
刀切豆腐两面光。
跟老虎吃肉，跟狗吃屎。
锣不敲不响，话不讲不明。
三对六面，讲清楚。
响茶不滚，滚茶不响。
半桶水啪啪响，一桶水不晃。
夜饭吃得早，省油省灯草。
一只耳朵进，一只耳朵出。
卖菜婆婆吃黄菜叶。
箸头出忤逆，棒头出孝子。
三岁梦（看）到老。
夜长梦多。
人尿心雄。
半斤八两。
亲兄弟明算账。
有借有还，再借不难。
只可救急，不可救穷。
人多打筋滚，鸭多不生卵（蛋）。
学样放屁，鲇袋做戏。
勿理侬，抵过打侬。
长路无轻担，久病无孝子。
做官的爷，不如讨饭的娘。
人心隔肚皮。
人难料，水难量。
小人手多，老人口多。
小人不能宠，宠宠一个粥桶。
满碗饭能吃，过头话少讲。
买炮仗，央（请）人放。
好记性不如烂笔头。
在家千日好，出门一日难。
金窝银窝，不如自家的狗窝。
夜路走得多，总要碰见鬼。

十五、十六咚咚锵，十七、十八各人创。
龙生龙，凤生凤，老鼠生儿打地洞。
有铟讨个老婆大，无铟讨个老婆平腰包。
人心难摸，害人之心不可有，防人之心不可无。
会叫的狗，不咬人；不叫的狗，咬死人。
三拳打不出一个屁，神仙都难落手。
鹅有鹅路，鸭有鸭路，鸡不要帮鸭愁，鸭会钻水活头（潜水）。
一个和尚挑水吃，两个和尚抬水吃，三个和尚无水吃。
前半夜给自己想想，后半夜替别人想想。
六月盖被，有谷无米。
秋雨隔田塍。
东虹日头，西虹雨。
日晕三更雨，月晕午时风。
开门雨一阵雨，关门雨一夜雨。
雨夹雪，落勿歇。
清明断雪，谷雨断霜。
吃了端午粽，棉衣才好送。
日晴夜雨，百姓皇帝。
早西风，夜东风，日日好天空。

歇后语：

黄胖舂年糕——吃力不讨好。
乌龟爬毛竹——难上难。
驼背翻跟斗——两头空。
门后等天亮——空等一场。
老虎头上搔痒——寻死。
水底捞月亮——白费心思。
竹篮打水——一场空。
白布落染缸——洗不清。
小和尚念经——有口无心。
破饭甑漏气——勿争气。
野猫不晓得自面花——不自量。

檐头水滴滴落——上行下效。
小花面做皇帝——不长。
螺蛳壳里做道场——太挤。
黑墨落白纸——赖不掉。
老鼠归牛角——逃不了。
老虎吃蝴蝶——不过瘾。
麻雀飞过捏卵——贪婪。
山高皇帝远——管不着。
切开的豆腐——粘不拢。
弄堂里背毛竹——直进直出。
黄鳝笼——只进不出。
十五个吊桶打水——七上八下。
蛤蟆听天雷——不懂。
瞎子吃馄饨——心里有数。
麻脸搽粉——坑难填满。
粉白烟囱——表里不一。
天萝壳打老婆——做做样子。
雪地里拖青松丫——越拖越重。
烂污田里滚捣臼——越陷越深。
和尚寺里借篦箕——找错门。
小新妇拜堂——礼数难少。
多管禄事多吃屁——活该。
烂稻草塞牛栏洞——没用。

俚语：

巴卜里西（傻、呆），聪明白达（聪明），凹造百里（肮脏），夫里白空（平白无故），乱白实念（乱说），木里井梗（笨），生素白地（陌生），腻心倒相（腻心），花里卜浪（花哨），稀奇突国（稀奇古怪），喝银倒相（吓人），精钢爬秀（瘦），吭头乱钻（乱窜），汤银八辣（烫），飞龙活跳（活跃），漆黑墨洞（黑），姿恭八劲（认真），倒三里四（傻），雪白滚壮（又白又胖），多寡禄事（多管闲事），腻子葛搭（黏糊），山里毛虫（见识少），白屁拉天（吹牛皮），魂灵七魄（魂魄），贼口瓦倦（乱说），德国易经（特别），稀臭旁天（臭），脱头落脚（丢三落四），麻利戏多（麻子多花样），小毛兴倒（小气），毛里毛糙（粗糙），三句两话（干脆），明白倒相（明白自知），秋败洛苏（衰败），非凡贼恶（万恶），身刚力健（健壮），稀奇古怪（奇怪），大头天话（说大话），骚起骚到（负气），骗风落赢（撒娇），洋糊百当（不认真），灵灵清清（清楚），七洞冷醒（清静无人），昏头瞌充（昏慵），句头落肃（鬼鬼祟祟），金股实秋（真实），粗里直轧（粗糙不平），直白笼统（直截了当），焦骨勒燥（干燥），破零烂落（破烂），铁骨贼硬（坚硬），铁锈零零（锈迹斑斑），屁骨浪轻（轻），直淋直滴（淋漓），特里特骨（怪异），镜光煞亮（光亮），七苦零丁（苦）。

后记

《汉书·王吉传》一书中有“百里不同风，千里不同俗”的记载。各地风俗不同，不说金华、义乌、永康等各县、市有所不同，即使仅隔一山、一溪的当地，乡风习俗也不尽相同。所以，过去有“府东、府西，礼数勿同”之说。所谓“礼数”，金华人指的就是风俗和礼仪。

夜深人静，写完这本《老风俗》最后一章，如释重负。但轻松之余，掩卷静思，不禁感慨万千！

金华历史悠久，人杰地灵，地方民俗文化十分丰富，无论乡土民风、生产习惯、生活习俗，还是礼仪风俗、时令节庆等，都有深厚的文化底蕴。可惜的是，很多文化早已被人遗忘或摒弃。现在需要我们去重新认识，并进行挖掘、传承、保护、弘扬。

旧时的许多风俗是瑰宝，是极为宝贵的文化遗产。这些民族瑰宝不但表现了先人“天人合一”“兼业维生”“惟志惟勤”“淡泊明志”“惩恶扬善”“扶贫济困”等创造性智慧以及修身养性的高尚情操，同时也表达了先人对美好生活的希望和追求。我们传承这些瑰宝，不但可以丰富我们的文化生活，而且能提高人们的文化素养和精神品格。

挖掘、保护、传承、弘扬物质和非物质文化遗产，不仅仅是政府和专业工作者的责任，更应当是全民的行动，让我们共同努力，让金华的文化瑰宝更加璀璨夺目！

欣逢金华市政协文化文史和学习委员会征编《老金华的记忆》系列丛书，拙作《老碎影》《老先生》相继得以问世，如今又完成了《老风俗》。在此特别感谢金华市政协文化文史和学习委员会领导一直以来的关怀、爱护、帮助和支持，感谢为该书出版所付出的大量心血！同时，对各位专家、老师、朋友在审读、校对、排版、印刷中的辛勤劳动表示衷心感谢！

自知水平有限，文字拙劣，敬请读者朋友批评指正，不吝赐教。

胡丰

婺城步蟾书斋

2021年12月28日

金华江东雅湖胡步蟾陈列馆

老金华的记忆

老物件

金华市政协文化文史和学习委员会 编

中国戏剧出版社
CHINA THEATRE PRESS

图书在版编目（CIP）数据

老物件 / 金华市政协文化文史和学习委员会编．--
北京 ： 中国戏剧出版社， 2024.6
（老金华的记忆）
ISBN 978-7-104-05315-6

Ⅰ．①老… Ⅱ．①金… Ⅲ．①生活用具－介绍－金华
Ⅳ．①K875.2

中国国家版本馆CIP数据核字（2023）第006107号

老物件

责任编辑：赵宇欣
责任印制：冯志强

出版发行：中国戏剧出版社
出 版 人：樊国宾
社　　址：北京市西城区天宁寺前街2号国家音乐产业基地L座
邮　　编：100055
网　　址：www.theatrebook.cn
电　　话：010-63385980（总编室） 010-63381560（发行部）
传　　真：010-63381560

读者服务：010-63381560
邮购地址：北京市西城区天宁寺前街2号国家音乐产业基地L座

印　　刷：北京鑫益晖印刷有限公司
开　　本：880mm×1230mm　1/32
印　　张：31.5
字　　数：853千字
版　　次：2024年6月　北京第1版第1次印刷
书　　号：ISBN 978-7-104-05315-6
定　　价：298.00元（全六册）

序

所谓“老物件”，通俗讲是指有些年头的东西，或者说年代久远的物品。时光流逝，世事更迭。经受时光之河洗礼而幸存的老物件，让人沉思、回味，每一件都值得珍藏和记忆。

一个碗、一台缝纫机、一辆永久牌自行车，甚至一张老照片都有满满的历史印记。

这些老物件的存在是没有生命的、无知无觉的。但它们作为人们生活中必不可少的一部分，便被赋予了生命。

老物件与人的故事，都在时光中被酿成了一坛坛美酒，随意打开一坛轻轻一嗅，回忆便涌上心头，这些岁月的佳酿蕴满了醉人的芬芳。

那些与我亲密接触过的老物件，如同自己的亲人和朋友，陪伴着我走过了艰难困苦的岁月，共享了人生的喜、怒、哀乐。每一个老物件，都会让我产生一种难以割舍的情感。于是，追寻那些已经消失或即将消失的老物件，便成了我心灵的一种慰藉。

那些与我结缘的老物件，都有来由，都有一段过往和情感：母亲在煤油灯下缝补棉衣，外婆在夏日的夜晚摇着麦秆扇为外孙驱赶蚊子，小巷里的小伙伴玩着游戏用火篮取暖……这一切久违的场景蓦然回首的瞬间，仿佛回到了童年，重新品味童趣带来的快乐以及亲情的温暖。

本书记述的老物件，都是人们生活当中的日用品，它们“接地气”。

这些不起眼的老物件，能让我们重新品味人世间的亲情、友谊、爱情；重新品味历史的韵味，回忆和纪念过往的岁月。

谢志清

目　录

煤油灯

20世纪50年代初，一般家庭的光源，主要靠的是煤油灯。

煤油灯上面用玻璃作灯罩，下面用空瓶子盛装煤油。瓶口用铁皮制成弧形缺口，用铁皮将灯芯拧住，可上下转动。若将灯芯点亮，玻璃罩一罩，火苗很微小，光亮也很微弱。

然而，它却照亮了我们整个童年世界，温暖着我们的心。

小时候，我家在城墙脚下的一条弄堂里，和其他家庭一样，靠点煤油灯过日子。

那时，煤油也是凭票供应。因此，住在弄堂里的居民为了节约用油，常常趁着傍晚残余的亮光，早早吃饭或早早睡觉。

不过，孩子们不会立马就寝，吃完饭便约小伙伴，投入简单又很刺激的“官兵抓强盗”的游戏中去……

过去住房都不大，七八口人挤在一屋，睡觉、吃饭、活动等都在这窄小的空间里。而四方桌上的那盏煤油灯，却照亮了人生的无限空间。

20世纪50年代的煤油灯

20世纪70年代的煤油灯

20世纪60年代的煤油灯

20世纪60年代的煤油灯

在煤油灯下，孩子们看书，做作业。挤在一起看《水浒传》《三国演义》《西游记》，书中的故事深深震撼着我们幼小的心灵，引发出无限的遐想。空闲时还玩各种童戏，如斗蟋蟀、翻蚬壳、打手背等。凡是在方桌之间可玩的游戏，尽管在微弱的灯光下，同样玩得很尽兴。

要说不知疲倦的，应该是母亲了。她白天忙完家务，晚上等孩子们上床睡觉后，还要借煤油灯的光亮，缝补孩子们脱下的衣服、袜子。有时到了后半夜，我们从睡梦中醒来，还能看见母亲戴着老花镜，一针一线地缝缝补补。

煤油灯下的那些事，虽已成为历史，但我们在那个年代里，在煤油灯摇曳的微光中温暖前行，续写着新的人生篇章。

蓝边碗

过去，普通人家储菜盛饭多使用蓝边碗。这碗用粗瓷制成，呈白色。碗边有两圈蓝色的釉纹，口大肚浅，大腹便便的样子，毫不起眼。

但是，自从端碗吃饭那天起，它便与我们长相伴，熟得不能再熟了。只是很少有人会去留意，天天顿顿端起的蓝边碗。

其实，碗中有情、有爱、有温度，它固守着家的温暖，留住了光阴和记忆。

小时候，国家正处在百废待兴、人民生活相当艰苦的时期。家里人为满足口腹之欲，平时的一日三餐，饭桌上总摆着如干菜、咸菜、萝卜干、豆瓣酱等干粮菜。这种一般称坐碗，也叫凑碗头。

20世纪70年代的蓝边碗

20世纪50年代的蓝边碗

每逢吃“年夜饭”，在外地的游子都得在这一天赶回家团聚欢宴。若因故未能回家，饭桌上也要摆上他的碗和筷子，以示全家团聚。这叫摆碗。

过年聚餐无疑是一年中最丰盛的，所谓“三十夜的吃，年初一的穿”。菜是最好的，尽管家里穷，也要想方设法弄出鸡、鸭、鱼、肉等十碗菜，这叫“十碗头”。

平时邻里之间，有好菜都会盛上一碗给对方。而接到菜的人家也会盛上一碗菜或其他食物奉还，绝不会空碗归还。这既是礼尚往来，又联络相互之间的情感，这叫碗对碗。

厨房碗格橱里的蓝边碗原本存放十个，在使用和迎来送往中，不经意地磕了、碰了、碎了，大人会将可以补的碗，叫街头补缸补碗的手艺人补起来。这补碗手艺，可谓天衣无缝，补过的碗如同新的一般，仍可使用。除了节俭，也是对碗的敬畏。因为，那时俗称碗是“衣食饭碗”，其寓意是代表行当，是生存之本。若不能补了，会从商店购买几只碗，以补足十个，求得十全圆满。

正因如此，每当孩子们在饭前用筷子敲打饭碗时，都会遭到父母亲的严厉训斥：“不要敲打饭碗！”似乎这敲打的举动不是好兆头。而不允许敲打饭碗的举动，既是教育孩子在吃饭时要有一个好的姿态和好的饮食习惯，又是祈盼自己的孩子将来有一个好的前程。

当然，父母亲对孩子的关爱，更体现在平时的一日三餐上。特别是20世纪60年代国家困难时期，粮食十分短缺，甚至主食以瓜菜代之。他们宁肯自己喝一碗稀粥，也要让孩子们吃上干饭。每逢生日，在蓝边碗里，还会磕上两枚平时舍不得吃的鸡蛋。现在看起来，是很平淡，而在寒素生活的年代，这碗中却蕴藏着温情和父母亲深深的爱。

蓝边碗里有美好的回忆，虽是一段已经逝去的光阴，却是始终难以割舍的情感。因为它，使家的概念更加清晰，而家亦在无情的光阴中侧影蹁跹。

20世纪50年代的蓝边碗

菜篮子

旧时，家家户户都有用竹子编成的菜篮子。尽管篮子的大小不一，款式不同，却与每个家庭的生活有着十分密切的联系。

每日清晨，各家主妇拎着篮子匆匆忙忙地往菜市场赶去。在市场上转转悠悠，东挑西拣，购买早已盘算好、自己所需的菜。篮子装满后，又急匆匆往回赶，准备一家人的一日三餐。

篮子中的菜以各种蔬菜，如青菜、冬瓜、南瓜等居多，这些菜体积大、分量重，往往所拎的篮子是沉重的，有时超负荷载重，它同主人的生活一样，压力大、负担重。

长年累月中，菜篮子的里外留下了久经沧桑的痕迹，从原先的青白色，变成了古铜色。

尽管篮子旧了，甚至破损了，主人也舍不得扔掉，总会想方设法用绳子、铅丝扎一扎，继续使用。

当然，也有人会赶时髦，托人到杭城代购杭州篮。

杭州篮精致轻盈，看上去更洋气，拎在手上去买菜，很有品位。另外，所购买的菜，也略为高档，图个相配。

20世纪70年代的菜篮子

20世纪70年代的菜篮

20世纪90年代编制菜篮

20世纪90年代的菜篮

那时候，菜篮子对于我们小孩来说，也有交集。譬如，平时我们拎着篮子去婺江捞黄菜叶，拎着篮子去捡柴火；在春季，我们拎着篮子结伴去郊外剪马兰头。

临近过年，置办年货是重头戏。因许多年货的供应都凭证凭票。由于时间紧，人员购买较集中，许多供应点都排起了长队。拎着篮子排队，孩子们充当了排头兵。

天刚蒙蒙亮，供应点门前已摆着一个个篮子，有的在篮子里压上一块砖，有的做上了记号，有的用绳子将篮子穿起来，以免丢散。

那时候，供应点设在通济街的里王殿，为了及早购买到平时吃不到的冻米糖，不到一个时辰长长的弄堂里，篮子便一个挨着一个，摆起了长蛇阵，像是在接龙。

篮子排队也很有秩序、不会乱，这是当时的俗定规矩。

如今，用篮子排队的现象已不复存在，在菜市场很难见到竹编篮子的影子，它们已被层出不穷的塑料袋、包装袋替代。然而，它不会被人们遗忘。因为，它承载了一代人的记忆。

20世纪90年代的菜篮

酒 壶

空闲时逛古子城的古玩市场，常见地摊上摆着老式酒壶出售。酒壶腹大头小，外加提手和壶嘴，呈银灰色。

此壶对我来说并不陌生，旧时我家平日里常用这种锡质壶具。

抗日战争时期，宁绍战役打响，我家在绍兴开的小酒馆被迫歇业。为避战乱，从家乡逃至金华城内落脚。逃难时，随身携带的物件中，便有一把上好的锡质酒壶。因外婆嗜好喝酒，这把壶就一直保留着，并在日常的饭桌上频频现身。

我家有兄弟姐妹七人，从出生到结婚成家，父母亲为我们相继操办了“三朝酒”“满月酒”“得周酒”“订婚酒”“结婚酒”，可谓逢喜必酒。平时若碰到过节，如正月初一的年酒、正月十五的元宵酒、清明节的上坟酒、端午节的端午酒、七月十五的七月半酒、八月十五的赏月酒、九月初九（重阳

20世纪40年代的锡酒壶

20世纪70年代的锡酒壶

锡酒壶制作

20世纪70年代的锡酒壶

节）的菊花酒、冬至日的冬至酒、年三十夜（除夕）的团圆酒（俗称压岁酒），逢节必酒。又如碰到祭祀、祭祖或家里遇到高兴的事，也必有酒。

有酒必定要用酒壶。

锡质酒壶盛酒不变味，而且更香。到了冬天，酒壶放入温水中，酒也容易热。在酒席上提壶将酒倒在每个人的碗杯中，酒香扑鼻，热气腾腾，暖心暖肚肠。

当然，倒酒也是有讲究的，酒壶要由低到高，这样酒入碗丝毫不外溅，颇有种飞流直下的美感。

平时，我外婆一日两顿都要小酌一杯，所谓的下酒菜是自家腌的菘菜、萝卜、霉苋菜梗、霉豆腐乳，酒是一角三分钱一斤的黄酒，但酒壶必定是那把锡酒壶。外婆先将买回来的酒倒入酒壶，然后捏着壶，慢条斯理地自酌自饮，十分享受。

1984年外婆离开人世安葬时，从家乡绍兴带来的酒壶和其他物件一并随葬入土。这不仅仅是一把酒壶，它承载着亲人的温情，寄托着我们对亲人的思念。

钵 头

钵头是用陶泥烧制而成的碗口大的圆陶罐，有厚度，呈古铜色，看上去笨拙古朴。

在过去普通居民家的厨房里，存放着各种款式、大小不一的钵头。这些钵头除了装食物，还用来煮饭、蒸饭等。

有一种钵头，圆口小，肚略大，底脚高，底部还有一个洞孔，其形状异样，又是装盐专用，故取名为盐钵头。

提起盐钵头，不禁想起民间一句俗语——“盐钵头都会出虫”，引申出不可信、不可能的事的意思。

且不论盐钵头是否会出虫，起码钵头装盐，能长期保鲜不变质。因食盐含氯化钠，若用金属容器存放，会起化学反应而腐蚀氧化，导致人体所需的碘含量越来越少。

20世纪70年代的钵头

钵头透气性好、吸湿性强，盐放进钵头，干燥、无污染，吃得放心。

正因如此，我家50年代用的盐钵头，历经半个多世纪母亲仍在使用，直到2019年母亲去世，钵头也舍不得扔掉。

那时，为满足我们的口腹之欲，母亲烧煮食物，使寒素的生活多了几分开心和温暖。

做饭时，钵头也是少不了的。母亲将锅里尚未开花的大部分米粒捞起，放入加盖的钵头中，然后将钵头放进热乎乎的灰膛将饭焐热。剩下的米粒，在锅里继续煮成稀粥。饭、粥熟了，父母亲喝稀、孩子们吃干。

有时母亲用大钵头蒸饭，在钵头中除了放米加水，还放入番薯、苞萝、胡萝卜等杂粮、瓜菜等。

当钵头在铁锅沸水里蒸煮时，钵头醇厚的气味与烟气及食物的香气便在厨房里弥漫开来。

待吃饭时，我们几个小孩闻香冲进厨房，伸手将钵头上面的食物抓起便往嘴里塞，边吃边喊："太烫！好香！"接着母亲将钵头中的饭，用筷子划成几份，分别装入碗中，我们端起饭碗吃得格外有味。

有时，母亲为改善我们的伙食，调剂我们的胃口，也会用钵头做一些美食供大家享用。例如钵头酒酿，母亲将炊熟的糯米放入钵头中，加甜曲和水，中间划出一个洞，经发酵后，满钵头的甜酒酿，香气扑鼻。

这钵头酒酿看似朴实无华，却让人入口微醺，迷醉在舌头，香味直入心脾，令人回味无穷。

大钵头

钵头酿酒

钵头饭

钵头蒸菜

时至今日，用钵头装食物、蒸饭做饭的经历已成为过往，定格在人们的记忆里。可每当在某处见到它时，曾经逝去的艰难岁月便会在眼前浮现，它用无声的告慰，让我们永记那段食物与器物相融相伴的日子。

20世纪50年代家用的盐钵头

水 缸

20世纪60年代初，尚没普遍安装自来水。盛水的水缸，几乎每家每户都有。

粗陶瓷制成的水缸，呈圆弧形，全身黝黑，五大三粗，古朴厚重。

摆放在厨房一角的水缸，是全家人最关注的地方。因为一家老小每日的生活离不开水，水缸也就成了家庭中必备的重要器物。

还有的家庭，在院子里或天井中，也摆上水缸，这是因为水缸有“藏风聚气，得水为上”一说。或因所居住之地无法依山傍水，故摆上水缸接雨水，意在得水聚财。

水缸里的水，一般从井里或江中取得，是人工用水桶手拎、肩挑运回来的。

我家住在婺江边，自然从江中取水。但从江中取水离家有百米之距离，加上河埠头有许多台阶，挑水无疑是个力气活儿。

挑水的活儿主要由父亲承担，我们小孩平时也用小水桶帮助

积水用的水缸

厨房用的水缸

家里挑水。这样，既可以减轻父亲的负担，还可以到江边戏水。

俗话说，穷柴火，富水缸。其意是，柴火可少，但水缸则要挑满，这是为了防止火烛。因此，挑水成了每天必做的事。

当时居委会还组织每户人家轮流相互检查水缸是否装满水，可见对水缸满水的重视。

孩子们对水缸产生兴趣，还源于“田螺姑娘”这一神话故事。传说中的主人公，是一位善良、勤劳的小伙子。一天，他在河塘里拾到一只大田螺，他高兴地拿回家，养在水缸里，细心照料。一天小伙子给水缸换水后，外出干活儿去了。忙了一天回家后，他发现桌上有香气扑鼻的饭菜。连续几天都是如此。后来他躲在暗处看个究竟，发现一位美丽动人的姑娘从天而降，正忙里忙外地烧煮一桌丰盛的饭菜。小伙子兴奋不已，向她求婚，二人结为夫妻，过上了幸福美满的生活。

如今的厨房里，水缸已很难见到，它离我们的生活渐行渐远。但粗陶水缸毕竟伴随我们走过了艰苦的岁月，特别是在物资匮乏的年代，关于水缸的神话故事，也曾经给我们的童年增添了色彩，给我们以美好的遐想，并鼓舞我们从善、勤劳，努力去实现自己心中的梦想。

咸菜坛

旧时，老百姓的餐桌上以素食为主。腌菜更是每家每户都会有的。

要腌菜，咸菜坛是必不可少的物件。咸菜坛，类似酒坛子，只不过一个装酒，一个装咸菜。

我家就有七八个咸菜坛，在所住的小巷里，称得上腌菜大户。

咸菜的品种很多，是根据季节而变换的，有什么菜，就腌制什么咸菜。我家主要腌制一种叫苋菜梗的咸菜。

记忆中，我家住的地方在城墙脚下，依靠地理之便，城墙背有几块菜地，自己种菜。种得最多的便是苋菜。

父亲腌菜的手艺了得，远近闻名。印象里，每当地里的苋菜长得一人多高时，全家老少便齐上阵，扛的扛，洗的洗，切的切，晾的晾，分工明确，有条不紊。

一切就绪后，将切成段的苋菜梗装进七八个咸菜坛里，加上臭卤，用箬叶封口，放上几块鹅卵石，过一段时间就能拿出来蒸着吃，可以吃上一年半载。

虽说腌制咸菜不需多高超的技术，但要想味道可口也非易

咸菜坛子

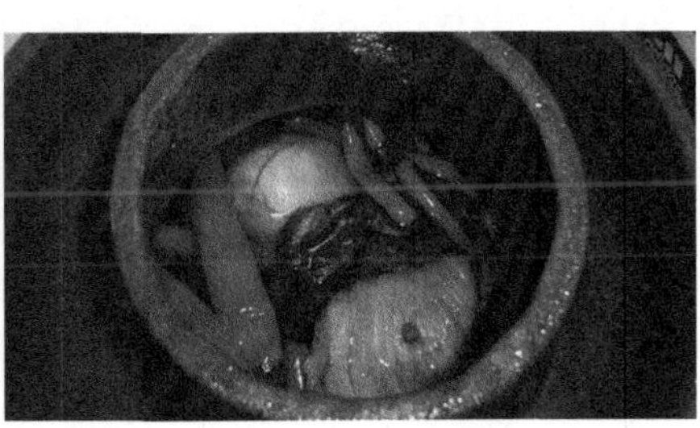

坛中的咸菜

事。比如腌萝卜干，腌制时的分寸只有腌制人能拿捏。因萝卜本来是脆的，腌了之后则多了一股韧劲，刚中带柔，要口感好，需凭腌制人的经验及对气候、原料、盐的掌控。父亲在萝卜快要腌好时，往往放入自己配制的调料进行揉搓，这样腌制出来的萝卜干可以直接食用，嚼起来香脆，撩人食欲。

除了腌菜的技艺，咸菜坛的作用亦不可忽略。用灰砂的陶泥烧制成的咸菜坛，透气性好，吸湿性强，加上坛子的厚度和高度，无论气候如何变化，外沿的污水始终无法侵蚀，能很好地保鲜留香。

时光改变了很多事，有些事却因为时光的流逝而历久弥新，关于咸菜的记忆亦是如此。如今超市里的咸菜品目繁多，但我更喜欢吃父母亲腌制的老咸菜，特别是咸菜坛中捞出来的霉苋菜梗，并非怀旧情结或现在吃腻后偏爱素淡，实在是食性使然，实在是菜梗太香的缘故。

搪瓷杯

过去，金华每家每户都有不同款式的搪瓷杯。常见的搪瓷杯，高约13厘米，直径约10厘米，杯口镶着蓝色圆边，杯身呈白色，有盖。

我最初认识此杯，是在50年代。这杯上印有“保卫祖国”“保卫和平”等字样，同时还印有“和平鸽”“天安门”的图案。白底红字，十分醒目。

上中学的时候，我从百货店里买回一个搪瓷杯，兴致勃勃地用红油漆写上自己名字的汉语拼音，拿到学校，除了喝水用外，还用于蒸饭菜。而开饭时，我总能在众多的钵头、罐罐里认出自己的杯子，从方形的大蒸笼里拿出来，虽说这搪瓷杯端在手上发烫，但掀开盖时，杯中的饭菜香气扑鼻而来，就顾不上烫不烫手了，一口饭一口菜地吃起来，吃得格外有味。

后来，家里又添了一个同样款式的搪瓷杯。不同的是，杯身上印有“爱国卫生运动先进个人”字样，看上去简洁、大

20世纪50年代的搪瓷杯

20世纪50年代的搪瓷杯

印有“爱国卫生运动先进个人”字样的搪瓷杯

印有“先进工作者”字样的搪瓷杯

方，这是街道居委会发给我父亲的奖品。因此，父亲平时舍不得用，只有参加义务劳动，或去乡下修水库时，才随身带上这个杯子。

父亲觉得这不仅是一个杯子，更是他在群众中的口碑。因此他十分珍惜这份荣誉，之后他搞卫生的积极性更高了，经常一大早起来，从巷口到巷尾，将地扫得干干净净。

待我走向社会后，随处可见搪瓷杯的身影，不过都印制着各自的名号。虽说都是同样的杯子，同样是白底红字，但有些杯特别吸引人们的眼球。比如见到印有“电力”“铁路”“邮

印有“向雷锋同志学习”字样的搪瓷杯

印有“为人民服务”字样的搪瓷杯

电”“银行”等标识的搪瓷杯，总会心生羡慕，因为持有这样标识搪瓷杯的人，在当时看来，拥有一份“铁饭碗”的好职业。又如，见到印有工矿企业发的杯会渴望成为工人阶级队伍中的一员。再如看到“先进工作者”“劳动模范”“积极分子”等字样的搪瓷杯，持杯人会感到自豪、光荣，旁观者会由衷地敬佩。

在社会进程中，不同时期的搪瓷杯上会印有不同的字样，如“向雷锋同志学习”“工业学大庆、农业学大寨”“为人民服务”等，这一切显现了那个特殊年代的标记，印制在杯上也被赋予了更多的含义。

时至今日，搪瓷杯已成稀缺之物，每当见到它时，总会勾起我对泛黄的旧时岁月的回忆和怀念。

扁 担

从我记事起，父亲就用一根木质的扁担挑水。扁担两头的铁链挂着钩，当铁钩钩起装满水的水桶时，扁担便在父亲的肩上颤颤悠悠的，只见父亲挑着担很费力，可谓步履维艰。

尽管担水是个力气活儿，但每天都得干。因我家开客栈营生，旅客及家里用水量大，水就靠扁担人工肩挑了。

我们兄弟几个觉得挑水既可以分担大人的辛苦，还可以去河边戏水，便自告奋勇效仿父亲去挑水。

开始，我们兄弟三人放学后，用竹扁担小水桶轮流挑水。当扁担压在肩头时，才觉得挑水实属不易。挑着水走上河埠头的台阶已是气喘吁吁，上了台阶走在路上，肩上的扁担颤颤悠悠的，水桶也是一晃一晃的，回家倒水时，一桶水就只剩下半桶了。

后来用两个人抬水的方式进行，再后，挑水的活搁浅了。

挑箩筐用的木质扁担

竹质扁担

竹质扁担

然而，人总是在不断地接受教育中成长起来的。当年在学校里，老师经常教育我们从小养成爱劳动的习惯。特别是读了《朱德的扁担》这篇文章，对我们教育启发很大，朱德和指战员一起用扁担挑粮的故事，一直鞭策、激励、鼓舞着我们克服困难，积极向上，敢于肩挑重担，做一个有担当的人。

在过往的岁月里，扁担作为既简单又直接的劳动工具，不仅尽到了应尽的责任，还磨炼了我们的意志。

“大跃进”的年代，我和同学们一起从北山顶，用扁担钩着畚箕挑矿石；暑假里，为了减轻家里的经济负担，冒着酷暑在婺江八咏滩用扁担钩着畚箕挑沙泥；双抢季节、支援农业在田头用扁担挑稻谷。

成人了，为了生存，我做过许多零工，在修水库、公路、铁路、桥梁等工程时，就是用扁担肩挑，用汗水换取劳动果实，成为一个自食其力的劳动者。

如今看到扁担，仿佛看到了父亲挑水的背影，同时勾起了自己童年、青年时成长的回忆，用扁担劳动是人生的最好体验，因为它使我学会了坚持，更懂得了责任和承担。

石 磨

小时候，我家住在金华城内的一条小巷里，名叫城脚巷。小巷里，住着几户从义乌农村进城当搬运工的居民。他们从老家乡下搬来了石磨，给小巷简单、平凡的日子增添了色彩，有了馨香。

石磨分上下两层，由相互叠合的石盘制成。上面石盘有手柄和投料孔，下面石盘开凿漏斗槽口，用手即可推动。民间俗语“有钱能使鬼推磨”说的就是此磨。

小巷里的居民生活都比较穷困。但穷也有穷的活法，想个法子将食物变个花样吃，使寒素的生活同样过得有滋有味，而石磨则功不可没。

苞萝糊是我们经常吃的食物。因为烧煮简单，咸鲜入味，成为我们一日三餐中常吃的主食。

石磨磨米粉

石磨磨出豆浆

石磨磨出米浆

烧煮苞萝糊的粉，我们除了从农家用粮食大米兑换外，还常常借用邻居家的石磨碾粉。

磨粉前，先将苞萝粒晒干，挑拣出坏粒后，即可上磨。磨的时候，用手握住磨柄，一边转动，一边将苞萝粒放入投料孔。随着石磨的转动，金黄色的苞萝粉便滚滚流出，要不了多长时间，磨盘凹槽出口处的大钵头就会装满。大家将自己家磨的粉拿走，下厨房烧煮成自己喜爱吃的苞萝糊。

有的为了换个口味，还用现磨苞萝粉烤饼、蒸馒头、烧面条等，用磨出的粉烹制的食物，更醇香可口。

有了石磨，过节的食物自然丰盛起来，如春分的“春分糕”、夏至的“麦糊烧”、元宵的“汤圆”以及清明的“清明粿”、重阳的“重阳糕”等。

烹制这些食物必须将大米、糯米、豆子等磨成粉后，根据自己的口味，烹制各种美味香甜的节日食物。

因此，每逢过节的日子，邻居家的石磨就显得尤为繁忙，白天、黑夜整天都在不停地转动。

小巷里的居民往往一家磨，便会有另一家跟着，最后变成家家磨的连锁反应。

那磨豆腐的场面，热闹又温馨。凡家里磨豆腐了，我们小孩子不会闲着，一定会去看个究竟，凑个热闹。

母亲将泡涨的黄豆连同清水放入投料孔，手握磨柄推得磨盘飞转，豆浆像乳汁一样流淌，飘出的香气很快溢满了老屋。磨出来的豆浆倒入锅中煮熟，凡在场的大人、孩子，每人一碗，一起品尝，即使不放糖，也很馨香。除了烧煮的豆浆，另一部分则用卤水等制作豆腐或豆干了。

有了石磨，邻居之间的关系更融洽了，在相互合作推磨中，气氛更和谐了。石磨的不断转动是勤劳，是喜悦，是一道又一道的美味。

随着时代的变迁，推磨的场景难得一见，偶尔在农家小院见到它，已成为一种摆设。但看到时，总会勾起对孩提时代推磨情景的回忆，更忘不了石磨给我们带来的解馋的美味。

石磨磨出豆浆

砂罐茶壶

提起砂罐茶壶，老金华人并不陌生。那时，每户人家都用它来装凉开水。

此壶肚大、嘴短。大腹便便的样子，黑不溜秋的，虽说其貌不扬，但却历史悠久。

据说，清光绪年间，湖北大冶余家湾畈村一个叫冯荣贵的制壶艺人，为避战乱，逃难经过金华塘雅下金山村，偶然发现村里的河塘边上的泥土是制砂罐茶壶的极佳坯土。

于是他便落脚该村，建起土窑就地取材，烧制砂罐茶壶。至今已有一百五十余年的历史。

自建窑烧制后，该茶壶的制作、销售、使用遍及八婺大地，声名鹊起。现在窑烟依旧缭绕，传到徐光统的儿子徐忠跃手上，他已是第六代非物质文化遗产传承人。

在炎热的夏季，人们尤其喜爱砂罐茶壶，喝上一碗从壶中倒出的水，感到如同清泉一般清凉甘甜，直沁肺腑，令人浑身舒坦。

制砂罐茶壶的坯

烧制砂罐茶壶

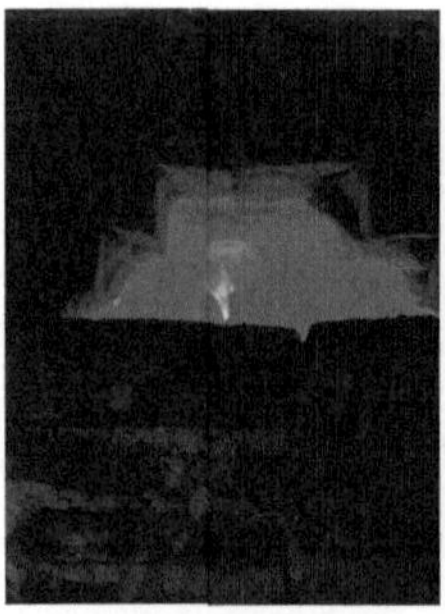

烧制砂罐茶壶

砂罐茶壶

砂罐茶壶

在我的童年时代，市面上可以解暑止渴的饮品不多见。记得夏天，街头巷尾小贩的摊位上，摆着一杯杯五颜六色的水叫卖。

小孩禁不住这红红绿绿的诱惑，从口袋里摸出父母亲给的零花钱买着喝。但这些水连喝三杯都不解渴，仍需跑回家，喝上一碗砂罐茶壶中的水，才既能解渴又痛快过瘾。

街上有卖棒冰的，三分钱一块的白糖棒冰，但谁都不会轻易出手去买，不仅因为当时三块棒冰的价格可买一斤大米，还因棒冰吃后反而觉得口燥，还不如家里砂罐茶壶里的凉开水。

家里来了客人，客人也会主动提出来喝一碗砂罐茶壶里的凉开水，那时喝水用的是蓝边大碗，客人端起碗也顾不得平时的斯文，大口大口地一饮而尽。

砂罐茶壶平淡无华，它带给我们的是清凉世界以及丝丝的温情，若异地见到它会倍感亲切。更奇妙的是，用得越久，壶身越光滑。在艰难的岁月里，喝上一杯砂罐里的凉白开便是一种难得的生活享受。

茶壶所用的陶泥是塘底下层含棕、青、黄、黑、红色的黏土，此泥夹砂，老嫩相宜，有韧性。经手工将泥坯捏成壶形，不上釉色，又经松树柴火烧制，因松柴油脂与壶相融合，产生碳元素，壶身呈炭青色。

就地取材，简单制作，自然合成的壶，其透气性好，保鲜度高。据说，鸡蛋放进壶中，夏天可存放二十几天也不会变质。

尽管砂罐茶壶有其独特的性能，但现代生活中也鲜少有人用砂罐茶壶喝水。

值得庆幸的是，壶的传承人，固守在一方乡土，在传统与现代制陶工艺相结合的路上前行，势必将此路越走越宽。

壶的魂是土，乡土、乡情永驻。

秤

秤是人们用来衡量物品轻重的器具，并配有秤杆、秤砣、秤绳、秤钩、秤盘，所以又叫盘秤、钩秤和杆秤。

秤靠手工制作，工艺较为复杂，需十几道工序。首先需选好料。做秤杆要用进口的红木或优质的黄檀木，刨成圆杆，再进行造型，并叨口、包铜皮、打磨、抛光、染色等，再严格按照祖先立下的规矩和标准进行钉刻刻度。

当然，最关键的是不做“黑心秤”。我曾经走访过本地的“徐恒昌秤店”。该店的后人告诉我：秤杆上有十六个刻度，用一颗星来表示，而一把杆秤的好坏，关键看能不能选准定盘星了。

旧时，无论小贩卖菜还是市场交易、商店售货，每家每户都离不开秤。

旧时物质匮乏，吃穿用都定量，人们对计量尤为重视、认真。虽然说不上斤斤计较，但买卖双方对秤杆上的秤砣盯得很准。

20世纪70年代的老式秤

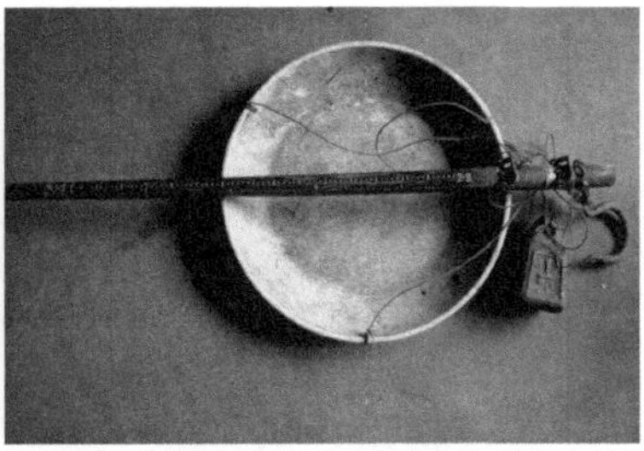

20世纪70年代的老式秤

20世纪80年代的老式秤

时光荏苒，岁月老去。十六两一斤的度量衡，早已退出了历史舞台，用杆秤称重量也难得一见，但它会长久地印在记忆里。我不会忘记有杆秤的日子，更不会忘记电视剧《宰相刘罗锅》中的唱词“天地之间有杆秤，那秤砣是老百姓”所诠释的杆秤的深刻含义。

火 篮

火篮是用椭圆形陶瓷加竹子编成的形似篮子，可存放炭火的一种工具。其用途主要是烘火取暖。

冬天很冷，特别是融雪时，总感觉湿漉漉的阴冷。有时尽管太阳高照，屋檐上的冰凌总是不慌不忙地向地面滴水。当寒风呼呼吹来，令人不禁阵阵战栗。

加上人们穿的衣服都很单薄，小孩子即使有件棉袄穿，也是露出肚脐。因此，在严寒中，多数家庭用火篮取暖。

这火篮的火，一般取自柴火灶中的炭火。从柴火灶里，用火钳一块一块地将炭取出放入火篮中，若一天当中再加上两次至三次炭，那么火篮整天都是热烘烘的。

旧时的火篮，带给人们无尽的温暖。家庭主妇，将双脚搁在火篮上，说是把脚烘热，全身都热，她们边烘脚取暖，边干着手中的家务活儿。如缝衣服、纳鞋底……老人们怕冷，可以说一个冬季都不能离开火篮。他们围着布围裙，双手拎着火篮，烘着，上盖着围裙，全身被烘得热乎乎的，十分舒坦。烘

20世纪80年代的火篮

20世纪80年代的火篮

20世纪90年代的火篮

20世纪90年代的火篮

着火篮的老人有的在谈家常，有的闲聊街头八卦传闻，有的从火篮中取火吸起了旱烟，还有的打起了瞌睡……这不起眼的火篮，驱赶着寒冷，温暖了人心。

火篮对孩子们来说，不仅带来温暖，还带来无限的欢乐和难以忘怀的美好记忆。

他们拎着火篮，蹦蹦跳跳地找到一处较为避风的地方，蹲下来，从小口袋中摸出早已准备好的青豆、玉米粒、花生等食物，一颗颗地往火篮中扔。不一会儿，煨熟的食物会发出“啪、砰”的声响。此时，孩子们会用树枝当筷子，将其夹出，往嘴里塞，一边吃，一边喊叫：“好吃！香啊！”如果有几个孩子在一起，那场面就十分热闹和欢乐。

如今火篮已经退出历史舞台，好些年轻人根本不知火篮是何物。随着怀旧风流行，市场上出现了各式竹编火篮工艺品，当我们遇见时，总有一种难忘的回味，因为在艰苦的岁月中，是火篮伴随我们走过了严寒的冬季。

油纸伞

记忆中的油纸伞，其形状与现代各种款式伞的外形相似。所不同的是，伞面由层层棉皮纸粘贴而成，然后刷上桐油。伞的骨架是根根竹条，同聚一轴，可撑可收，是旧时常用的雨具之一。

油纸伞不仅可遮阳挡雨，还有深刻的寓意。伞形为圆，寓意美满、团圆。民间还有一种说法，桐油可以驱灾辟邪，若带上红油的纸伞，可保路途平安。

传统的油纸伞已有上千年的历史，在宋朝已被普遍使用。在千百年的时光里，伞无时无刻不在演绎着爱情、亲情，诉说着一个个动人的故事。

如《白蛇传》中许仙与白蛇在西湖断桥以伞为媒，同伞风雨，结下的爱情奇缘；又如诗人戴望舒的《雨巷》，描述了油纸伞、丁香、雨巷，且成了烟雨江南的符号；再如寻常百姓将伞当成嫁娶婚俗中的礼仪物品。

而对于我们来说，油纸伞陪伴了我们整个童年，那时没有

油纸伞

油纸伞

油纸伞

油纸伞

更多的雨具，下雨了，虽说家里会有一两把伞，但不可能人手一把。小孩子大多是戴个竹编的箬帽在雨中行走，有时在头上顶个书包在雨中奔跑。若哪天父母亲撑着伞来接我们放学回家，顿时感觉欣喜，一头钻进他们的怀抱，一同走在伞下，伞外细雨飘洒，伞内干燥温暖。

在上学的路上，遇到雨天，与同学合撑一把伞，听着雨水滴在伞面上“滴答、滴答”的声音，看着伞骨上流着一滴滴晶莹剔透的水珠，闻着纸伞桐油的清香，内心有一种莫名的满足感。即便伞面小、人多，边上的同学衣服淋湿了，大家仍然嘻嘻哈哈，结伴在雨中行走。

长大了，出门或离家时，父母亲总会叮嘱一声：“别忘了带上伞。”伞不仅是提供安全和庇护，也是在传递一份温情、一份疼爱。

我自己成家后，有了孩子，在烈日下、风雨中，背着孩子去看病，手中总会撑起油纸伞，总觉得有了伞，就有了安全感。

用油纸伞的年代，已从历史舞台上退去。曾经为我们撑起一方天地、遮风挡雨的油纸伞已悄无声息地隐入流年，成为几代人的回忆。

算 盘

普通算盘约一尺长，半尺宽；长方形的算框，四周用铜皮镶嵌；横梁和算珠较重，轴杆十分光滑。

算盘作为传统计算工具，在春秋时期已普遍使用。它既是实用的工具，也有深刻的寓意，即财源滚滚，精打细算。

古语云："算盘一响，黄金万两。"此句说算盘是聚财、旺财的好物件。

儿时初见算盘，会用稚嫩的小手胡乱地拨动算珠，甚至将算盘翻个底朝天，放在地上当玩具玩。若被父母亲发现，受到一顿训斥后，我们便立马将算盘放好。

上小学了，有了珠算课，逐渐对算盘有了认知。算盘不仅是计算的工具，还可以培养灵动、慎重、细心等良好的性格品质，更重要的是，它是一门技能，是行当，是"衣食饭碗"。

那时，不仅店铺、摊贩、单位、企业，各家各户也基本上均备有算盘。

20世纪50年代学习打算盘

20世纪80年代用算盘算数

算盘留给了我许多难以忘怀的回忆。

当我与书友李文先生谈及算盘时，他讲述了他家与算盘的那些事。他外公因算盘打得好，当上了南货店的账房先生。而他爷爷不仅写得一手好字，算盘也同样打得好，由此也进了这家店当上了伙计。

从此，爷爷将自己毕生的精力都交给了算盘。他的工作离不开算盘，如记账、扎账盘库，全部都靠算盘。

随着时间的流逝，他爷爷打算盘的技艺日趋娴熟，左手拨算珠，右手提笔写下蝇头小楷记账，并且一笔笔账目准确无误，因而受到店主的器重。爷爷在小花园一带的店铺中，称得上打算盘高手。

在他爷爷心日中，算盘是“吃饭的家伙什儿”，更是他的至爱。因此，他每次用完后，都要轻轻地抚摩一遍，并擦干净后将其保存好。

有一年，一场大火将他爷爷所在的店铺几乎烧毁殆尽，而他爷爷使用的算盘却完好无损。原来算盘被存放在一个铁箱子里，才免遭烧毁。

店铺被烧关闭后，他爷爷带上至爱的算盘，回到了家乡二仙桥，当上了村里的会计。

那时，他经常是一把算盘不离身，村民的工分、 食等都是他用算盘算出来的。

受爷爷的影响，李文先生对数字也特别敏感，对计算也特别感兴趣，由此报读了大学的数学系，毕业后成为一名优秀的高中数学教师，同时还写得一手漂亮的正楷毛笔字。

闹 钟

过去，一般家庭都有时（自）鸣钟，用来看时间。还有一只较小的闹钟，作为报时用。

闹钟比时鸣钟多一个闹时的装置，既能指示时间，又能按人们预定的时刻，发出音响信号，成了人们的好帮手。

虽说闹钟小，可作用大。俗话说："一寸光阴一寸金，寸金难买寸光阴。"

小闹钟是鞭策我们珍惜时间的好伙伴，它将我们从睡梦中唤醒，催促我们起床、吃饭、背起书包上学堂。

记得小时候，我住在僻静小巷里墙门小院，邻里的住房都紧挨着，即使打个喷嚏，隔壁都能听得见。若大家都在使用，误听误撞的事时有发生。

院子里的居民有上早班的，有赶火车的，有急着去医院挂号的……他们定下的响铃时间都不同。为了避免误听铃声，我将闹钟放在枕头边，有时将闹钟塞进被窝。遇到重要事需按时

20世纪60年代的闹钟

20世纪80年代街头修闹钟的小摊

20世纪80年代的闹钟

出行时，干脆将闹钟抱着睡觉了。闹钟也促使我从小养成了守时的好习惯。

时间似流水，闹钟伴随我走过了少年时代。如今我已步入老年，每当见到闹钟，耳畔总会响起那急促又催人奋进的铃声。

竹 榻

竹榻，金华人叫竹床，即用竹子做成的小床。而绍兴人将竹床称为竹榻，是有一定缘由的。

小时候，我们睡的床，要么是木板床，要么是竹榻。我更喜欢竹榻。这竹榻用一个长方形竹框架与较细竹条穿起的竹板合成，朴素而简洁。新时呈青色，随着使用时间的加长，颜色由黄变红，显得自然而古朴。

两张长条凳搁起一张竹榻，是我们晚上睡觉的床。平时竹榻上面铺一张草席，到了冬天铺上草垫或棉絮，再加盖一床毯。当我们兄弟俩钻进被窝睡觉时，竹榻会发出“吱嘎、吱嘎”的声音，伴着这声音不一会儿我们便进入梦乡，酣睡了。

到了夏季，夜晚来临，人们把弄堂当成了露天食堂或纳凉的地方，住在弄堂里的邻居们把早已洗过的竹榻搬到了弄堂边，既当餐桌又当床。大人小孩坐在竹榻边，嘴里塞满了食物，边吃边聊天，看见晚归的人，相互打个招呼。

天色渐渐地黑了，弄堂徐徐袭来阵阵清风，一家人围着竹

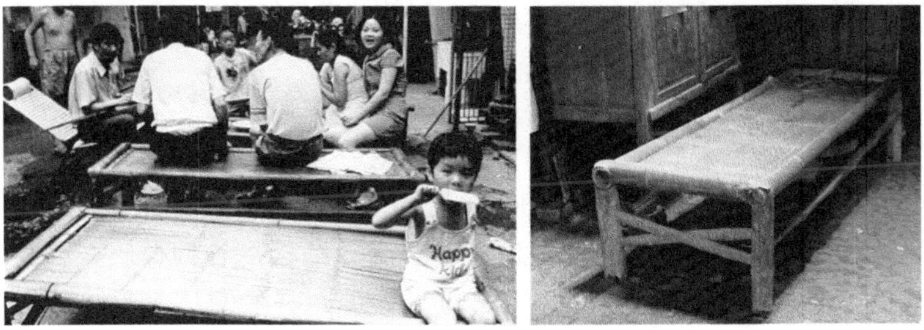

20世纪80年代的竹榻

20世纪80年代的竹榻

榻，吃着食物聊着天，孩子们在大人的歌谣中慢慢睡着了。

时光荏苒，如今的睡床越来越时尚、高档，各种材质、种类繁多的床比比皆是，竹榻却很难觅见，偶尔在农家居舍见到时，便会勾起对过去岁月的回忆——睡竹榻那么温馨、那么甜蜜。

麦秆扇

麦秆扇是以麦秆编成的扁带，然后一圈一圈用线缝制成如盆大的扇面，再用竹片两面夹住，露出扇柄。为了美观，还在最外圈收尾的地方裹上一条深蓝的麻布，在中心嵌上一块白色圆布，并绣上如牡丹、荷花、禽鸟之类的图案，再在外围镶嵌上深颜色的花边，既牢固又好看，是旧时消夏必备之物。

看似平淡、毫不起眼的麦秆扇，却让我回想起很多久违了的场景，温馨、感动。

那时候，一到初夏季节，小码头菜市场的摊位上就堆满了各种款式、花样繁多的麦秆扇。

小贩的叫卖声，吸引了许多顾客围观、购买。我们小孩子也会去凑个热闹，到了摊位边，拿起一把扇子，扇一扇，口中大喊："凉快！凉快！"此时，往往被小贩训斥：小鬼，不买就不要乱动！孩子们被训斥后，便嘻嘻哈哈地散开了。

夏季，家里总会添几把麦秆扇。孩子们拿到新买的扇，除

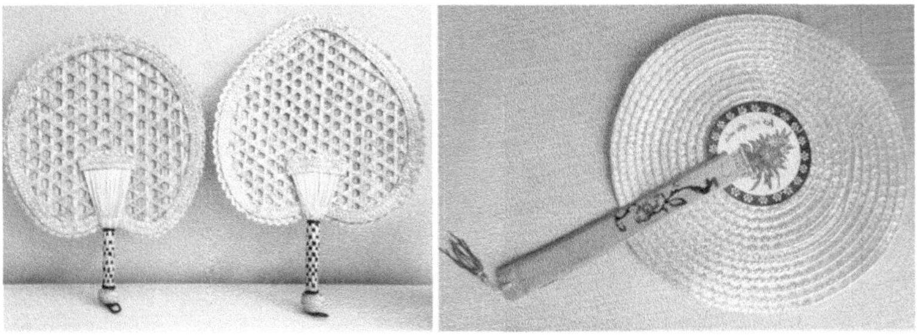

20世纪80年代的麦秆扇

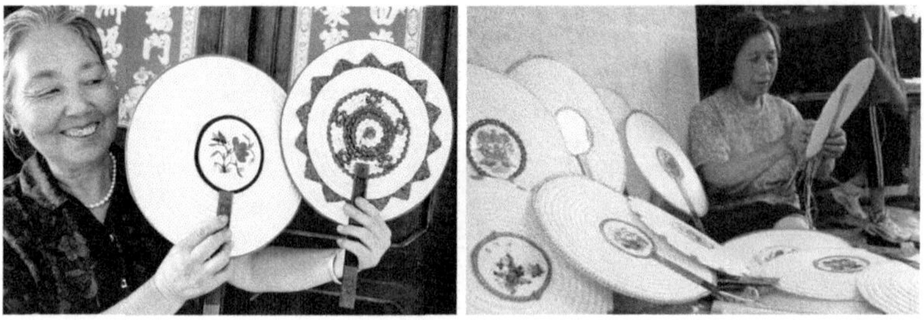

20世纪90年代的麦秆扇

了偶尔扇一扇，更多的是用来扑蝴蝶、抓蜻蜓、赶鸡鸭或替代木板打毽子。

夏季弄堂里，时常看见老人拿着麦秆扇到处走走看看，也有母亲拿着麦秆扇为熟睡的孩子扇凉、驱赶蚊虫……

这些情景，使得麦秆扇有了生命、有了温暖。

香 袋

香袋自古有之。《礼记》云：“五彩谓之绣。”香袋用青、赤、黄、白、黑五色丝线刺绣而成，色彩绚丽、自然有装饰衣着之美。

香袋佩戴史可追溯到战国时期。屈原《离骚》中有“扈江离与辟芷兮，纫秋兰以为佩”。江离、辟芷、秋兰均为香草。纫，乃连缀之意。

香袋是一种跨越千年而遗韵不减的古老装饰小物件。在历史演化中，香袋多用于民间端午的赠品，主要功能是求吉祈福，驱恶辟邪。

记忆里，每年端午节家家户户除了在门窗上插起菖蒲和青艾枝叶外，还要制作香袋和佩戴香袋。

儿时见到有一种香袋是用五色丝线，经手工编织而成的，形似灯笼状的网袋，是一件简约而精巧的小挂件。另一种用碎布缝制，内装艾叶、中草药等，其香气扑鼻，形状多样，有心形、菱形、圆形、方形等。

20世纪80年代的香袋

20世纪90年代的香袋

20世纪90年代的香袋

每年端午，小巷里的各家各户都要缝制香袋，我家也不例外，外婆和母亲将缝制的香袋戴在我们的身上，以求避难消灾。缝制最多的是一种鸡心状的香袋，精巧细致，方便随身携带，可佩戴在胸前，或装进贴身衣袋内。

听大人们说，香袋是驱邪的，戴在身上，毒虫鬼怪就不敢祸害人了。当时听了既感到神奇，又有一种莫名的愉悦。总觉得这香袋是护身符。因此在端午节，我们都祈盼拥有它，并且越多越好。

邻居之间不仅相互赠送，还相互攀比，看谁家的香袋缝制得多，缝制得更漂亮。

从儿时戴香袋开始，我便喜欢闻香袋的气味，喜欢上了艾草那清苦浓烈的中草药的香味，那混合着泥土和阳光温暖的气息，并一直把它铭记在心中。

端午过后，也舍不得将香袋随便扔掉，夜晚置于枕头下，日夜都被香气围绕。上学了，放在书包袋里，上课时总能闻到淡淡的香气。白天放进贴身的衣袋内，既能闻香，还能“驱虫辟邪”。

时光流逝，如今同样过端午节，同样有香袋，但大多不是自己缝制，而是从网店、小商品店购得，还有各大小中药店也会在端午节期间当赠品送给顾客，每当看到它们，时光便被拉得很长、很长，心绪会如春潮般涌动，唤起心底对香袋美好温馨的回忆。

磨刀石

“磨剪子，抢菜刀”，这是磨刀师傅苍老雄浑、高亢而绵长、抑扬顿挫的声音，只要听到这吆喝声，小巷里的人总会找出几把半新不旧的剪刀或是从案板上拿起钝了的菜刀，交给师傅磨剪子，抢菜刀。

这时，我都会在一旁好奇地看着，也会将母亲递给我的剪刀交给师傅磨。

磨刀的主要工具，是一块长方形的磨刀石，颜色发青，比砖块略窄、略长，上面光滑如镜，下面略显粗糙。由于常年使用，磨刀石中间部分被磨得凹下去，颜色发白，并有一条条曲线，像岁月勾画出的沧桑的痕迹。

师傅磨刀时，叉着腿坐在木凳上，粗糙的手拿着刀把磨着。偶尔抬头，向磨刀石淋水，其手腕轻轻压着刀背，刀身与磨刀石倾斜，来回磨那刀刃。他动作麻利、熟练、有力。反复磨刀后，用抢子抢刀，再淋水后又反复来回地抢，不一会儿锈迹斑斑的剪刀或菜刀便逐渐锃亮起来。

20世纪90年代的磨刀石

20世纪80年代的磨刀石

20世纪80年代的磨刀石

20世纪80年代的磨刀石

不管是磨剪子，还是抢菜刀，既是个力气活儿，又是个技术活儿。抢菜刀要先看刀口，钢是软还是硬，根据软硬抢时的手法轻重不同。一把磨得好的刀，刀口是一条直线；否则刀磨不光亮，亦不锋利。相比较而言，剪刀小巧，且更难磨，因剪刀四个刀面，磨时上下左右都要均匀，否则会导致刀面不合拢，用起来不得力。剪刀磨好后，还要把剪刀的铆钉敲紧，然后用废布来试剪一下，看看是否锋利。

前来磨刀的人，一个接一个，多数是巷子里的熟客，因为他们认准师傅态度好，磨刀技术好，即便等也要等到师傅帮忙磨刀，而师傅总是不辞辛劳，为的是顾客对自己的这一份信任。因此，再忙、再累，也要一丝不苟地继续磨刀。

刀在磨刀石宽或窄的石面上，不断地磨着发出“哧哧、哧哧”的声响，仿佛在诉说曾经的似水流年。

对于磨刀师傅来说，磨刀石既是磨刀的工具，又是打磨技术、打磨生活，尽力将生命的颜色磨亮成一块沉甸甸的发光石。

磨刀人常年奔走在大街小巷，无论炎炎夏日或寒冷的冬季，与磨刀石风雨同行，为新老顾客服务。岁月无情地在他脸上留下了深深的印迹，磨刀的手粗糙得像松树皮，长着厚厚的老茧，但他的心和人生同磨出来的刀一样铿亮。

如今很少有人再去磨刀了，钝了、锈了，就换把新的。磨刀石连同“磨剪子，抢菜刀”的吆喝声，一起销声匿迹，成为过去岁月里一个带有美好回忆的符号。

自行车

小时候，我家住的小弄堂里，白天总会看到自行车静静地倚着墙壁。车有旧、有新。旧的车全身锈迹斑斑，新的车子则簇新锃亮。

见到新车时，正在弄堂玩耍的小孩子会跑到车的跟前，用稚嫩的小手摁动着车铃，并发出惊叫声："哇！永久，凤凰！"顽皮的小孩在车上东摸西摸后，故意将车胎的气门芯拔掉。当车主发现时，会发怒大骂，最后只能推着轮胎瘪了的车，无奈地离开现场，而几个小孩则躲在墙角暗处，捂着嘴哧哧地笑。

"永久""凤凰"是当年叫得响的自行车品牌。这些品牌的自行车材质好，车型美观大方，而且负重骑行轻便。所以很受众人青睐。

尽管车难买，但那时有租车行，我们从四、五年级开始，

20世纪80年代金华兰溪门铁路通过路口

20世纪70年代金华五一路铁路通过路口

20世纪80年代28寸自行车

每逢寒暑假，用父母亲给的零花钱，凑钱共租一辆车，在大人或较大的孩子引领下，轮换着学车。由于我们个子矮，车身高，只能左脚踏在车的踏脚板上，右脚从车身三角架中间的空当伸过去，踏在右边的踏脚板上，双手抓住车柄，站立踏着踏脚板骑行。

胆子大的孩子几次就学会了，胆小的慢慢练一段时间也能学会。当然摔倒、擦破皮的情况经常会发生，但跌倒了，爬起来，继续勇敢骑行。

后来，我参加工作时，买了一辆旧车，换了轮胎，整了整钢圈，骑行起来如同新的一样。就是这辆车，陪伴我骑行过无数个有风有雨的日子。

随着时光的流逝，自行车的轮子一直与时间在转动前行。不同的是，过去的自行车更多的是负重前行，同时承载着历史的沧桑和人们的希望，而如今的自行车已经有了新的使命，承载着新的希望。当然，我们不会忘记，所处自行车年代那些难以忘却的美好记忆。

手 表

对于现在的人来说，手表是很平常的物件。可是当年，它却和自行车、缝纫机并称为“三大件”。它让人们的生活更富有节奏感，它让人们当上了时间的主人，既记录时间，又记录人们为着梦想而珍惜光阴，为之努力奋斗、奔跑的历程。

在当年的艰苦环境中，想拥有一块手表并非易事。上百元的上海牌手表，是寻常百姓梦寐以求的物件。一般家庭每月几十元的工资收入，只能维持一家人的最低生活，若要购买手表，无疑是一种奢望。

然而，人们是不会放弃对美好生活的追求的，想方设法也要早日佩戴上海牌手表。

有的节衣缩食、省吃俭用积攒下每一角钱；有的加班加点，争取多一点收入；有的则采用互助的形式，每月一家拿出五元钱，用“摇会”的办法，大家轮着买。

当然，除了要凑够买表的钱，还需要一张购买上海牌手表

20世纪50年代的手表

20世纪60年代的手表

20世纪70年代的戴手表美女

20世纪70年代的“三大件”

的购物券，因为那是购物需凭证凭票的年代。

我买的第一块表是南京产的“紫金山”牌，价格是三十元，这花去了我一个月的工资。表的外形有些厚重，但走得非常精准。

进单位工作的几年后，我曾经有过一张购买上海牌手表的票，但因单位同事订婚需用，就让给他了。当时在民间俗定婚俗中，订婚、结婚需要有一块像样的表。因此，成人之美的事情是必须要做的。

随着工作的变动，工作性质的改变，我也佩戴过好几种手表，有进口的也有国产的，还有带日历以及超薄型的，因为在特殊的场合，佩戴手表也是一种身份的象征。

如今，“三大件”已不再是人们的生活必需品，但老旧手表是一个岁月深处的象征，既有艰辛和惆怅，又有温暖和激情，始终封存在人们的内心，成为挥之不去的记忆。

电视机

20世纪70年代末，黑白电视机刚刚开始出现，是老百姓既感到新奇，又很想拥有，极其受欢迎的家用电器。从外观上看，电视机形同收音机，多了一个视屏，头顶装有细细的天线，似一根拉杆可以伸缩。然而，就是这一块小小的屏幕，不知让多少人痴迷、沉醉。

在那个年代，对于许多家庭来说，电视机是一件奢侈品，有钱都不一定能拥有。庆幸的是，我家是小巷里最早购进电视机的。

记得我家墙门里，住着一位邻居是在五金交电公司搞业务的，他想方设法拿到了一张购电视机的券，我以九十元钱的价

20世纪70年代末的黑白电视机

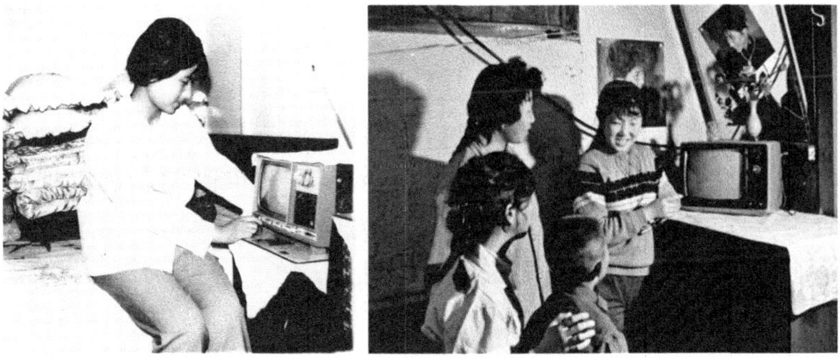

20世纪80年代的黑白电视机

格，买了台九英寸的黑白电视机，据说是最小的电视机。

电视机虽小，但它带给了人们精神上的享受和生活上的愉悦，成为必不可少的生活物件。谁家里若有一台电视机，定会招来无数人的羡慕。那时，老人最感到好奇，尽管不能完全看懂电视里面播放的内容，但是也会聚精会神地听着、观看着。

最幸福的时光莫过于夏日乘凉的傍晚时分，电视机摆放在弄堂口的方桌上，一家人坐在竹榻上或竹椅上，享受着电视节目带来的快乐，年迈的外婆则躺在躺椅上，在电视悠扬的音乐旋律中慢慢地进入梦乡。

当然，有了电视机的弄堂口聚集了更多来乘凉的人，大家有说有笑地度过了一个又一个夏夜。

后来，我请一个懂电视技术的同事，将九英寸电视改成十二英寸，比原先大了不少，观看的效果好多了。

20世纪90年代的黑白电视机

在有电视机的日子里，通过电视了解了外面的世界，观看了那时比较流行的电视剧，如《渴望》《西游记》《上海滩》等。

如今黑白九英寸的电视机已销声匿迹，科技进步已经给生活带来了日新月异的变化，当我在欣赏宽视屏高清彩色电视机时，并没有忘记静置在岁月深处的九吋黑白电视机，它蕴藏着一个时代的记忆，也是逝去时光的见证。

缝纫机

缝纫机（金华人叫“洋车”），对于我们来说并不陌生，当年它和手表、自行车并称为“三大件”，让普通百姓家的生活变得精彩了许多。

这缝纫机形似一张书桌，上面装有机头，可翻上翻下。下面有转盘，用绳带连接曲轴连杆，下面有脚踏板，只要用脚踩动踏板，连杆梭架就会做圆周式往复转动，发出“嗒、嗒、嗒”的声音，如同美妙的歌声一样悦耳。

如果谁家买了新的缝纫机，住在同一墙门里的人就会忙碌起来。主人首先试车，用它缝补破旧衣服或缝制简单的衫袖套、鞋垫之类。隔壁邻居除了羡慕外，也急不可耐地拿来衣物之类的东西，趁机借用，踏一踏“洋车”。我们小孩，也会凑过去看热闹，只见大人们分工合作，裁的裁，剪的剪，在脚踏板不断的晃动下，闪动的银针在明媚的春光里上下穿梭，就像一只飞舞的小蜜蜂，看得我们眼花缭乱。

那时上海产的“蜜蜂”“蝴蝶”牌缝纫机是名牌产品，还

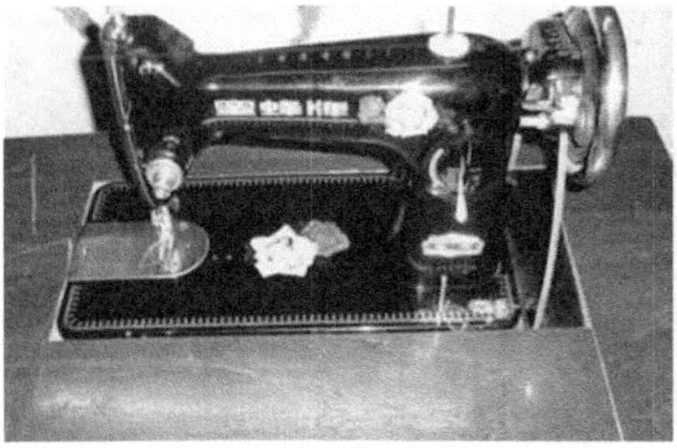

20世纪70年代的蜜蜂牌缝纫机

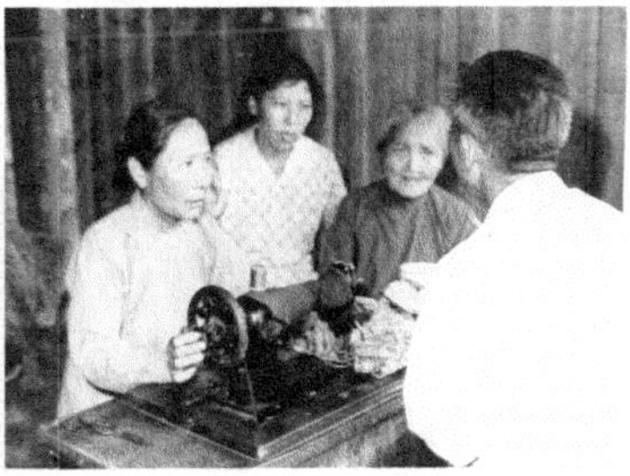

20世纪70年代的缝纫机

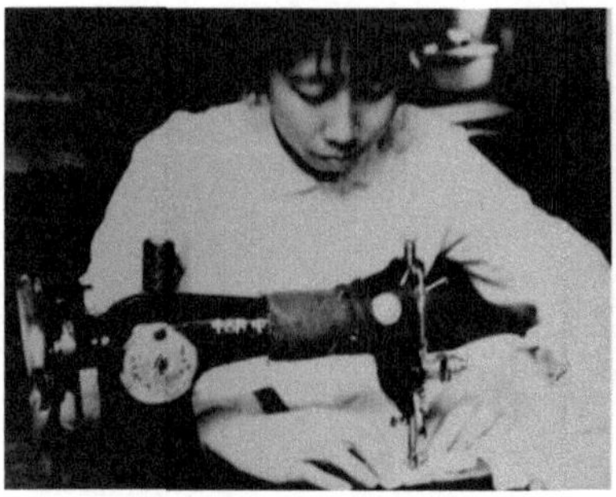
20世纪70年代的蝴蝶牌缝纫机

20世纪70年代的缝纫机

有杭州产的“西湖”牌也称得上名牌，不过都要凭票购买。

无论什么牌子的缝纫机，只要有了它，人生就多了一份乐趣和期待。

主人家的女儿，在空闲时学会了踏“洋车”，并且兼学裁剪技艺，学会后，不仅兴致勃勃地为家人裁衣缝裤，甚至还揽下外来加工床单缝制的业务，一个月能有可观的收入，于是，“洋车”不仅使生活有滋有味，人也获得了很大的乐趣。

邻居们夸她既能干又心灵手巧，随后为她介绍对象的人纷至沓来。如果对象介绍成功，结婚那一天，可以见到缝纫机被披上红绸，扎上彩带，在迎亲的队伍中，十分醒目，连同其他物品，作为陪嫁品，送往男方住地，此时，在围观的人群中，有人惊喜地喊叫：哇！还是蝴蝶牌顶好咯洋车！

在现代人看来这是大惊小怪，然而在物资匮乏的年代，缺衣少食，没有多年的积蓄和努力，是很难得到缝纫机的。

有些人为了生存，竭尽全力，想方设法买一台缝纫机，因为有了它，做裁缝的手艺可以发挥到极致，并且是“衣食饭碗”，这裁缝手艺在当时比较热门，特别是到年关，无论裁缝铺或上门做裁缝，都十分繁忙，可以说是十分吃香的行当。而往往做剪裁的是师傅，踏洋车的是学徒，在师带徒的状况中，这个制衣业随着时代的更迭逐渐发展壮大。

时光匆匆，人们已经告别了“新三年，旧三年，缝缝补补又三年”的年代，也很少有人再去裁缝铺做衣服，更不会有人用缝纫机去补衣服，取而代之的是各种款式新颖的成衣。缝纫机已慢慢地从人们的生活中隐退。

每当我们看到老式缝纫机的身影，总能闻到那种沧桑的味道，毕竟它陪伴着我们走过了那段艰苦的岁月。

20世纪80年代的缝纫机

收音机

我的书画工作室里，至今还保留着一台约18厘米高、5厘米宽的黑色机壳小收音机。

收音机黑壳表面有各种刻度，并注明二波段。左侧装着一根银色天线，右边有开关和调频键，打开壳的下半部可装两节大号电池，整个机身质朴简单，放在窗台一角，很不起眼。

收音机是大哥在“文化大革命”时买的。大哥当时是知青，平时爱听京戏，空闲时间，自己经常会哼上几句京剧唱腔，而且还会随着收音机播放的样板戏同唱一曲，常常会赢得在场其他知青的掌声。

大哥返城后，收音机给了外婆。当时外婆已80岁高龄，眼花耳聋，尽管她不能完全听懂收音机播放的内容，但只要她听到沙沙的电流声，就会很入迷。有时听着听着会躺在摇椅上打起呼噜，进入梦乡。

听收音机时间久了，它播放的同样旋律外婆也会感到乏味，甚至会责怪收音机：“没有好听的戏！”外婆的老家在嵊

现保存的收音机

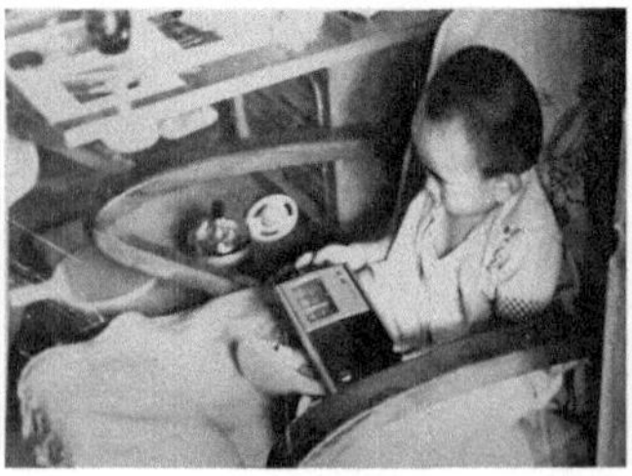

20世纪70年代的小收音机

20世纪70年代的收音机

20世纪70年代修理收音机

20世纪80年代的收音机

州，是越剧之乡，她自然爱听家乡戏。

过不了多久，收音机播放的乐曲丰富了，各种戏曲也在连续不断地播放，特别是一些久违了的传统戏曲也在展播，可以说到了聆听的年代。外婆喜欢听的越剧“梁祝”已经有了小提琴协奏曲，但此时，外婆已经离开了人世。

外婆去世后，收音机留给了我母亲。母亲退休时独居一室，白天我们做子女的会经常去看望，到了晚上，她只能孤单地一人生活，虽说有电视机既可看又可听，但她仍然对收音机爱不释手，她说：“有收音机做个伴儿，家里不会觉得冷清。”

清晨，母亲随着收音机播放的乐曲做保健操；白天，准时收听养生健康节目，获得了许多保健知识；晚上，看完电视节目后，手捧收音机，听听自己喜欢的乐曲，孤独的夜间，便不会觉得寂寞。

收音机已修理过多次，有些内部的构件也更换过，但外壳依旧，其播放的和声依旧。

母亲去世后，这台收音机我依然保留着。因为它承载着历史的印记、岁月的沧桑，蕴藏着对逝去时光的记忆。

照相机

20世纪60年代，我的第一份工作是房地产普查。普查的内容是，按照房屋的占地面积，将每座房子每一间屋的使用情况，通过丈量绘制出平面图。

我所在的普查组负责城东片，那里有许多年代久远的老房子。因为我平时爱好摄影，便想将自己感兴趣的房屋及其他物件拍下来，于是我买了第一部照相机。

这是一部“幸福”牌相机。长方形的机盒，装有镜头、焦距、快门以及可装胶卷的暗盒和屏幕。透过方框屏幕有十字架，并有一个圆圈，只有架中的圆是最清晰的，也就是对焦距。其实也只能对一个三米之内的焦距，可以说是一部十分简易的相机。

这台简易的相机当时的售价是五元人民币。虽说仅五元钱，但对当年许多人来说可是一个月的生活费。即便是我当时月工资近三十元，但因买了相机，生活方面也有点拮据了。

20世纪60年代的照相机

20世纪60年代为母亲拍的生活照

然而，正是这部相机，让我抓住了流逝时间里每一个值得回忆的瞬间，几十年后仍然看到情与爱和无限的思念。

以前家里人是很少出去拍照的，我的外婆和母亲，一辈子大约去照相馆拍过一次人像照片，洗出来的照片，姿态很呆板。

有了相机后，我曾经在自家门口，让她俩坐在竹椅子上抓拍了几张生活照，其形象生动、自然。外婆去世后，她的微笑至今留在家里的相框里。母亲去世前的遗照也是我拍的，母亲的仪容定格在已过往的温馨瞬间，给后人带来无限的思念。

有了相机，给生活增添了乐趣，“咔嚓”一声将相机的快门按的下那一刻，友情、亲情、爱情便定格在了那一瞬间。

在现代生活中，数码相机早已替代了旧相机，但旧相机所拍下的照片，承载着历史的烙印和岁月的沧桑，留住了过往的人生，我的“幸福”牌相机，还给我留下了一段幸福的婚姻。

樟木箱

樟木箱用樟木板制作而成，主要是放贵重衣服或自己认为较重要的东西的物件。那时，对老百姓来说，它还是一件重要的嫁妆。

普通人家将平时一块一块买来凑齐后的樟木板，请木工师傅先制好白坯子的箱，然后等女孩找好对象，确定婚期，才将箱子打磨上油漆。箱子没有雕花，用本色漆罩上后，露出樟树苍老古朴的木纹，看上去简洁、自然、大方。

有些人家请木工师傅在樟木板上雕刻，雕刻的图案，有百子图、百鸟朝凤、龙凤呈祥等吉祥图案，都蕴含着美好的寓意，待女儿出嫁时，连同其他嫁妆一起，显得更有气派。

这樟木箱防蛀防潮，有一股特殊香气，若哪户人家居室里摆放着一对樟木箱，不但自己觉得体面，而且旁人也会投去羡慕的眼光。

在当时，拥有樟木箱的人家为数不多，一般都用木板箱。我也是工作几年以后才购进一对樟木箱，是至今唯一保存下来的老家具，静静地叠放在房间的一角，有时打开箱子，扑面而

20世纪60年代的樟木箱

20世纪70年代的樟木箱

来的是香樟的气息，窥探一眼，令人回味，让人不由自主地回想起以往。

记得那年冬天，金华连续几天下大雪，使得交通受阻，金华至温州方向的客货车停运。路阻使得一位从江西去温州的旅客改变主意原路返回，有意将所携带的一对樟木箱出售，经朋友介绍，我以每只30元的价格买下。

购进的这对樟木箱，没有油漆，六面都是独块板，据说能锯成独块板料的樟树，其树龄起码百年以上，可见此箱之珍贵、来之不易。

开始，我在箱子里放一些大衣、毛线衣以及自己喜欢穿的衣裳，这些衣服一般平时不穿，逢节日或重要的场合才拿出来穿，还存放了一些老照片、票证等东西。

后来我有幸得到本地著名画家张华鑫先生的几十幅鸡画作品，我如获至宝，将作品存放进这对樟木箱内好好珍藏，在这期间，我在每年的端午节前后，都要在箱中放几颗樟脑丸，闲暇时，会从箱底翻出张先生的鸡画作品挂在墙上欣赏。

这对樟木箱已经作为我珍藏画的宝箱，偶尔打开箱子，仍然散发出天然的灵气和清香，仿佛在说，所珍藏的东西一切安然无恙。

20世纪90年代的雕花樟木箱

布 鞋

小时候，我们穿的鞋都是母亲亲手做的布鞋，也就是人们常说的“千层底”。做布鞋是一项极其细致烦琐的事，且不说如何做成一双鞋，光纳一双鞋底，就得费好大的工夫。

纳鞋底，首先要打布板，将零头碎布一块块一层层用糨糊粘贴在门板上，经晾晒干透后做成布板。然后，根据已剪好的鞋样，一张张依样剪下，经包边后黏合八九层再圈底，这些工序完成后，即可以纳鞋底了。

这纳鞋底，可是个漫长的过程，光纳鞋底的麻线，也是自己一根根搓起来的，再戴着顶针，一针一针缝起来，每一针都需拉紧，密密麻麻很结实，据说起码要缝两千多针。试想纳一双鞋底，没有十天半月是难以完成的，可见纳鞋底之难。

印象里，母亲做布鞋需花去大部分空闲时间，每年无论夏日炎炎、天寒地冻，她都会抽空坐在竹椅上，不厌其烦地、竭尽全力地做鞋。一家八九口人的鞋，需花去母亲的空余时间近一年。

纳鞋底

布鞋

做布鞋

做布鞋

那时有个习俗，过年要穿新鞋。其寓意是穿新鞋是防止过去一年的倒霉事再次发生，同时也是对走了一年的脚，以示慰问。另外，也警醒人们新的开始，继续一步一个脚印，踏踏实实走出好运，走出好的前程。

美好的寓意，总是一种良好的愿望，但这布鞋是实实在在的。布鞋白底黑布，素雅干净。虽没有皮鞋那样洋气、高跟鞋那样华丽，但它朴素、温和、透气，穿上它脚踏实地，接地气。

每当穿上母亲做的新鞋，孩子们都会高兴一阵子，大年初一穿着新衣、新鞋，去家门口的弄堂里，蹦蹦跳跳地放鞭炮，调皮的孩子把一串鞭炮拆散了，点着了，直往人堆里扔，有时鞭炮炸开了，火星落在鞋子上，簇新的鞋面烧成一个洞，然后相互点鞭炮，又互相躲避。这种游戏照例是从哈哈大笑开始，到挨父母亲骂结束。

从孩子出生，到长大，不知穿过多少双母亲做的鞋。它不仅倾注了母亲的心血，而且承载着人们的精神寄托和多重的愿望，是旧时民间非常喜欢的一双鞋。

如今手工做的布鞋难得一见，名目繁多的皮鞋、球鞋、机制布鞋等比比皆是。手工制作的布鞋与其比较，没有那么潇洒风光。母亲做的鞋穿在脚上不仅舒坦、透气，而且伴着我们走过了艰苦的岁月，走进了新的征程。

旗 袍

旗袍是一种传统女性服饰，它能展露女性的体态美、曲线美。在时代更迭中，旗袍在款式、面料、缝制诸多方面亦在发生变化。如清代以繁缛富赡，温柔敦厚，程式单一为主；近代则自然简洁，形体曲线自由多样化。

我初识旗袍，是在一部老电影里。十里洋场旧上海的名媛，总是一袭华美的旗袍，优雅地出现在厅堂、社交场合、小街，或撑着伞走在石板路上，美丽极了。

从电影明星的人像画报中，见到如周璇、阮玲玉、秦怡、王丹凤等穿着旗袍所展现的柔媚、绰约的风韵。

我还从旧式的商品广告图片中看到十分靓丽的女性，穿着各式别致的旗袍，烫着时髦的发型，佩戴精致的饰品，花枝招展地为商品作形象广告。

能亲眼看见女性穿旗袍的身影，最多的应该是在舞会等特

20世纪60年代的旗袍

旗袍服饰

旗袍服饰

定社交场合。

当然，旗袍并不是只有在舞会中才能见到，它一直都没有脱离我们的视线和生活。当年寻常百姓家的青年妇女，也同样爱穿旗袍。

平常的旗袍是用日常花素全棉府绸或涤棉细布缝制的，虽没有明星、名媛穿得那样华丽妩媚，但也朴素大方。新娘出嫁时穿的是织锦缎古香缎面料做成的旗袍，花型典雅，古朴迷人。

改革开放初期，我在市里的公共关系事务所任职，曾经组织举办“金华市首届文化礼仪小姐大赛”，将穿着旗袍列入服饰礼仪文化的一项比赛内容。要求参赛者穿旗袍展现女性优雅的体态，包括站姿、走姿以及所显露出来的自身气质。

如今具有时尚潮流的女性服饰层出不穷，但旗袍仍然是一枝独秀，它的韵姿与美丽成全了一个女性的婀娜与风情，让她们无论走到哪里，都是一道吸引人目光的风景。

旗袍服饰

旗袍服饰

女性衣裳

穿衣服，金华人叫穿衣裳。过去年轻女性一般穿着蓝、灰、黑或带有小碎花、方格子的上衣。中老年妇女，穿着时令蓝，以及灰色、黑色的对襟衫。裤子通常与上衣颜色相仿，是直筒、肥大便裤。

年轻人爱打扮，春秋季节穿上两用衫，并将内衬衣雪白的领子翻叠在两用衫的领口，显得有层次、美观大方。有的中老年妇女，为了装扮自己，在穿着的对襟衫外披上一件毛线织成的背心外套，这样的穿着，既庄重，又得体。

在冬季里，大多数穿着用棉絮缝制的棉袄，外穿罩衫，可以更换。正在劳动中的妇女，往往戴上衫袖套，围上围裙，其做派干净利落。

到了夏天也有穿裙子的，学龄女孩穿花裙子；成年妇女的裙子则在蓝色、灰色、黑色的裙子上小心翼翼地打了褶子；那些时尚的追求美的姑娘，穿洁白的裙子。

当然，人们也会对那些穿着蓝色工装的姑娘羡慕不已。她

20世纪70年代的女式衣裳

20世纪80年代的女式衣裳

们穿着夹克上衣、背带裤子，其气宇不凡、朴素干净，上衣口袋上方印着某某工厂的红色厂名，昭示着自己是工人阶级队伍中的一员。在小巷里住的大妈们认为，谁家的姑娘穿上了工装，是一件荣耀的幸事。

更有姑娘穿上了绿军装，那红帽徽、红领章、绿衣裳穿戴在女性身上，既端庄大气，又能凸显飒爽的英姿，谁见了都会产生敬畏之心，为之动容。

另外，女性的职业装中，如铁路、邮电、医师、护士等都能表现出内外兼修、刚柔并济的女性风韵和职业特征。

对于女性而言，衣裳不仅仅是护体的必需品，更是一种文化形态。衣裳与穿者本身的体形、肤色、年龄、气质、个性、职业等特征都有着密切的联系。

随着时代的更迭，如今的女性衣裳款式新颖，多姿多彩，充满了现代气息，我们在欣赏现代女性的穿着风韵时，也不会忘记过往穿着的简约布衣，因为任何一种穿着衣裳都是当时生活的一种符号，或者说是时代的烙印。

男性衣裳

过去男人大多穿着蓝色、灰色、黑色的制服上衣，也有一部分人穿着中山装。

中山装有极其丰富的含义：四个口袋表示国之四维，即礼、义、廉、耻；袋盖为倒笔架，寓意以文治国；门襟五粒纽扣以示五权分立（行政、立法、司法、考试、监察）；袖口三粒纽扣表示三民主义（民族、民权、民生）；后背不破缝表示国家和平统一；衣领定为翻领封闭式显示严谨治国的理念。

除了寓意深刻，此衣裳简便、实用，受到不同阶层、不同年龄的男性（也包括女性）喜爱，当然制衣的面料也各有差异。有的用毛料、哔叽，有的用棉布、卡其布，有的用呢质面料。但不论哪种面料的中山装都显得特有精神。

男青年穿上后，将领子的风纪扣扣住，并露出内衬衣白色的领边，同时在左边的口袋上插上一支或两支上海产的金星钢笔，被小巷里的大妈视为有知识的上进好青年。

中年人穿上后，每一粒纽扣都扣得规规矩矩，衣裳上的风纪扣也一丝不苟地扣住，看上去便是一个憨厚诚实的人。

20世纪70年代的男式衣裳

20世纪70年代的男式衣裳

老年人往往将平时舍不得穿，压箱底的毛料中山装，用刷子刷刷，逢正式场合或过节时穿上，显得气宇轩昂、风度翩翩，按现代人的说法：很有仪式感。

那时，用布料做的中山装，穿的时间久了会出现破损，若裤子的膝盖处、袖子的手肘处，磨白了，还没破，就将补丁补在衣服里面，这样，外面看不出来。等到布磨破了，就将补丁补在外面。有的将补好的衣裳拿到洗染店染色，染好后的衣裳穿在身上，也有新鲜感。

当年男性盛行穿的中山装，反映了那个时代生活的原生态，简朴的中山装之所以受人青睐，是因为它拥有似水流年的精髓，蕴含着曾经沧海桑田的情感，是那个年代的社会缩影。

如今男装也变得款式繁多，随着时代的发展而不断翻新。但中山装，依旧气度不凡。

毛线衣

以前的男女老少好像特别喜欢毛线衣，从小到大，我就穿过许多件手工编织的毛线衣，记忆最深的还是母亲织的毛线衣，那件毛线衣倾注了母亲的心血和浓浓的爱。有一件米黄色粗线毛衣，至今还存放在房间衣柜里。

小时候，孩子们都盼着能穿上毛线衣，可是由于家庭生活困难，兄弟姐妹又多，母亲只得轮流给我们织毛线衣。

一般织毛线衣的顺序从大到小，因为大的穿不上了小的可以穿，或改成裤子穿，或改成毛背心穿。

织毛线衣是一个十分烦琐的过程，编织时，用几根竹扦绕着线，母亲的手和手上的两个竹扦飞快地交叉着，每交叉一次，就表示离毛线衣成型又近一圈。

20世纪70年代织毛线衣

20世纪70年代织毛线衣

20世纪80年代织毛线衣

20世纪80年代织毛线衣

织成一件毛线衣需耗费母亲大部分的空闲时间。当然，我们小孩也会去帮个忙，就是将一根根的毛线，绕成一团团的线团。最终目的是能够早日穿上毛线衣。

若编织旧毛线衣，需花去母亲更多的心思。旧毛线衣拆下来，需清洗，将毛线绕成团后，还需盘算织毛衣毛裤的线够不够，不够则需新添毛线，买回来几支刚好凑数能织成衣或裤，要算得十分精准。

精打细算，凑足线团，有的线还要经过染色，一切安排就绪，已临近冬季。为了使孩子们早日穿上御寒的毛线衣，母亲

20世纪80年代织毛线衣

她“日夜兼程”，不辞辛劳地赶时间，在我们的翘首等待中，再次穿上新织的毛线衣，虽说紧了点，但很温暖。

现存的毛线衣是母亲在退休后织的。当时我要去东北出差，准备织一件较厚的毛线衣，以抵御东北寒冷的天气，于是我买了纯羊毛粗线准备织件厚毛线衣。母亲得知后，便主动提出帮我织。年逾七十岁的母亲，用了近半个月的时间，织成了这件毛线衣。我穿在身上合身得体，有一股踏踏实实的暖意，它像冬日的阳光，温暖地包裹了我的全身。

这件毛线衣，虽说没有现代各式羊绒衫新颖华丽，但它是母亲一针一线织起来的，犹如编织了一口温泉，将我的每一个细胞都浸在其中，让我能时时感受到母亲的温暖。

糖 担

以前走街串巷的货郎，挑着担子叫卖，兜售货担中的商品，成了市井风情。我觉得最具有特色的就是“鸡毛换糖”的糖担了。挑糖担的大多是义乌老乡，他们手中的拨浪鼓发出的声音，我百听不厌。如今“鸡毛换糖”的行当已成为遥远的过去，但义乌老乡货郎的形象以及糖担、拨浪鼓，蕴含着浓浓的乡情，仍然印记在我的脑海里。

糖担很简陋，两只用竹篾编成的箩筐，上面放着两只长方形平板箱，一只放着如针、纽扣、细线等零碎日用小商品，另一只放着黄褐色的糖，像一板豆腐一样，铺在板面上。糖看上去很硬，是用红糖、饴糖，再加上生姜水煎熬凝固而成的。义乌老乡用两块铁板在其上头轻轻一敲，糖块就敲开来了。因此，小孩们叫此糖是敲敲糖。这糖不必用钱买，只要用鸡毛兑换就可以。“鸡毛换糖”便由此得名。

再说说义乌老乡手中的拨浪鼓，其鼓形如罐，两侧缀有两枚弹丸，鼓下有柄，手摇转动鼓柄弹丸击鼓发声。因鼓面是用

糖担

糖担

糖担

糖担

羊皮、牛皮或蛇皮制成的，击鼓后发出的声音，如同音乐般悦耳动听。

每当“鸡毛换糖啰”“咚咚、咚咚！”的声音在小巷里响起时，小巷里的孩子们便欢呼雀跃，热闹起来，争先恐后地用家里剩下的鸡毛去换糖。

记得我上小学五年级那年，中秋节过后的一天放学回家，刚走到离家不远的小巷口，就听到“鸡毛换糖”的声音，我一路奔跑进了家门，直冲天井后墙边的披屋寻找鸡毛。心想：这次准能换到糖了！因为中秋节刚喝过一大碗鸡汤呢！谁知我哥已抢先一步，他正手拿鸡毛从里面出来，我急忙上前去争夺并喊道：“这回轮到我了！”我哥没有理会，兴冲冲地往家外奔去，我边喊边随后紧跟着。

到了糖担前，我哥正要用鸡毛去换糖，我再一次伸手去夺，并说：“我来换！”我哥抓紧鸡毛不放，我俩相互推来推去，结果缚着鸡毛的稻草断了，鸡毛散落一地。忽然间，一阵风刮过来，把鸡毛吹得腾空而飞，这时小巷沸腾了，周围六七个小孩边喊边叫：“鸡毛飞上天啦！鸡毛飞上天啦！”又用双手乱抓鸡毛，场面乱哄哄的，我和我哥也没闲着，使劲儿地去抓飞起来的鸡毛，到后来，鸡毛已经所剩无几，我们去换糖时，义乌老乡说：“太少了不能换！”我灵机一动，跑进家里的厨房，拉开菜橱的抽屉，从中翻出鸡肫皮和牙膏皮，加上原来的鸡毛，义乌老乡才开始用扁铁条敲糖，满足了我换糖的愿望。

他一边敲糖，一旁看着的小孩一边叫：“多点！多点！”义乌老乡慢条斯理地先给我们敲出一块，后又转身去敲，我一阵窃喜，糖真的会多点吗？糖看上去很硬，但吃到嘴里很快就化了。

糖担、拨浪鼓是一个岁月的印记，“鸡毛换糖”的买卖形式现在已荡然无存，但对于我来说，它没有消失，它封存在我内心的一个角落，始终慰藉着我的心灵。

糖担

馄饨担

金华本地人有下午、夜间吃点心的习惯，在品种繁多的点心、名吃中，江西馄饨是食客的首选。届时忽然梆声四起，听声的食客便会过去，而卖主乃站立作业。

而作业的行头便是馄饨担。这担可以用竹子制作，也可以用木材制作，或竹木合成。一头一灶一锅，挂一竹梆。灶是口大膛浅的灶头，架木柴充分燃烧，有的放一只煤饼炉子。另一头是多个不等的小抽屉，这一屉放馄饨皮，那一屉储放已包好的馄饨，一个个整齐地排列在内，薄薄的皮，透着粉嫩的肉色。各样的汤头作料，各有一屉半屉之地。操作时，一只手拉这抽屉，另一只手关那抽屉，动作娴熟，遂生魔术的魅力。

那时出了名的是螺丝巷口的馄饨担，担主姓范，有人称他为“老范头儿”。老范头儿把一副担子挑肩头，常在金华苍茅亭、酒坊巷一带走街串巷。当他“哪哪哪”地将竹梆敲响时，就会有食客接二连三地向他买一碗馄饨尝尝鲜。

每日到了下午3时半左右，老范头儿夫妻俩忙碌的身影就会

馄饨担

馄饨担

出现在馄饨担边，妻子手脚利索，早早将准备工作做到位，食客来时，锅内的水已经翻腾，只要将小馄饨往锅里一放，不消片刻便可捞起放入碗中，然后放上一些鸡蛋丝、榨菜丝、葱花，另外还从锅里捞起几片菠菜叶放入碗中，一碗五彩缤纷的小馄饨在这馄饨担窄小的空间里香气四溢，先“香”夺人，撩拨着路人的食欲，让人忍不住掏腰包买馄饨品尝。

当夜幕降临时，馄饨担上会亮起一盏灯，老范头儿从担子的抽屉里拿出一副竹板，将原先的敲竹梆，改成了打快板，以招揽生意。

吃他的馄饨的人陆续到来，有的人还是从市郊赶来的，为的是解馋尝鲜。当时一碗馄饨是二角二分钱，二两半粮票，二十个小馄饨。吃一碗馄饨，对于现代人来说或许微不足道，可对当时的老百姓来说，吃上江西小馄饨会开心得不得了。

老范头儿的这副馄饨担，一挑便是三十年。如今已由老范的后代搬到金华四牌楼，开了一家店面约四十平方米的范记馄饨店，那副馄饨担依旧摆放在堂口，刷上一层红色油漆。虽说这家店的馄饨味道延续了当年老范烧煮馄饨的风味，但我更喜欢当年巷口那盏灯下的小桌，还有那副馄饨担，以及人们在巷口担前吃馄饨的场景。

剃头担

早年，学会了“全活”的剃头师傅，便在街头巷口摆起了剃头摊。剃头摊的主要行头是一副剃头担。

剃头担分两头，一头是长方形带抽屉的小柜，小柜子做得像个板凳，剃头时人可以坐在上面。小柜的一侧是三四个带铜拉手的抽屉，抽屉里分别放着推子、梳子、剃刀、肥皂等理发和洗刷工具。另一头是一个木架子，架子上放了一个炭炉子，炉子上面放着锃光瓦亮的铜盆。架子上还挂着磨刀布。若剃头师傅用扁担挑着担子，也会有人说：剃头担子一头热，一头冷。

这剃头担：一刀、一椅、一水桶；一摊、一刮、一清洗，用的是娴熟的真功夫，简易的担头，却不简单地为过客照料三千烦恼丝。

那时，金华城内四牌楼有个叫杨清洁的剃头师傅，他不仅为人端正恭谨，技艺精湛，而且跟他的名字一样，剃头时讲究

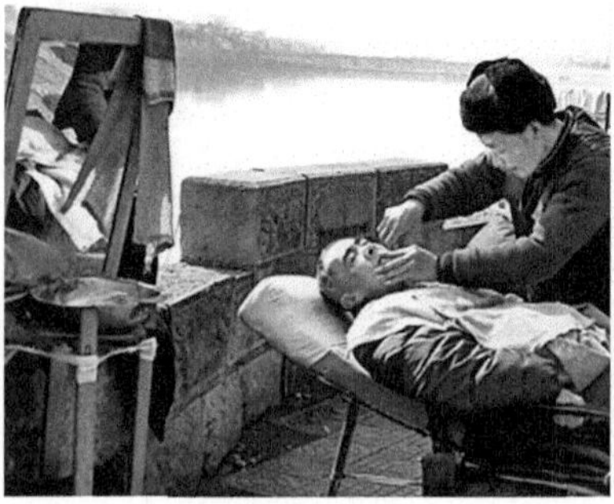

剃头担

剃头担

清洁，别人家剃头，一盆热水要洗好几个头，洗到最后水黑乎乎的，而他却坚持一客一换。因此，他的剃头担始终装满了木炭，剃头作业选择取水方便的地方，以便能及时供热水，不破自己立下的规矩。

由于他有好的口碑，固定的客源越来越多，许多四面八方的人都指定他上门剃头，而他随叫随到，一副担子挑肩头，游走在各家各户之间。

一般上门剃头，只是简单的修剪、刮脸等，但他对每一个环节都做得一丝不苟。光一把剃刀，一剃要磨好几次。看看挂在剃头担架上的磨刀布，由于经常使用，被磨得凹了下去，像岁月勾画出的沧桑和曲线。

对于杨师傅来说这对磨刀自然是得心应手，磨刀布一头挂在架上，他一手捏着另一头，磨起刀来动作干净利索。剃头、刮脸更是游刃有余。

刮脸时平稳，力道用得均匀，讲究刀法功力，慢工细致，他将每一刀都刮得到位，使顾客感到舒服、满意。同时还附带捶背砸背，最后在一个清脆响亮的巴掌声中结束剃头。坐在剃头担冷板凳上的客人都觉得心里热乎乎的。所以，杨师傅的剃头担并非一头热一头冷，而是两头热。

如今，装潢相当讲究、设施高档的发廊林立于整座城市的街道，曾经属于儿时回忆的剃头担已很难觅见，偶尔在影视中见到集镇中的剃头担，仿佛走入时光隧道，又回到了那段年轻岁月。

信 件

书信是传递信息、传递情愫的一种载体，它曾经杂陈在青春和激情铺洒的岁月里，表达着友谊、忧郁、梦想、爱情和期盼。而在如今的生活中，传递信息、表达情感的方式既现代又多样化了，人们已不再使用书信传递信息，可是那一封封久违的书信，里面装着那一张张发黄的信纸，却承载着一份厚厚的情感和真挚的爱情。

文友李元老师与其妻罗碧华，在青年时代曾经分居两地，相隔遥遥七千里，就是靠用手书写的四百封书信，维系着情感，演绎了一段感人肺腑、被人称颂的爱情佳话。

1967年春节期间，大学尚未毕业的李元与金华一中毕业后在乡下插队的知青罗碧华，在李元同学家偶然相识，当时的两人均是情窦初开的青年。当年2月的一天，罗给李写了一张便条说："除夕之夜听你唱《乌苏里船歌》和《川江号子》，你唱得多好啊！我很想学会这两首歌，你能把歌谱抄给我吗？能教

书信

书信

我唱吗？若答应，明晚我在你同学家等你……”

李元收到这张纸条，兴奋不已，激动得反复念着，次日就托人回了一张便条，表示完全同意。

很快，李元返回上海读书，罗碧华回农村劳作。从此，两个人书信往来不断，并且每封信都珍藏着，而罗写给李的这张便条，就成为两个人的第一份情书。

1968年10月，李元被分配到黑龙江双鸭山宝山矿中任教，从此，两个人的书信就由金华至上海变成金华至遥远的黑龙江。直到1973年，李元返回故乡金华，在浙江师范大学附中任教。1981年到1985年，夫妻俩曾因工作关系分居两地，又相互书信联系，书信成为维系在夫妻俩心灵深处一根绵长的红丝线。

手写的情书真实、可信，白纸黑字袒露心迹。生活在那个年代的人表达较为含蓄，往往是写信人情真意切，收信人翘首以盼地等待回信时，随着笔尖慢慢游动，搜肠刮肚用尽各种美丽的词汇，来表达自己的牵挂，诉说自己的烦恼或快乐。

书信记录着一段美好的岁月，记录着青春恋爱的印迹。这两地往来的情书的意向太丰富了，青春、纯净、热忱、孤寂、温暖、愁绪。情书中的爱情，是一个遥远的故事、一段远逝的岁月、一个尘封的旧梦。哪怕只有寥寥几句，亦饱含浓浓真情。

时光匆匆离去，书信飘香的日子渐渐远去，写信与读信的幸福时光却被永远地定格在心灵的最深处。在怀念书信的同时，我们期待有朝一日，能够收到更多的泛着淡淡墨香的书信，再次体会那份快乐与幸福。

藏书

以前我经常翻读一本叫《菜根谭》的书。从接触到这本书开始，我便爱不释手，并从中受益匪浅。书是一座精神的百花园，书中无处不在的博大、淡泊、宽容、善良，无处不有的谋略和智慧，使我感觉自己不仅仅是在读书，而是在收获知识，开阔视野。

民间有一句谚语："嚼得菜根者，百事可做。"对于我来说，现在人生已进入暮年，亦喜欢叙旧、怀旧，而藏书、读书，它会使你的心灵得到净化，更使我的老年生活丰满起来。

在我的藏书中，其中有一本叫《一切为了孩子》的书，我百看不厌，每次阅读都有新的感悟。

这本书写的是原金师附小"六甲班"班主任徐贤华，书中除了用大量的篇幅记叙徐老师为带好、教好"六甲班"的学生，六年呕心沥血，终于换来了满树硕果外，其师生情结篇，亦非常出彩，文章由当年"六甲班"的学生撰写，我是亲历者，也是其中的作者之一。这本书的字里行间，存留着许多我

藏书

藏书

的体验、情感，存留着许多曾经的纯真和照亮我们的东西。

子痕同学在《我的启蒙老师徐贤华》中写道：“人生最初的一段，却在记忆中越来越明晰地浮现在我们的脑海：初踏入社会时对大千世界的惊讶，对知识的向往，对未来的憧憬，交织着徐贤华老师那热爱熟悉而慈祥的面庞。此时，耳边又响起徐老师教我们的歌：小鸟在前面带路，风儿吹向我们……这一切仿佛就发生在昨天。”

“‘一只小鸟飞啊飞啊，飞到一个寂静无声的房子里，它落到一根弦上，发出咚的一声……那一根根弦就是五线谱’，徐老师的音乐课就是这样开始的。”

读到这里，我脑海中浮现出亲切、生动的场景：一位精神抖擞、朝气蓬勃、标准小学教师形象的老师，她迷人的风琴声和在沁人的韵律指挥下，孩子们唱呀、跳呀、游戏呀！一堂课，孩子们在唱唱跳跳中，陶冶了情操。

这就是徐贤华老师给我们上的唱游歌课程，充分放飞了孩子们的天性，寓教于乐，从中受到启迪和教育。

梅玲同学的《是谁荡起我理想的双桨》中，她一开始写道：“‘让我们荡起双桨，小船儿推开波浪……’，当我听到电影《祖国花朵》那美妙动听让人遐想的插曲时，徐贤华老师带领我们去看电影的一幕就会浮现在眼前。看完电影后，徐老师深情讲解电影故事，唤起了我的梦想。自从那时起，我便下决心努力学习，长知识，长身体，长大了要去北京，到毛主席住的地方，要去红墙绿树的北海，去雄伟的天安门。”

果不其然，她经过自己的努力，实现了儿时的愿望。由于体育成绩突出，被选调到北京国家田径队，是徐老师为她荡起理想的双桨。

根土同学深情地写道：“沧海桑田，烛光辉映，青丝白，此情一生终无悔。恩师，您用忘我精神诠释着教师职业的神圣。师恩难忘。”

碧华同学动情地描述了与徐老师相处的日子，她写道：“我喜欢小学时代那般风轻云淡的日子。当你披着一层淡淡的云霞，沐着暖暖的阳光，徜徉在静静的校园中，心里会澄亮得像一望无际的天空。而浓浓的师生情谊——我们和徐老师结下

藏书

藏书

的六年缘分，就像是一缕飘荡在空气中的花香，装点着这永远美好的时光。”

每当我读到这些段落，总是会沉浸在儿时的记忆里，一个个鲜活的人和真实感人的事，不时引发我联翩的想象和思索。

正如我自己写的：“每当议论对孩子们的教育，总会联想徐贤华老师‘润物细无声’的教学功力。如她的教学风格，一如‘爬山虎的脚’那样，细腻而执着。依墙而生的‘爬山虎’会夏得其荫，同样对孩子的教育，采用一丝不苟、精雕细刻的严谨态度，定会秋实其果。”

一个甲子，半个多世纪。无论是平淡还是曲折，无论是荣耀还是悲凉，曾经有过的坎坷，或是瞬间的辉煌，都随着岁月的匆匆渐渐消逝。但是童年的纯真，记忆是刻骨铭心，童心未泯，况阅尽苍生，悟得人生，书让我心有所系，情有所依，这是我读这本藏书的缘由。

邮 票

邮票作为单纯的邮资凭证，并不起眼，后来因那小小方寸的空间包罗万象，蕴含着一个地区或国家的自然风貌、历史文化、民俗风情等，使人们从方寸之间看世界，遂成为人们竞相收藏的工艺品。于是就有了集邮迷。

我的文友李元老师，就是一个十足的集邮迷。他从十岁开始集邮，至今整整一个甲子。六十个春秋的藏品，林林总总，邮票已逾万枚，封皮张戳筒过千树，真是美不胜收。于是他喜不自禁地写下一副对联，上联云“集天下名山大川于寸纸之中对而观之斯诚美矣”，下联云“集世界伟人学者在一框之内朝夕可见岂不快哉”。

集邮贵在一个“集”字，通过集，才懂得每枚邮票的来之不易。李老师经常为得到一枚稀少的、档次高、品相好的邮票费钱、费力、费时。

好的东西是要分享的，邮票也一样，不但要分享给他人观赏，也要学会鉴赏。因为邮票的发行都有一定的历史背景，其

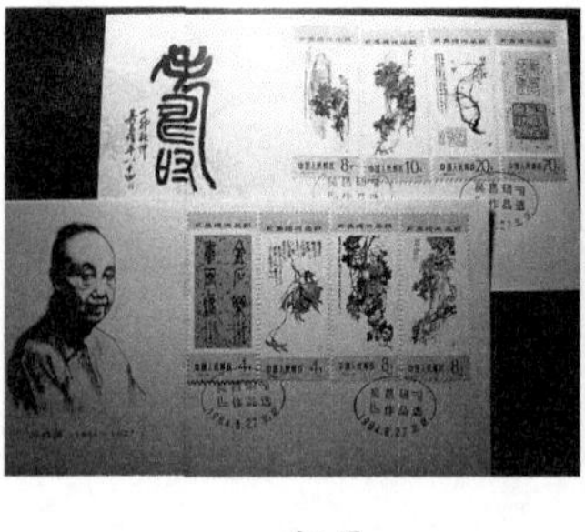

邮票

邮票

邮票

邮票

邮票的内涵又极其丰富，若不懂得鉴赏，便会失去邮票收藏应有的价值和意义。

李老师与其共享的主要对象是他的儿子可可，一方面，将自己收藏的复制品送给儿子，教其分类、整理的方法和养成收集、存放的好习惯；另一方面，教他认真鉴赏每一枚邮票，并从思想性、知识性、艺术性入手，加上自己的学识和理解，做出综合判断，启迪聪明才智，以陶冶情操而乐在其中。如今他儿子可可已是一个集邮爱好者和收藏者。

另外，李老师还通过举办讲座、邮展及积极参与邮票活动的方式，将自己集邮的心得体会、经验等分享给更广泛的集邮爱好者，并共同观赏邮品，相互交流，特别是在邮品交换活动中互通有无，在切磋邮识中增进“邮”谊。

对于李老师来说，集邮除了怡情益智之外，还能广泛交友。有句集邮行话叫：“由邮有友。”虽说留不住光阴，但却留下了越来越多的邮友，他的邮友遍布全中国。

时至今日，他收藏的邮品较为齐全，颇为丰富，一是首日实寄封、纪念邮资明信片（JP片）各一套，连续十五年，一封一片不缺；二是向本地集邮部门预订全年册、小型张、单册、四方联册、小版张册各一种，坚持二十年，无一缺漏；三是收集各个时期的极限明信片、拜年封、邮展封、实地封，多多益善；四是集齐90年代的中国台湾邮票及部分港澳邮票，共逾千枚。最珍惜的是20世纪50—60年代的纪特票，除梅兰芳小型张外，基本收齐。

李老师集邮的原则是只收不出。收藏的邮品储藏在一本本的邮册里，这些邮票记录着历史的烟尘，折射着人类的智慧，回响着社会的脚步，散发着文化的芳香……收藏邮票能怡情，能给生活增添无穷的乐趣，并使自己的人生更丰满。翻看邮品，可以说进入了一个宽阔妙不可言的境界，何乐而不为呢？

据说，李老师将集邮的爱好已传递给他的孙女，唯愿他的集邮藏品如同亲情那样世代相传。

集邮册

票　证

票证是20世纪七八十年代特有的购物凭证，如粮票、油票、布票、肉票、豆腐票、煤油票、肥皂票，等等。凡生活所需，一律凭票购买。

在许许多多的票证中，使用频率最高的是粮票。粮票印得非常精致，小小票面方寸之间，反映出各地的风土人情及十分鲜明的地域特色。同时，粮票是市民家里最重要的东西，每个月定额发放。买米时，家庭主妇要带上钱、粮票和购粮证，前往定点粮店进行购买。

家里孩子正是长身体的时候，定量往往是不够的，母亲每个月最发愁的是粮票。因此她总是变着法子积攒粮票。每月多吃一些粗粮或粗粮细做，有时用瓜菜代之。有一次，好不容易积攒下的粮票被遗忘在自己的裤袋里，洗完衣服晾干后才发现，几十斤粮票被水浸泡洗刷成碎纸屑，母亲懊悔不已，痛心之余一声叹息，无奈中，那个月一家人只能多吃稀，少吃干，勒紧裤腰带了。

票证

票证

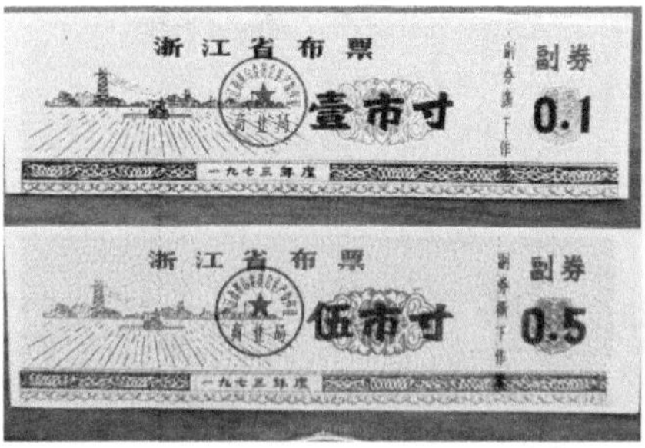

票证

票证

粮票紧张，相关的副食也相对短缺，特别是肉票，每个月每人定量约半斤猪肉。这定量供应的猪肉，是不能满足一家人膳食需求的，幸好有几家食品店有冷盘菜供应，出售的冷盘均有猪肉和猪内脏与蔬菜搭配，但每日供应的量是规定数量的，售完为止，购买的人很多，有时排队，有时靠挤，有一年的夏天，我几乎每天去购买，因病重在床的父亲想吃冷盘菜，以补充营养，我每次买回冷盘菜时，都会欣喜若狂。

另外，猪肉定量少，买板油可以多一点。因此，母亲只能盘算着：半个月内买点板油或肥膘熬猪油，既可出油，又可以熬成油渣，这油渣烧汤煮菜都是一道不错的美味，这样也可沾点荤，以安抚一家老小枯燥的肠胃。

其他副食品就更难见到，如果你想嗑个瓜子，吃点海鲜，以及小孩最爱吃的冻米糖，那么就要等到春节了，到这个时候按人头分发票证供应，人人有份。即使每家每户都发到票证，购买时，也要排起长龙，耐心等待，去晚了，有票也不一定买得到。

买到凭票证供应的东西，对买的人来说是一件幸运的事，哪怕是买到炒煳的花生，似皮带一样宽的带鱼，人们也不会挑三拣四。我们小孩最乐意去排队买冻米糖，哪怕寒风呼呼吹来，双手冻得通红，仍会等候在人群中，直到买回冻米糖。

随着时代的发展，凭票证购物的年代已经一去不复返了，作为票证这样一个小物件，同样折射出时代和历史的变迁，同样蕴含着许多的故事，依旧有情、有爱、有温暖。

剪 报

阅读后的报纸，叫旧报纸。对于旧报纸，有的作为资料存档，有的作为废纸送废品收购站回收，还有的拿来糊墙壁以作装饰。而李元老师将报纸上阅读过的文章，条条块块地剪下来，整理了张贴成册，连续14年他剪报数达230册，每本100页，计23000页，堆积成了一座山。

翻开他的一本本剪报册，一缕缕墨香扑面而来，剪报的内容精彩纷呈，内容涉及国内外大事要闻、文学艺术、大师人物、语文教学、影视明星、作家作品、浓情故事，甚至时装靓女等。

他热衷于剪报，沉迷其间，觉得很有成就感：既是老有所为，手里有活儿干，不会无所事事，又是老有所乐，不仅增知益智，更可陶冶情操，获得莫大的精神享受。他的作品在报纸上刊登了，就会很高兴地剪下来；亲朋好友同事同学的佳作，

剪报

剪报

剪报

同样不会放过；昔日学生的文字创作，他更喜欢。每日动手剪报，真是其乐无穷。

将自己读过的报纸，通过剪报保存，空闲时翻看，不但是一段美好的记忆，同时也可以温故而知新。

李元老师以自己14年剪报的经历，说出了他的亲身感受。

一是怡情。见到伦敦奥运会上中国选手摘金夺银，奋勇拼搏，他会引以为自豪。面对台风暴雨汛情，会忧心忡忡。目睹永康八旬老人为金义都市区建言献策的征文荣获一等奖，会无限欣喜。得悉他的母校（金华二中）与中国人民大学合作，有了出国留学的直通车，会无比高兴。怡情不止于此，每逢周五下午拿到《金华晚报》，他必读徐莹女士撰写的浓情故事，在凄美的文字中，感受一种道德的力量、一种伸张正义的精神。每周一的《金华日报》上刊登的“说说你的故事”，他也每期必剪，每文必读，热爱生活、关注民生的情怀会与日俱增。

二是益智。《钱江晚报》连续半年之久刊载的浙江文化名人，大幅的辉煌业绩，总让他爱不释手。麒派老生赵麟童、儒雅刀客赵延年、诗心学者金普森、油画大师全山石、高音师奶曾宪恩、京剧仙翁宋宝罗、弦歌不辍周大风、美协主席肖峰、巾生魁首汪世瑜、坐观海潮孔仲起、人淡画清朱颖人、隐居猴王六龄童、俯仰山河陈桥驿、画史通儒王伯敏，每一位都让他肃然起敬，这既是对前辈们的敬仰，也是对青年人的启发。通过剪报，认知可爱的浙江无愧为文化之邦，激励他更努力学习，发愤攻读。《二十四史》中的金华人介绍，从历史的角度弘扬了八婺大地的正气，也让他难以忘怀。更不用说离世的史学泰斗何炳棣，是万千故乡学子的楷模和骄傲，成为每一个读书人心中的偶像。即使他熟悉的何斌、章竹林、姚贻庆、杨守春、凌宇冰、施明德、徐裕国、董正勇、蒋风等老老小小的文化人，也成了剪报的对象，近在身旁的益智元素，何不好好地增补呢？

三是得利。2011年7月1日，《人民日报》出了一期有90个版面的专辑，以隆重纪念中国共产党建立90周年，图文并茂，厚厚一沓。他事先预订了一份，售价10元，拿到手一看，果然心花怒放，其珍贵的历史价值，非同小可。有人预言，待到建党100周年之际，手中这份报纸可涨价100倍，这就是收藏家的眼光，亦如收藏珍邮一样。几十年来，他还一期不缺地保存着《语文报》的暑期高考综合版，每期足有64个版面，皆为提高语文素养，适时应对高考的绝好资料。济南出版的《新晨报》，国际新闻特多，又有一流专家学者的评述；广州出版的《南方周末》，经常刊有对国计民生重大题材的深度剖析；武汉出版的《新周报》《新传奇》也有不少鲜为人知的内容。这些报纸的收藏价值也不可小觑。

四是交友。客人来访，拿出剪报合订本给朋友、客人翻翻，会有大开眼界的意味，甚至会执意向他借阅。出门讲课，利用剪报资料，可大大增添形象直观的感觉，不仅丰富了讲课

剪报

内容，而且可以提升学生的审美情趣，可收到意想不到的效果。剪报成了他交友的工具，无论旧交还是新友，无论年长还是幼童，剪报都能吸引他们，他根据每个人的特长和兴趣爱好，选择有针对性的分类合订本让他们去阅读，以取得共同话题。

总之，剪报的乐趣多不胜数，每天重复也不会厌倦，即便把它当作一种休闲方式，也同样是修身养性的好门道，何乐而不为呢？

老照片

在相册里，保存着许多发黄褪色的老照片，我总喜欢翻看老照片，喜欢回忆过去，并产生对过往的眷恋。在这些照片中，有一张照片，使我记忆犹新，至今难忘。

这张照片是四十年前，我用傻瓜相机在金华婺江边拍下的一张全家福。照片上的人面带微笑，相依相偎在一起，那种温暖幸福的感受，似乎可以从照片中追寻到那遥远时空里，人世间难以割舍的亲情和悲欢离合的过往。

抗日战争时期，我的娘舅因家境贫困，十四岁时便孤身一人外出谋生。宁绍战争打响，为避战乱，外婆和我的父母亲及我的两个姨娘，从绍兴老家逃难至金华落脚。由于战乱及诸多原因，娘舅流落异乡，一直杳无音信。直至20世纪60年代初，几经周转，才获悉散失几十年的娘舅已在安吉乡下成家务农。外婆思念儿子心切，我曾在六十年前陪着外婆去安吉看望娘舅一家。

20世纪80年代在金华婺江边拍摄的全家福

2021年在安吉天子湖畔拍摄的全家福

当时娘舅家十分贫困，可以说上无片瓦、下无立足之地，借居在人家的屋檐下栖身。因娘舅体弱多病，干不了农活儿，子女又多，全靠舅妈一人劳力勉强撑起一个家。后来得知，他之所以长期不与家人联系，就是因生活拮据，缺少盘缠等无法探望外婆及家人。在这过往的时间里，娘舅心中总有个念想，待生活好转，定要来金华与亲人团聚。

时隔二十年后，娘舅的心愿终于实现，他和舅妈带着他的孙子喜儿来金华与亲人团聚，共叙离别之情。就在那个时候，我拍下了这张老照片。

老照片中我的上一辈都已离开人世，我的同辈也容颜老去，进入暮年，当然，娘舅带来的喜儿小辈们正值青春韶华。然而，老照片也将不堪回首的人和事定格在昨天，是抹不去的印记。

当再次寂然凝望老照片时，总会思绪纷飞、感慨万千，触动被封存的记忆，决意寻访故土，看望亲人。由于老照片的牵引，今年（2021年）春天，我与兄弟姐妹赶往娘舅老家安吉乡下，与那里的亲人相聚，并用手机拍下了一张全家福。

20世纪70年代用手工着色作者爱人的生活照

20世纪70年代用手工着色作者爱人的舞台照

这张照片是在娘舅家一处绿水青山的地方，照片中的人啊，如春风拂面，相依相伴在一起，那种久别重逢的喜悦已定格在美好现实的今天。

对照拍摄的两张照片，老照片没有现在拍的照片那样光鲜亮丽，但老照片和照片中的人一样，承载着历史的烙印、岁月的沧桑。古人说，“昨日之日不可留”，对于我来说，老照片如同一本书，记录着我的似水流年，那是一种久违的感动。

年　画

旧时，过年贴年画是民间的一种习俗。过年的诸多准备工作中，虽说主要的是“掸尘”和“办年货”。而“掸尘”是将屋里屋外进行彻底的大扫除。家里收拾干净后，主人总想购买自己喜欢的年画布置在家里，以增添过年的气氛。

记忆中，每逢春节前夕，小巷里的家家户户，在简陋的居室张贴着几张鲜亮的年画，似乎贴上年画是辞旧迎新的分界线，有家的感觉，年才是年。

那时市场上的年画品种繁多，一幅幅五彩缤纷的画，让人眼花缭乱，目不暇接。但无论哪个品种，画面表达的都是吉祥如意。如年画中不可少的画面：一个白胖的小孩、穿着大红兜肚，胸前佩戴如意长命锁，手持莲花，抱着一条大红鲤鱼，一副欢欣可爱的神态，寓意人丁兴旺，吉祥有余。

其实买年画、贴年画也是人的心情所致。记得改革开放以后，戏曲舞台异彩纷呈，许多优秀的传统剧目还拍成了电影，如《打金枝》《追鱼》等。金华画家戴云辉，则将上述剧目的内容绘制成年画出版，此年画十分畅销，可谓一张难求。

戏曲年画《打金枝》（戴云辉提供）

戏曲年画《牡丹对课》（戴云辉提供）

戏曲年画《追鱼》（戴云辉提供）

戏曲年画《挡马》（戴云辉提供）

人们喜欢传统戏曲，因为所表达的内容符合当时百姓的心情。如《打金枝》年画，呈现的是一对才子佳人的爱情故事：夫郭暧不满作为公主的妻子骄横无礼对待公婆，而醉打妻子，当公主回娘家找皇帝哭诉时，皇帝以理调和，使小夫妻和好如初。在这万家团聚的春节里，人们所追求的及所表达的愿望正是年画中所呈现的和睦、和谐、幸福。

一张张年画如一缕缕春风，为平淡的日子增添一抹色彩，也给辛苦劳累一年的人无限的希冀。那时，没有人计较年画是夸张也好，渲染也罢，反正贴在家里，喜气洋洋。

年画也是时代的缩影，它寄托了人们对新年的期盼与希望，伴随着一代又一代人，见证了一段又一段历史。

如今年画虽退出了历史舞台，但对年画的这份印记没有遗失，依旧留在脑海里，我亦会永远铭记那些色彩斑斓的年画以及与年画相关的岁月。

后 记

我曾经撰写《老味道》《老店铺》，与这两册比，《老物件》涉猎门类和范围更大些，涉及材质、物品的贵重以及年代的久远等诸多方面，可以说是包罗万象。

在回忆和撰写过程中，从日常用品，且自己感受较深刻的老物件做一回顾，并付诸笔端。由于年代遥远，记忆往往是零星的，但回忆到童年，心中总是无限美好的，更多的时候体现在玩乐上。那些老物件，陪伴我度过了儿时的时光，也让我深深懂得了岁月是一种温存，会在你我心中永驻。因此本册用较大篇幅记录了童年中的老物件。

另外，文友李元老师为《书信》《邮票》《剪报》三篇，提供了翔实的素材及资料。特此致谢。

《老物件》编写的内容在历史的烟尘中仅仅是沧海一粟，还有更多的老物件需要去记忆，特别是需要去挖掘老物件背后的人文、故事、寓意及历史价值，让老物件长久地留存在记忆里，慢慢成为生命中的一部分，根植于心灵的深处，永不消失……

谢志清

编后语

人是喜欢记忆的，因为过去了、失去了，所以更加珍惜，忆起时心里总是暖暖的。从“万年上山”一路走来，金华的先人们为我们留下了宝贵的物质和精神文化财富，忠实地记录它，既是对历史的敬畏，也是对历史的承继，不忘本来才能更好地开创未来，善于继承才能勇于创新。系统整理挖掘一个地方的“老记忆”是一件很有意义的事，是政协文史工作发挥“存史、资政、团结、育人”功能的使命担当。

《老金华的记忆》由《老诗词》《古迹》《古地名》《老童戏》《老风俗》《老物件》组成。在征编过程中，作者们为此付出了大量的心血，各县（市、区）政协和有关部门单位给予了大力支持，婺州书画院卢杨春先生参与了本书的策划、设计和编校工作，在此一并表示衷心的感谢！

编者